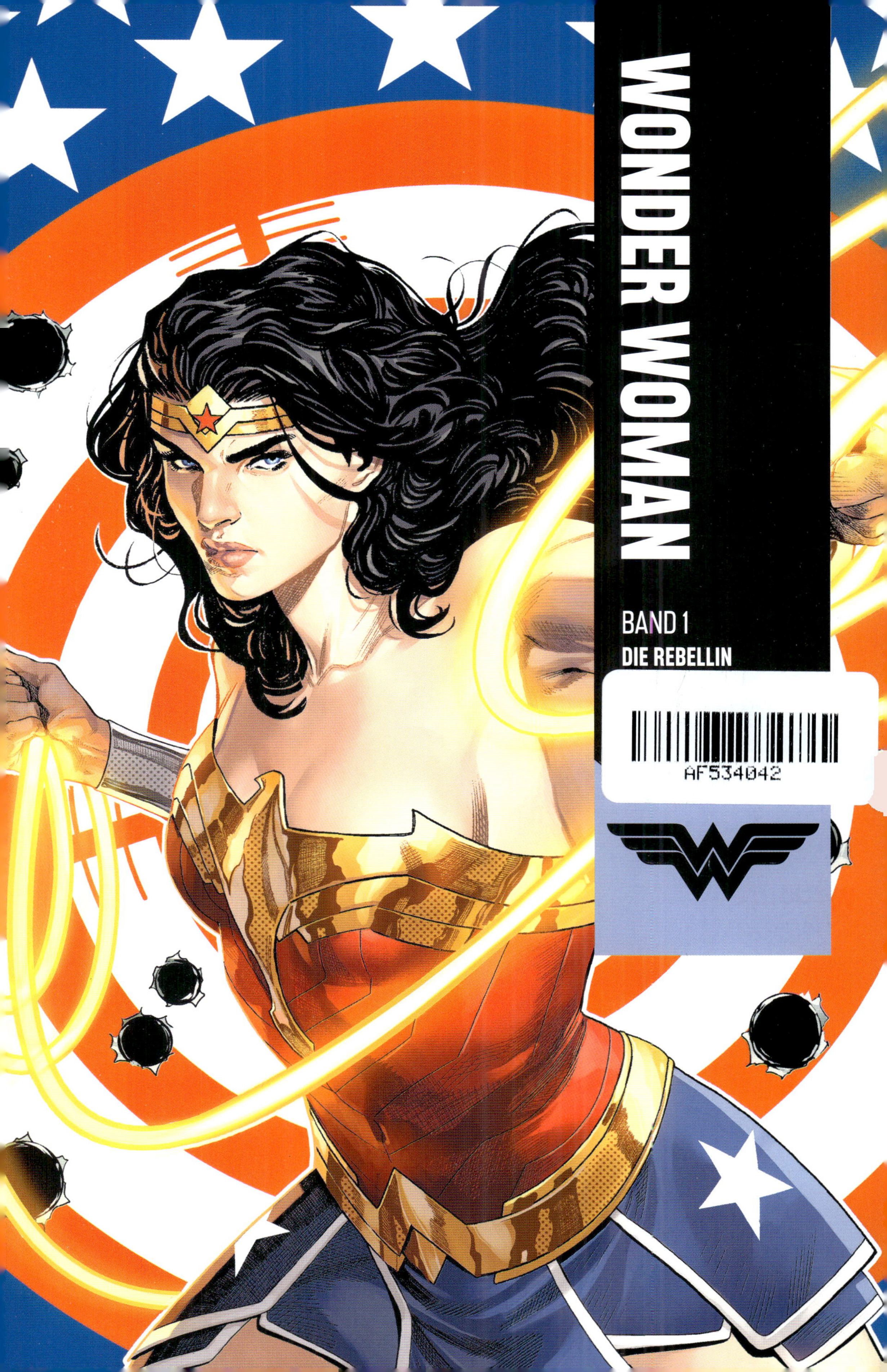
WONDER WOMAN
BAND 1
DIE REBELLIN

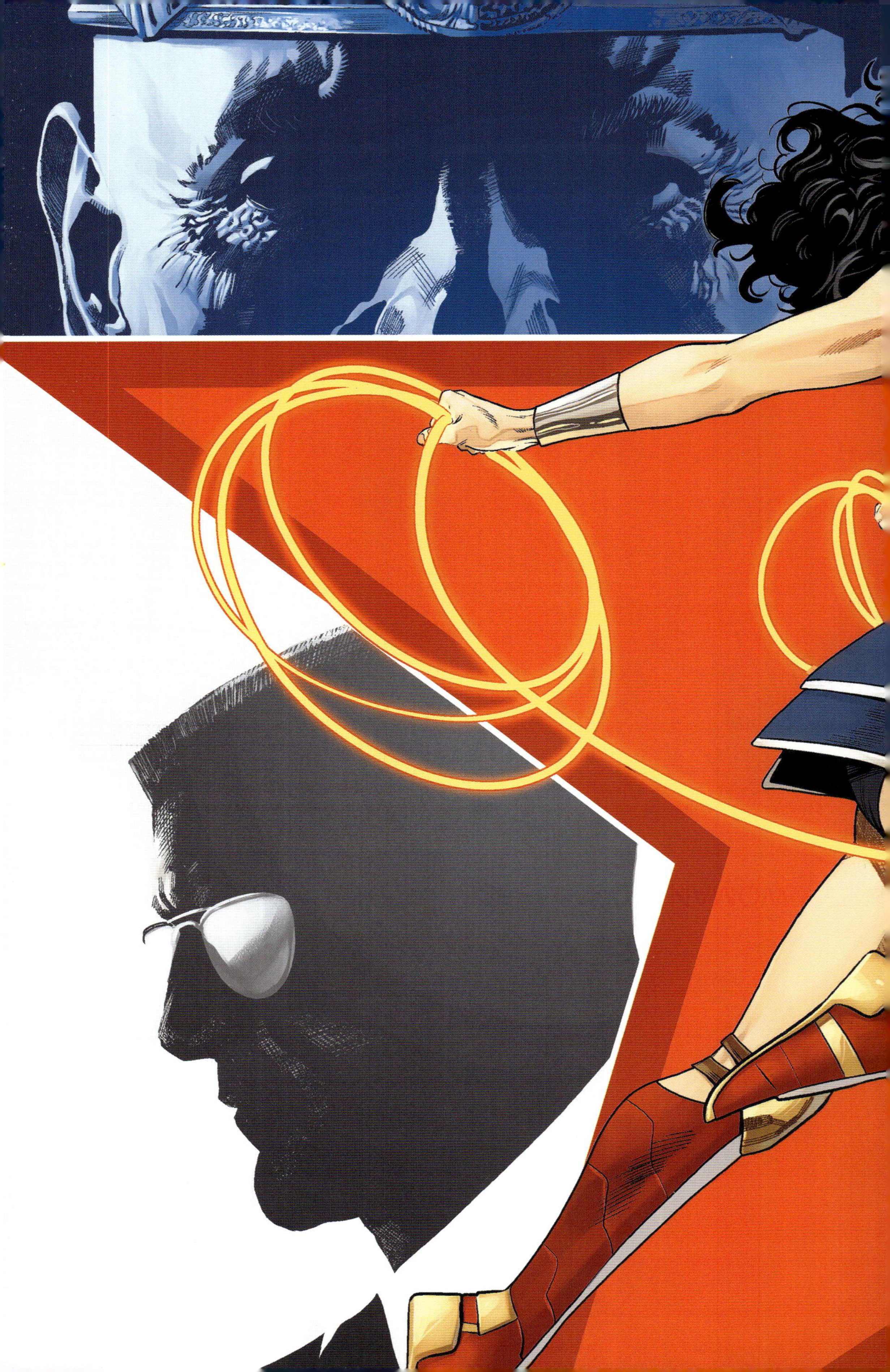

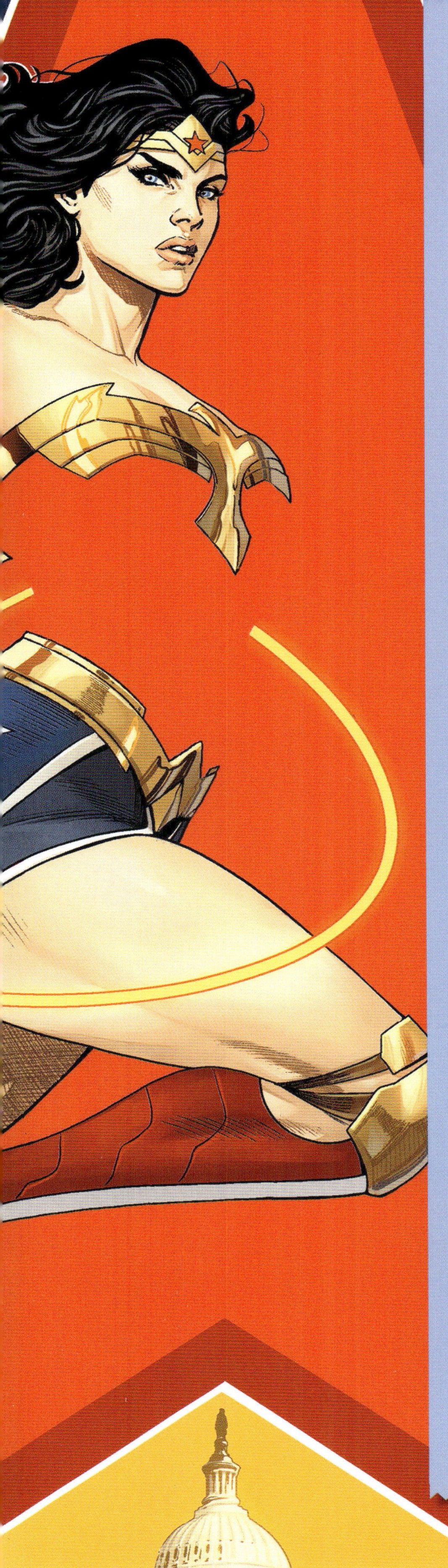

AMAZONE UNTER FEUER ...

Herzlich willkommen zu einem ganz besonderen Band mit **Wonder Woman**, der besten Superheldin aller Zeiten! In diesem Comic beginnt die große, kühne Saga von Spitzenautor **Tom King** und Top-Zeichner **Daniel Sampere**! Ihr krachender Serienauftakt erscheint völlig zu Recht in der Ära **Dawn of DC**, die spektakuläre, frische, einsteigerfreundliche Geschichten bereithält, ohne jedoch den Kanon zu vernachlässigen. Und das alles und noch viel mehr bietet auch dieser erste *Wonder Woman*-Band. Natürlich werden darin alle aktuellen Entwicklungen aus der Welt von **Diana Prince** aufgegriffen, die als Prinzessin der Amazonen auf der Paradiesinsel **Themyscira** aufwuchs, bis der US-Soldat **Steve Trevor** auf der Insel strandete. Gemeinsam zogen die beiden in die Welt hinaus, in der Diana als Wonder Woman als Verteidigerin der Freiheit, Superheldin und Botschafterin der Amazonen Berühmtheit erlangte. Unter anderem ausgestattet mit dem **Lasso der Wahrheit** und ihrem **unsichtbaren Jet** tritt Wonder Woman für das Gute, die Liebe, die Wahrheit und für Frieden ein. Und sie stürzt sich mutig in die Schlacht, um diese Werte zu verteidigen. Ihre Mutter **Hippolyta** ließ sich kürzlich von der Amazone **Artemis** ermorden, um im **Olymp** in die Intrigen der Götter eingreifen zu können. In der Folge nahm **Nubia** als neue Königin der Amazonen auf dem Thron Themysciras Platz. In Band 5 der vorangegangenen *Wonder Woman*-Serie brachten wir bereits die Kurzgeschichte von King und Sampere aus der US-Jubiläumsnummer *Wonder Woman* 800 heraus. Die Story bildet die Vorgeschichte zur neuen Saga und setzt in der Zukunft ein. Dort trifft **Lizzie Prince**, Wonder Womans Tochter, **Damian Wayne** alias **Batman** und **Jon Kent** alias **Superman** an einem Strand. Von dort aus betritt Lizzie alias **Trinity** die **„magische Höhle des Todes“**, um sich nach einigen Prüfungen von einer schattenhaften, vom Hass auf Diana erfüllten Gestalt die schlimmste aller Geschichten erzählen zu lassen, die nun in diesem Band weitererzählt wird.

Christian Endres

TRINITY
Trinity
Wonder Woman 800 (II)
August 2023

WONDER WOMAN: DIE REBELLIN Kapitel 1
Wonder Woman: Outlaw Part 1
Wonder Woman 1
November 2023

WONDER WOMAN: DIE REBELLIN Kapitel 2
Wonder Woman: Outlaw Part 2
Wonder Woman 2
Dezember 2023

WONDER WOMAN: DIE REBELLIN Kapitel 3
Wonder Woman: Outlaw Part 3
Wonder Woman 3
Januar 2024

WONDER WOMAN: DIE REBELLIN Kapitel 4
Wonder Woman: Outlaw Part 4
Wonder Woman 4
Februar 2024

WONDER WOMAN: DIE REBELLIN Kapitel 5
Wonder Woman: Outlaw Part 5
Wonder Woman 5
März 2024

WONDER WOMAN: DIE REBELLIN Finale
Wonder Woman: Outlaw Finale
Wonder Woman 6
April 2024

TOM KING
Story

DANIEL SAMPERE
Zeichnungen & Tusche

TOMEU MOREY
Farben

RALPH KRUHM
Übersetzung

WALPROJECT
Lettering

DANIEL SAMPERE
Original-Cover

Wonder Woman geschaffen von **William Moulton Marston.**

Batman geschaffen von **Bob Kane** mit **Bill Finger.**

Superman geschaffen von **Jerry Siegel** und **Joe Shuster.**
Mit besonderer Genehmigung der **Jerry Siegel**-Familie.

WONDER WOMAN erscheint bei **PANINI COMICS**, Schloßstraße 76, D-70176 Stuttgart. Druck: Lito Terrazzi S.r.l. – Prato. Pressevertrieb: Stella Distribution GmbH, D-22297 Hamburg. Direkt-Abos auf **www.paninicomics.de**. Geschäftsführer **Hermann Paul**, Publishing Director Europe **Marco M. Lupoi**, Finanzen/Logistik **Felix Bauer**, Marketing Director **Holger Wiest**, Marketing **Thorsten Kleinheinz**, Vertrieb **Alexander Bubenheimer**, PR/Presse **Steffen Volkmer**, Publishing Manager **Lisa Pancaldi**, Redaktion **Tommaso Caretti**, **Christian Endres**, **Benjamin Feuer**, **Christian Grass**, **Monika Trost**, **Daniela Uhlmann**, Übersetzung **Ralph Kruhm**, Proofreading **Pia Oddo**, Lettering **Walproject**, grafische Gestaltung **Rudy Remitti**, **Nicola Spano**, Art Director **Alessandro Gucciardo**, Redaktion Panini Comics **Annalisa Califano**, **Beatrice Doti**, Prepress **Francesca Aiello**, **Andrea Bisi**, Repro/Packager **Alessandro Nalli** (coordinator), **Anna Boselli**, **Mario Da Rin Zanco**, **Valentina Esposito**, **Luca Ficarelli**, **Linda Leporati**.
 Cover von **Daniel Sampere**, *Wonder Woman* 1. Variant-Cover von **Daniel Sampere**, *Wonder Woman* 2.

Digitale Ausgaben:
ISBN 978-3-7569-0893-6 (.pdf) / ISBN 978-3-7569-0891-2 (.epub) / ISBN 978-3-7569-0892-9 (.mobi)

Bibliografische Information der Deutschen Nationalbibliothek
Die Deutsche Nationalbibliothek verzeichnet diese Publikation in der Deutschen Nationalbibliografie; detaillierte bibliografische Daten sind im Internet über dnb.d-nb.de abrufbar.

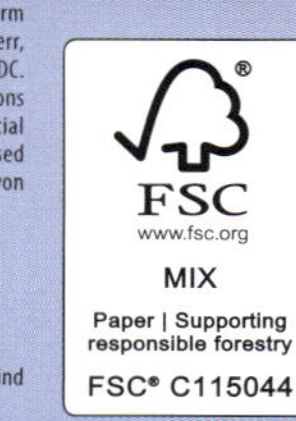

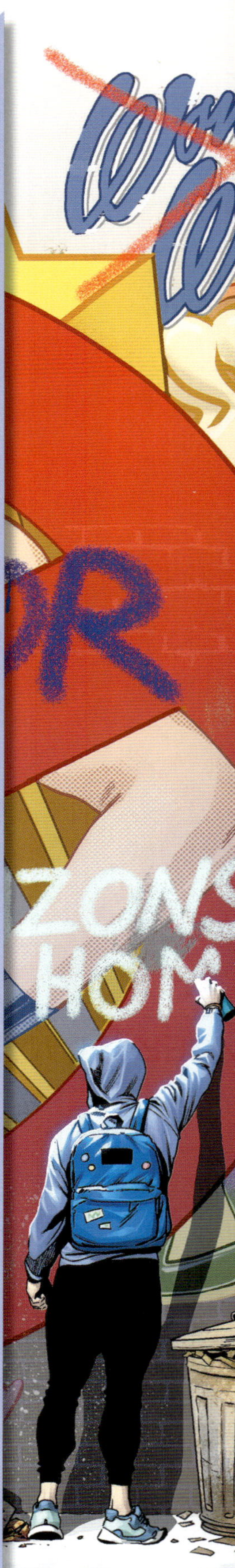

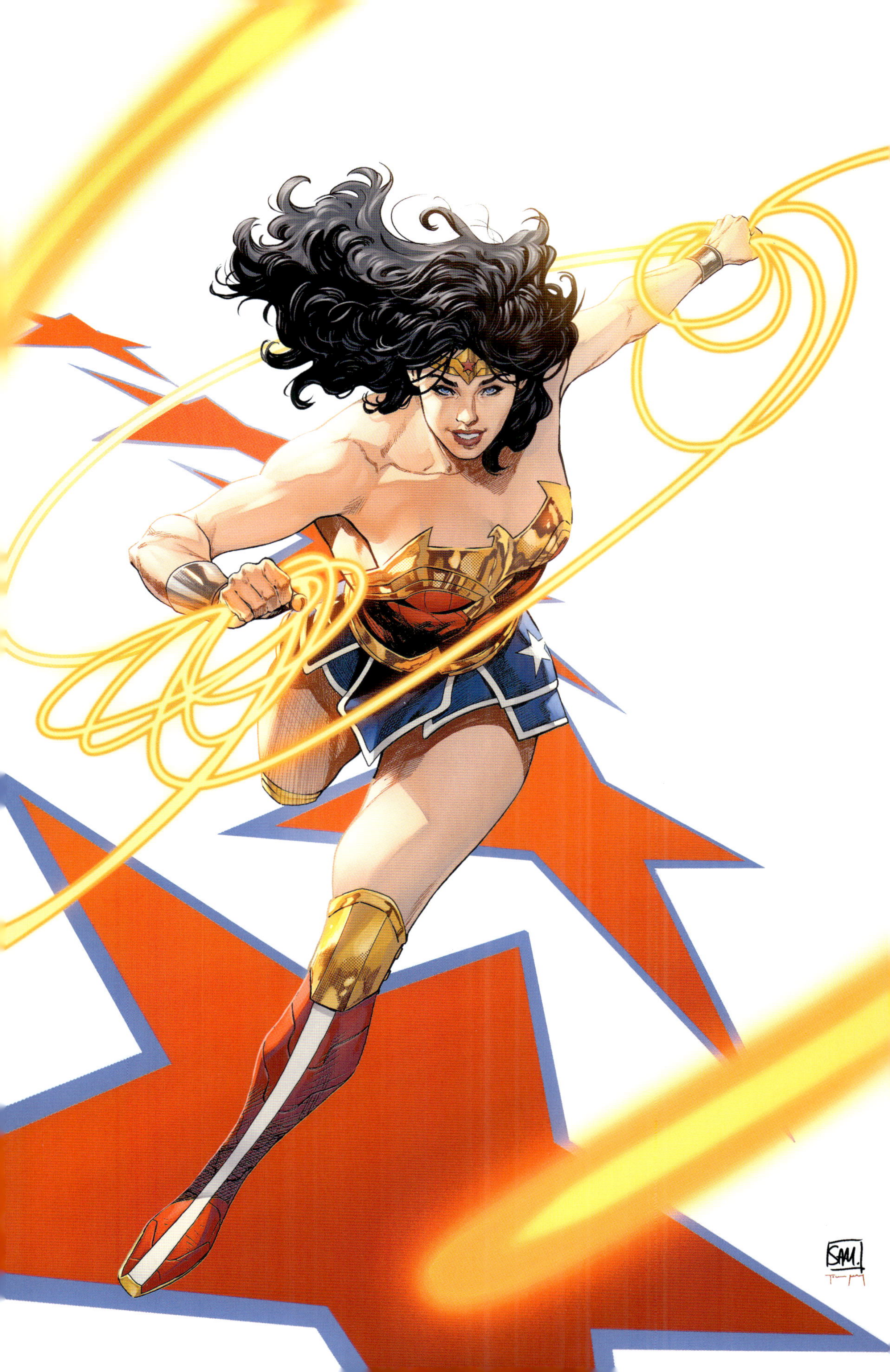

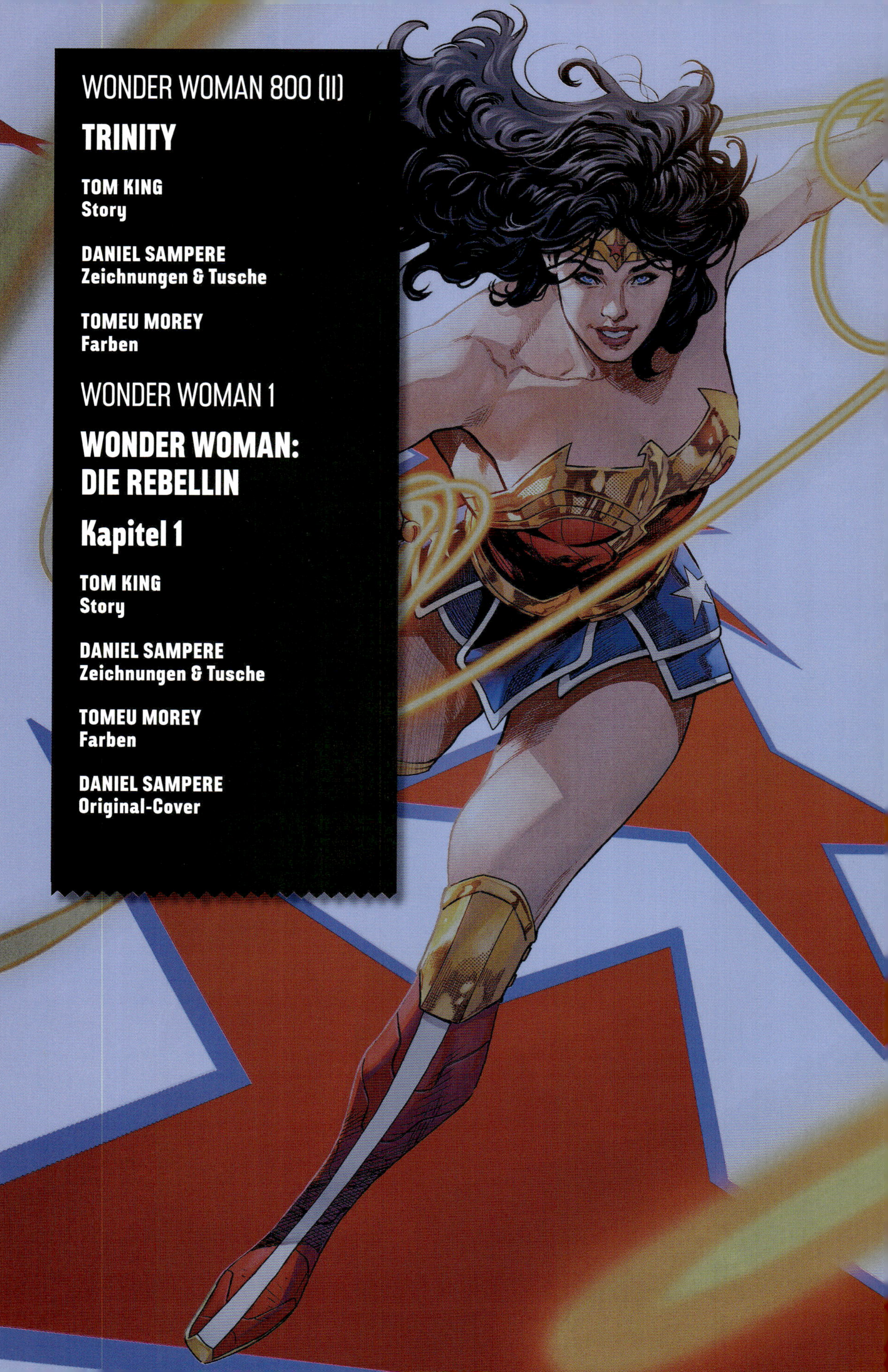
WONDER WOMAN 800 (II)
TRINITY
TOM KING
Story
DANIEL SAMPERE
Zeichnungen & Tusche
TOMEU MOREY
Farben
WONDER WOMAN 1
WONDER WOMAN:
DIE REBELLIN
Kapitel 1
TOM KING
Story
DANIEL SAMPERE
Zeichnungen & Tusche
TOMEU MOREY
Farben
DANIEL SAMPERE
Original-Cover

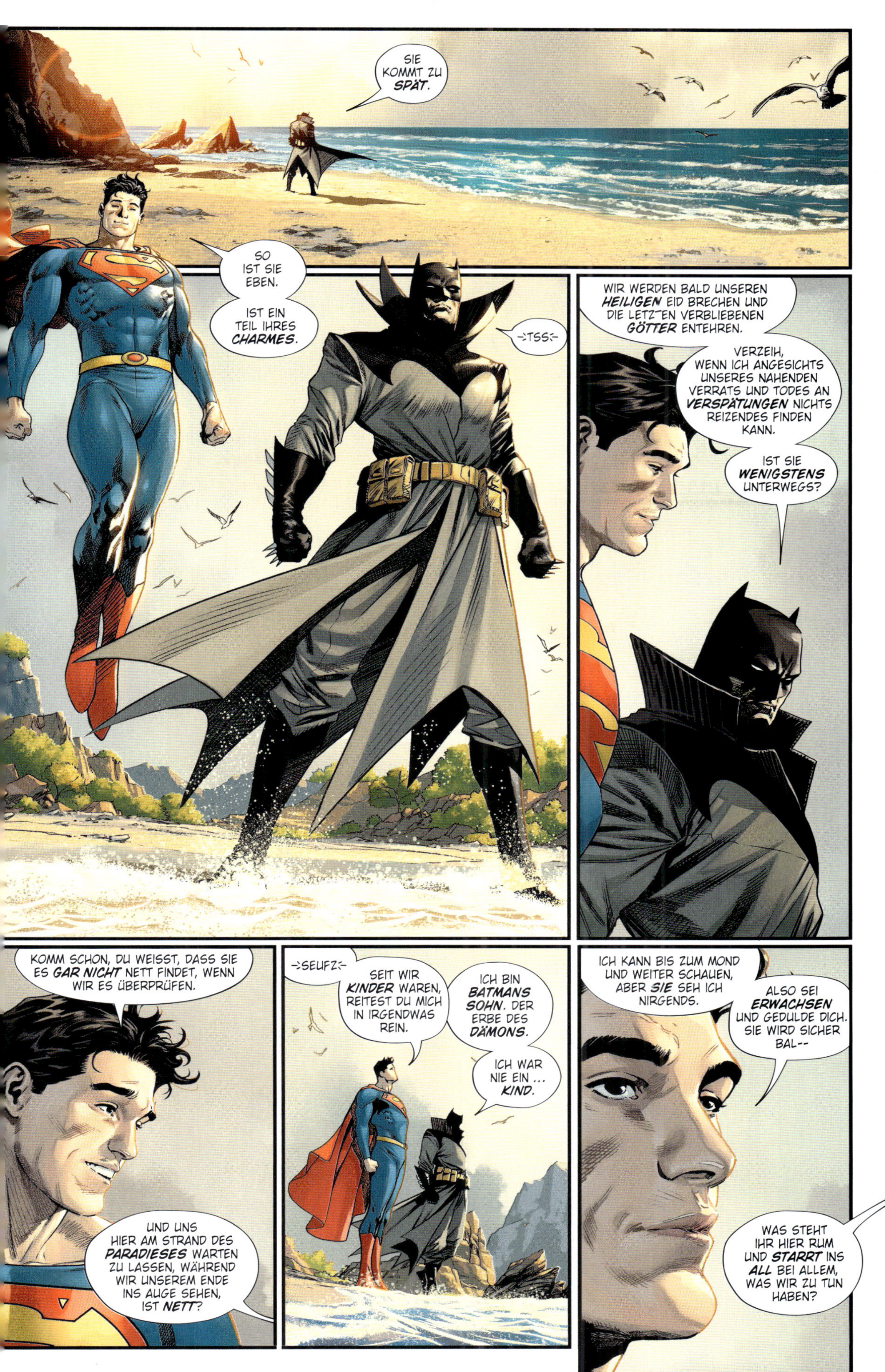
SIE KOMMT ZU SPÄT.
SO IST SIE EBEN.
IST EIN TEIL IHRES CHARMES.
-›TSS‹-
WIR WERDEN BALD UNSEREN HEILIGEN EID BRECHEN UND DIE LETZTEN VERBLIEBENEN GÖTTER ENTEHREN.
VERZEIH, WENN ICH ANGESICHTS UNSERES NAHENDEN VERRATS UND TODES AN VERSPÄTUNGEN NICHTS REIZENDES FINDEN KANN.
IST SIE WENIGSTENS UNTERWEGS?
KOMM SCHON, DU WEISST, DASS SIE ES GAR NICHT NETT FINDET, WENN WIR ES ÜBERPRÜFEN.
UND UNS HIER AM STRAND DES PARADIESES WARTEN ZU LASSEN, WÄHREND WIR UNSEREM ENDE INS AUGE SEHEN, IST NETT?
-›SEUFZ‹-
SEIT WIR KINDER WAREN, REITEST DU MICH IN IRGENDWAS REIN.
ICH BIN BATMANS SOHN. DER ERBE DES DÄMONS.
ICH WAR NIE EIN ... KIND.
ICH KANN BIS ZUM MOND UND WEITER SCHAUEN, ABER SIE SEH ICH NIRGENDS.
ALSO SEI ERWACHSEN UND GEDULDE DICH. SIE WIRD SICHER BAL--
WAS STEHT IHR HIER RUM UND STARRT INS ALL BEI ALLEM, WAS WIR ZU TUN HABEN?

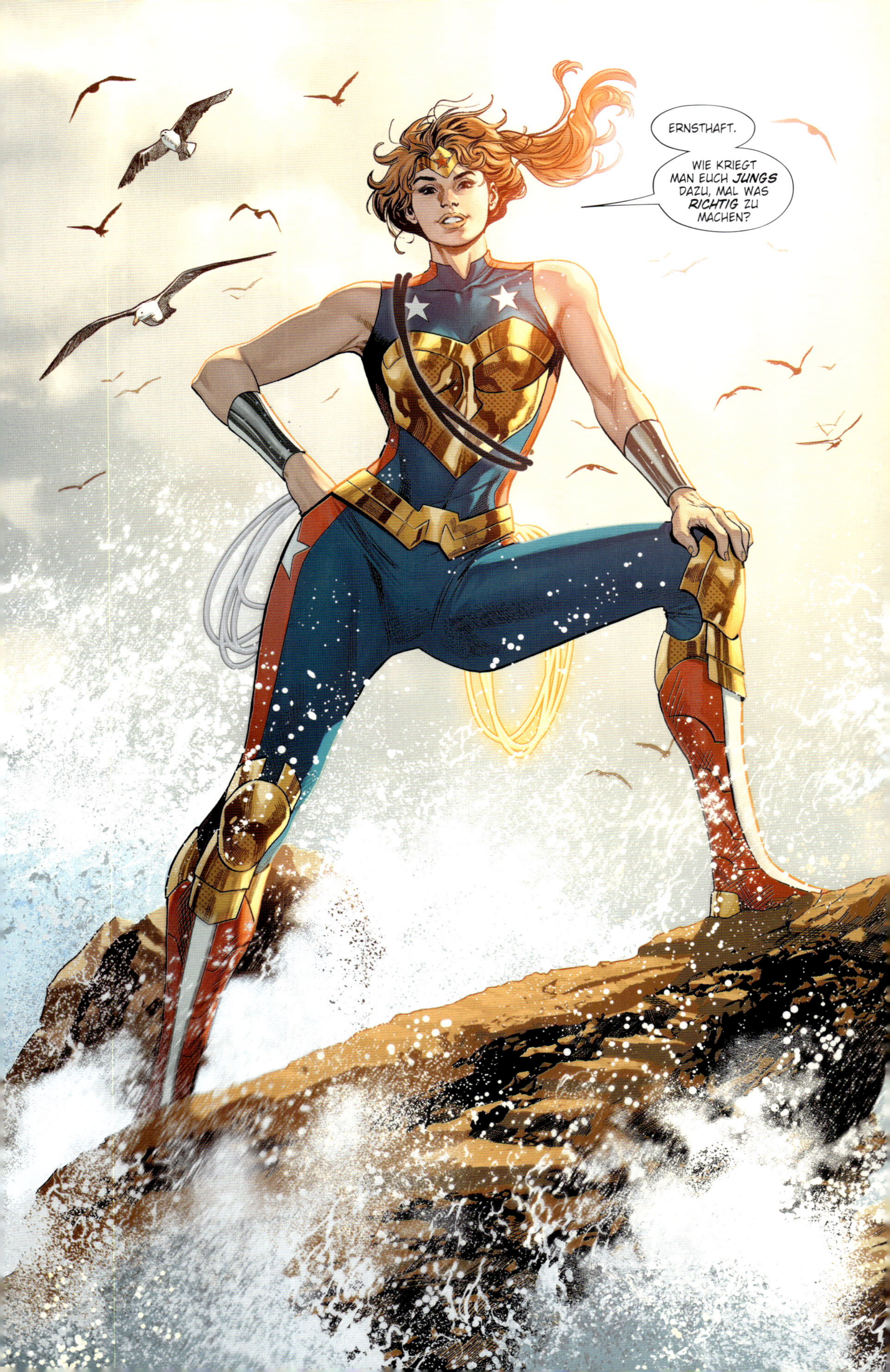
ERNSTHAFT.
WIE KRIEGT MAN EUCH JUNGS DAZU, MAL WAS RICHTIG ZU MACHEN?

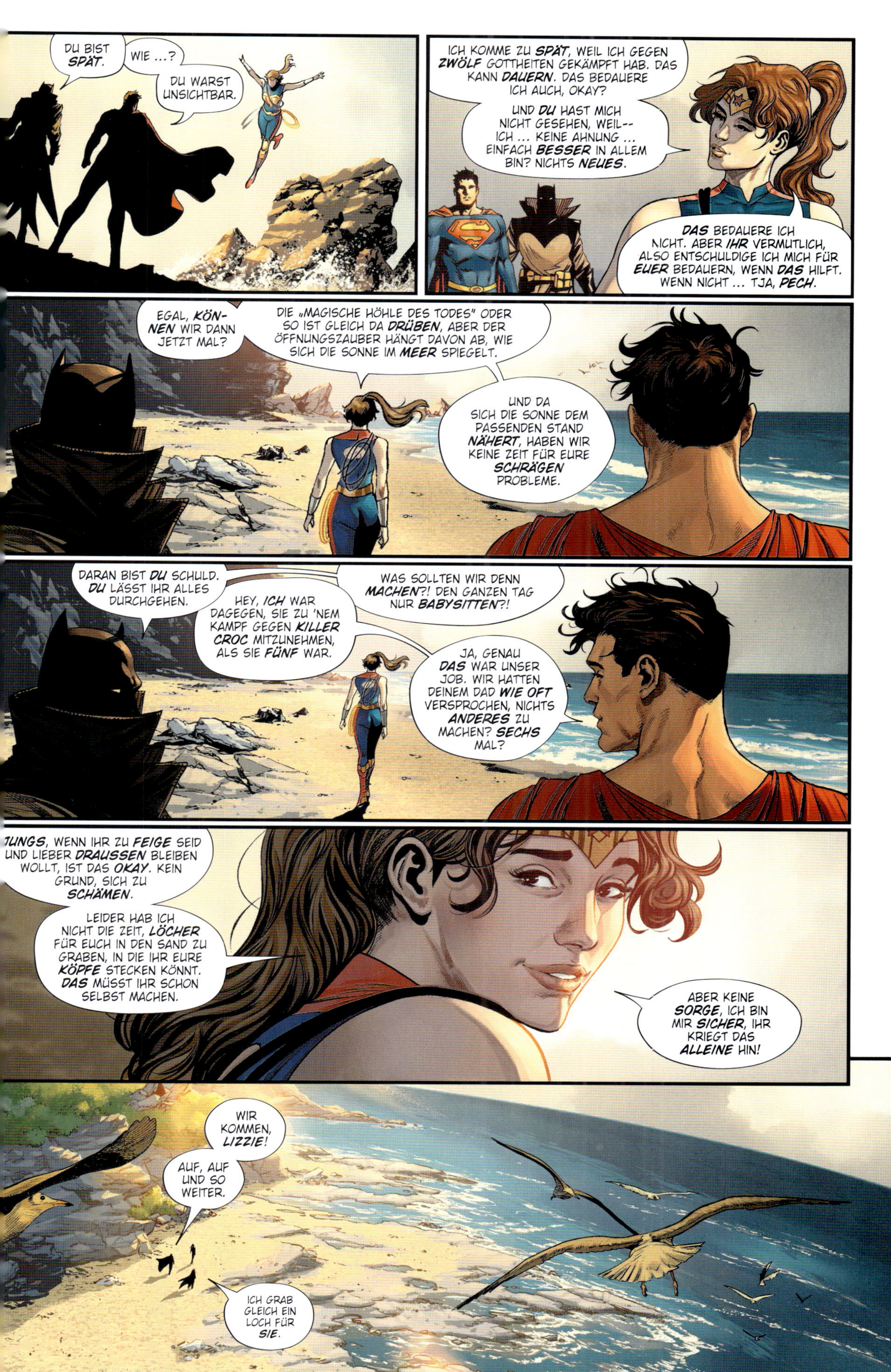

DU BIST SPÄT.
WIE ...?
DU WARST UNSICHTBAR.
ICH KOMME ZU SPÄT, WEIL ICH GEGEN ZWÖLF GOTTHEITEN GEKÄMPFT HAB. DAS KANN DAUERN. DAS BEDAUERE ICH AUCH, OKAY?
UND DU HAST MICH NICHT GESEHEN, WEIL-- ICH ... KEINE AHNUNG ... EINFACH BESSER IN ALLEM BIN? NICHTS NEUES.
DAS BEDAUERE ICH NICHT. ABER IHR VERMUTLICH, ALSO ENTSCHULDIGE ICH MICH FÜR EUER BEDAUERN, WENN DAS HILFT. WENN NICHT ... TJA, PECH.
EGAL, KÖN-NEN WIR DANN JETZT MAL?
DIE „MAGISCHE HÖHLE DES TODES" ODER SO IST GLEICH DA DRÜBEN, ABER DER ÖFFNUNGSZAUBER HÄNGT DAVON AB, WIE SICH DIE SONNE IM MEER SPIEGELT.
UND DA SICH DIE SONNE DEM PASSENDEN STAND NÄHERT, HABEN WIR KEINE ZEIT FÜR EURE SCHRÄGEN PROBLEME.
DARAN BIST DU SCHULD. DU LÄSST IHR ALLES DURCHGEHEN.
HEY, ICH WAR DAGEGEN, SIE ZU 'NEM KAMPF GEGEN KILLER CROC MITZUNEHMEN, ALS SIE FÜNF WAR.
WAS SOLLTEN WIR DENN MACHEN?! DEN GANZEN TAG NUR BABYSITTEN?!
JA, GENAU DAS WAR UNSER JOB. WIR HATTEN DEINEM DAD WIE OFT VERSPROCHEN, NICHTS ANDERES ZU MACHEN? SECHS MAL?
JUNGS, WENN IHR ZU FEIGE SEID UND LIEBER DRAUSSEN BLEIBEN WOLLT, IST DAS OKAY. KEIN GRUND, SICH ZU SCHÄMEN.
LEIDER HAB ICH NICHT DIE ZEIT, LÖCHER FÜR EUCH IN DEN SAND ZU GRABEN, IN DIE IHR EURE KÖPFE STECKEN KÖNNT. DAS MÜSST IHR SCHON SELBST MACHEN.
ABER KEINE SORGE, ICH BIN MIR SICHER, IHR KRIEGT DAS ALLEINE HIN!
WIR KOMMEN, LIZZIE!
AUF, AUF UND SO WEITER.
ICH GRAB GLEICH EIN LOCH FÜR SIE.

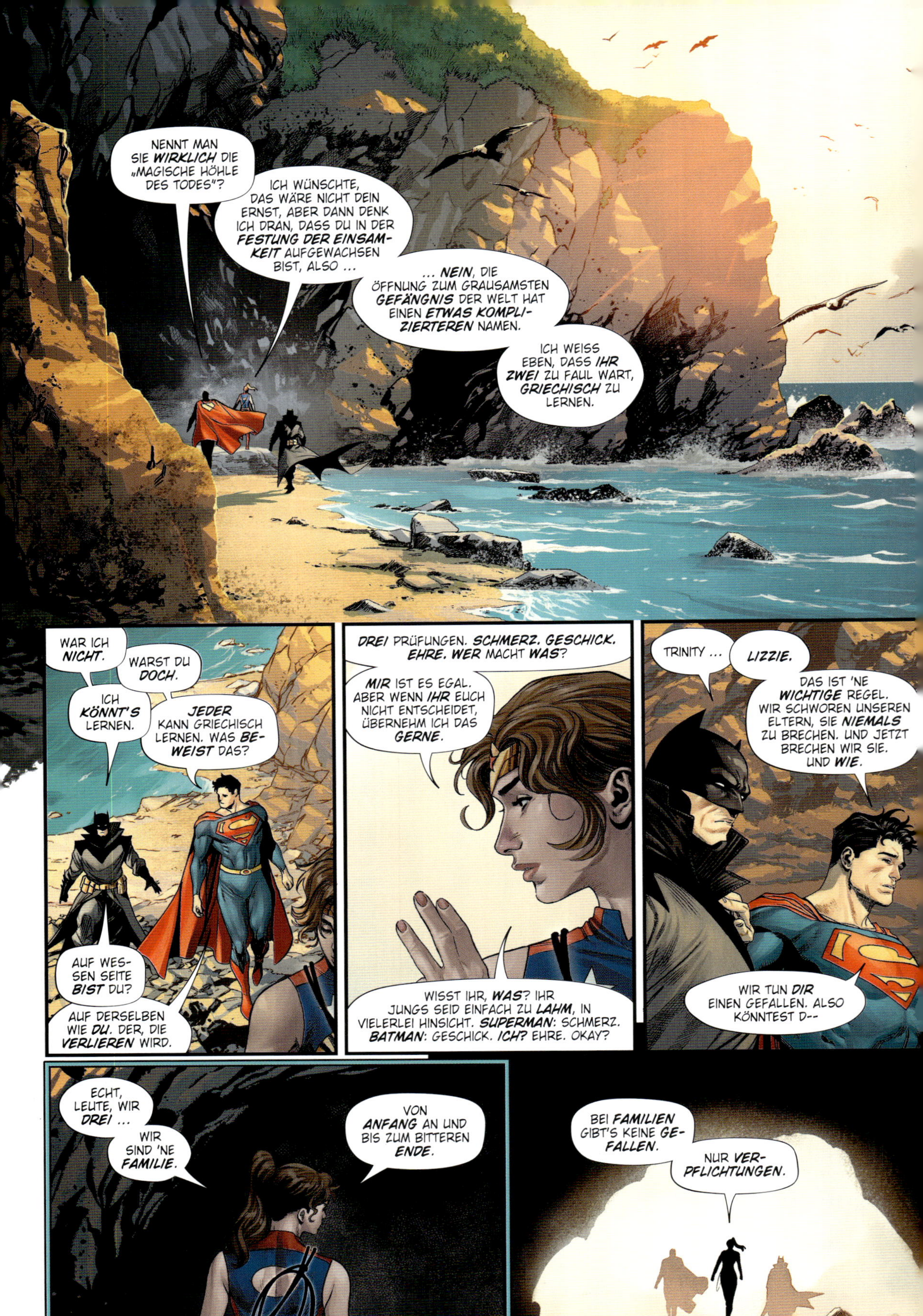
NENNT MAN SIE WIRKLICH DIE „MAGISCHE HÖHLE DES TODES"?
ICH WÜNSCHTE, DAS WÄRE NICHT DEIN ERNST, ABER DANN DENK ICH DRAN, DASS DU IN DER FESTUNG DER EINSAMKEIT AUFGEWACHSEN BIST, ALSO ...
... NEIN, DIE ÖFFNUNG ZUM GRAUSAMSTEN GEFÄNGNIS DER WELT HAT EINEN ETWAS KOMPLIZIERTEREN NAMEN.
ICH WEISS EBEN, DASS IHR ZWEI ZU FAUL WART, GRIECHISCH ZU LERNEN.
WAR ICH NICHT.
WARST DU DOCH.
ICH KÖNNT'S LERNEN.
JEDER KANN GRIECHISCH LERNEN. WAS BEWEIST DAS?
AUF WESSEN SEITE BIST DU?
AUF DERSELBEN WIE DU. DER, DIE VERLIEREN WIRD.
DREI PRÜFUNGEN. SCHMERZ. GESCHICK. EHRE. WER MACHT WAS?
MIR IST ES EGAL. ABER WENN IHR EUCH NICHT ENTSCHEIDET, ÜBERNEHM ICH DAS GERNE.
WISST IHR, WAS? IHR JUNGS SEID EINFACH ZU LAHM, IN VIELERLEI HINSICHT. SUPERMAN: SCHMERZ. BATMAN: GESCHICK. ICH? EHRE. OKAY?
TRINITY ...
LIZZIE.
DAS IST 'NE WICHTIGE REGEL. WIR SCHWOREN UNSEREN ELTERN, SIE NIEMALS ZU BRECHEN. UND JETZT BRECHEN WIR SIE. UND WIE.
WIR TUN DIR EINEN GEFALLEN. ALSO KÖNNTEST D--
ECHT, LEUTE, WIR DREI ...
WIR SIND 'NE FAMILIE.
VON ANFANG AN UND BIS ZUM BITTEREN ENDE.
BEI FAMILIEN GIBT'S KEINE GEFALLEN.
NUR VERPFLICHTUNGEN.

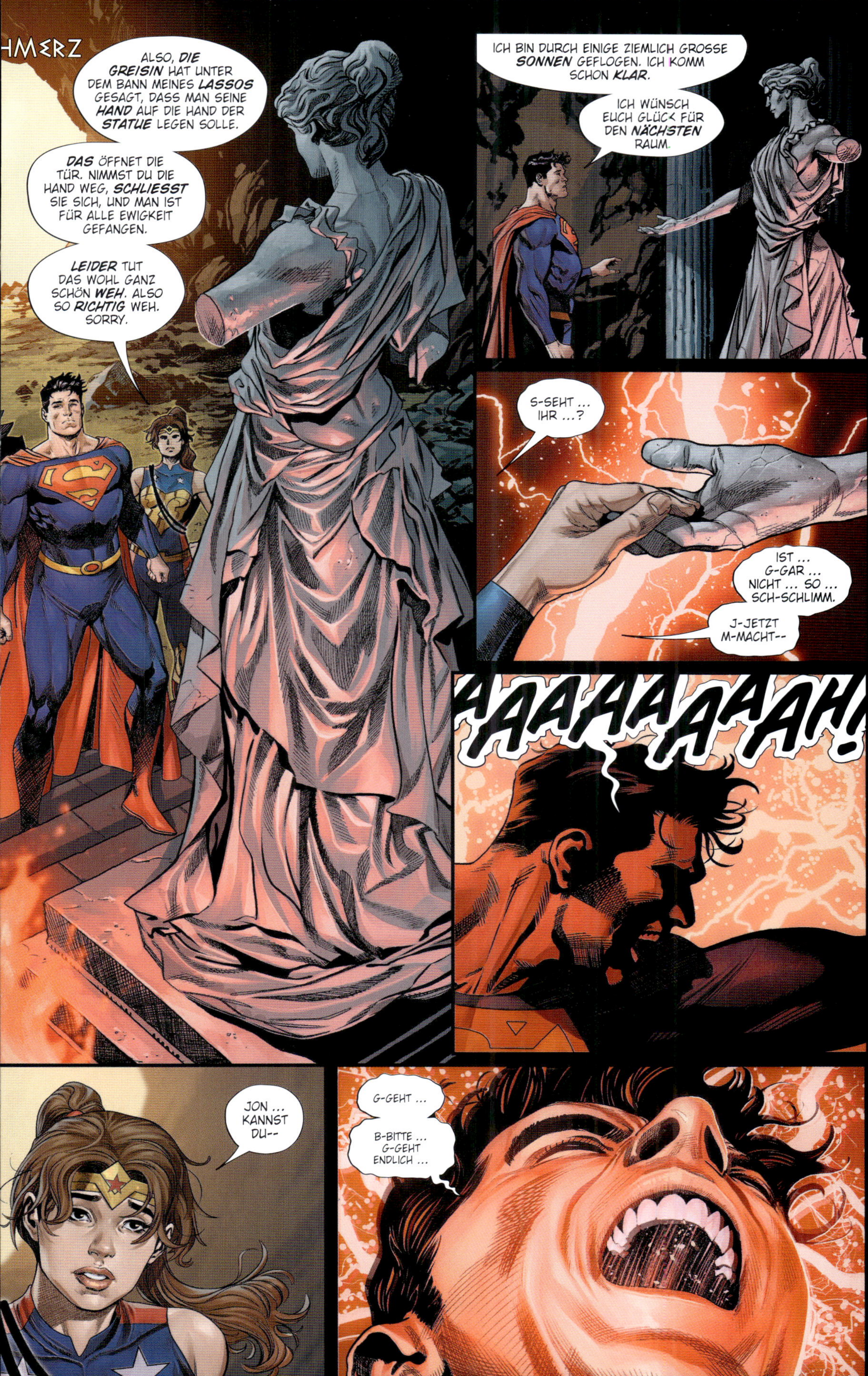
HMERZ
ALSO, **DIE GREISIN** HAT UNTER DEM BANN MEINES **LASSOS** GESAGT, DASS MAN SEINE **HAND** AUF DIE HAND DER **STATUE** LEGEN SOLLE.
DAS ÖFFNET DIE TÜR. NIMMST DU DIE HAND WEG, **SCHLIESST** SIE SICH, UND MAN IST FÜR ALLE EWIGKEIT GEFANGEN.
LEIDER TUT DAS WOHL GANZ SCHÖN **WEH**. ALSO SO **RICHTIG** WEH. SORRY.
ICH BIN DURCH EINIGE ZIEMLICH GROSSE **SONNEN** GEFLOGEN. ICH KOMM SCHON **KLAR**.
ICH WÜNSCH EUCH GLÜCK FÜR DEN **NÄCHSTEN** RAUM.
S-SEHT ... IHR ...?
IST ... G-GAR ... NICHT ... SO ... SCH-SCHLIMM.
J-JETZT M-MACHT--
AAAAAAAAAH!
JON ... KANNST DU--
G-GEHT ...
B-BITTE ... G-GEHT ENDLICH ...

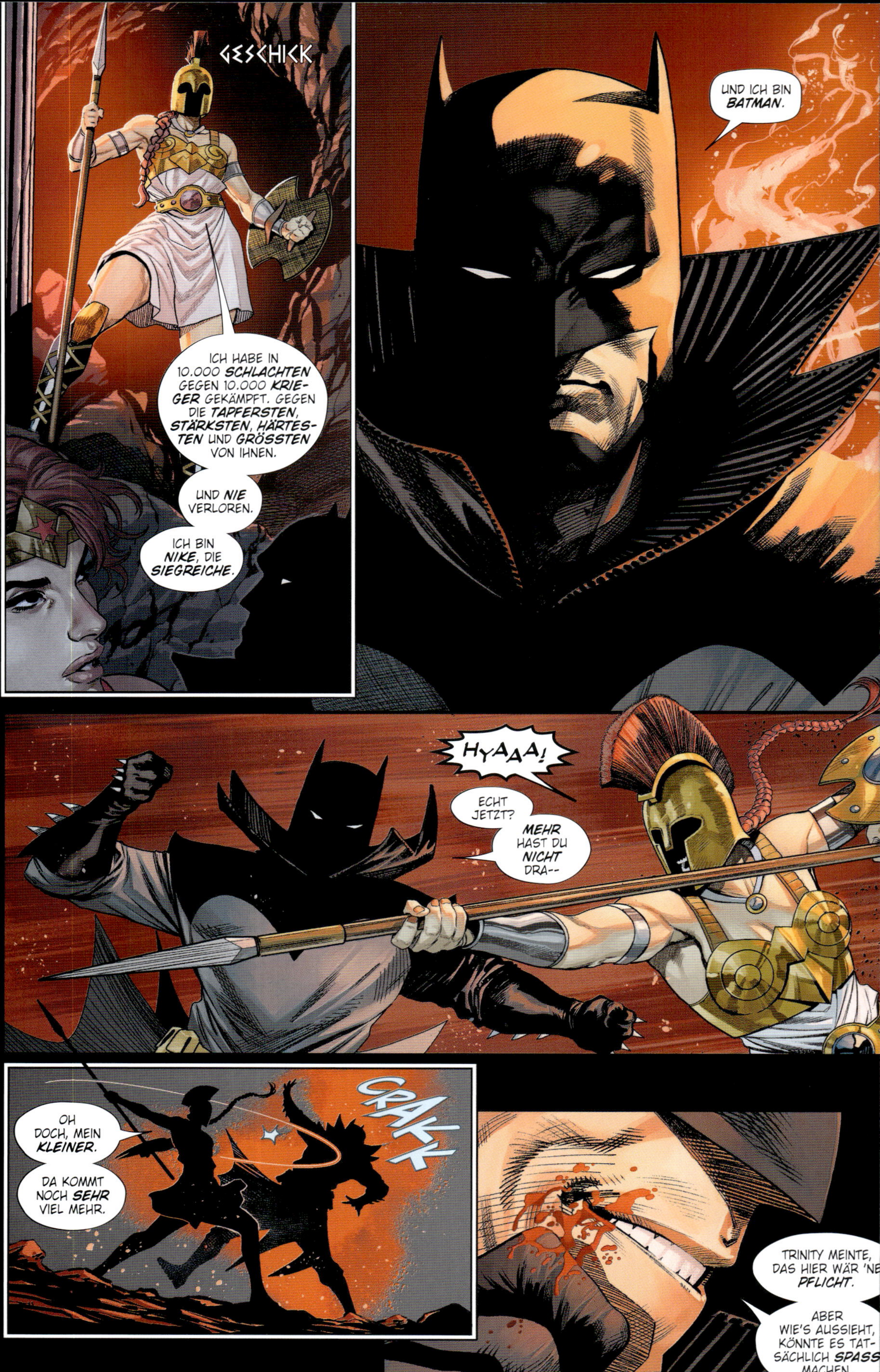
GESCHICK
ICH HABE IN 10.000 SCHLACHTEN GEGEN 10.000 KRIEGER GEKÄMPFT. GEGEN DIE TAPFERSTEN, STÄRKSTEN, HÄRTESTEN UND GRÖSSTEN VON IHNEN.
UND NIE VERLOREN.
ICH BIN NIKE, DIE SIEGREICHE.
UND ICH BIN BATMAN.
HYAAA!
ECHT JETZT?
MEHR HAST DU NICHT DRA--
CRAKK
OH DOCH, MEIN KLEINER.
DA KOMMT NOCH SEHR VIEL MEHR.
TRINITY MEINTE, DAS HIER WÄR 'NE PFLICHT.
ABER WIE'S AUSSIEHT, KÖNNTE ES TATSÄCHLICH SPASS MACHEN.

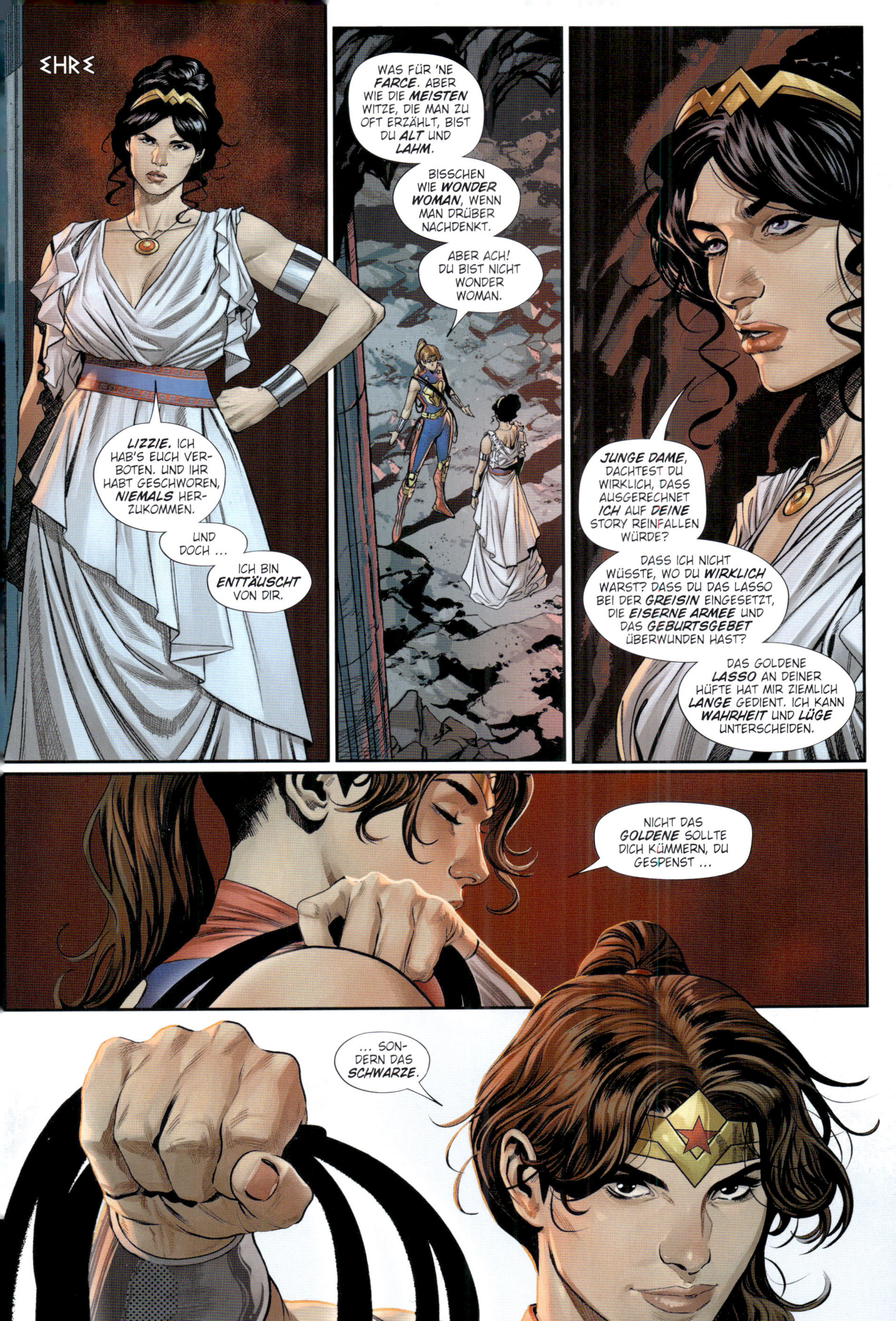
ƐHRƐ
LIZZIE. ICH HAB'S EUCH VERBOTEN. UND IHR HABT GESCHWOREN, NIEMALS HERZUKOMMEN.
UND DOCH ...
ICH BIN ENTTÄUSCHT VON DIR.
WAS FÜR 'NE FARCE. ABER WIE DIE MEISTEN WITZE, DIE MAN ZU OFT ERZÄHLT, BIST DU ALT UND LAHM.
BISSCHEN WIE WONDER WOMAN, WENN MAN DRÜBER NACHDENKT.
ABER ACH! DU BIST NICHT WONDER WOMAN.
JUNGE DAME, DACHTEST DU WIRKLICH, DASS AUSGERECHNET ICH AUF DEINE STORY REINFALLEN WÜRDE?
DASS ICH NICHT WÜSSTE, WO DU WIRKLICH WARST? DASS DU DAS LASSO BEI DER GREISIN EINGESETZT, DIE EISERNE ARMEE UND DAS GEBURTSGEBET ÜBERWUNDEN HAST?
DAS GOLDENE LASSO AN DEINER HÜFTE HAT MIR ZIEMLICH LANGE GEDIENT. ICH KANN WAHRHEIT UND LÜGE UNTERSCHEIDEN.
NICHT DAS GOLDENE SOLLTE DICH KÜMMERN, DU GESPENST ...
... SONDERN DAS SCHWARZE.

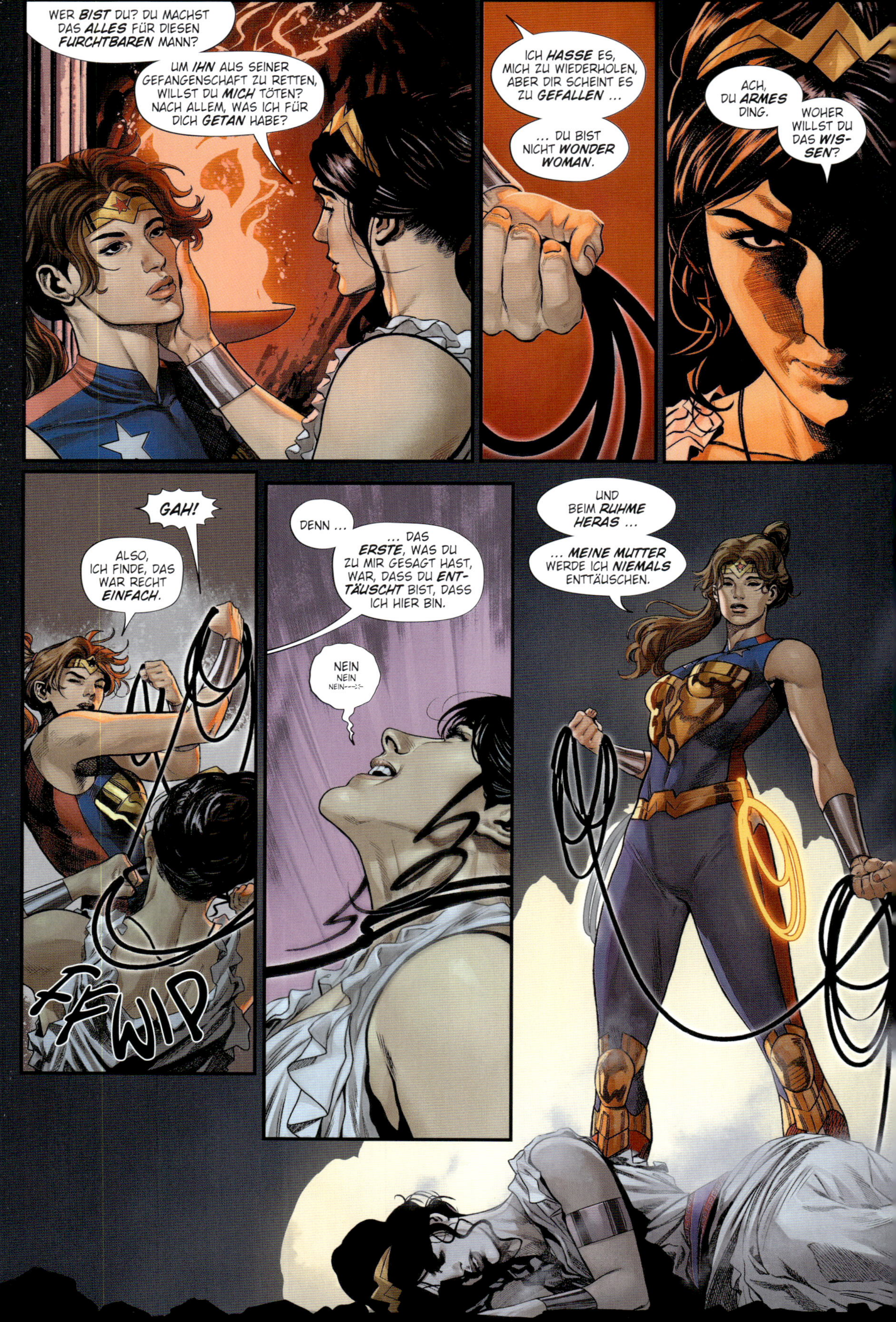
WER BIST DU? DU MACHST DAS ALLES FÜR DIESEN FURCHTBAREN MANN?
UM IHN AUS SEINER GEFANGENSCHAFT ZU RETTEN, WILLST DU MICH TÖTEN? NACH ALLEM, WAS ICH FÜR DICH GETAN HABE?
ICH HASSE ES, MICH ZU WIEDERHOLEN, ABER DIR SCHEINT ES ZU GEFALLEN ...
... DU BIST NICHT WONDER WOMAN.
ACH, DU ARMES DING.
WOHER WILLST DU DAS WISSEN?
GAH!
ALSO, ICH FINDE, DAS WAR RECHT EINFACH.
FWIP
DENN ...
... DAS ERSTE, WAS DU ZU MIR GESAGT HAST, WAR, DASS DU ENTTÄUSCHT BIST, DASS ICH HIER BIN.
NEIN NEIN NEIN---
UND BEIM RUHME HERAS ...
... MEINE MUTTER WERDE ICH NIEMALS ENTTÄUSCHEN.

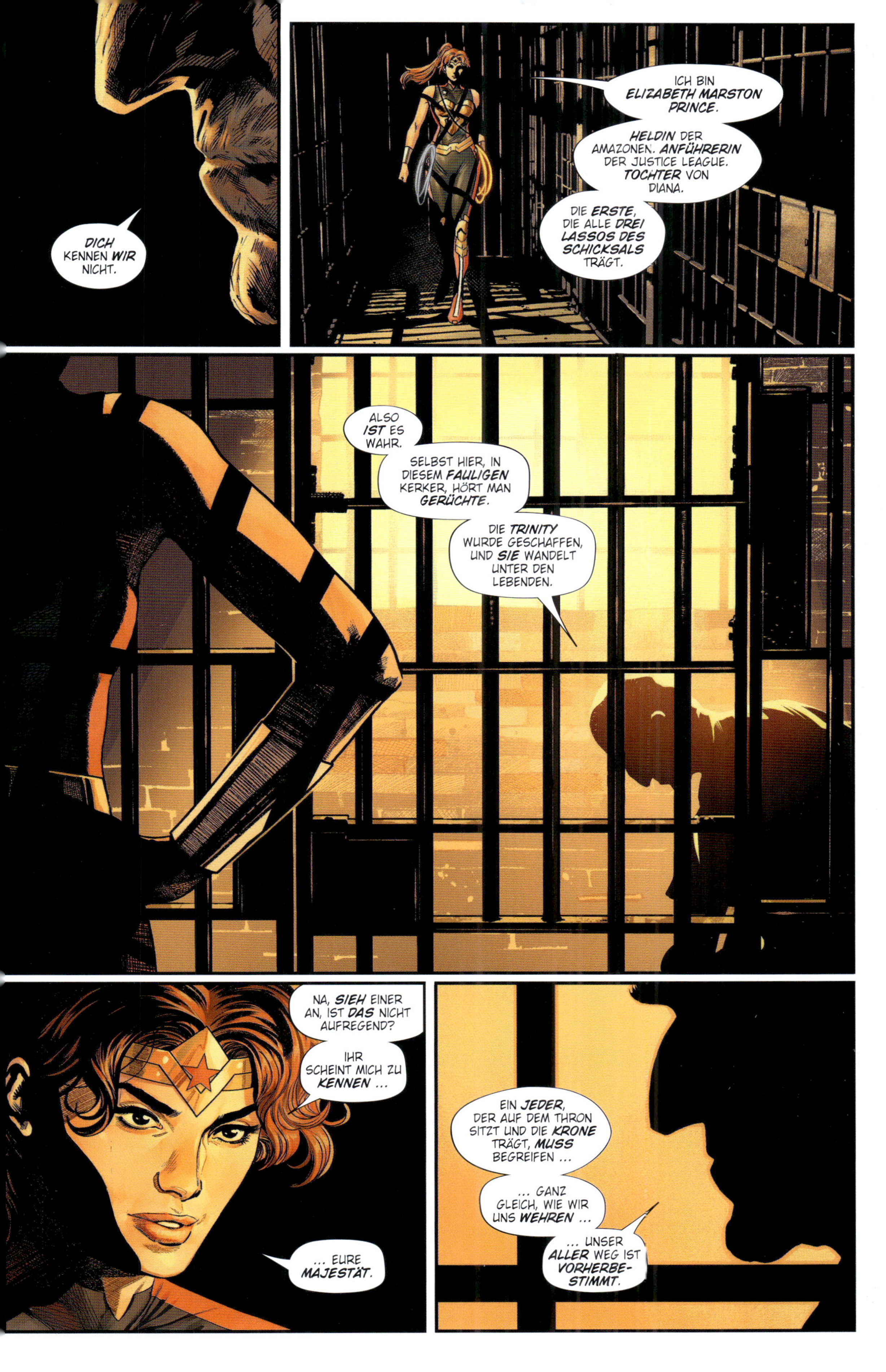

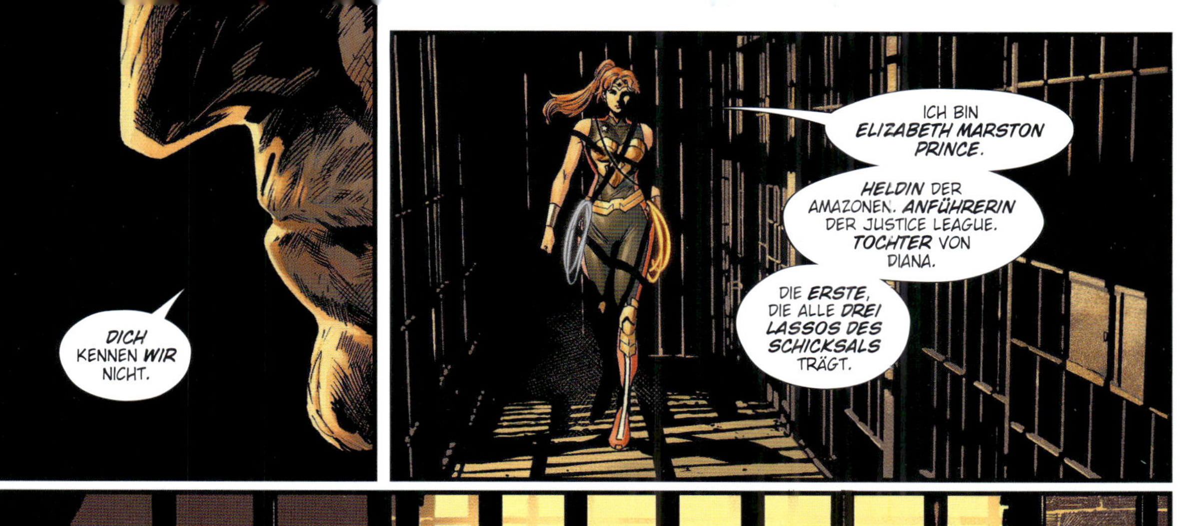

DICH KENNEN WIR NICHT.
ICH BIN ELIZABETH MARSTON PRINCE.
HELDIN DER AMAZONEN. ANFÜHRERIN DER JUSTICE LEAGUE. TOCHTER VON DIANA.
DIE ERSTE, DIE ALLE DREI LASSOS DES SCHICKSALS TRÄGT.

ALSO IST ES WAHR.
SELBST HIER, IN DIESEM FAULIGEN KERKER, HÖRT MAN GERÜCHTE.
DIE TRINITY WURDE GESCHAFFEN, UND SIE WANDELT UNTER DEN LEBENDEN.

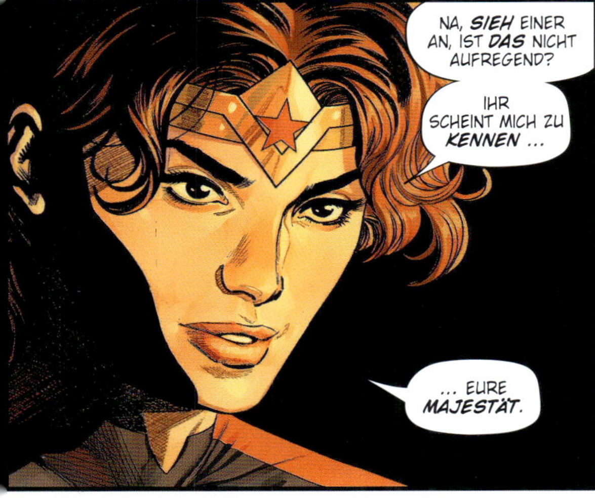

NA, SIEH EINER AN, IST DAS NICHT AUFREGEND?
IHR SCHEINT MICH ZU KENNEN ...
... EURE MAJESTÄT.

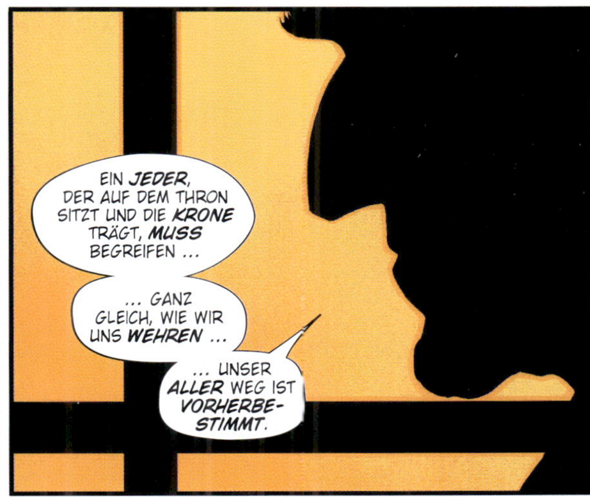

EIN JEDER, DER AUF DEM THRON SITZT UND DIE KRONE TRÄGT, MUSS BEGREIFEN ...
... GANZ GLEICH, WIE WIR UNS WEHREN ...
... UNSER ALLER WEG IST VORHERBE-STIMMT.

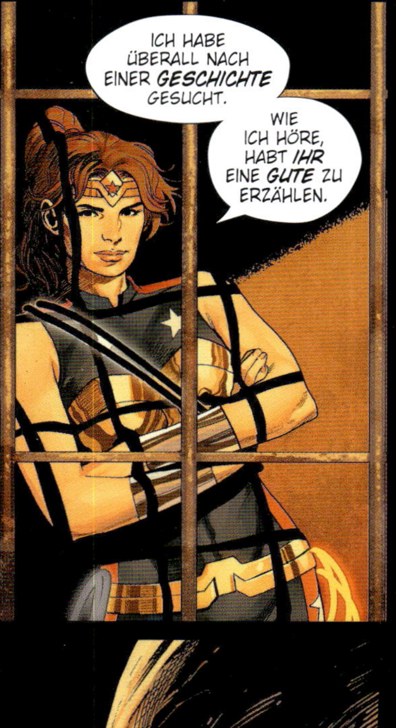
ICH HABE ÜBERALL NACH EINER GESCHICHTE GESUCHT.
WIE ICH HÖRE, HABT IHR EINE GUTE ZU ERZÄHLEN.

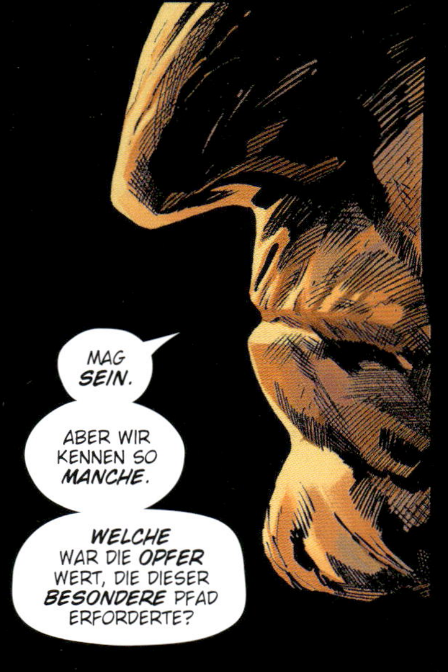
MAG SEIN.
ABER WIR KENNEN SO MANCHE.
WELCHE WAR DIE OPFER WERT, DIE DIESER BESONDERE PFAD ERFORDERTE?

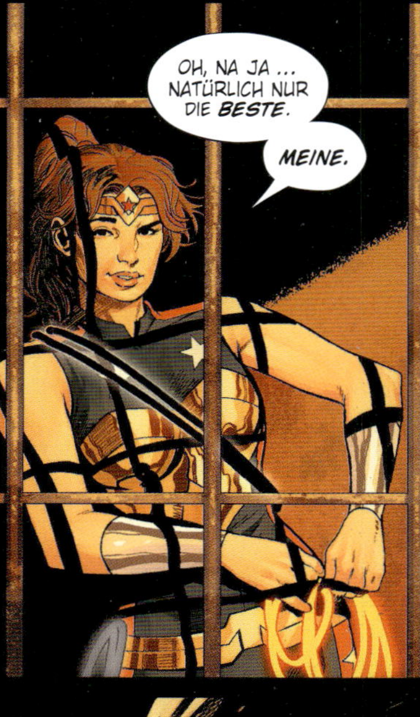
OH, NA JA ... NATÜRLICH NUR DIE BESTE.
MEINE.

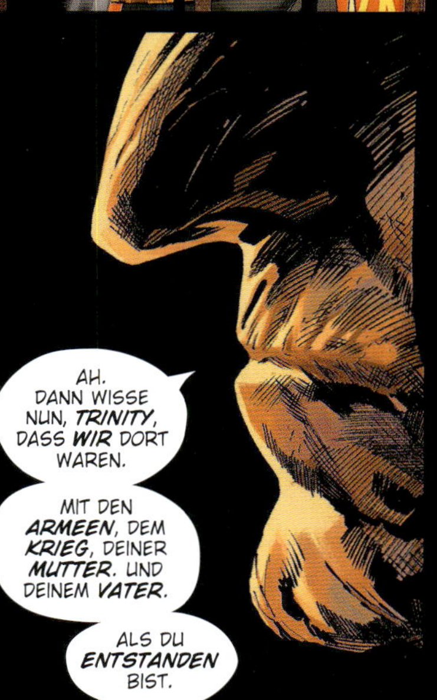
AH. DANN WISSE NUN, TRINITY, DASS WIR DORT WAREN.
MIT DEN ARMEEN, DEM KRIEG, DEINER MUTTER. UND DEINEM VATER.
ALS DU ENTSTANDEN BIST.

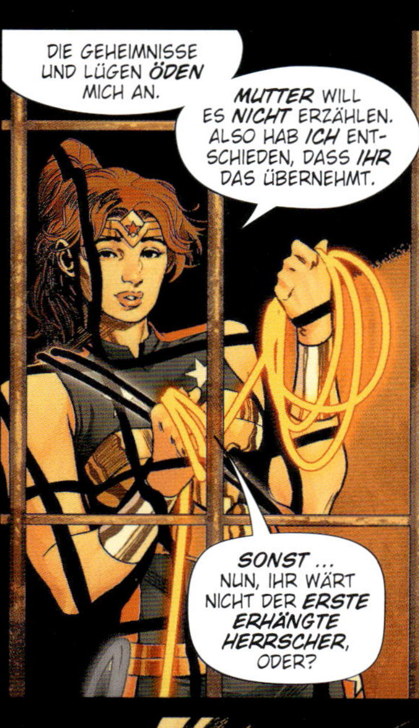
DIE GEHEIMNISSE UND LÜGEN ÖDEN MICH AN.
MUTTER WILL ES NICHT ERZÄHLEN. ALSO HAB ICH ENT-SCHIEDEN, DASS IHR DAS ÜBERNEHMT.
SONST ... NUN, IHR WÄRT NICHT DER ERSTE ERHÄNGTE HERRSCHER, ODER?

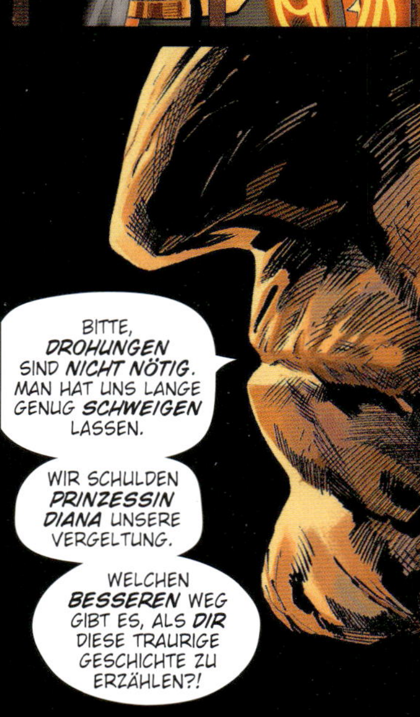
BITTE, DROHUNGEN SIND NICHT NÖTIG. MAN HAT UNS LANGE GENUG SCHWEIGEN LASSEN.
WIR SCHULDEN PRINZESSIN DIANA UNSERE VERGELTUNG.
WELCHEN BESSEREN WEG GIBT ES, ALS DIR DIESE TRAURIGE GESCHICHTE ZU ERZÄHLEN?!

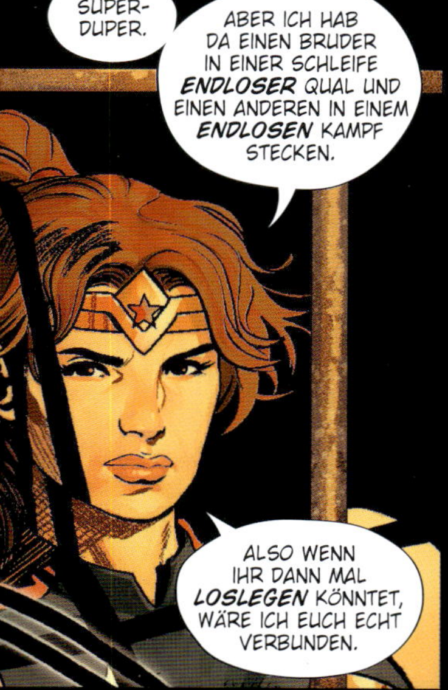
SUPER-DUPER.
ABER ICH HAB DA EINEN BRUDER IN EINER SCHLEIFE ENDLOSER QUAL UND EINEN ANDEREN IN EINEM ENDLOSEN KAMPF STECKEN.
ALSO WENN IHR DANN MAL LOSLEGEN KÖNNTET, WÄRE ICH EUCH ECHT VERBUNDEN.

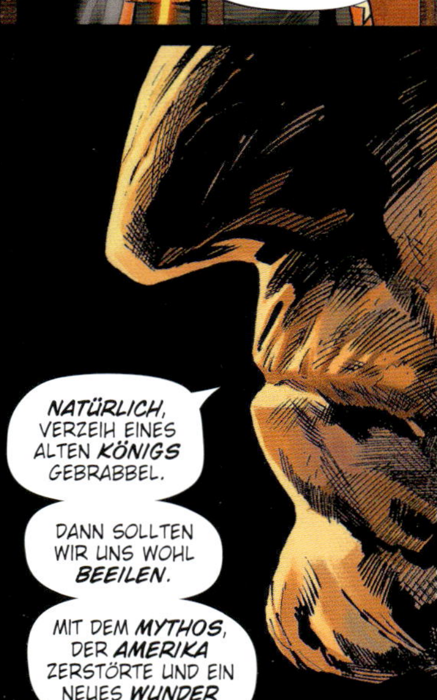
NATÜRLICH, VERZEIH EINES ALTEN KÖNIGS GEBRABBEL.
DANN SOLLTEN WIR UNS WOHL BEEILEN.
MIT DEM MYTHOS, DER AMERIKA ZERSTÖRTE UND EIN NEUES WUNDER GEBAR.

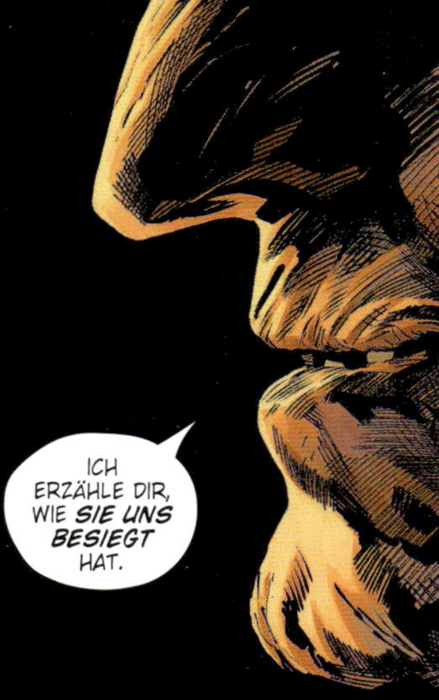
ICH ERZÄHLE DIR, WIE SIE UNS BESIEGT HAT.

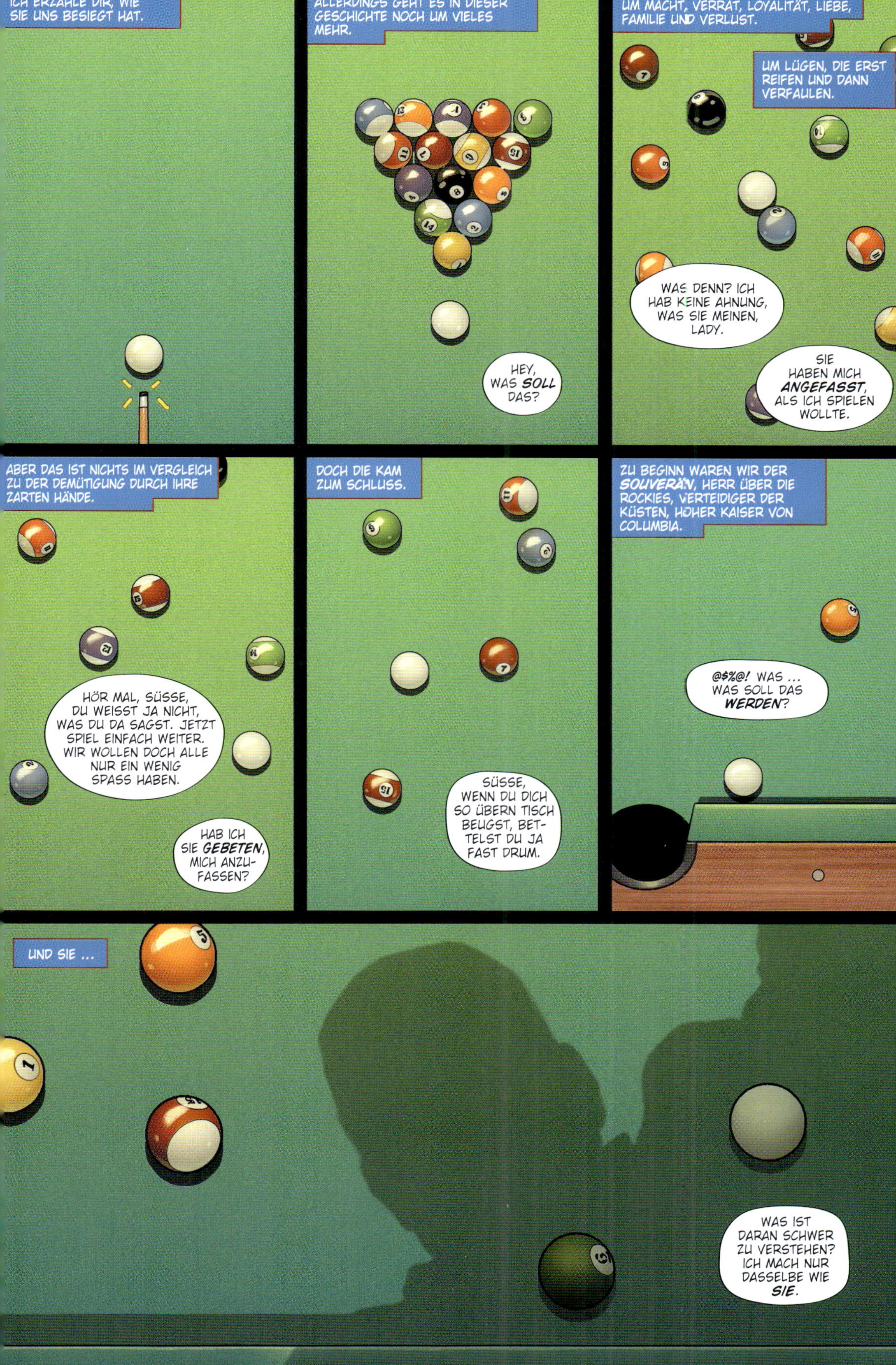
ICH ERZÄHLE DIR, WIE SIE UNS BESIEGT HAT.
ALLERDINGS GEHT ES IN DIESER GESCHICHTE NOCH UM VIELES MEHR.
HEY, WAS SOLL DAS?
UM MACHT, VERRAT, LOYALITÄT, LIEBE, FAMILIE UND VERLUST.
UM LÜGEN, DIE ERST REIFEN UND DANN VERFAULEN.
WAS DENN? ICH HAB KEINE AHNUNG, WAS SIE MEINEN, LADY.
SIE HABEN MICH ANGEFASST, ALS ICH SPIELEN WOLLTE.
ABER DAS IST NICHTS IM VERGLEICH ZU DER DEMÜTIGUNG DURCH IHRE ZARTEN HÄNDE.
HÖR MAL, SÜSSE, DU WEISST JA NICHT, WAS DU DA SAGST. JETZT SPIEL EINFACH WEITER. WIR WOLLEN DOCH ALLE NUR EIN WENIG SPASS HABEN.
HAB ICH SIE GEBETEN, MICH ANZU-FASSEN?
DOCH DIE KAM ZUM SCHLUSS.
SÜSSE, WENN DU DICH SO ÜBERN TISCH BEUGST, BET-TELST DU JA FAST DRUM.
ZU BEGINN WAREN WIR DER SOUVERÄN, HERR ÜBER DIE ROCKIES, VERTEIDIGER DER KÜSTEN, HOHER KAISER VON COLUMBIA.
@$%@! WAS ... WAS SOLL DAS WERDEN?
UND SIE ...
WAS IST DARAN SCHWER ZU VERSTEHEN? ICH MACH NUR DASSELBE WIE SIE.

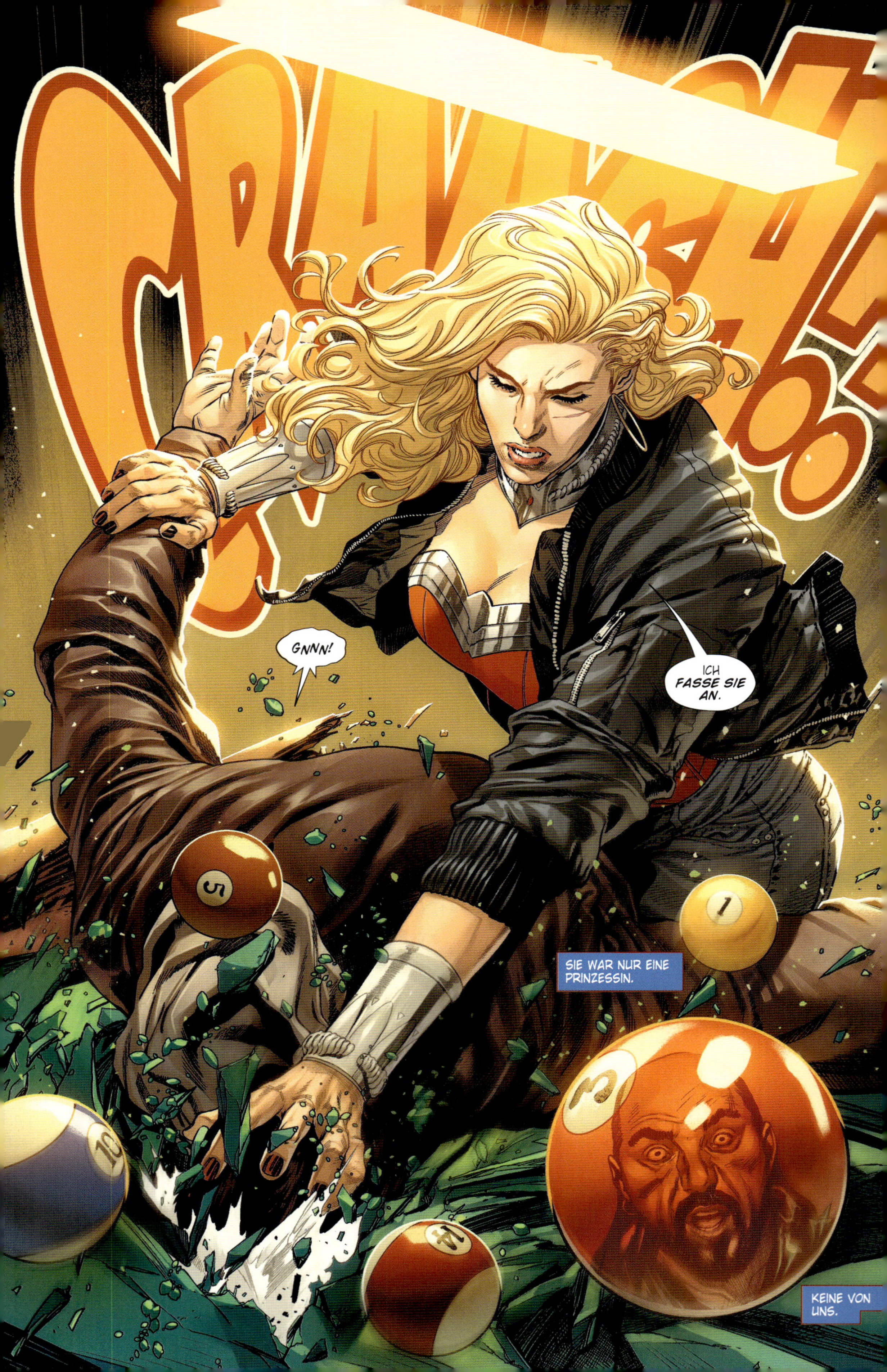
GNNN!
ICH FASSE SIE AN.
SIE WAR NUR EINE PRINZESSIN.
KEINE VON UNS.

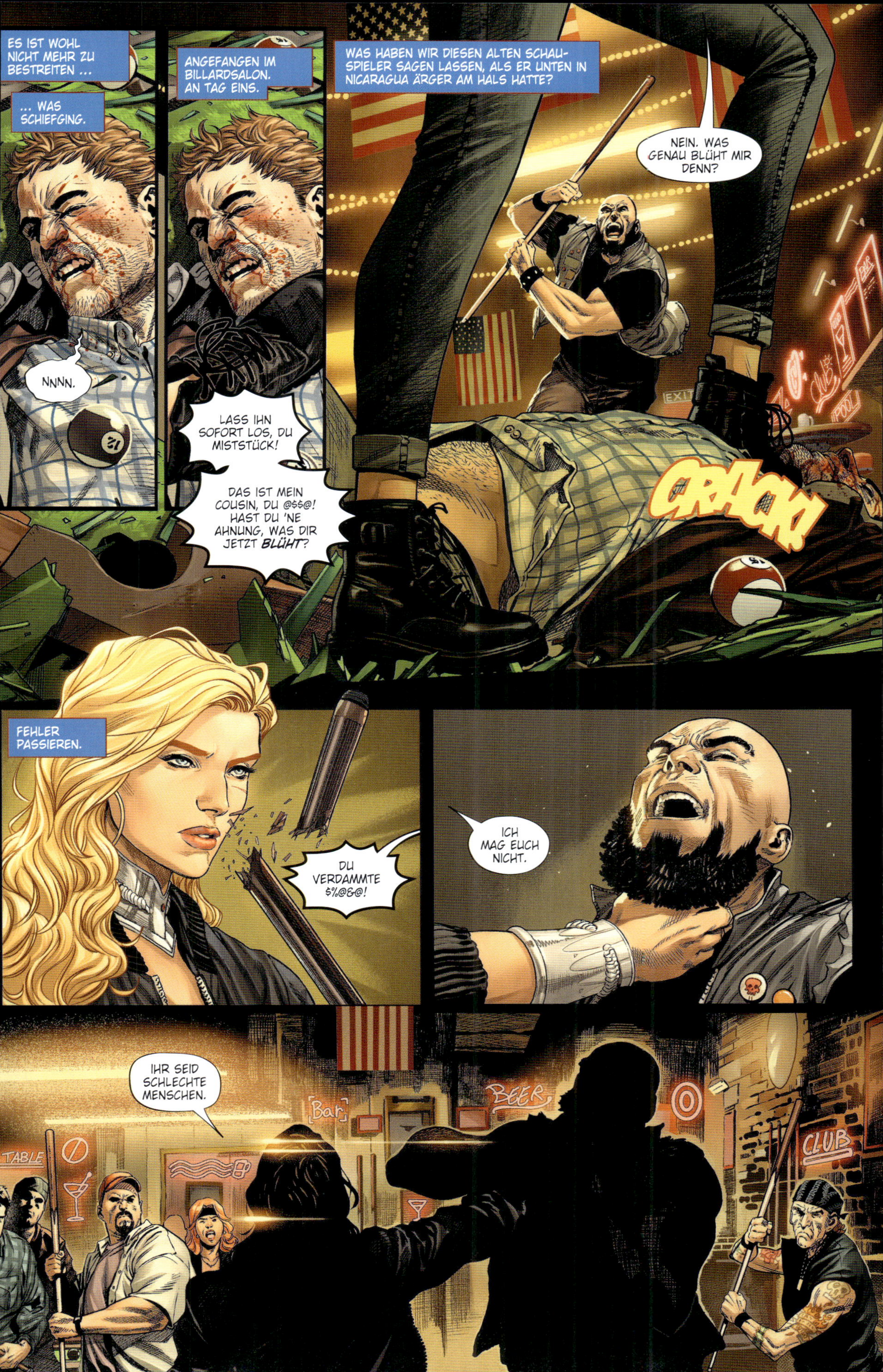
ES IST WOHL NICHT MEHR ZU BESTREITEN …
… WAS SCHIEFGING.
NNNN.
ANGEFANGEN IM BILLARDSALON. AN TAG EINS.
LASS IHN SOFORT LOS, DU MISTSTÜCK!
DAS IST MEIN COUSIN, DU @$$@! HAST DU 'NE AHNUNG, WAS DIR JETZT BLÜHT?
WAS HABEN WIR DIESEN ALTEN SCHAUSPIELER SAGEN LASSEN, ALS ER UNTEN IN NICARAGUA ÄRGER AM HALS HATTE?
NEIN. WAS GENAU BLÜHT MIR DENN?
CRACK!
FEHLER PASSIEREN.
DU VERDAMMTE $%@&@!
ICH MAG EUCH NICHT.
IHR SEID SCHLECHTE MENSCHEN.
BAR
BEER
CLUB
TABLE
EXIT

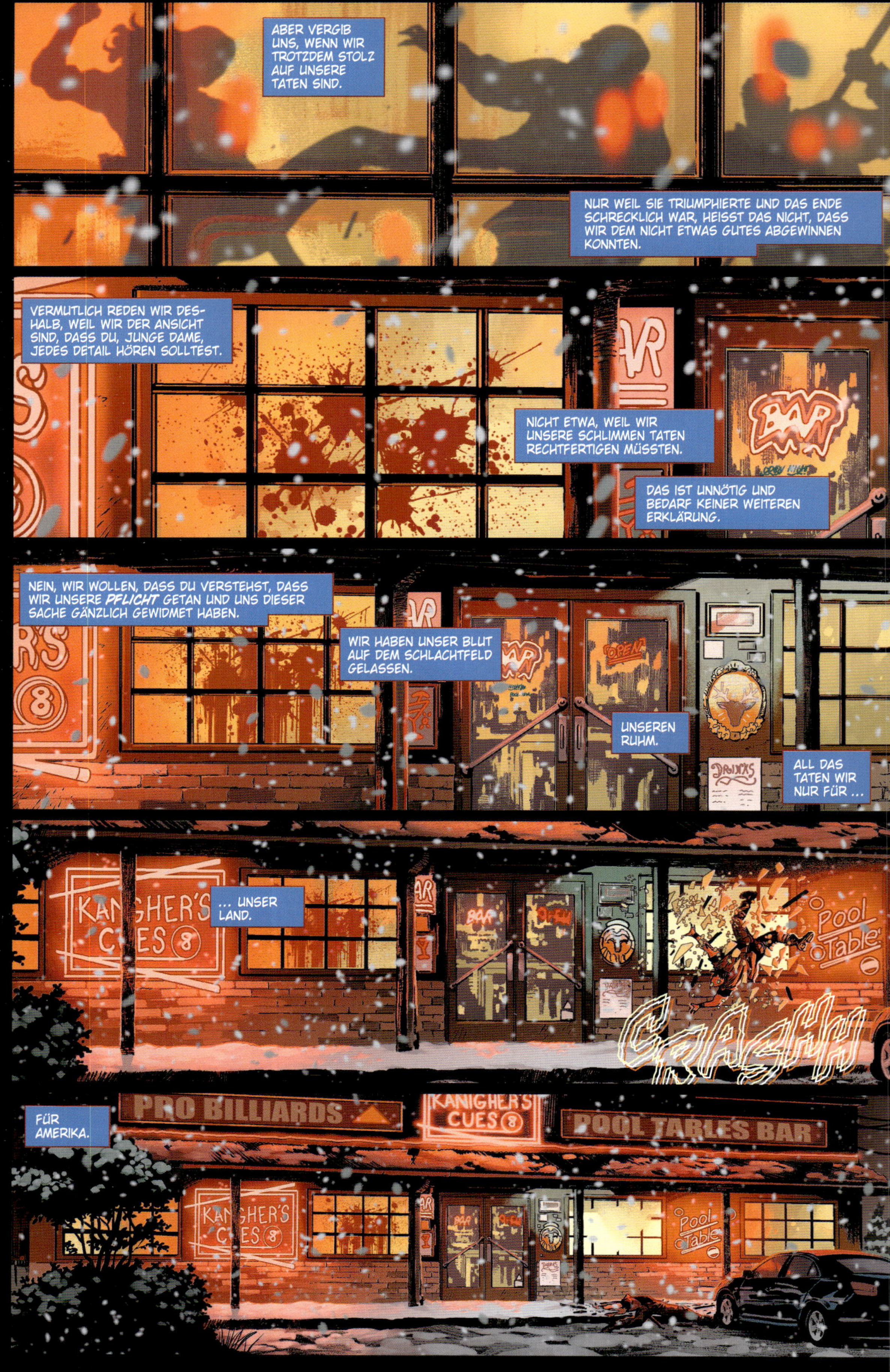
ABER VERGIB UNS, WENN WIR TROTZDEM STOLZ AUF UNSERE TATEN SIND.
NUR WEIL SIE TRIUMPHIERTE UND DAS ENDE SCHRECKLICH WAR, HEISST DAS NICHT, DASS WIR DEM NICHT ETWAS GUTES ABGEWINNEN KONNTEN.
VERMUTLICH REDEN WIR DESHALB, WEIL WIR DER ANSICHT SIND, DASS DU, JUNGE DAME, JEDES DETAIL HÖREN SOLLTEST.
NICHT ETWA, WEIL WIR UNSERE SCHLIMMEN TATEN RECHTFERTIGEN MÜSSTEN.
DAS IST UNNÖTIG UND BEDARF KEINER WEITEREN ERKLÄRUNG.
NEIN, WIR WOLLEN, DASS DU VERSTEHST, DASS WIR UNSERE *PFLICHT* GETAN UND UNS DIESER SACHE GÄNZLICH GEWIDMET HABEN.
WIR HABEN UNSER BLUT AUF DEM SCHLACHTFELD GELASSEN.
UNSEREN RUHM.
ALL DAS TATEN WIR NUR FÜR ...
... UNSER LAND.
KANGHER'S CUES
Pool Table
CRASHH
FÜR AMERIKA.
PRO BILLIARDS
KANIGHER'S CUES
POOL TABLES BAR

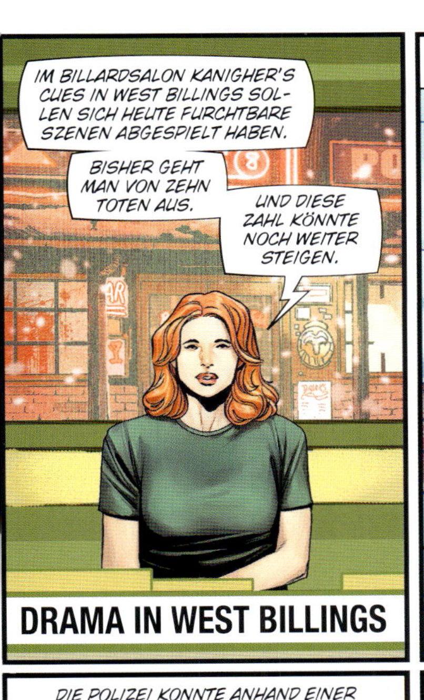

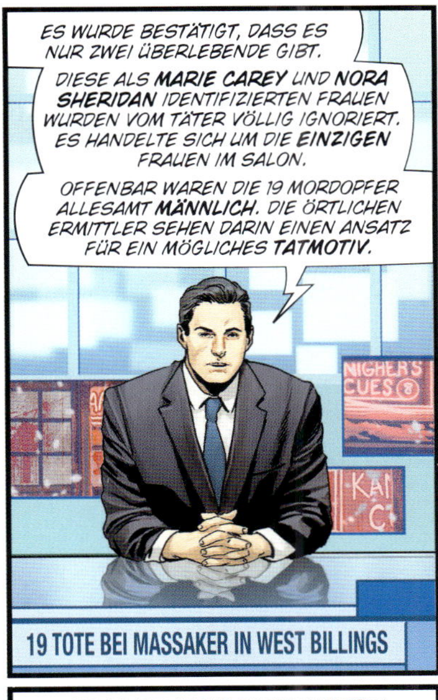

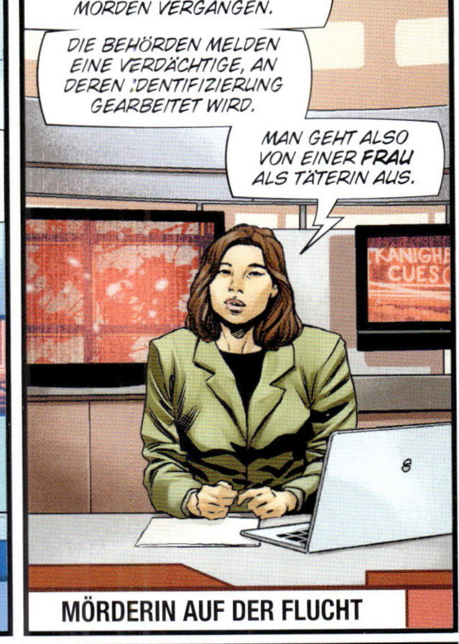

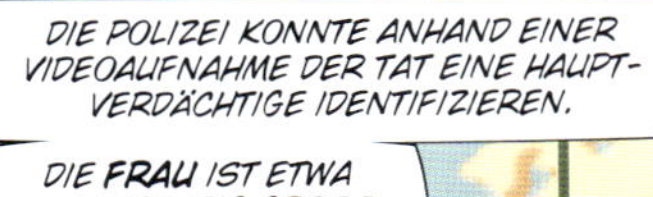

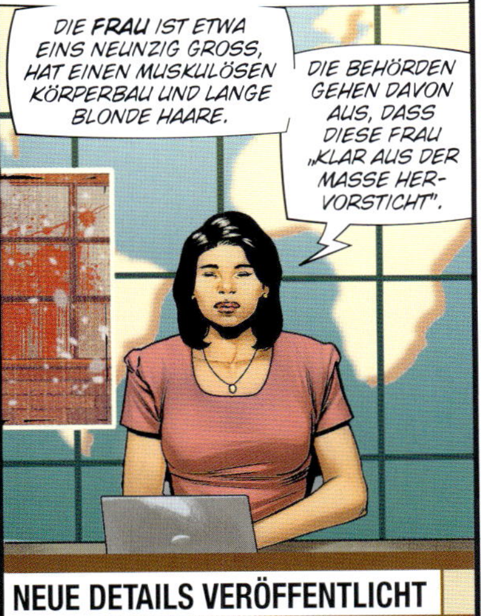

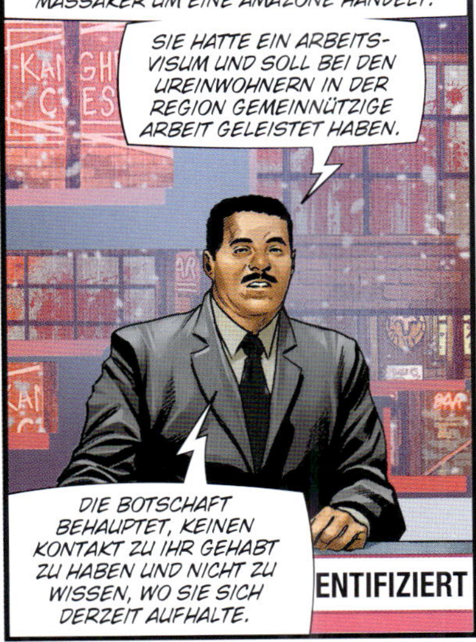

IN WASHINGTON WIRD WEITERHIN DARÜBER SPEKULIERT, WAS IN DER „AMAZONEN-ANGELEGENHEIT" ZU TUN SEI.

MANCHE SAGEN, DIE BILLARDSALON-MORDE DÜRFE MAN NICHT ALS EINZELFALL BETRACHTEN.

DIES SEI EINE ART **ANGRIFF** DER AMAZONEN AUF AMERIKANISCHE WERTE. MANCHE BENUTZEN OFFEN DAS WORT **TERRORISMUS**.

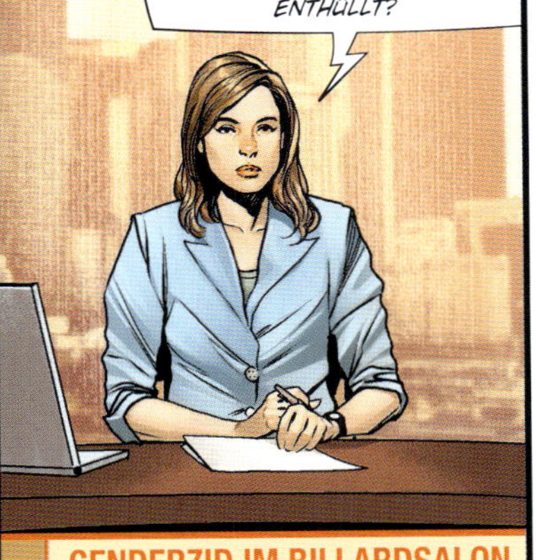

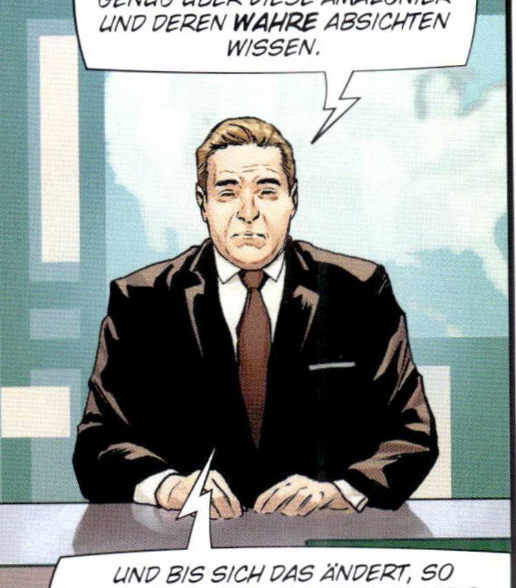

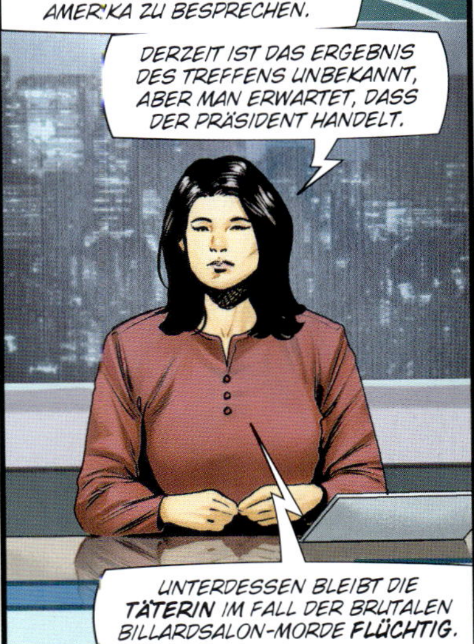

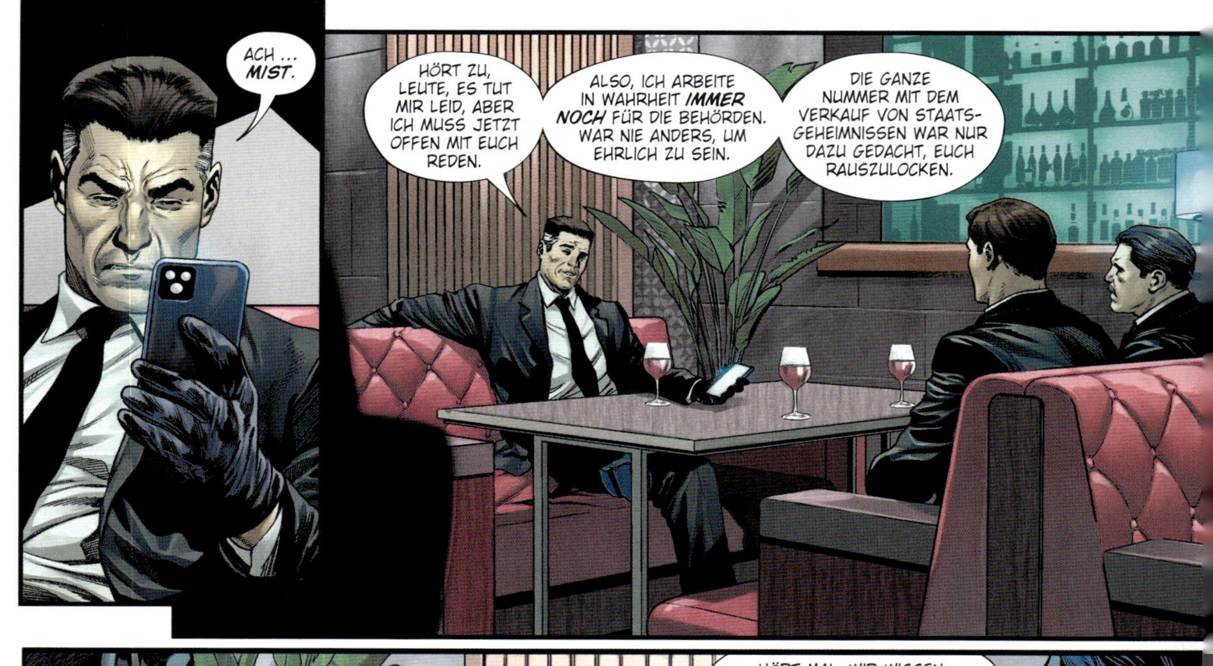
ACH ... *MIST*.
HÖRT ZU, LEUTE, ES TUT MIR LEID, ABER ICH MUSS JETZT OFFEN MIT EUCH REDEN.
ALSO, ICH ARBEITE IN WAHRHEIT *IMMER NOCH* FÜR DIE BEHÖRDEN. WAR NIE ANDERS, UM EHRLICH ZU SEIN.
DIE GANZE NUMMER MIT DEM VERKAUF VON STAATS-GEHEIMNISSEN WAR NUR DAZU GEDACHT, EUCH RAUSZULOCKEN.

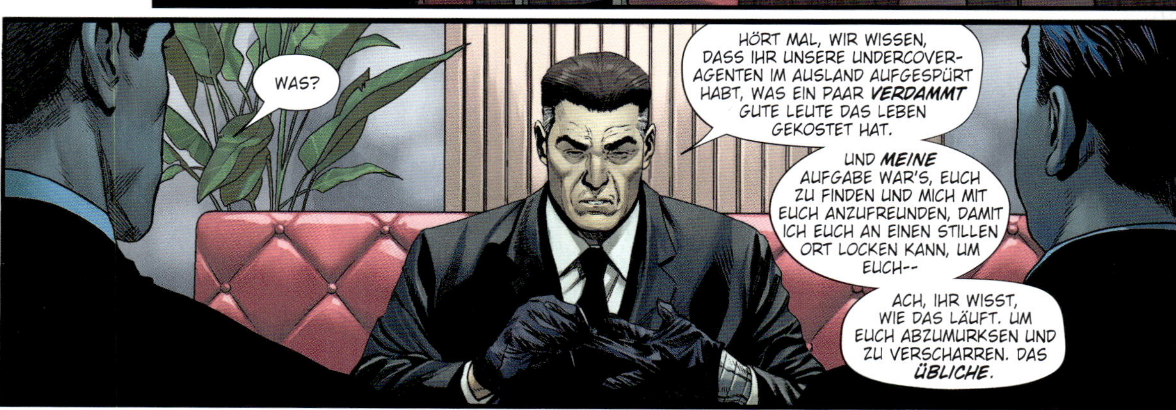
WAS?
HÖRT MAL, WIR WISSEN, DASS IHR UNSERE UNDERCOVER-AGENTEN IM AUSLAND AUFGESPÜRT HABT, WAS EIN PAAR *VERDAMMT* GUTE LEUTE DAS LEBEN GEKOSTET HAT.
UND *MEINE* AUFGABE WAR'S, EUCH ZU FINDEN UND MICH MIT EUCH ANZUFREUNDEN, DAMIT ICH EUCH AN EINEN STILLEN ORT LOCKEN KANN, UM EUCH--
ACH, IHR WISST, WIE DAS LÄUFT. UM EUCH ABZUMURKSEN UND ZU VERSCHARREN. DAS *ÜBLICHE*.

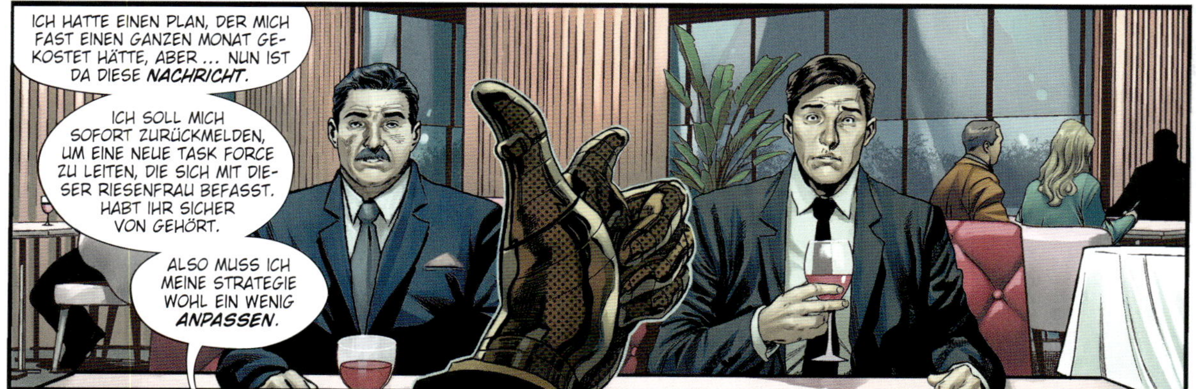
ICH HATTE EINEN PLAN, DER MICH FAST EINEN GANZEN MONAT GE-KOSTET HÄTTE, ABER ... NUN IST DA DIESE *NACHRICHT*.
ICH SOLL MICH SOFORT ZURÜCKMELDEN, UM EINE NEUE TASK FORCE ZU LEITEN, DIE SICH MIT DIE-SER RIESENFRAU BEFASST. HABT IHR SICHER VON GEHÖRT.
ALSO MUSS ICH MEINE STRATEGIE WOHL EIN WENIG *ANPASSEN*.

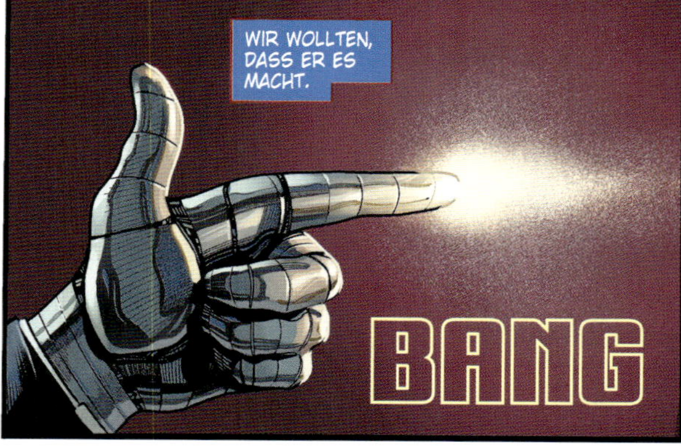
WIR WOLLTEN, DASS ER ES MACHT.
BANG

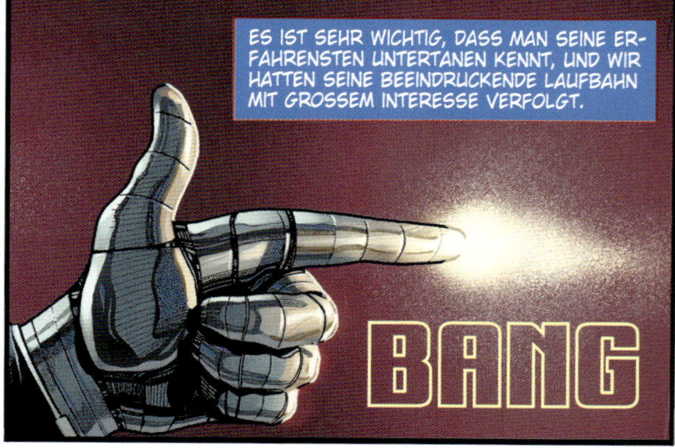
ES IST SEHR WICHTIG, DASS MAN SEINE ER-FAHRENSTEN UNTERTANEN KENNT, UND WIR HATTEN SEINE BEEINDRUCKENDE LAUFBAHN MIT GROSSEM INTERESSE VERFOLGT.
BANG

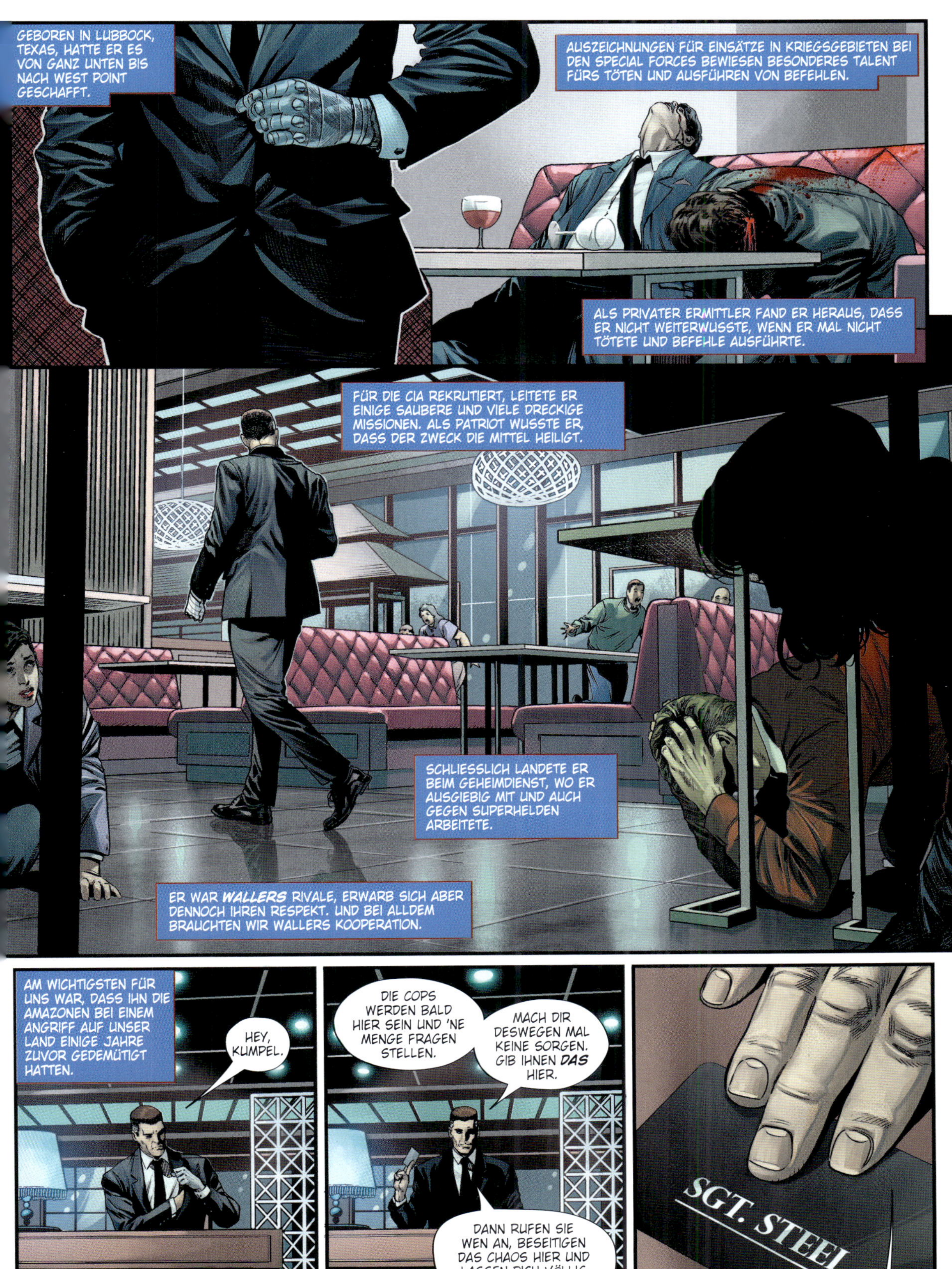
GEBOREN IN LUBBOCK, TEXAS, HATTE ER ES VON GANZ UNTEN BIS NACH WEST POINT GESCHAFFT.
AUSZEICHNUNGEN FÜR EINSÄTZE IN KRIEGSGEBIETEN BEI DEN SPECIAL FORCES BEWIESEN BESONDERES TALENT FÜRS TÖTEN UND AUSFÜHREN VON BEFEHLEN.
ALS PRIVATER ERMITTLER FAND ER HERAUS, DASS ER NICHT WEITERWUSSTE, WENN ER MAL NICHT TÖTETE UND BEFEHLE AUSFÜHRTE.
FÜR DIE CIA REKRUTIERT, LEITETE ER EINIGE SAUBERE UND VIELE DRECKIGE MISSIONEN. ALS PATRIOT WUSSTE ER, DASS DER ZWECK DIE MITTEL HEILIGT.
SCHLIESSLICH LANDETE ER BEIM GEHEIMDIENST, WO ER AUSGIEBIG MIT UND AUCH GEGEN SUPERHELDEN ARBEITETE.
ER WAR WALLERS RIVALE, ERWARB SICH ABER DENNOCH IHREN RESPEKT. UND BEI ALLDEM BRAUCHTEN WIR WALLERS KOOPERATION.
AM WICHTIGSTEN FÜR UNS WAR, DASS IHN DIE AMAZONEN BEI EINEM ANGRIFF AUF UNSER LAND EINIGE JAHRE ZUVOR GEDEMÜTIGT HATTEN.
HEY, KUMPEL.
DIE COPS WERDEN BALD HIER SEIN UND 'NE MENGE FRAGEN STELLEN.
MACH DIR DESWEGEN MAL KEINE SORGEN. GIB IHNEN DAS HIER.
DANN RUFEN SIE WEN AN, BESEITIGEN DAS CHAOS HIER UND LASSEN DICH VÖLLIG IN FRIEDEN.
SGT. STEEL
UND DIE SCHULD DARAN GAB ER IHR.
VIELEN DANK UND NOCH EINEN SCHÖNEN TAG.

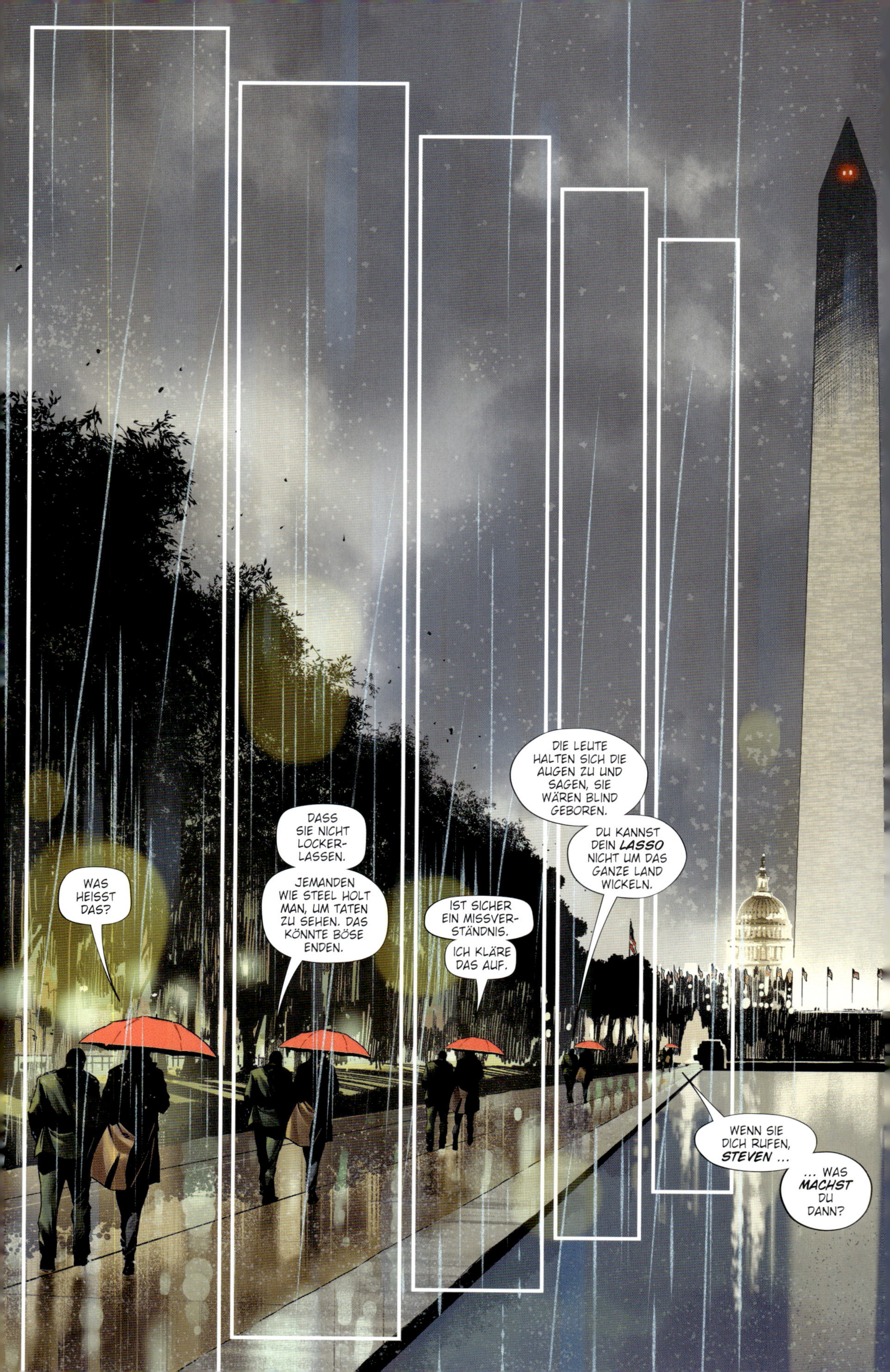
WAS HEISST DAS?
DASS SIE NICHT LOCKER-LASSEN.
JEMANDEN WIE STEEL HOLT MAN, UM TATEN ZU SEHEN. DAS KÖNNTE BÖSE ENDEN.
IST SICHER EIN MISSVER-STÄNDNIS.
ICH KLÄRE DAS AUF.
DIE LEUTE HALTEN SICH DIE AUGEN ZU UND SAGEN, SIE WÄREN BLIND GEBOREN.
DU KANNST DEIN *LASSO* NICHT UM DAS GANZE LAND WICKELN.
WENN SIE DICH RUFEN, *STEVEN* ...
... WAS *MACHST* DU DANN?

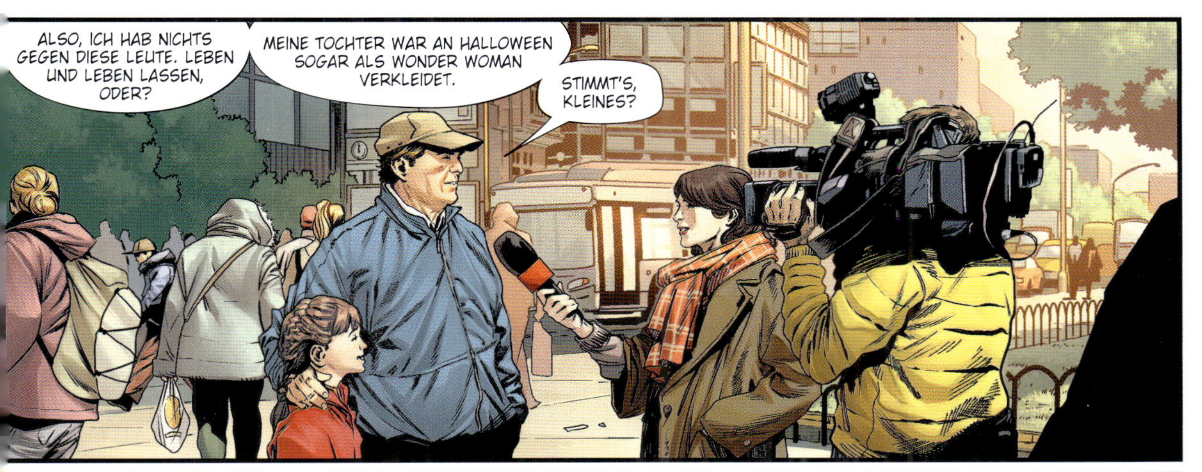

ALSO, ICH HAB NICHTS GEGEN DIESE LEUTE. LEBEN UND LEBEN LASSEN, ODER?
MEINE TOCHTER WAR AN HALLOWEEN SOGAR ALS WONDER WOMAN VERKLEIDET.
STIMMT'S, KLEINES?

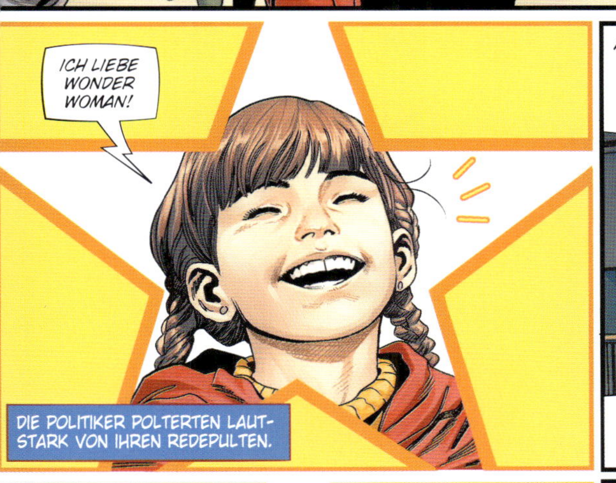

ICH LIEBE WONDER WOMAN!
DIE POLITIKER POLTERTEN LAUTSTARK VON IHREN REDEPULTEN.

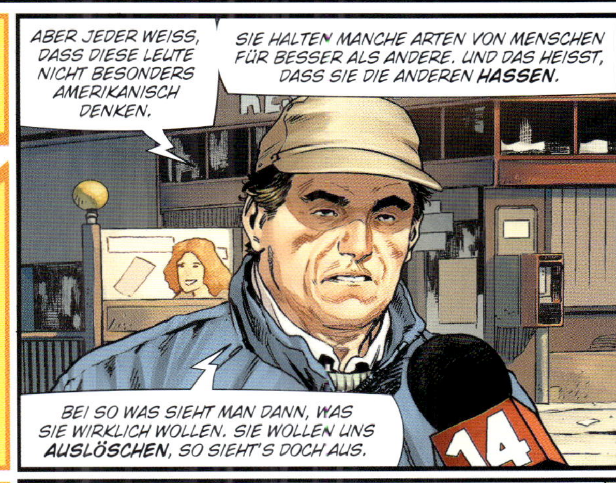

ABER JEDER WEISS, DASS DIESE LEUTE NICHT BESONDERS AMERIKANISCH DENKEN.
SIE HALTEN MANCHE ARTEN VON MENSCHEN FÜR BESSER ALS ANDERE. UND DAS HEISST, DASS SIE DIE ANDEREN **HASSEN**.
BEI SO WAS SIEHT MAN DANN, WAS SIE WIRKLICH WOLLEN. SIE WOLLEN UNS **AUSLÖSCHEN**, SO SIEHT'S DOCH AUS.
14

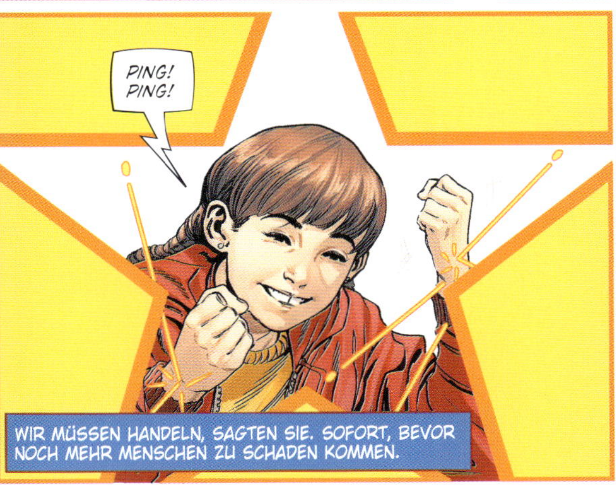

PING! PING!
WIR MÜSSEN HANDELN, SAGTEN SIE. SOFORT, BEVOR NOCH MEHR MENSCHEN ZU SCHADEN KOMMEN.

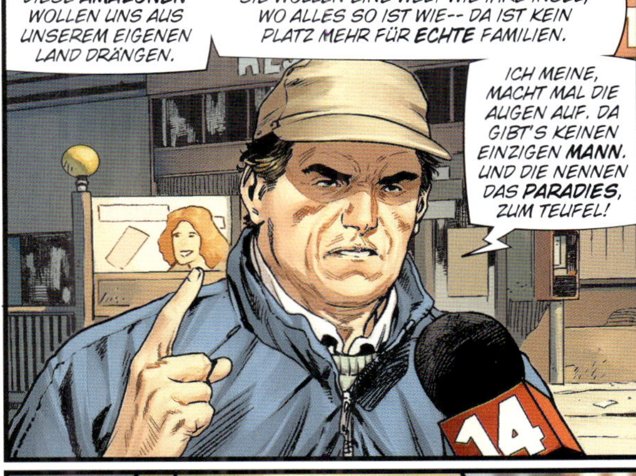

DIESE **AMAZONEN** WOLLEN UNS AUS UNSEREM EIGENEN LAND DRÄNGEN.
SIE WOLLEN EINE WELT WIE IHRE INSEL, WO ALLES SO IST WIE-- DA IST KEIN PLATZ MEHR FÜR **ECHTE** FAMILIEN.
ICH MEINE, MACHT MAL DIE AUGEN AUF. DA GIBT'S KEINEN EINZIGEN **MANN**. UND DIE NENNEN DAS **PARADIES**, ZUM TEUFEL!
14

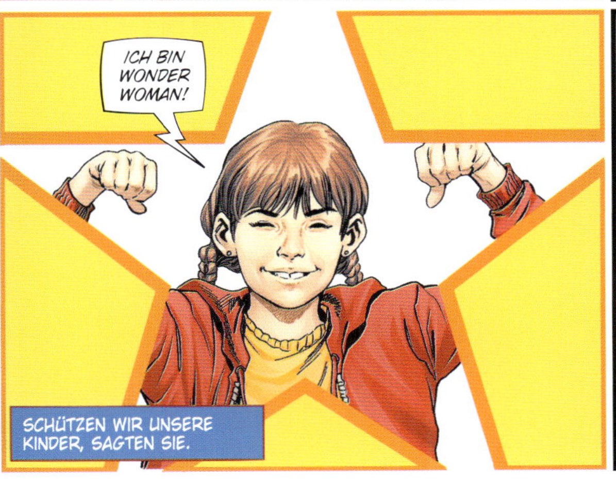

ICH BIN WONDER WOMAN!
SCHÜTZEN WIR UNSERE KINDER, SAGTEN SIE.

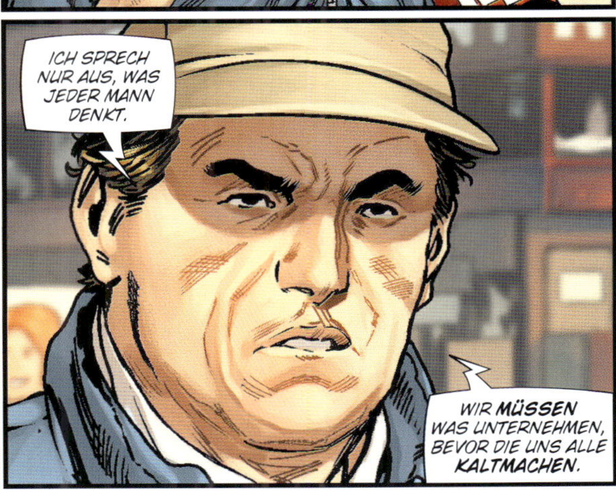

ICH SPRECH NUR AUS, WAS JEDER MANN DENKT.
WIR **MÜSSEN** WAS UNTERNEHMEN, BEVOR DIE UNS ALLE **KALTMACHEN**.

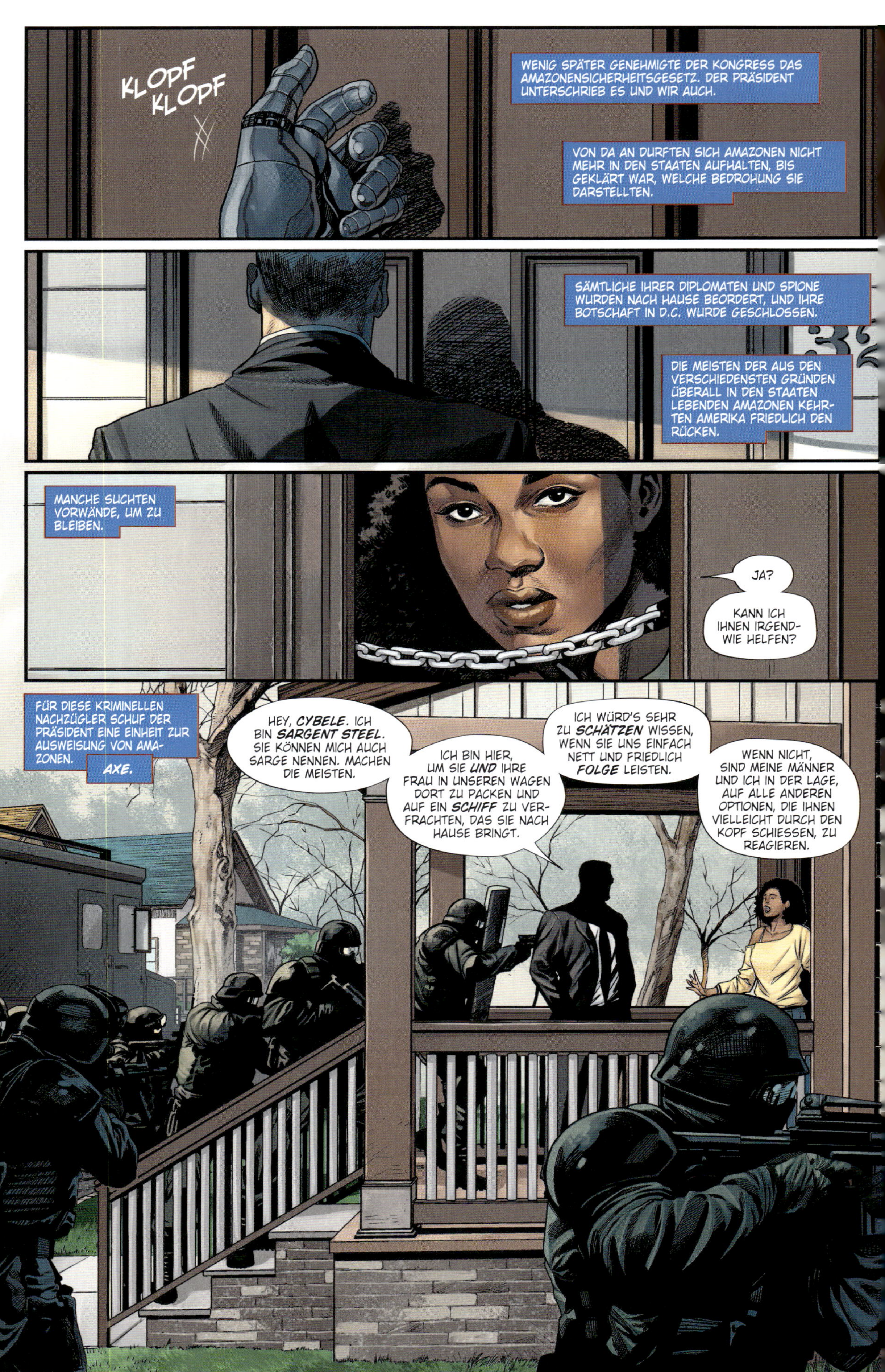
KLOPF KLOPF
WENIG SPÄTER GENEHMIGTE DER KONGRESS DAS AMAZONENSICHERHEITSGESETZ. DER PRÄSIDENT UNTERSCHRIEB ES UND WIR AUCH.
VON DA AN DURFTEN SICH AMAZONEN NICHT MEHR IN DEN STAATEN AUFHALTEN, BIS GEKLÄRT WAR, WELCHE BEDROHUNG SIE DARSTELLTEN.
SÄMTLICHE IHRER DIPLOMATEN UND SPIONE WURDEN NACH HAUSE BEORDERT, UND IHRE BOTSCHAFT IN D.C. WURDE GESCHLOSSEN.
DIE MEISTEN DER AUS DEN VERSCHIEDENSTEN GRÜNDEN ÜBERALL IN DEN STAATEN LEBENDEN AMAZONEN KEHRTEN AMERIKA FRIEDLICH DEN RÜCKEN.
MANCHE SUCHTEN VORWÄNDE, UM ZU BLEIBEN.
JA?
KANN ICH IHNEN IRGENDWIE HELFEN?
FÜR DIESE KRIMINELLEN NACHZÜGLER SCHUF DER PRÄSIDENT EINE EINHEIT ZUR AUSWEISUNG VON AMAZONEN. AXE.
HEY, CYBELE. ICH BIN SARGENT STEEL. SIE KÖNNEN MICH AUCH SARGE NENNEN. MACHEN DIE MEISTEN.
ICH BIN HIER, UM SIE UND IHRE FRAU IN UNSEREN WAGEN DORT ZU PACKEN UND AUF EIN SCHIFF ZU VERFRACHTEN, DAS SIE NACH HAUSE BRINGT.
ICH WÜRD'S SEHR ZU SCHÄTZEN WISSEN, WENN SIE UNS EINFACH NETT UND FRIEDLICH FOLGE LEISTEN.
WENN NICHT, SIND MEINE MÄNNER UND ICH IN DER LAGE, AUF ALLE ANDEREN OPTIONEN, DIE IHNEN VIELLEICHT DURCH DEN KOPF SCHIESSEN, ZU REAGIEREN.

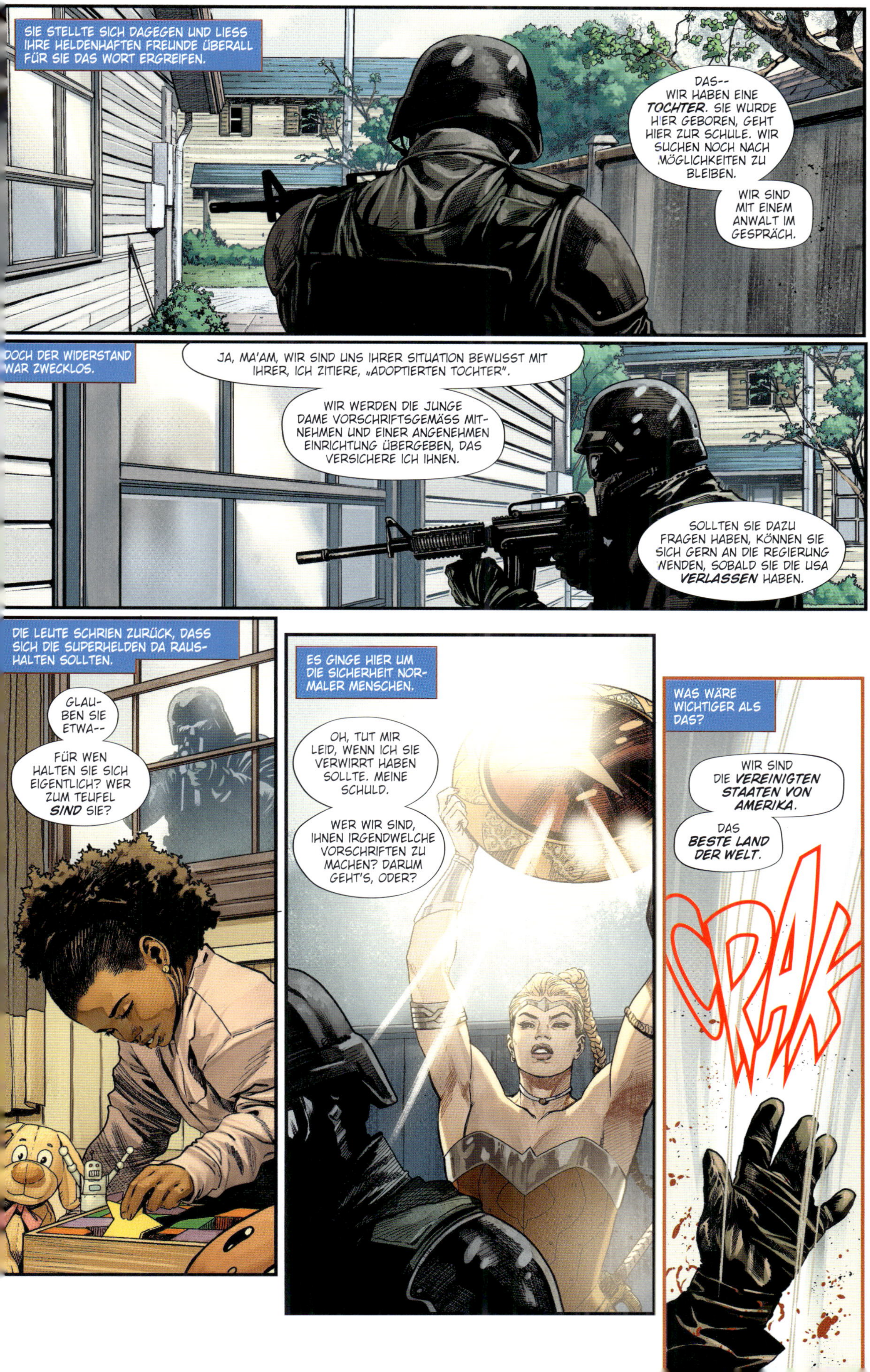

SIE STELLTE SICH DAGEGEN UND LIESS IHRE HELDENHAFTEN FREUNDE ÜBERALL FÜR SIE DAS WORT ERGREIFEN.

DAS-- WIR HABEN EINE ***TOCHTER***. SIE WURDE HIER GEBOREN, GEHT HIER ZUR SCHULE. WIR SUCHEN NOCH NACH MÖGLICHKEITEN ZU BLEIBEN.

WIR SIND MIT EINEM ANWALT IM GESPRÄCH.

DOCH DER WIDERSTAND WAR ZWECKLOS.

JA, MA'AM, WIR SIND UNS IHRER SITUATION BEWUSST MIT IHRER, ICH ZITIERE, „ADOPTIERTEN TOCHTER".

WIR WERDEN DIE JUNGE DAME VORSCHRIFTSGEMÄSS MIT-NEHMEN UND EINER ANGENEHMEN EINRICHTUNG ÜBERGEBEN, DAS VERSICHERE ICH IHNEN.

SOLLTEN SIE DAZU FRAGEN HABEN, KÖNNEN SIE SICH GERN AN DIE REGIERUNG WENDEN, SOBALD SIE DIE USA ***VERLASSEN*** HABEN.

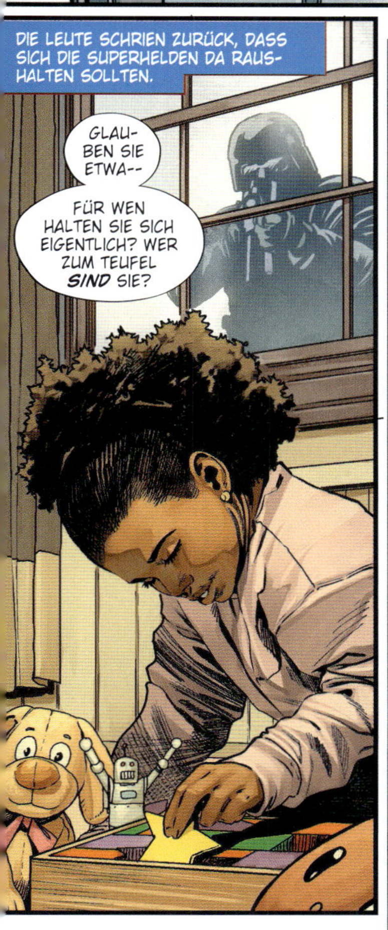

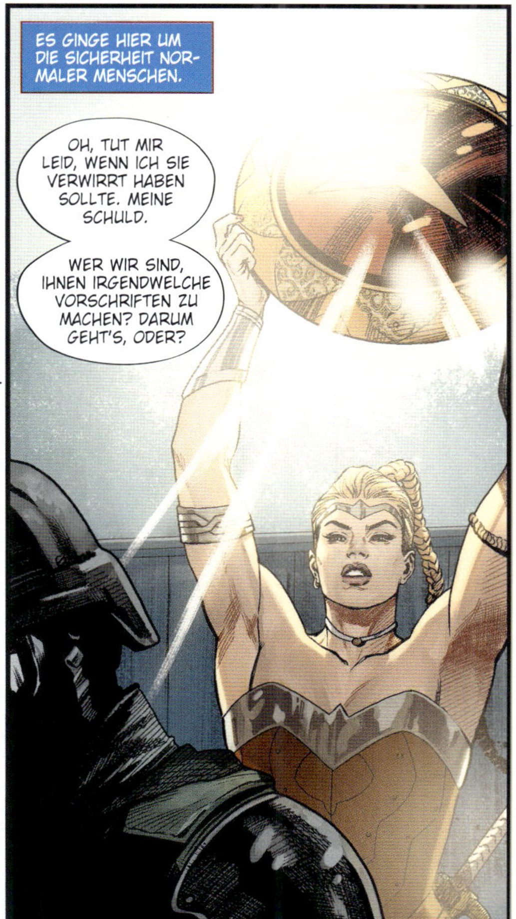

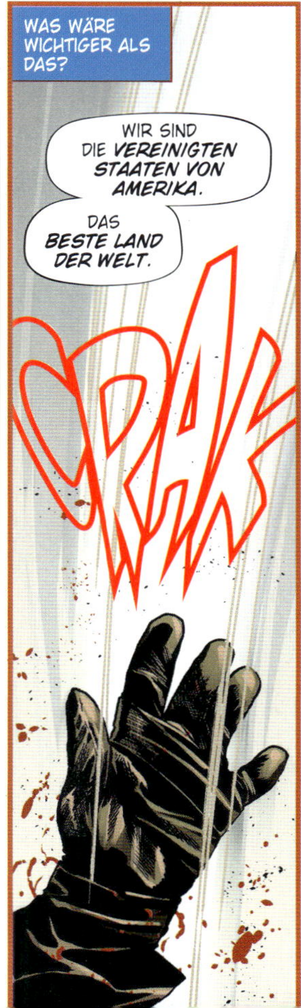

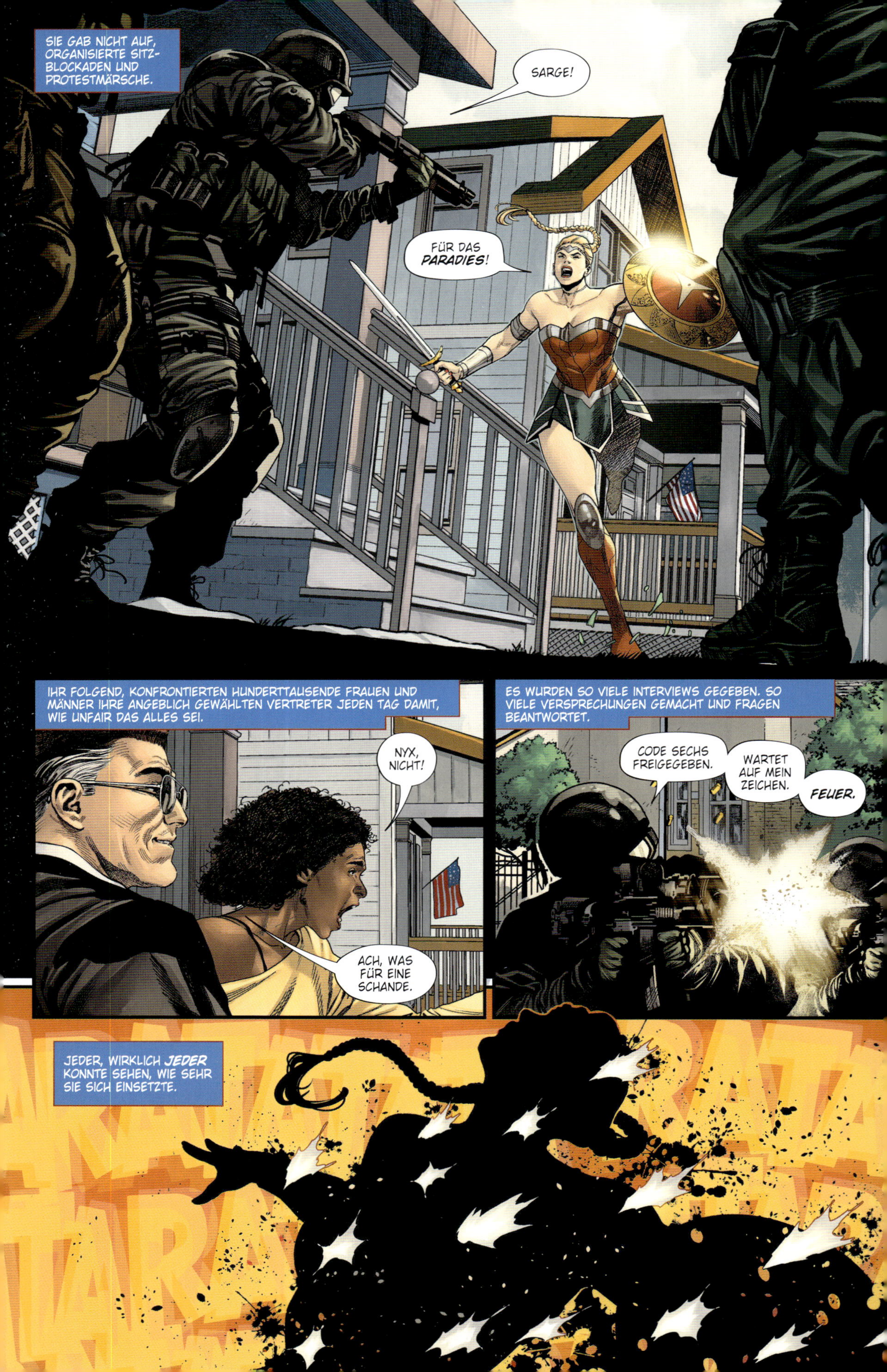
SIE GAB NICHT AUF, ORGANISIERTE SITZ-BLOCKADEN UND PROTESTMÄRSCHE.
SARGE!
FÜR DAS PARADIES!
IHR FOLGEND, KONFRONTIERTEN HUNDERTTAUSENDE FRAUEN UND MÄNNER IHRE ANGEBLICH GEWÄHLTEN VERTRETER JEDEN TAG DAMIT, WIE UNFAIR DAS ALLES SEI.
NYX, NICHT!
ACH, WAS FÜR EINE SCHANDE.
ES WURDEN SO VIELE INTERVIEWS GEGEBEN. SO VIELE VERSPRECHUNGEN GEMACHT UND FRAGEN BEANTWORTET.
CODE SECHS FREIGEGEBEN.
WARTET AUF MEIN ZEICHEN.
FEUER.
JEDER, WIRKLICH JEDER KONNTE SEHEN, WIE SEHR SIE SICH EINSETZTE.

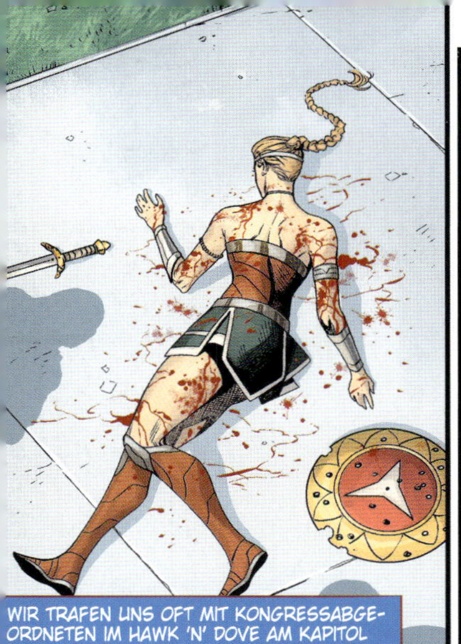

WIR TRAFEN UNS OFT MIT KONGRESSABGE-ORDNETEN IM HAWK 'N' DOVE AM KAPITOL UND FOLGTEN IHREN JÜNGSTEN TIRADEN IN DEN ABENDNACHRICHTEN.

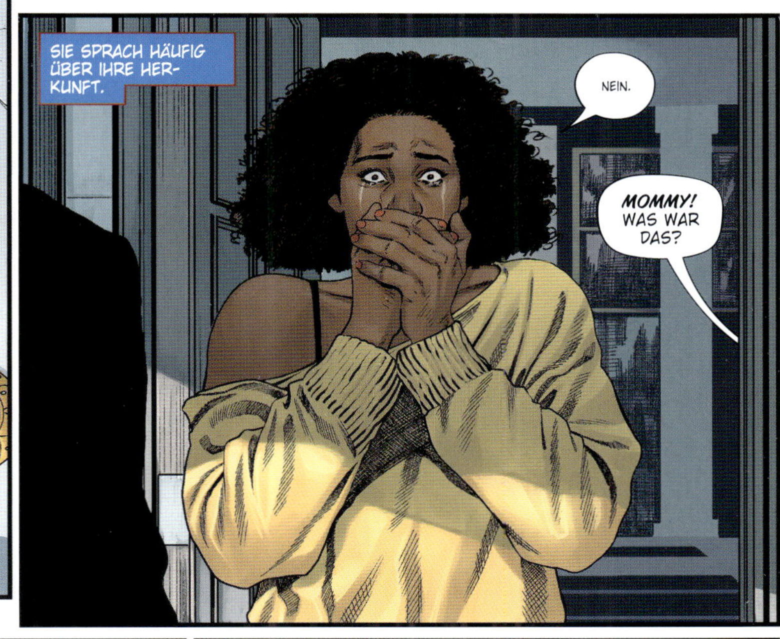

SIE SPRACH HÄUFIG ÜBER IHRE HER-KUNFT.
NEIN.
MOMMY! WAS WAR DAS?

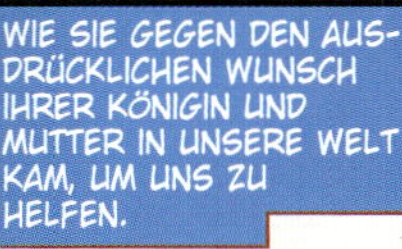

WIE SIE GEGEN DEN AUS-DRÜCKLICHEN WUNSCH IHRER KÖNIGIN UND MUTTER IN UNSERE WELT KAM, UM UNS ZU HELFEN.

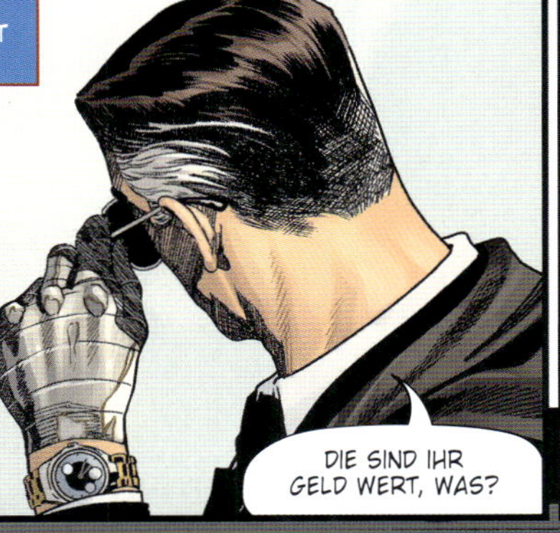

WOW, IST DAS DER WAHNSINN?
WIR HABEN DIESE NEUEN ***FROUFROU***-PATRONEN. GEHEN DURCH AMAZONEN-STAHL WIE DURCH BUTTER.
DIE SIND IHR GELD WERT, WAS?

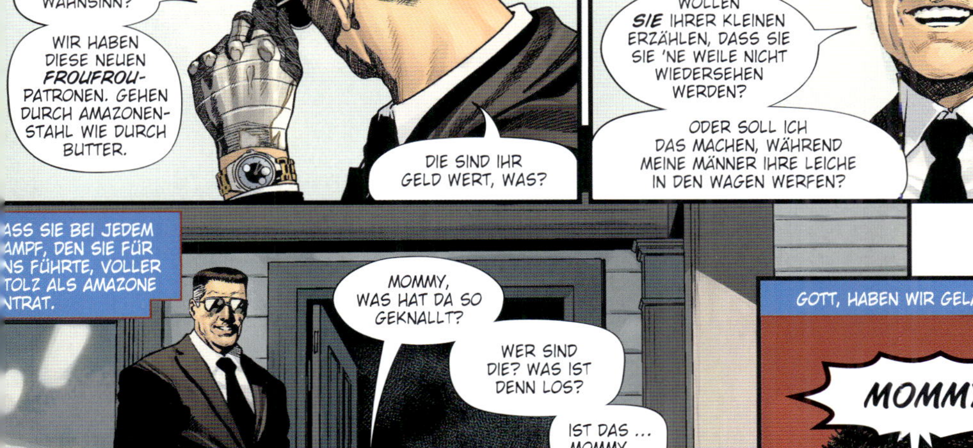

WIE SIE DIESEM LAND GEDIENT UND ES ***GERETTET*** HAT.
EGAL, ÄH ... WIE HÄTTEN SIE'S GERN?
WOLLEN ***SIE*** IHRER KLEINEN ERZÄHLEN, DASS SIE SIE 'NE WEILE NICHT WIEDERSEHEN WERDEN?
ODER SOLL ICH DAS MACHEN, WÄHREND MEINE MÄNNER IHRE LEICHE IN DEN WAGEN WERFEN?

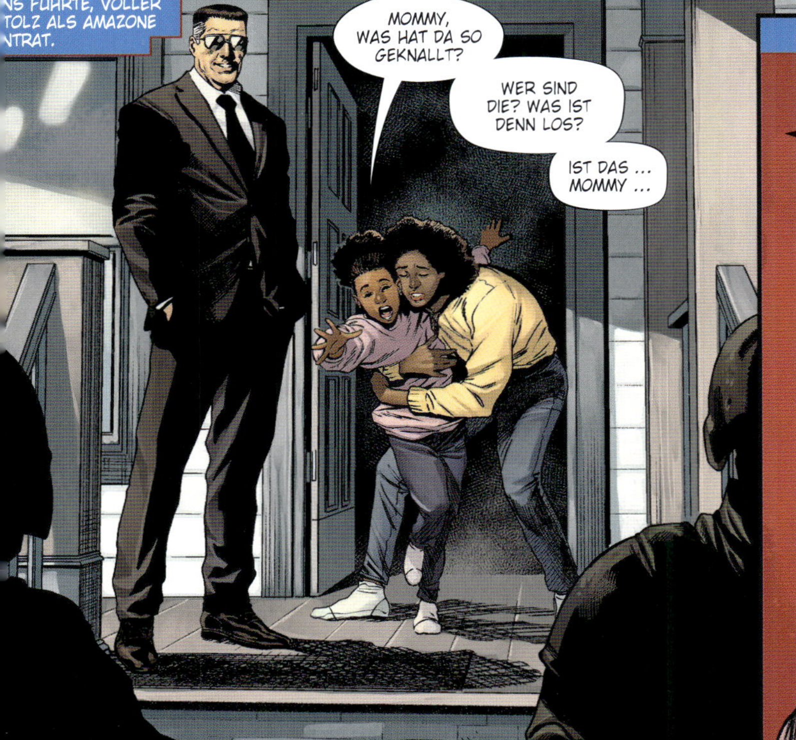

ASS SIE BEI JEDEM AMPF, DEN SIE FÜR NS FÜHRTE, VOLLER TOLZ ALS AMAZONE NTRAT.
MOMMY, WAS HAT DA SO GEKNALLT?
WER SIND DIE? WAS IST DENN LOS?
IST DAS ... MOMMY ...

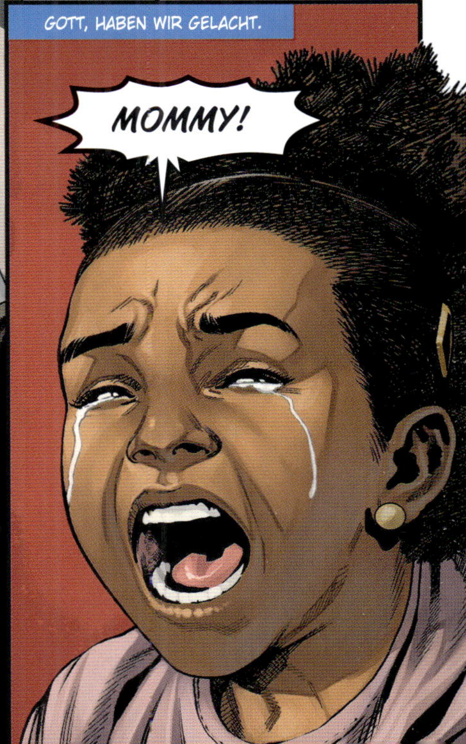

GOTT, HABEN WIR GELACHT.
MOMMY!

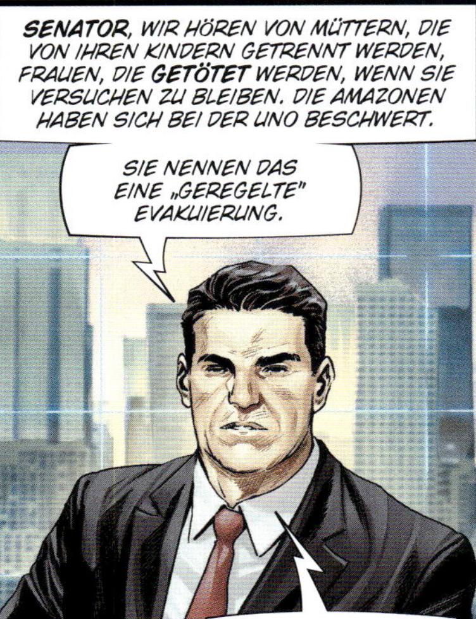

SENATOR, WIR HÖREN VON MÜTTERN, DIE VON IHREN KINDERN GETRENNT WERDEN, FRAUEN, DIE GETÖTET WERDEN, WENN SIE VERSUCHEN ZU BLEIBEN. DIE AMAZONEN HABEN SICH BEI DER UNO BESCHWERT.
SIE NENNEN DAS EINE „GEREGELTE" EVAKUIERUNG.
KANN ANGESICHTS DIESER EREIGNISSE NOCH VON „GEREGELT" DIE REDE SEIN?

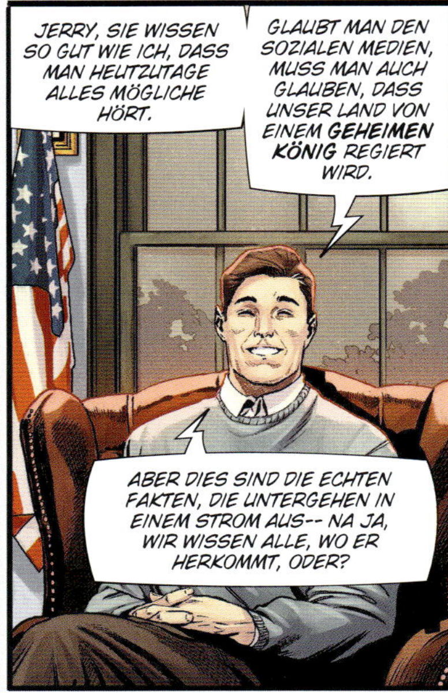

JERRY, SIE WISSEN SO GUT WIE ICH, DASS MAN HEUTZUTAGE ALLES MÖGLICHE HÖRT.
GLAUBT MAN DEN SOZIALEN MEDIEN, MUSS MAN AUCH GLAUBEN, DASS UNSER LAND VON EINEM GEHEIMEN KÖNIG REGIERT WIRD.
ABER DIES SIND DIE ECHTEN FAKTEN, DIE UNTERGEHEN IN EINEM STROM AUS-- NA JA, WIR WISSEN ALLE, WO ER HERKOMMT, ODER?

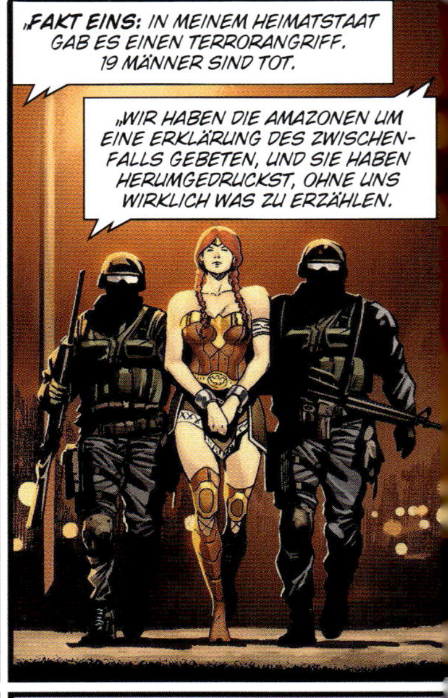

„FAKT EINS: IN MEINEM HEIMATSTAAT GAB ES EINEN TERRORANGRIFF. 19 MÄNNER SIND TOT.
„WIR HABEN DIE AMAZONEN UM EINE ERKLÄRUNG DES ZWISCHENFALLS GEBETEN, UND SIE HABEN HERUMGEDRUCKST, OHNE UNS WIRKLICH WAS ZU ERZÄHLEN.

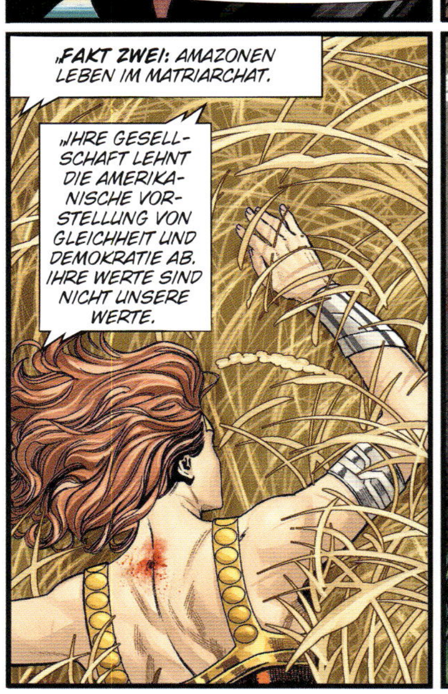

„FAKT ZWEI: AMAZONEN LEBEN IM MATRIARCHAT.
„IHRE GESELLSCHAFT LEHNT DIE AMERIKANISCHE VORSTELLUNG VON GLEICHHEIT UND DEMOKRATIE AB. IHRE WERTE SIND NICHT UNSERE WERTE.

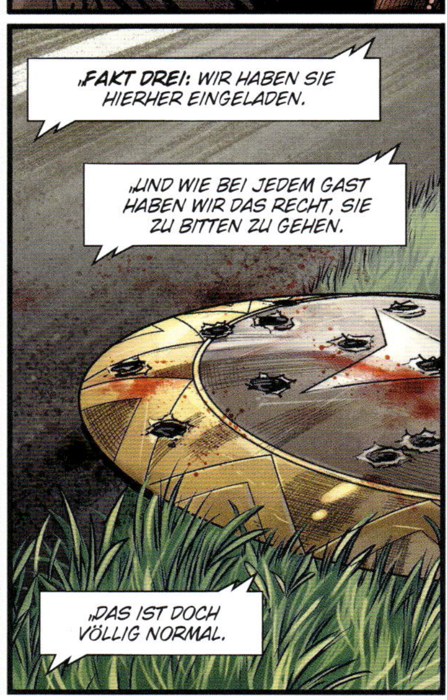

„FAKT DREI: WIR HABEN SIE HIERHER EINGELADEN.
„UND WIE BEI JEDEM GAST HABEN WIR DAS RECHT, SIE ZU BITTEN ZU GEHEN.
„DAS IST DOCH VÖLLIG NORMAL.

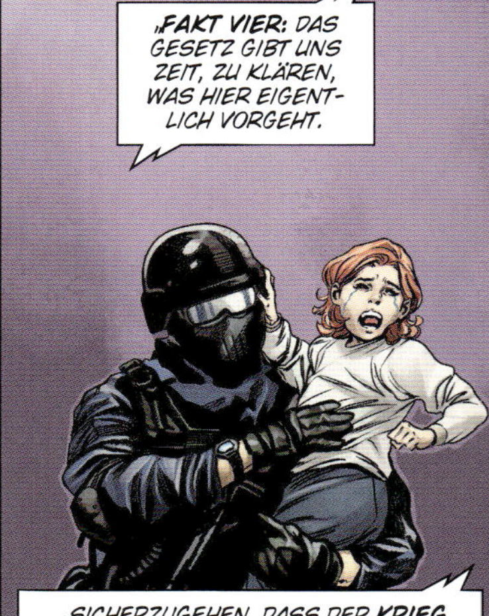

„FAKT VIER: DAS GESETZ GIBT UNS ZEIT, ZU KLÄREN, WAS HIER EIGENTLICH VORGEHT.
„SICHERZUGEHEN, DASS DER KRIEG GEGEN DIE MÄNNER, VON DEM WIR ALLE GEHÖRT HABEN, NUR EIN GERÜCHT IST UND NICHT DAS, WONACH ES BEIM ANGRIFF IN MEINEM STAAT AUSSIEHT.

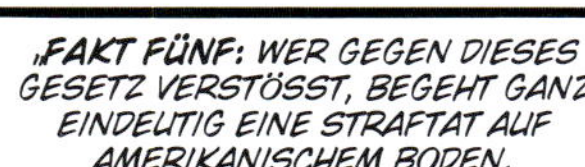

„FAKT FÜNF: WER GEGEN DIESES GESETZ VERSTÖSST, BEGEHT GANZ EINDEUTIG EINE STRAFTAT AUF AMERIKANISCHEM BODEN.

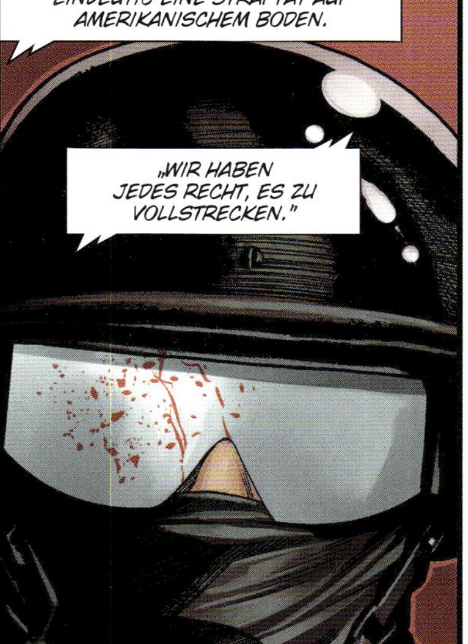

„WIR HABEN JEDES RECHT, ES ZU VOLLSTRECKEN."

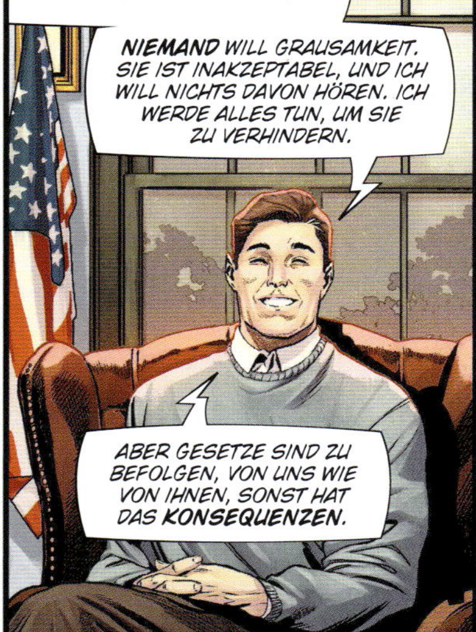

DAS SIND DIE FAKTEN, DIE UNS ZUM HANDELN ZWINGEN.
NIEMAND WILL GRAUSAMKEIT. SIE IST INAKZEPTABEL, UND ICH WILL NICHTS DAVON HÖREN. ICH WERDE ALLES TUN, UM SIE ZU VERHINDERN.
ABER GESETZE SIND ZU BEFOLGEN, VON UNS WIE VON IHNEN, SONST HAT DAS KONSEQUENZEN.

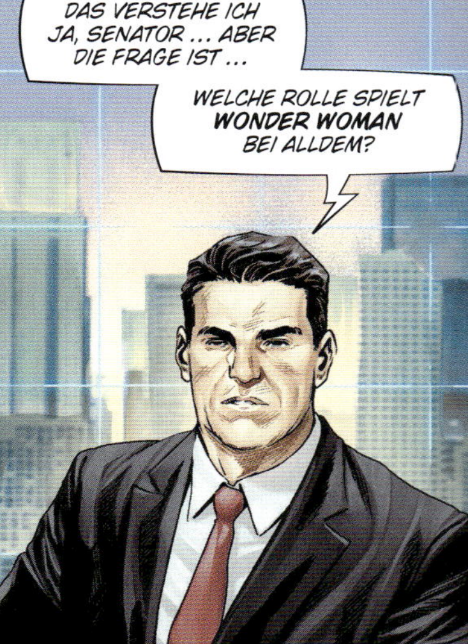

DAS VERSTEHE ICH JA, SENATOR ... ABER DIE FRAGE IST ...
WELCHE ROLLE SPIELT WONDER WOMAN BEI ALLDEM?

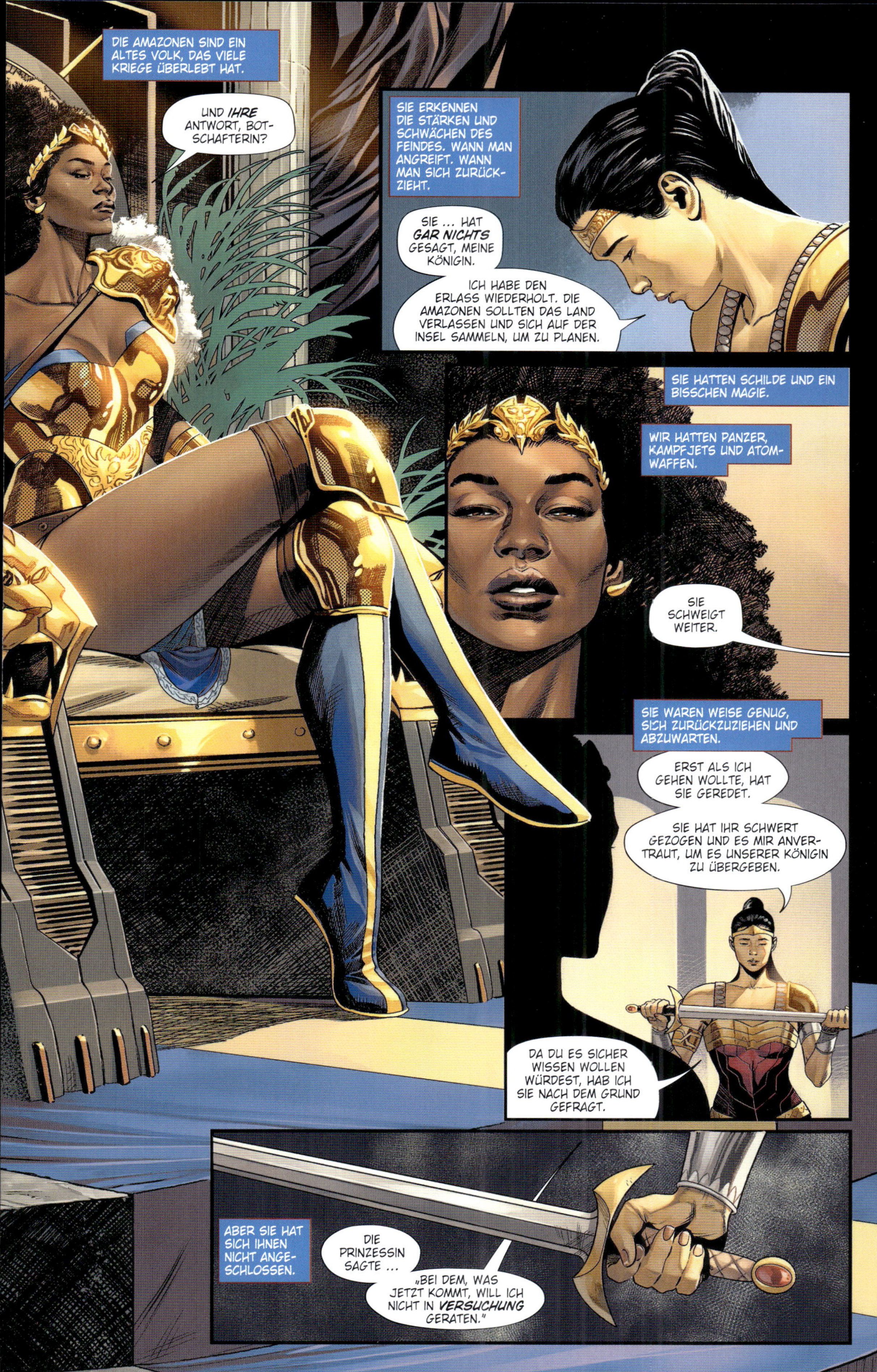
DIE AMAZONEN SIND EIN ALTES VOLK, DAS VIELE KRIEGE ÜBERLEBT HAT.
UND *IHRE* ANTWORT, BOT-SCHAFTERIN?
SIE ERKENNEN DIE STÄRKEN UND SCHWÄCHEN DES FEINDES. WANN MAN ANGREIFT. WANN MAN SICH ZURÜCK-ZIEHT.
SIE … HAT **GAR NICHTS** GESAGT, MEINE KÖNIGIN.
ICH HABE DEN ERLASS WIEDERHOLT. DIE AMAZONEN SOLLTEN DAS LAND VERLASSEN UND SICH AUF DER INSEL SAMMELN, UM ZU PLANEN.
SIE HATTEN SCHILDE UND EIN BISSCHEN MAGIE.
WIR HATTEN PANZER, KAMPFJETS UND ATOM-WAFFEN.
SIE SCHWEIGT WEITER.
SIE WAREN WEISE GENUG, SICH ZURÜCKZUZIEHEN UND ABZUWARTEN.
ERST ALS ICH GEHEN WOLLTE, HAT SIE GEREDET.
SIE HAT IHR SCHWERT GEZOGEN UND ES MIR ANVER-TRAUT, UM ES UNSERER KÖNIGIN ZU ÜBERGEBEN.
DA DU ES SICHER WISSEN WOLLEN WÜRDEST, HAB ICH SIE NACH DEM GRUND GEFRAGT.
ABER SIE HAT SICH IHNEN NICHT ANGE-SCHLOSSEN.
DIE PRINZESSIN SAGTE …
„BEI DEM, WAS JETZT KOMMT, WILL ICH NICHT IN ***VERSUCHUNG*** GERATEN."

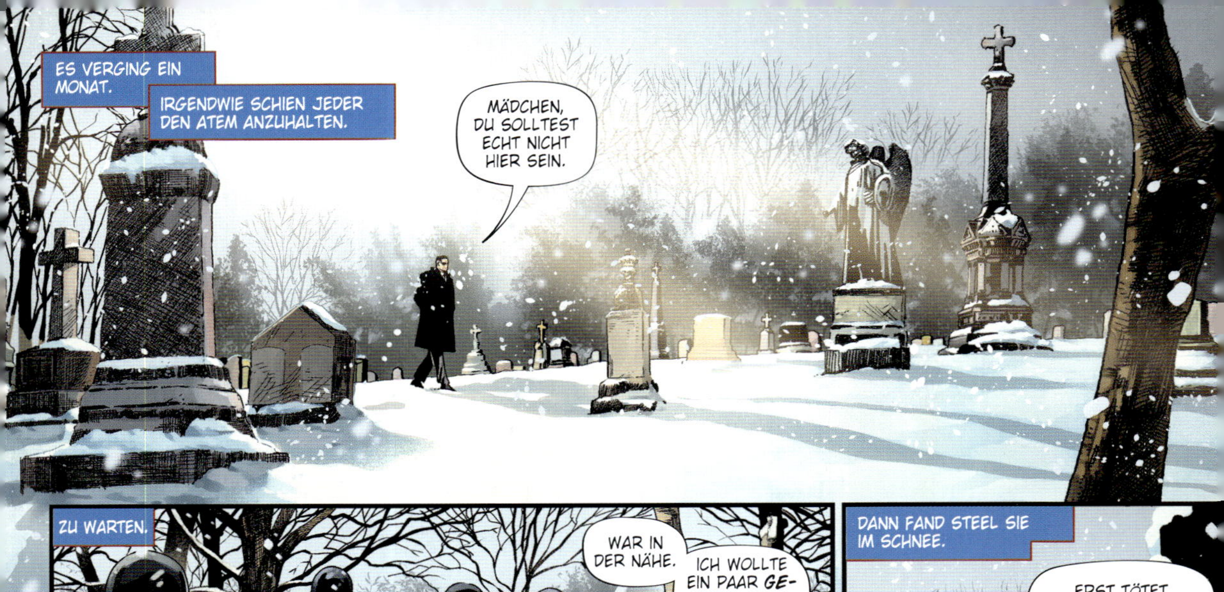
ES VERGING EIN MONAT.
IRGENDWIE SCHIEN JEDER DEN ATEM ANZUHALTEN.
MÄDCHEN, DU SOLLTEST ECHT NICHT HIER SEIN.

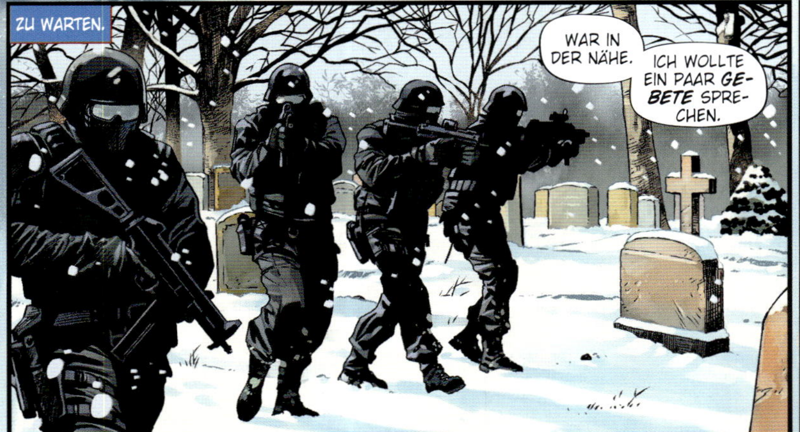
ZU WARTEN.
WAR IN DER NÄHE.
ICH WOLLTE EIN PAAR GEBETE SPRECHEN.

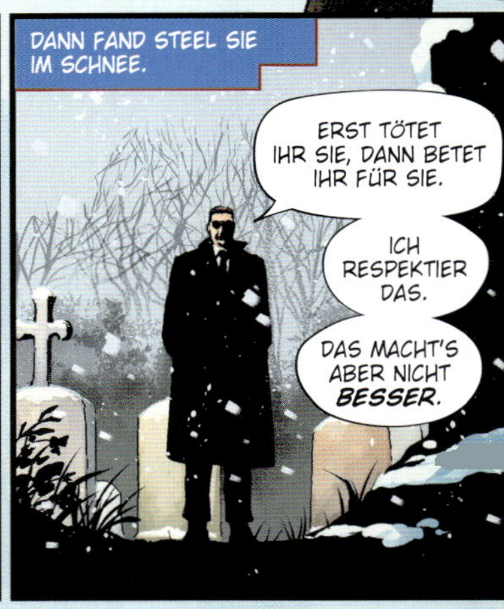
DANN FAND STEEL SIE IM SCHNEE.
ERST TÖTET IHR SIE, DANN BETET IHR FÜR SIE.
ICH RESPEKTIER DAS.
DAS MACHT'S ABER NICHT BESSER.

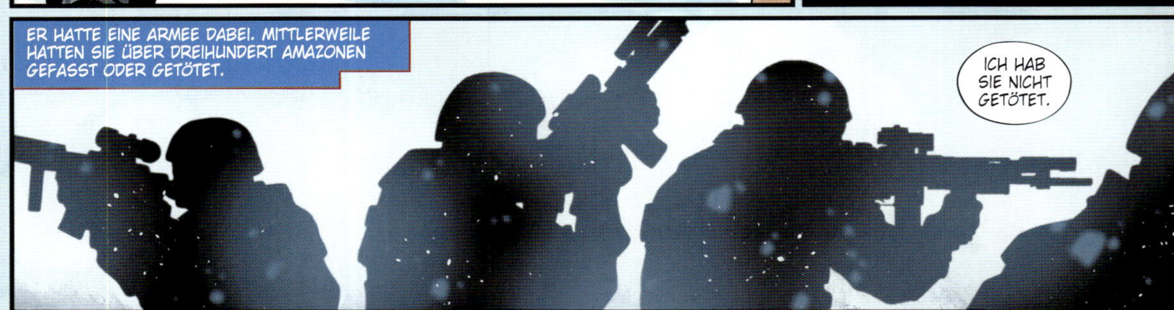
ER HATTE EINE ARMEE DABEI. MITTLERWEILE HATTEN SIE ÜBER DREIHUNDERT AMAZONEN GEFASST ODER GETÖTET.
ICH HAB SIE NICHT GETÖTET.

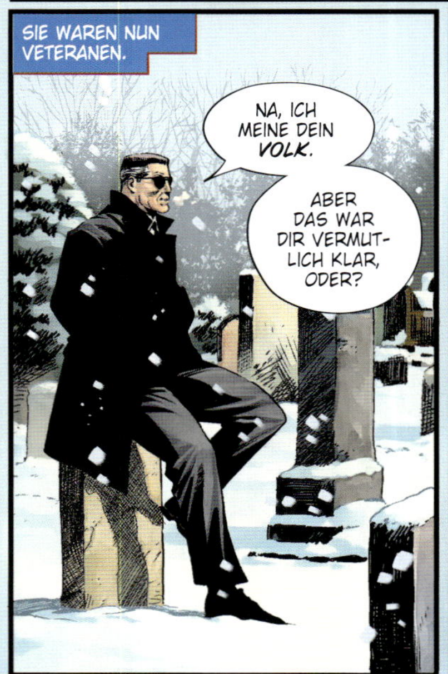
SIE WAREN NUN VETERANEN.
NA, ICH MEINE DEIN VOLK.
ABER DAS WAR DIR VERMUTLICH KLAR, ODER?

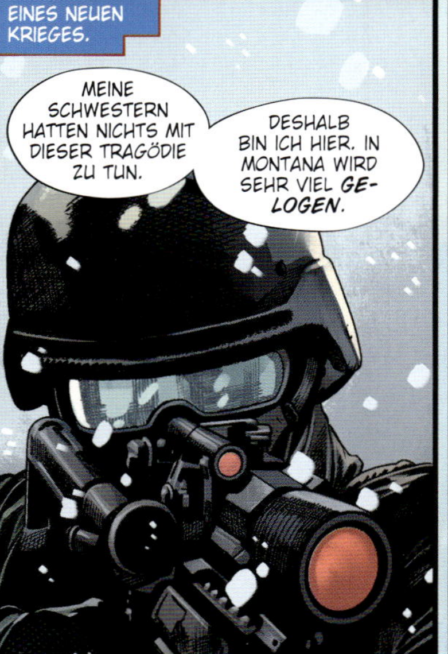
EINES NEUEN KRIEGES.
MEINE SCHWESTERN HATTEN NICHTS MIT DIESER TRAGÖDIE ZU TUN.
DESHALB BIN ICH HIER. IN MONTANA WIRD SEHR VIEL GELOGEN.

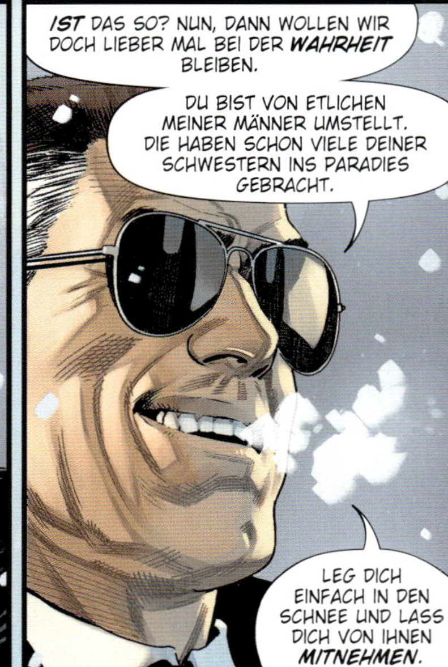
IST DAS SO? NUN, DANN WOLLEN WIR DOCH LIEBER MAL BEI DER WAHRHEIT BLEIBEN.
DU BIST VON ETLICHEN MEINER MÄNNER UMSTELLT. DIE HABEN SCHON VIELE DEINER SCHWESTERN INS PARADIES GEBRACHT.
LEG DICH EINFACH IN DEN SCHNEE UND LASS DICH VON IHNEN MITNEHMEN.

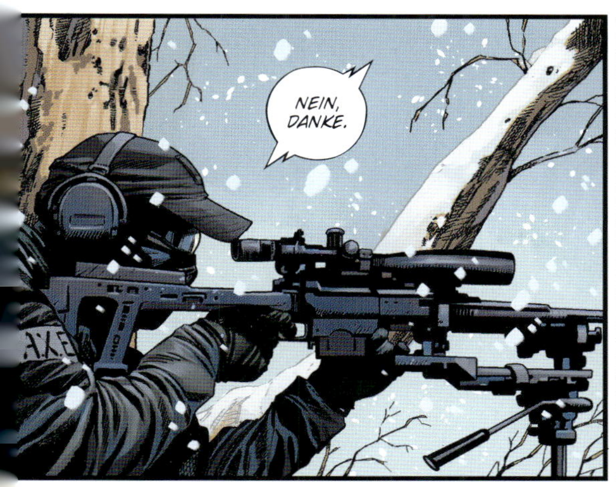
NEIN, DANKE.
AXE

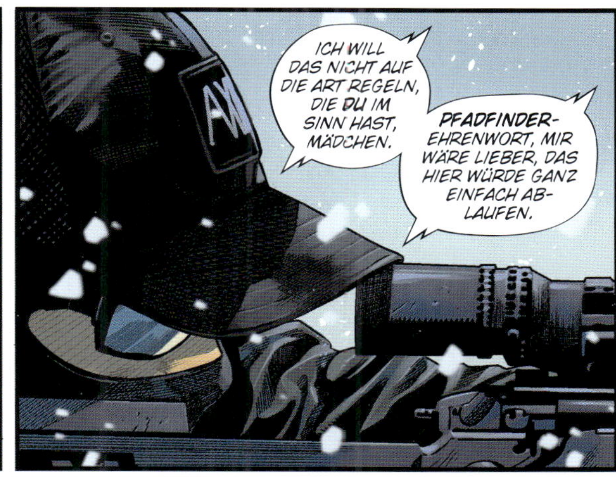
ICH WILL DAS NICHT AUF DIE ART REGELN, DIE **DU** IM SINN HAST, MÄDCHEN.
PFADFINDER-EHRENWORT, MIR WÄRE LIEBER, DAS HIER WÜRDE GANZ EINFACH ABLAUFEN.

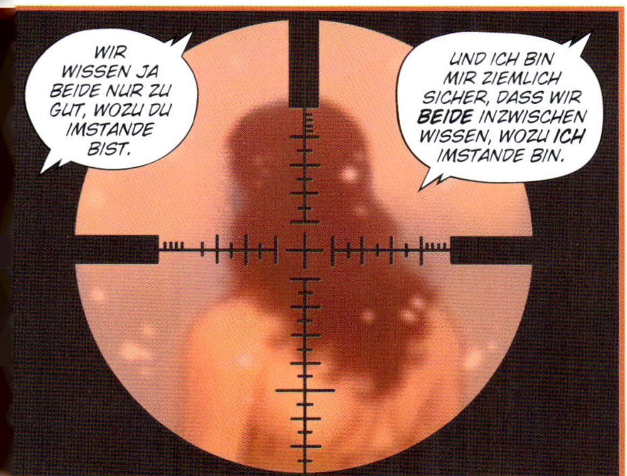
WIR WISSEN JA BEIDE NUR ZU GUT, WOZU DU IMSTANDE BIST.
UND ICH BIN MIR ZIEMLICH SICHER, DASS WIR **BEIDE** INZWISCHEN WISSEN, WOZU **ICH** IMSTANDE BIN.

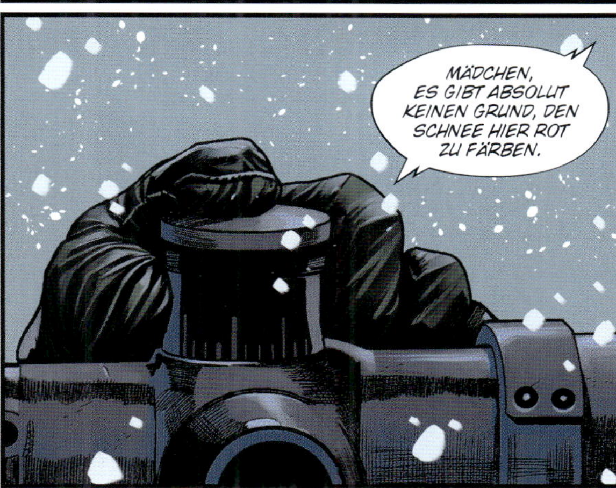
MÄDCHEN, ES GIBT ABSOLUT KEINEN GRUND, DEN SCHNEE HIER ROT ZU FÄRBEN.

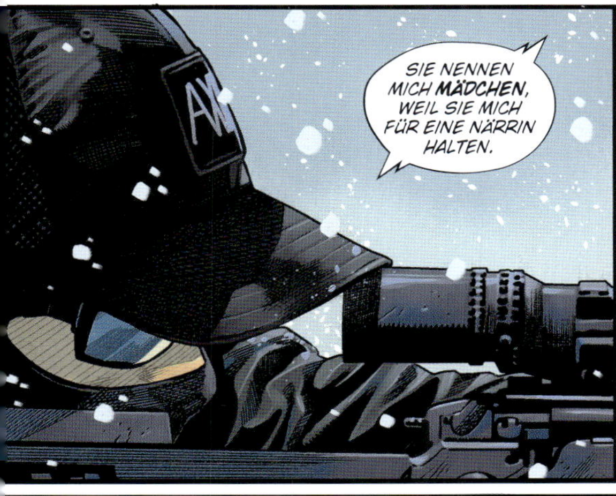
SIE NENNEN MICH **MÄDCHEN**, WEIL SIE MICH FÜR EINE NÄRRIN HALTEN.

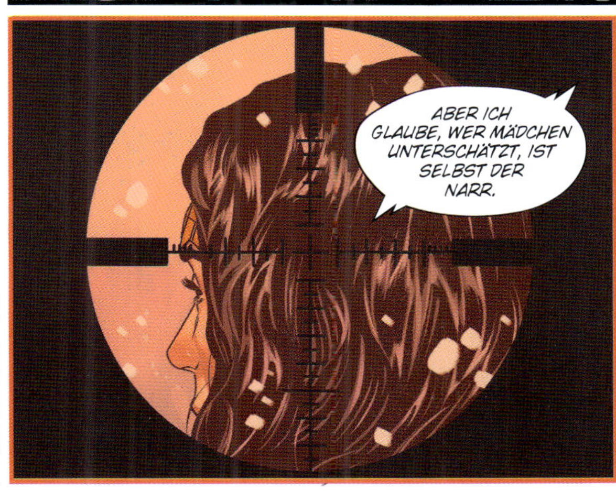
ABER ICH GLAUBE, WER MÄDCHEN UNTERSCHÄTZT, IST SELBST DER NARR.

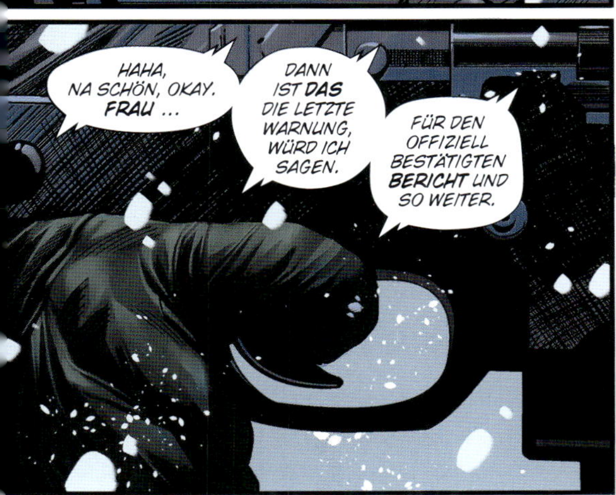
HAHA, NA SCHÖN, OKAY. **FRAU** ...
DANN IST **DAS** DIE LETZTE WARNUNG, WÜRD ICH SAGEN.
FÜR DEN OFFIZIELL BESTÄTIGTEN **BERICHT** UND SO WEITER.

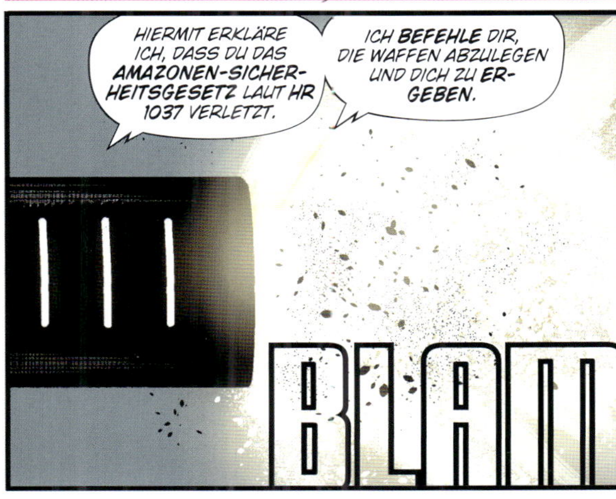
HIERMIT ERKLÄRE ICH, DASS DU DAS **AMAZONEN-SICHERHEITSGESETZ** LAUT **HR 1037** VERLETZT.
ICH **BEFEHLE** DIR, DIE WAFFEN ABZULEGEN UND DICH ZU **ERGEBEN.**
BLAM

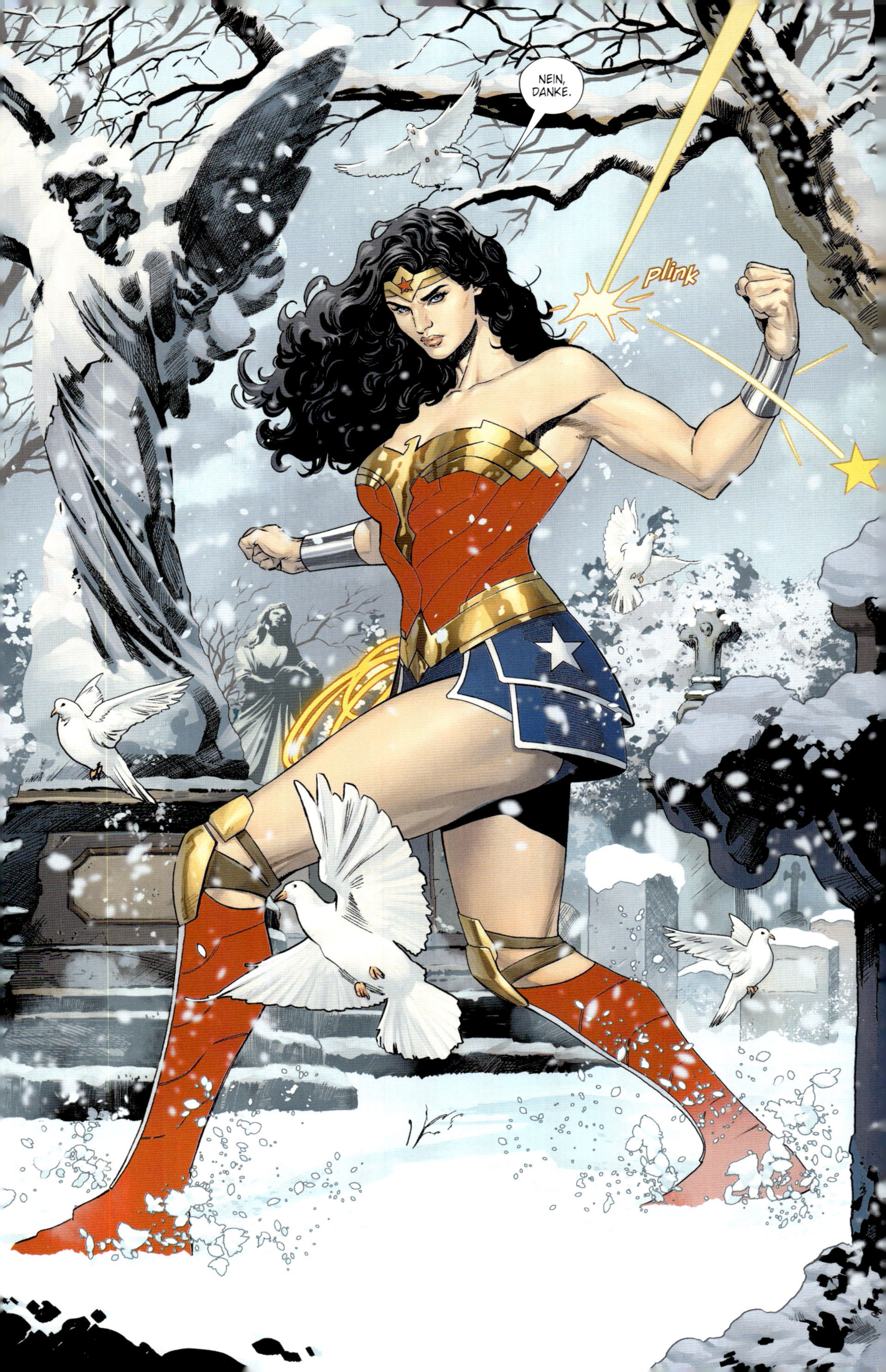
NEIN, DANKE.
plink

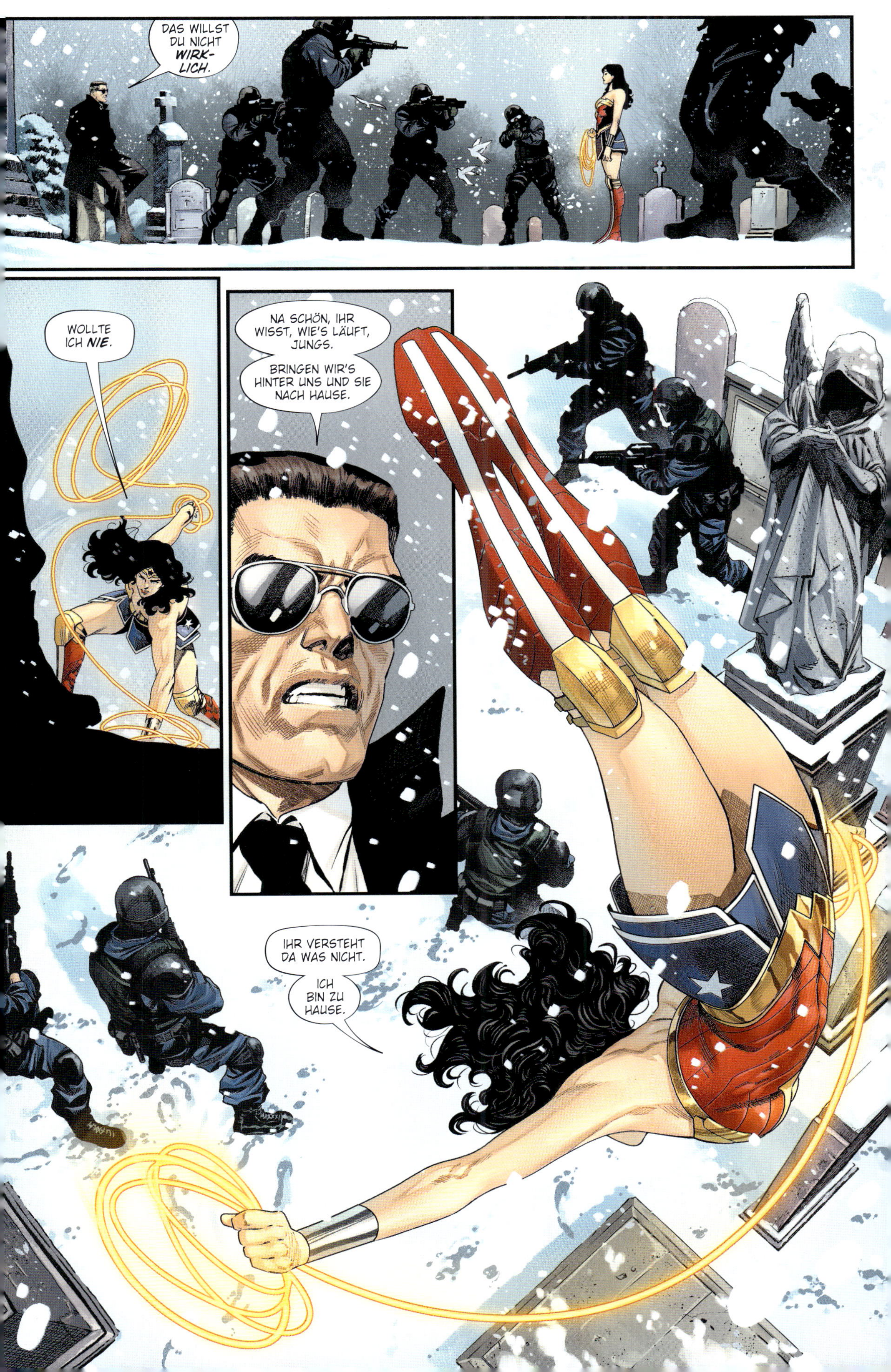
DAS WILLST DU NICHT WIRKLICH.
WOLLTE ICH NIE.
NA SCHÖN, IHR WISST, WIE'S LÄUFT, JUNGS.
BRINGEN WIR'S HINTER UNS UND SIE NACH HAUSE.
IHR VERSTEHT DA WAS NICHT.
ICH BIN ZU HAUSE.

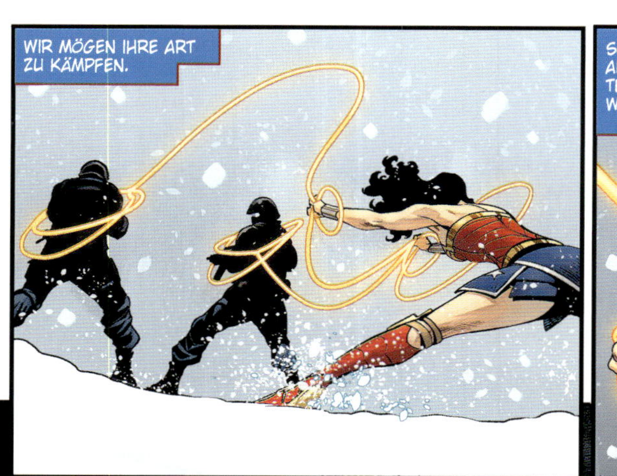
WIR MÖGEN IHRE ART ZU KÄMPFEN.

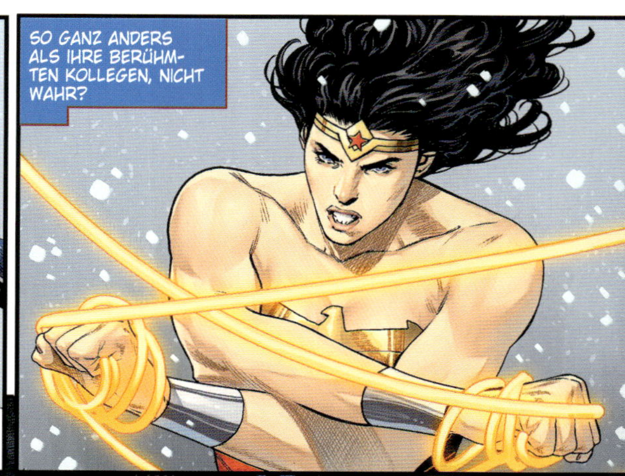
SO GANZ ANDERS ALS IHRE BERÜHMTEN KOLLEGEN, NICHT WAHR?

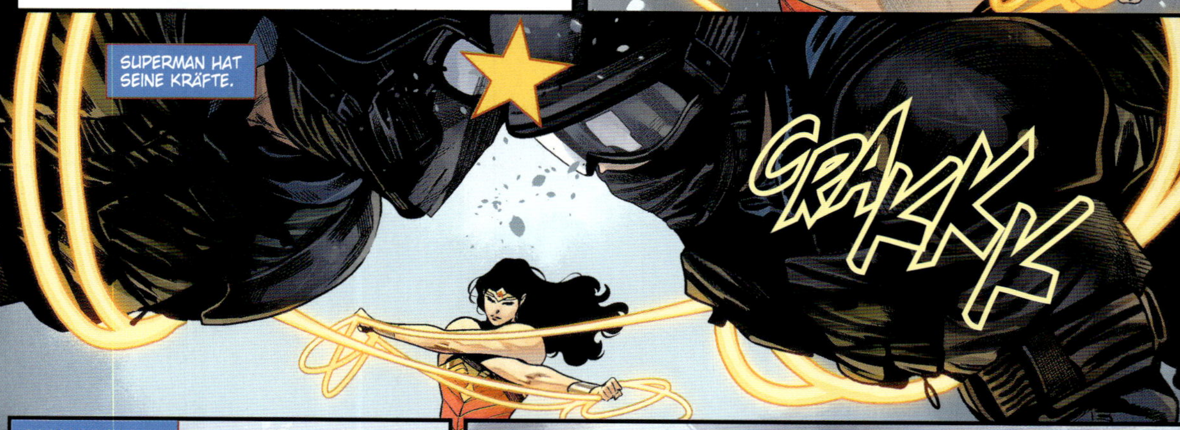
SUPERMAN HAT SEINE KRÄFTE.
GRAKKK

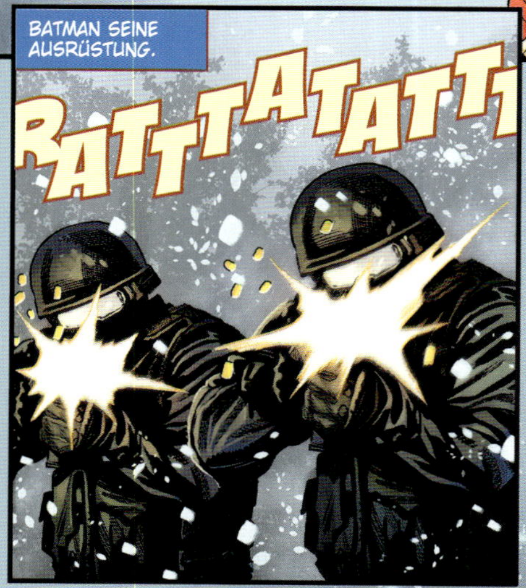
BATMAN SEINE AUSRÜSTUNG.
RATTTATATTT

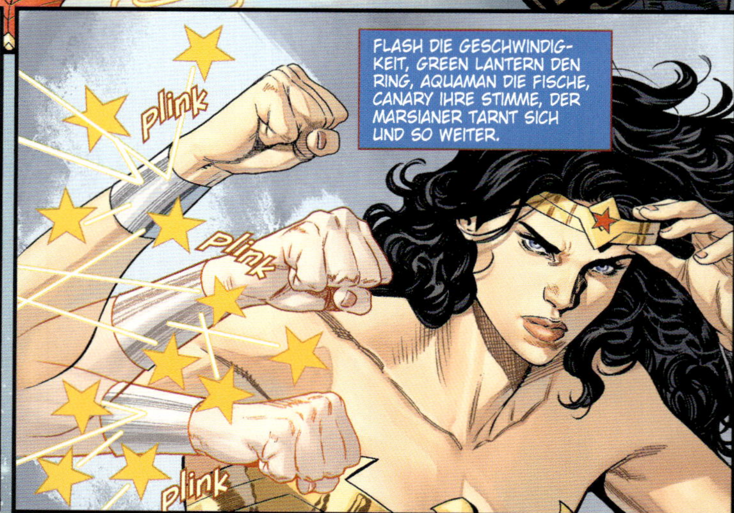
FLASH DIE GESCHWINDIGKEIT, GREEN LANTERN DEN RING, AQUAMAN DIE FISCHE, CANARY IHRE STIMME, DER MARSIANER TARNT SICH UND SO WEITER.
plink
plink
plink

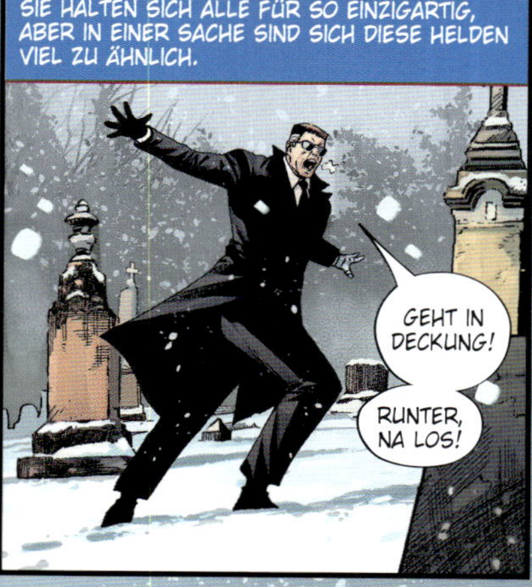
SIE HALTEN SICH ALLE FÜR SO EINZIGARTIG, ABER IN EINER SACHE SIND SICH DIESE HELDEN VIEL ZU ÄHNLICH.
GEHT IN DECKUNG!
RUNTER, NA LOS!

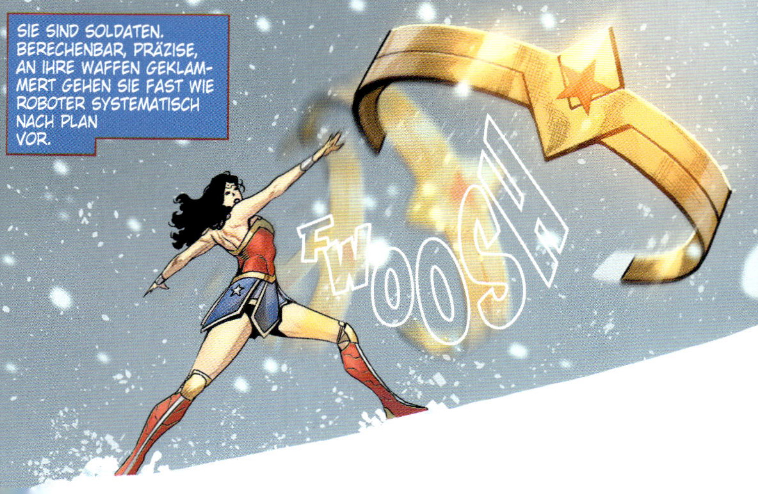
SIE SIND SOLDATEN. BERECHENBAR, PRÄZISE, AN IHRE WAFFEN GEKLAMMERT GEHEN SIE FAST WIE ROBOTER SYSTEMATISCH NACH PLAN VOR.
FWOOSH

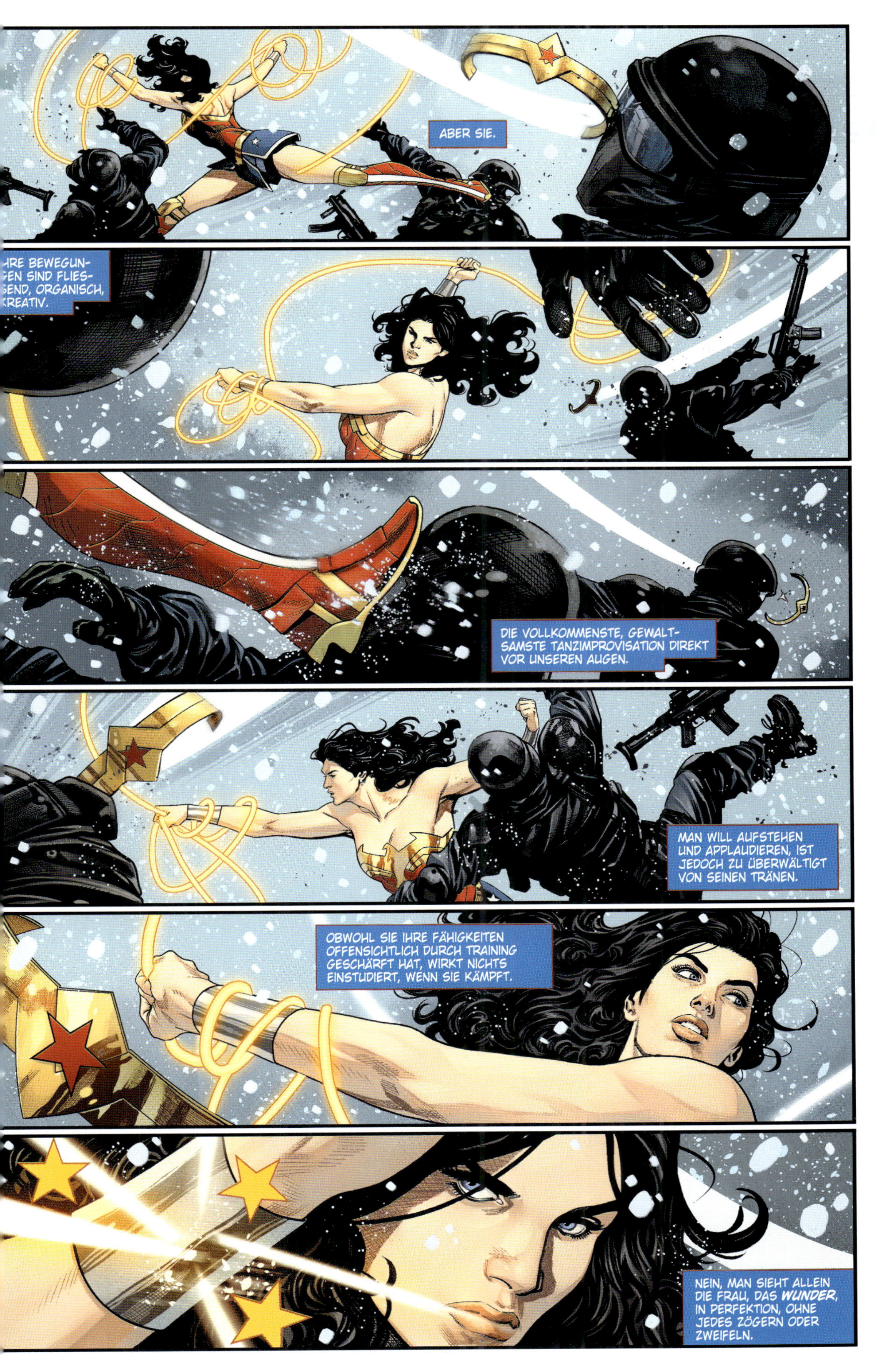

ABER SIE.
HRE BEWEGUN- GEN SIND FLIES- SEND, ORGANISCH, KREATIV.
DIE VOLLKOMMENSTE, GEWALT- SAMSTE TANZIMPROVISATION DIREKT VOR UNSEREN AUGEN.
MAN WILL AUFSTEHEN UND APPLAUDIEREN, IST JEDOCH ZU ÜBERWÄLTIGT VON SEINEN TRÄNEN.
OBWOHL SIE IHRE FÄHIGKEITEN OFFENSICHTLICH DURCH TRAINING GESCHÄRFT HAT, WIRKT NICHTS EINSTUDIERT, WENN SIE KÄMPFT.
NEIN, MAN SIEHT ALLEIN DIE FRAU, DAS *WUNDER*, IN PERFEKTION, OHNE JEDES ZÖGERN ODER ZWEIFELN.

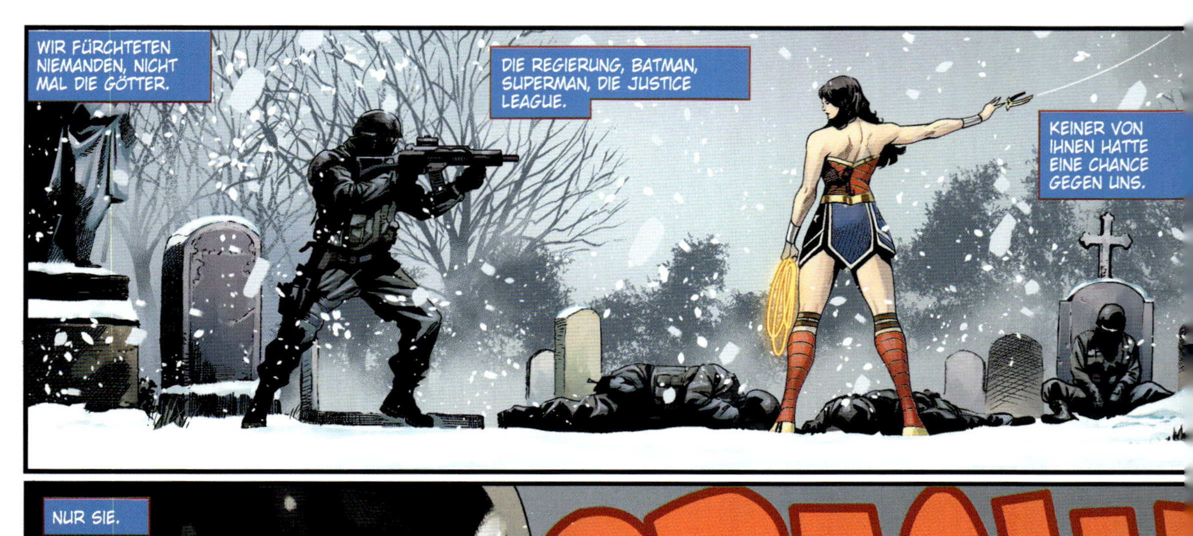

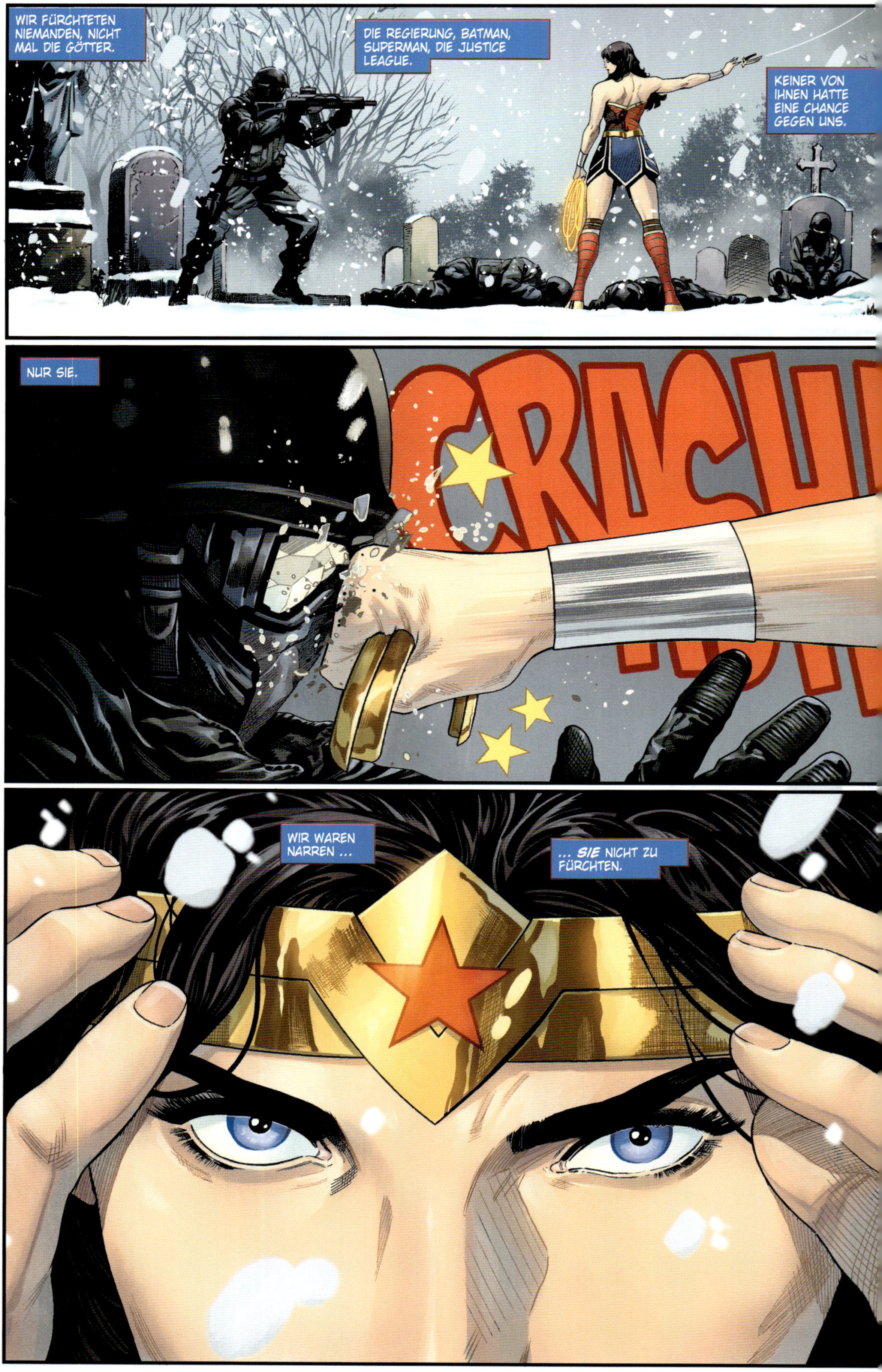

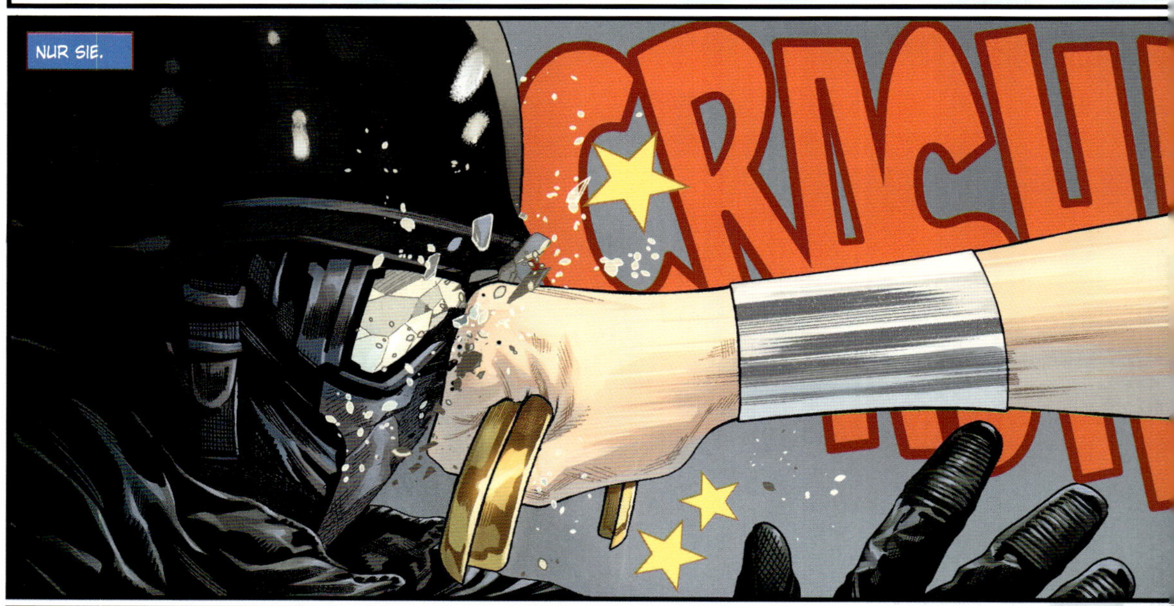

WIR WAREN NARREN ...

... *SIE* NICHT ZU FÜRCHTEN.

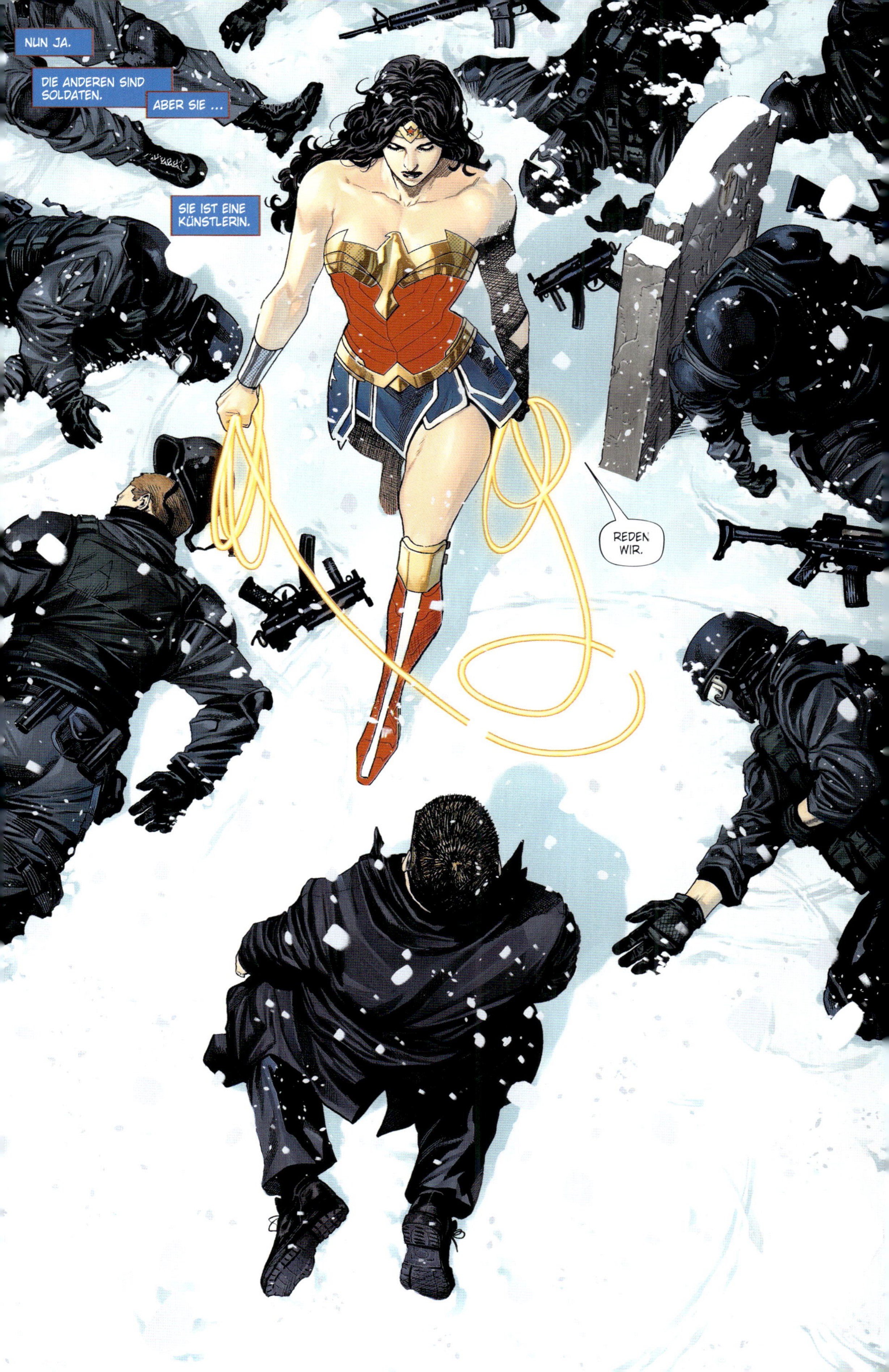
NUN JA.
DIE ANDEREN SIND SOLDATEN.
ABER SIE ...
SIE IST EINE KÜNSTLERIN.
REDEN WIR.

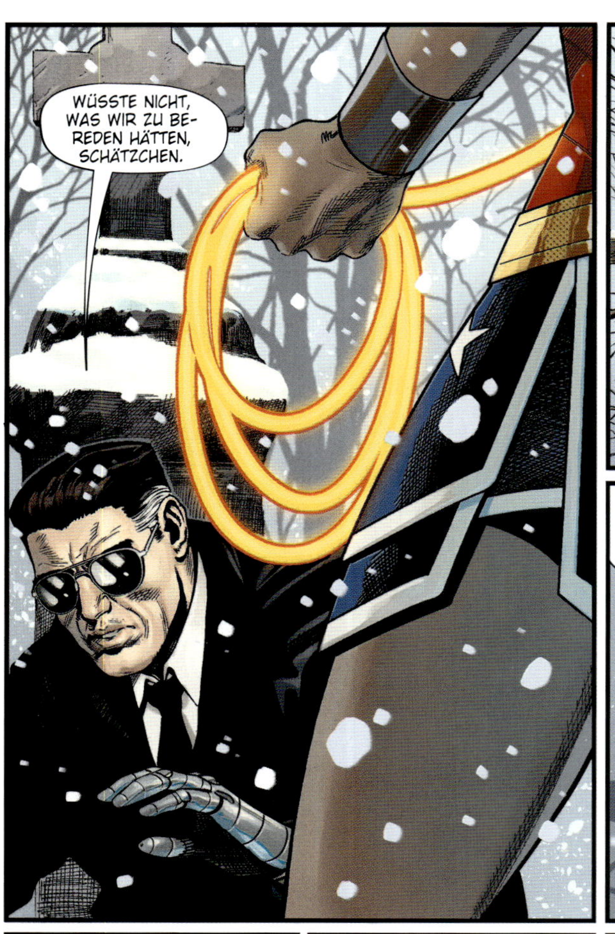
WÜSSTE NICHT, WAS WIR ZU BEREDEN HÄTTEN, SCHÄTZCHEN.

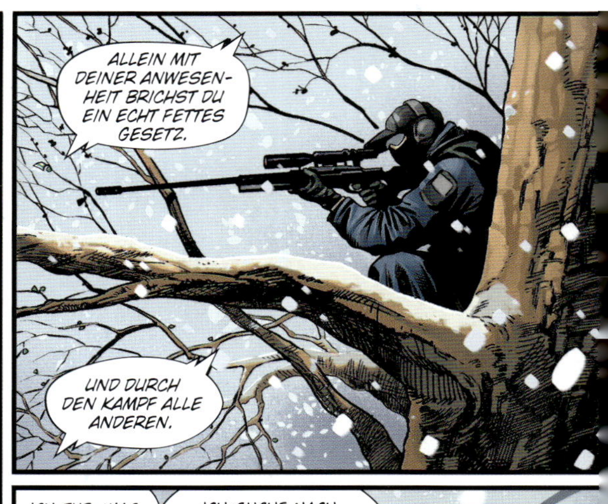
ALLEIN MIT DEINER ANWESENHEIT BRICHST DU EIN ECHT FETTES GESETZ.
UND DURCH DEN KAMPF ALLE ANDEREN.

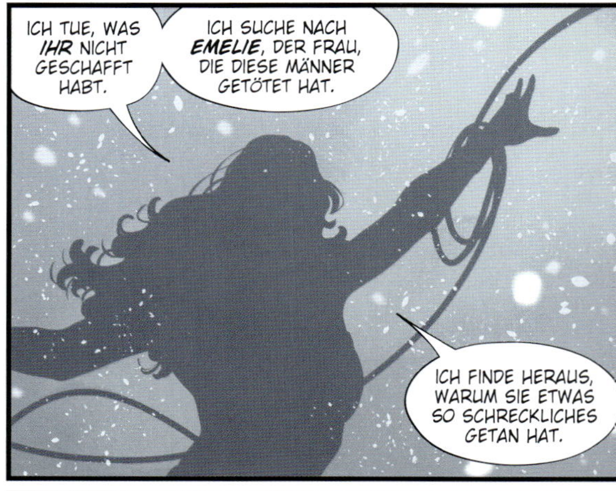
ICH TUE, WAS **IHR** NICHT GESCHAFFT HABT.
ICH SUCHE NACH **EMELIE**, DER FRAU, DIE DIESE MÄNNER GETÖTET HAT.
ICH FINDE HERAUS, WARUM SIE ETWAS SO SCHRECKLICHES GETAN HAT.

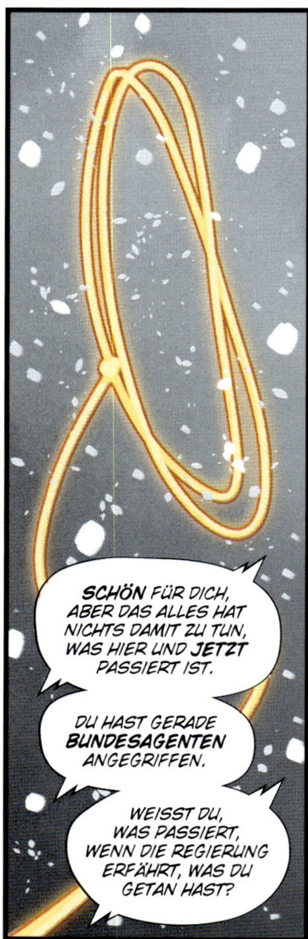
SCHÖN FÜR DICH, ABER DAS ALLES HAT NICHTS DAMIT ZU TUN, WAS HIER UND **JETZT** PASSIERT IST.
DU HAST GERADE **BUNDESAGENTEN** ANGEGRIFFEN.
WEISST DU, WAS PASSIERT, WENN DIE REGIERUNG ERFÄHRT, WAS DU GETAN HAST?

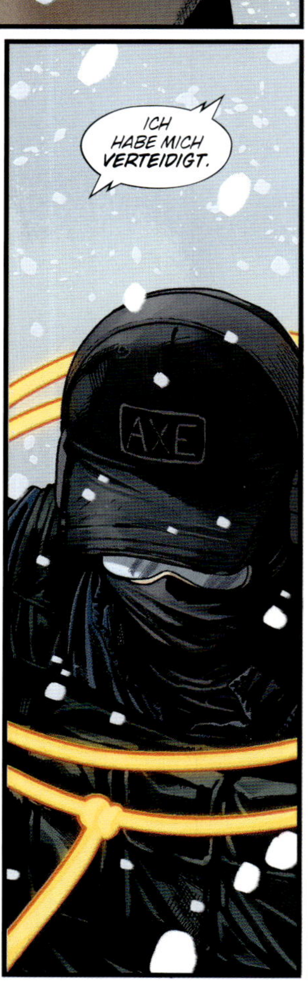
ICH HABE MICH **VERTEIDIGT**.
AXE

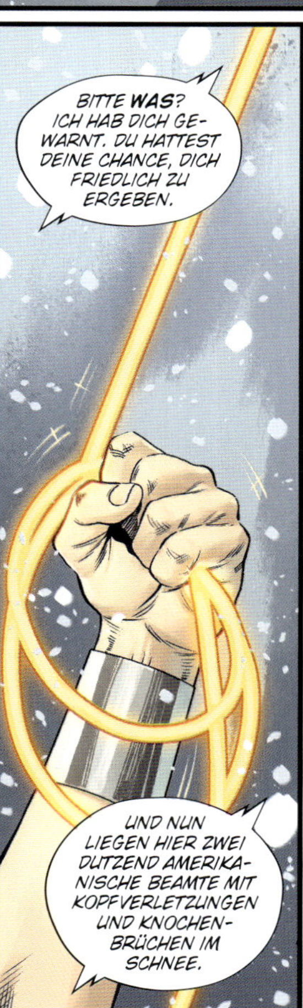
BITTE **WAS**? ICH HAB DICH GEWARNT. DU HATTEST DEINE CHANCE, DICH FRIEDLICH ZU ERGEBEN.
UND NUN LIEGEN HIER ZWEI DUTZEND AMERIKANISCHE BEAMTE MIT KOPFVERLETZUNGEN UND KNOCHENBRÜCHEN IM SCHNEE.

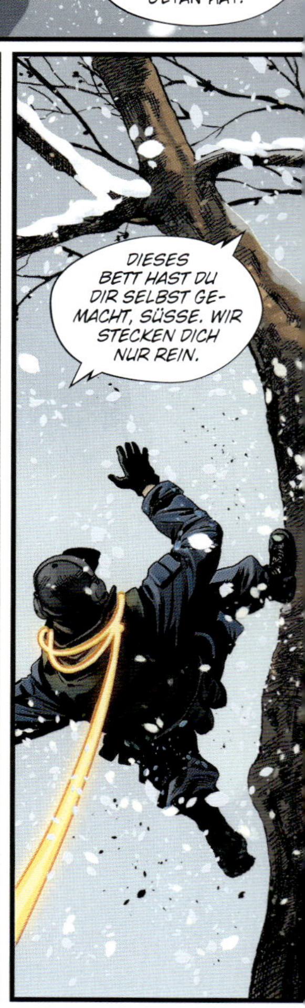
DIESES BETT HAST DU DIR SELBST GEMACHT, SÜSSE. WIR STECKEN DICH NUR REIN.

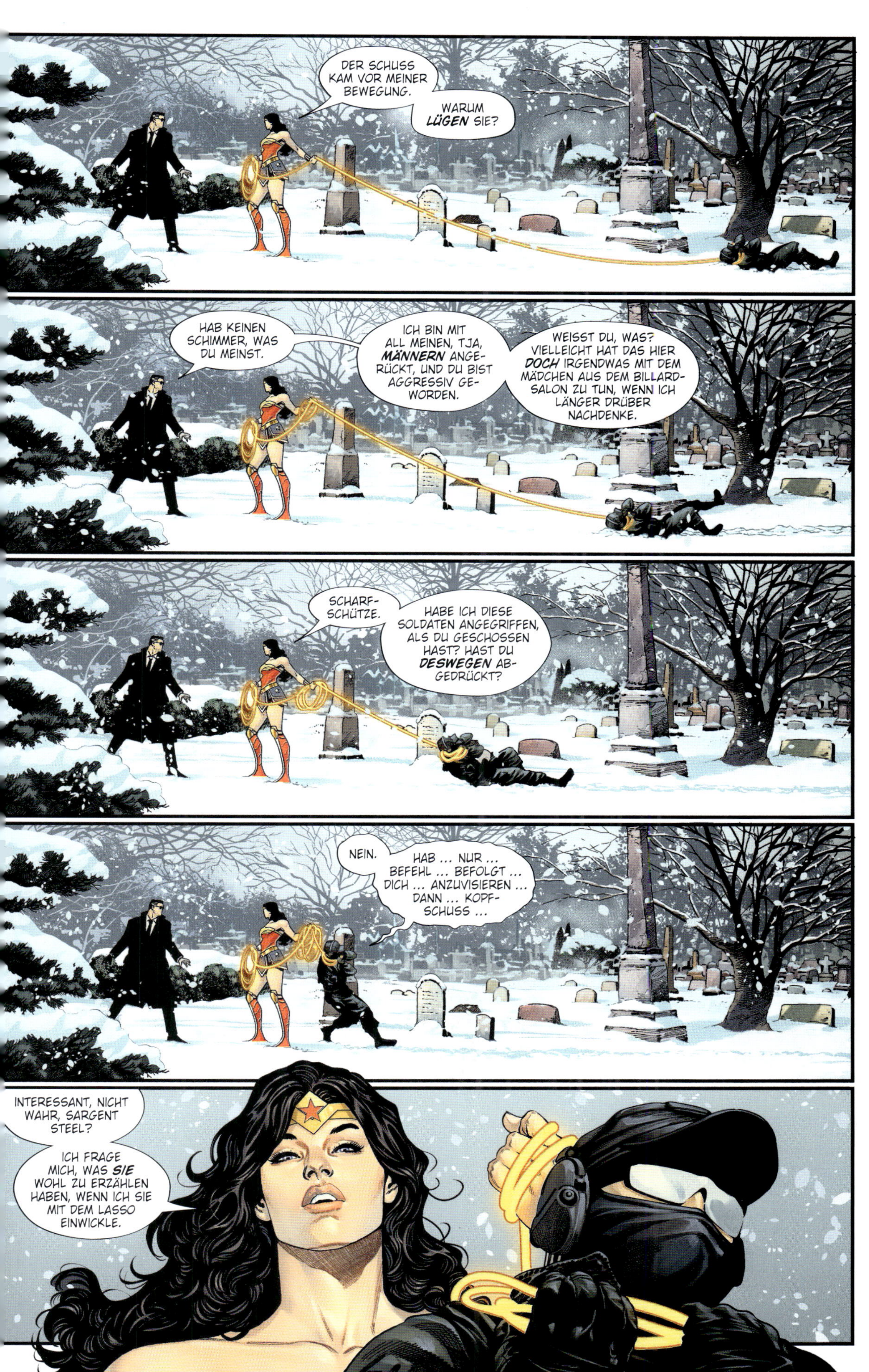
DER SCHUSS KAM VOR MEINER BEWEGUNG.
WARUM LÜGEN SIE?
HAB KEINEN SCHIMMER, WAS DU MEINST.
ICH BIN MIT ALL MEINEN, TJA, MÄNNERN ANGERÜCKT, UND DU BIST AGGRESSIV GEWORDEN.
WEISST DU, WAS? VIELLEICHT HAT DAS HIER DOCH IRGENDWAS MIT DEM MÄDCHEN AUS DEM BILLARDSALON ZU TUN, WENN ICH LÄNGER DRÜBER NACHDENKE.
SCHARFSCHÜTZE.
HABE ICH DIESE SOLDATEN ANGEGRIFFEN, ALS DU GESCHOSSEN HAST? HAST DU DESWEGEN ABGEDRÜCKT?
NEIN.
HAB ... NUR ... BEFEHL ... BEFOLGT ... DICH ... ANZUVISIEREN ... DANN ... KOPFSCHUSS ...
INTERESSANT, NICHT WAHR, SARGENT STEEL?
ICH FRAGE MICH, WAS SIE WOHL ZU ERZÄHLEN HABEN, WENN ICH SIE MIT DEM LASSO EINWICKLE.

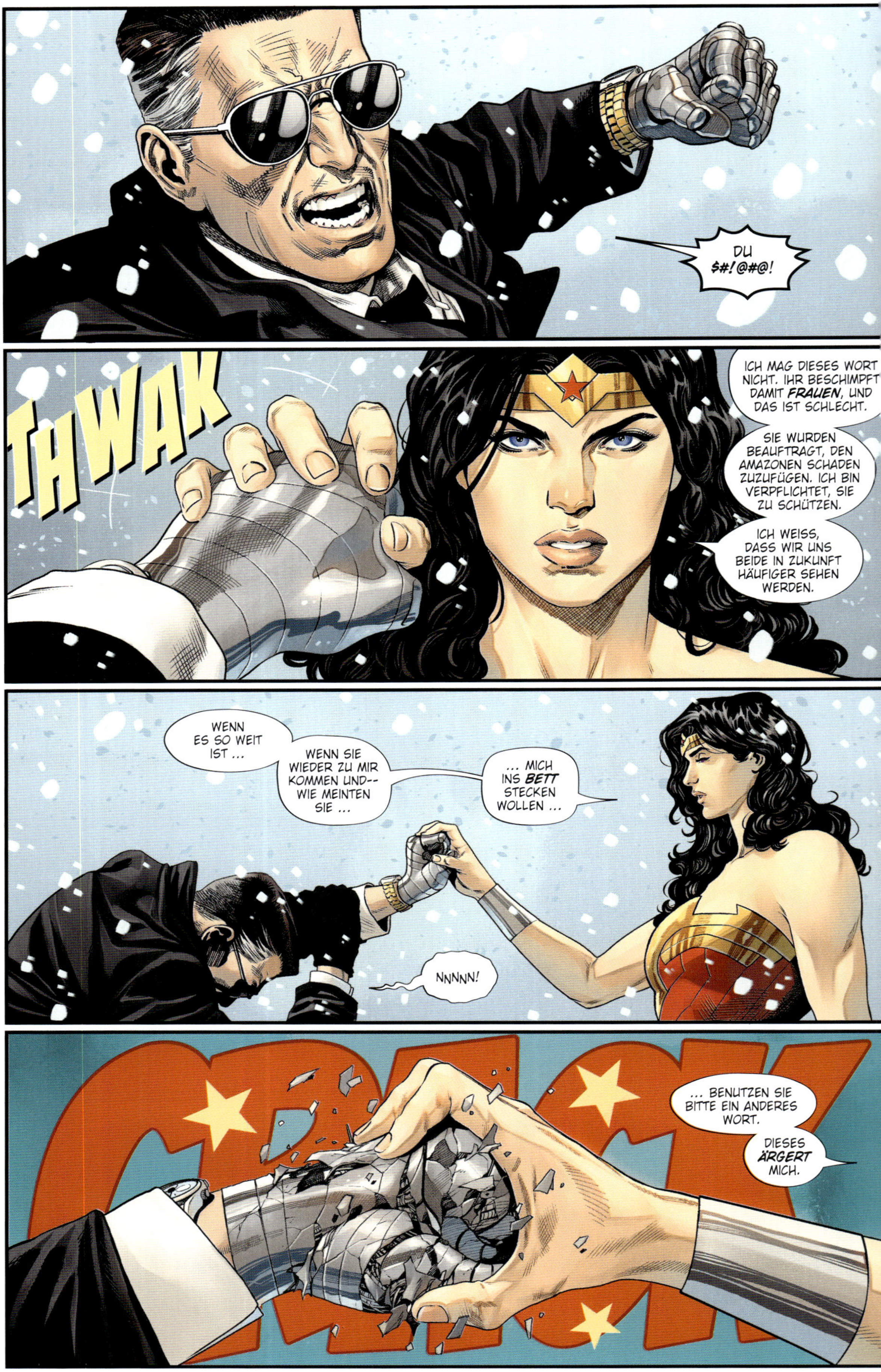

DU
$#!@#@!

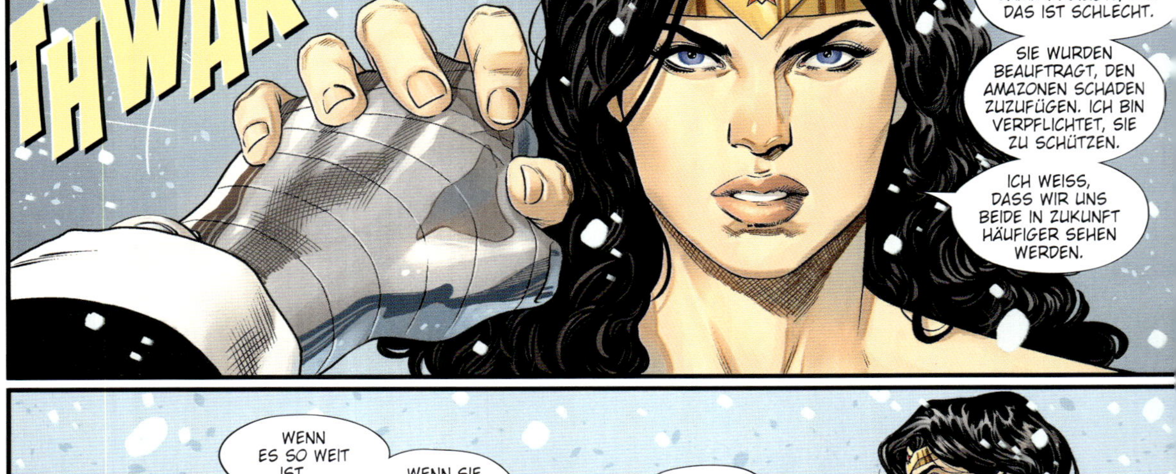
THWAK
ICH MAG DIESES WORT NICHT. IHR BESCHIMPFT DAMIT **FRAUEN**, UND DAS IST SCHLECHT.
SIE WURDEN BEAUFTRAGT, DEN AMAZONEN SCHADEN ZUZUFÜGEN. ICH BIN VERPFLICHTET, SIE ZU SCHÜTZEN.
ICH WEISS, DASS WIR UNS BEIDE IN ZUKUNFT HÄUFIGER SEHEN WERDEN.

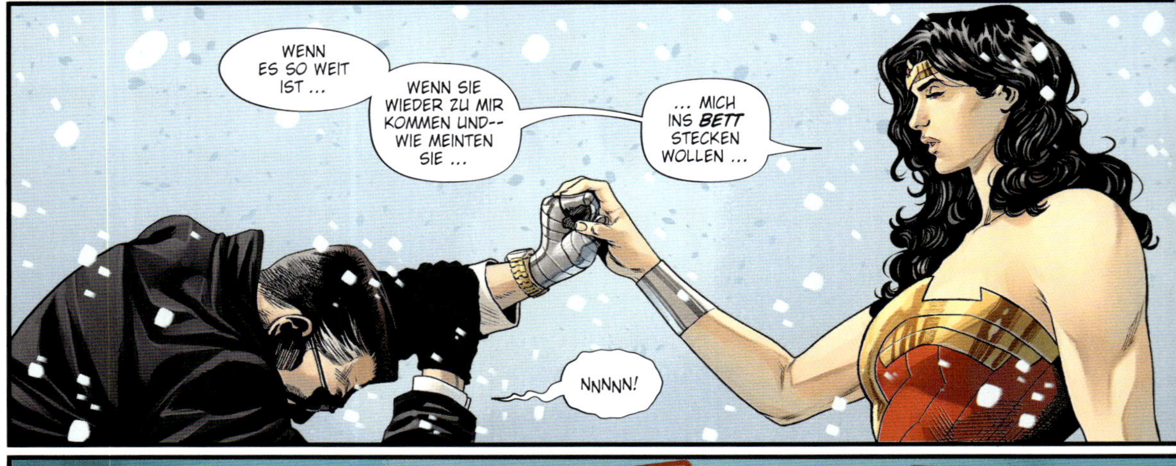
WENN ES SO WEIT IST ...
WENN SIE WIEDER ZU MIR KOMMEN UND-- WIE MEINTEN SIE ...
... MICH INS **BETT** STECKEN WOLLEN ...
NNNNN!

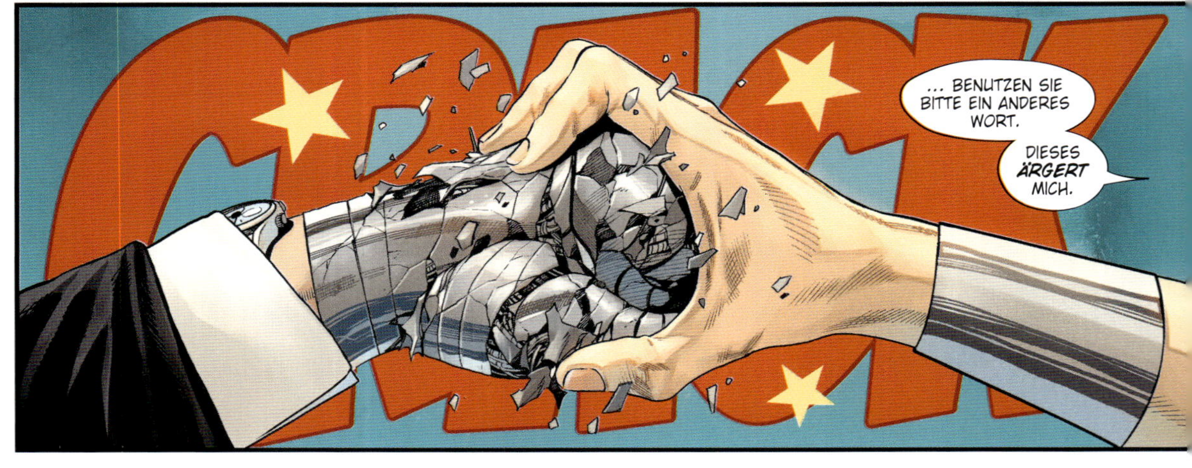
... BENUTZEN SIE BITTE EIN ANDERES WORT.
DIESES **ÄRGERT** MICH.

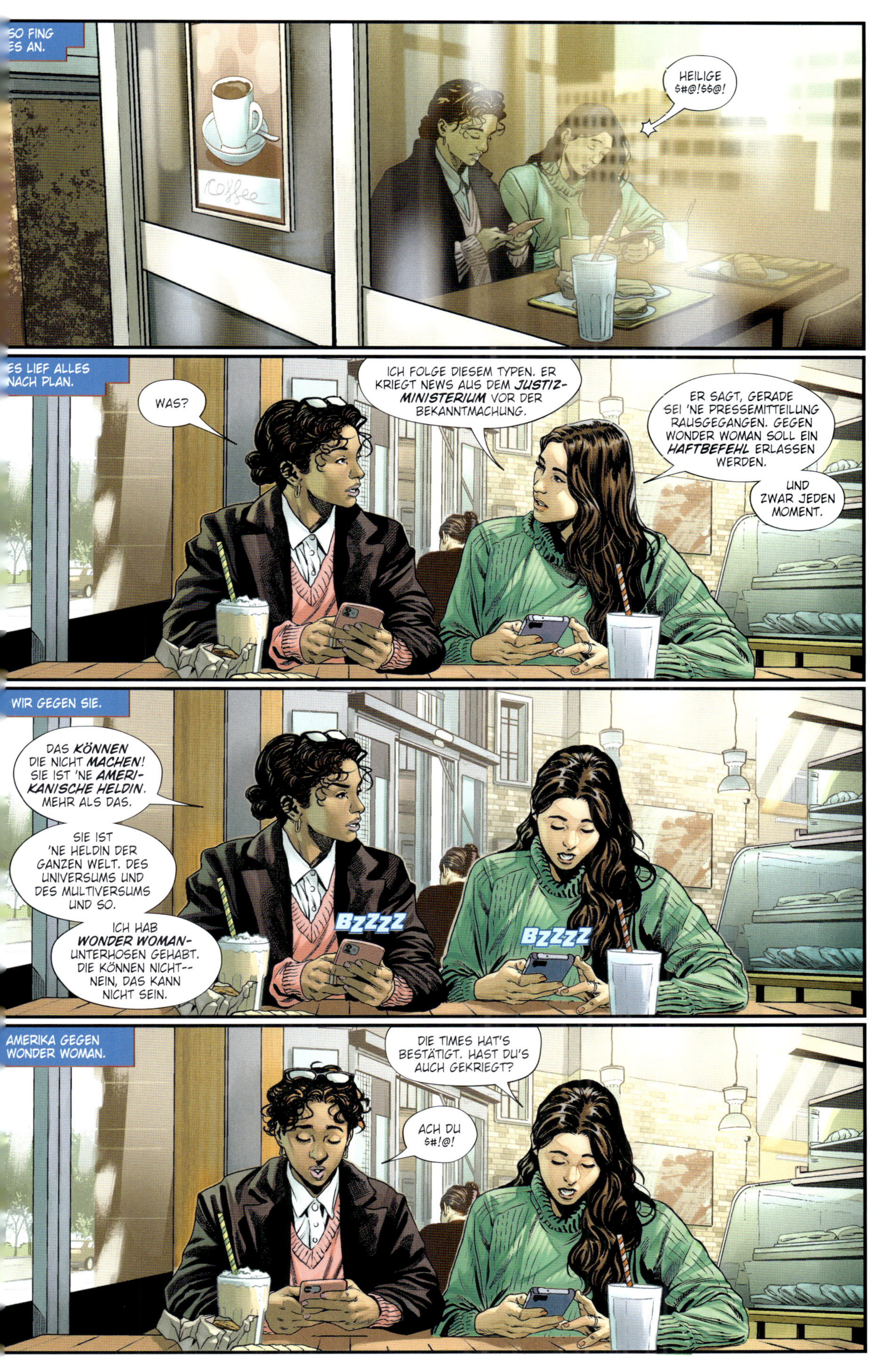
SO FING
ES AN.
HEILIGE $#@!$$@!
ES LIEF ALLES
NACH PLAN.
WAS?
ICH FOLGE DIESEM TYPEN. ER KRIEGT NEWS AUS DEM JUSTIZMINISTERIUM VOR DER BEKANNTMACHUNG.
ER SAGT, GERADE SEI 'NE PRESSEMITTEILUNG RAUSGEGANGEN. GEGEN WONDER WOMAN SOLL EIN HAFTBEFEHL ERLASSEN WERDEN.
UND ZWAR JEDEN MOMENT.
WIR GEGEN SIE.
DAS KÖNNEN DIE NICHT MACHEN! SIE IST 'NE AMERIKANISCHE HELDIN. MEHR ALS DAS.
SIE IST 'NE HELDIN DER GANZEN WELT. DES UNIVERSUMS UND DES MULTIVERSUMS UND SO.
ICH HAB WONDER WOMAN-UNTERHOSEN GEHABT. DIE KÖNNEN NICHT-- NEIN, DAS KANN NICHT SEIN.
BZZZZ
BZZZZ
AMERIKA GEGEN WONDER WOMAN.
DIE TIMES HAT'S BESTÄTIGT. HAST DU'S AUCH GEKRIEGT?
ACH DU $#!@!

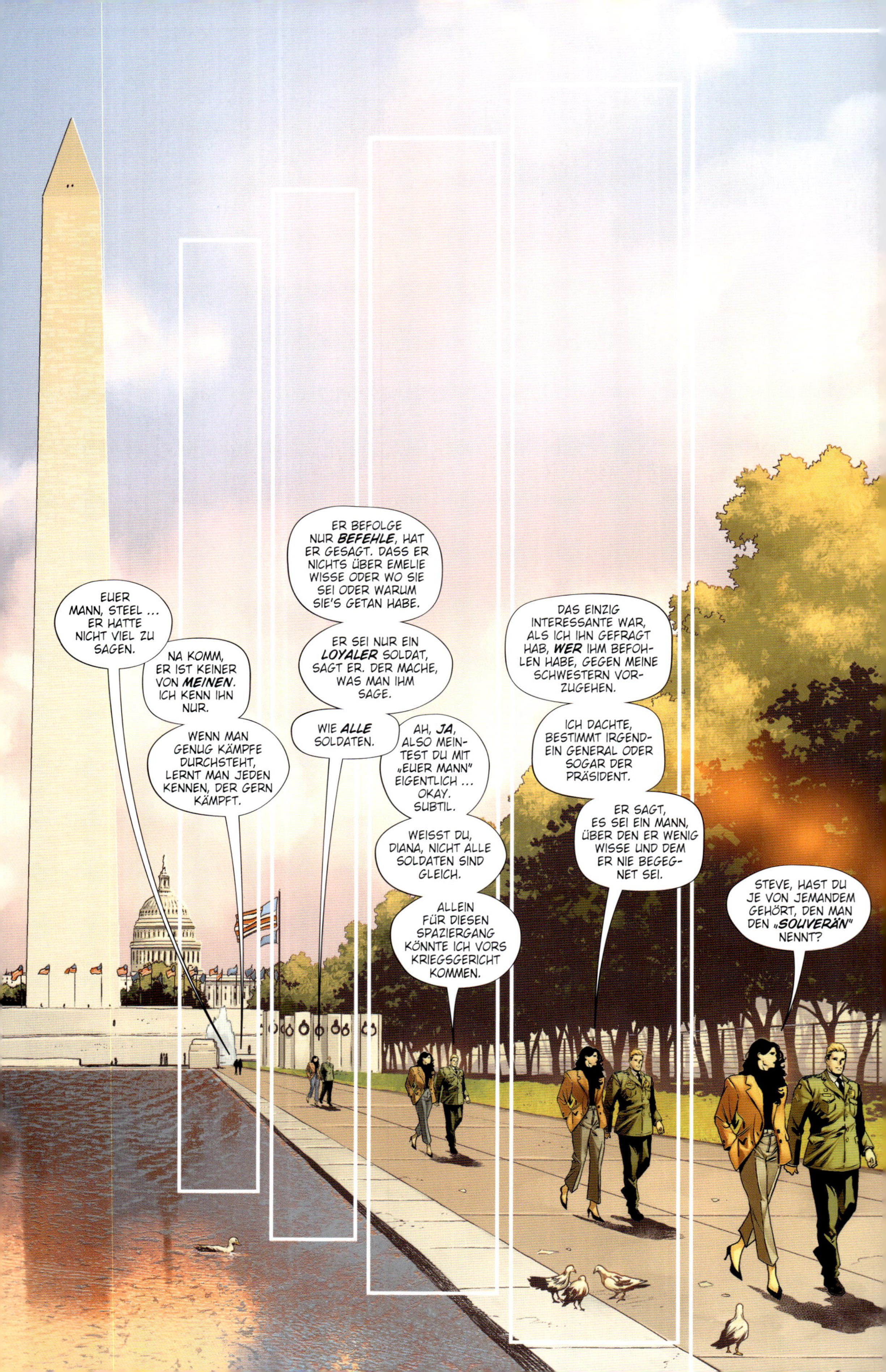

EUER MANN, STEEL … ER HATTE NICHT VIEL ZU SAGEN.
NA KOMM, ER IST KEINER VON ***MEINEN***. ICH KENN IHN NUR.
WENN MAN GENUG KÄMPFE DURCHSTEHT, LERNT MAN JEDEN KENNEN, DER GERN KÄMPFT.
ER BEFOLGE NUR ***BEFEHLE***, HAT ER GESAGT. DASS ER NICHTS ÜBER EMELIE WISSE ODER WO SIE SEI ODER WARUM SIE'S GETAN HABE.
ER SEI NUR EIN ***LOYALER*** SOLDAT, SAGT ER. DER MACHE, WAS MAN IHM SAGE.
WIE ***ALLE*** SOLDATEN.
AH, ***JA***, ALSO MEINTEST DU MIT „EUER MANN" EIGENTLICH … OKAY. SUBTIL.
WEISST DU, DIANA, NICHT ALLE SOLDATEN SIND GLEICH.
ALLEIN FÜR DIESEN SPAZIERGANG KÖNNTE ICH VORS KRIEGSGERICHT KOMMEN.
DAS EINZIG INTERESSANTE WAR, ALS ICH IHN GEFRAGT HAB, ***WER*** IHM BEFOHLEN HABE, GEGEN MEINE SCHWESTERN VORZUGEHEN.
ICH DACHTE, BESTIMMT IRGENDEIN GENERAL ODER SOGAR DER PRÄSIDENT.
ER SAGT, ES SEI EIN MANN, ÜBER DEN ER WENIG WISSE UND DEM ER NIE BEGEGNET SEI.
STEVE, HAST DU JE VON JEMANDEM GEHÖRT, DEN MAN DEN „***SOUVERÄN***" NENNT?

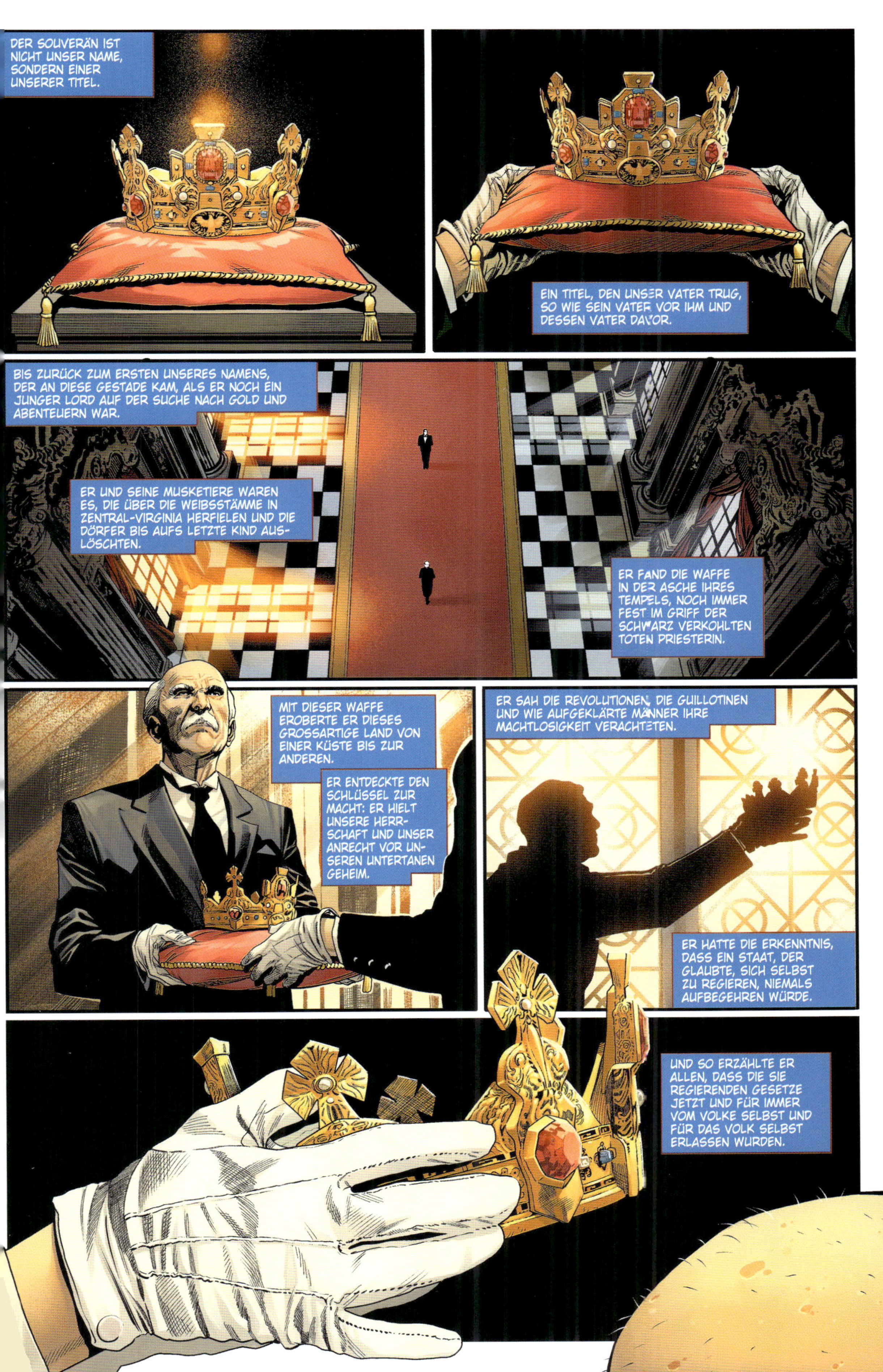

DER SOUVERÄN IST NICHT UNSER NAME, SONDERN EINER UNSERER TITEL.
EIN TITEL, DEN UNSER VATER TRUG, SO WIE SEIN VATER VOR IHM UND DESSEN VATER DAVOR.
BIS ZURÜCK ZUM ERSTEN UNSERES NAMENS, DER AN DIESE GESTADE KAM, ALS ER NOCH EIN JUNGER LORD AUF DER SUCHE NACH GOLD UND ABENTEUERN WAR.
ER UND SEINE MUSKETIERE WAREN ES, DIE ÜBER DIE WEIBSSTÄMME IN ZENTRAL-VIRGINIA HERFIELEN UND DIE DÖRFER BIS AUFS LETZTE KIND AUSLÖSCHTEN.
ER FAND DIE WAFFE IN DER ASCHE IHRES TEMPELS, NOCH IMMER FEST IM GRIFF DER SCHWARZ VERKOHLTEN TOTEN PRIESTERIN.
MIT DIESER WAFFE EROBERTE ER DIESES GROSSARTIGE LAND VON EINER KÜSTE BIS ZUR ANDEREN.
ER ENTDECKTE DEN SCHLÜSSEL ZUR MACHT: ER HIELT UNSERE HERRSCHAFT UND UNSER ANRECHT VOR UNSEREN UNTERTANEN GEHEIM.
ER SAH DIE REVOLUTIONEN, DIE GUILLOTINEN UND WIE AUFGEKLÄRTE MÄNNER IHRE MACHTLOSIGKEIT VERACHTETEN.
ER HATTE DIE ERKENNTNIS, DASS EIN STAAT, DER GLAUBTE, SICH SELBST ZU REGIEREN, NIEMALS AUFBEGEHREN WÜRDE.
UND SO ERZÄHLTE ER ALLEN, DASS DIE SIE REGIERENDEN GESETZE JETZT UND FÜR IMMER VOM VOLKE SELBST UND FÜR DAS VOLK SELBST ERLASSEN WURDEN.

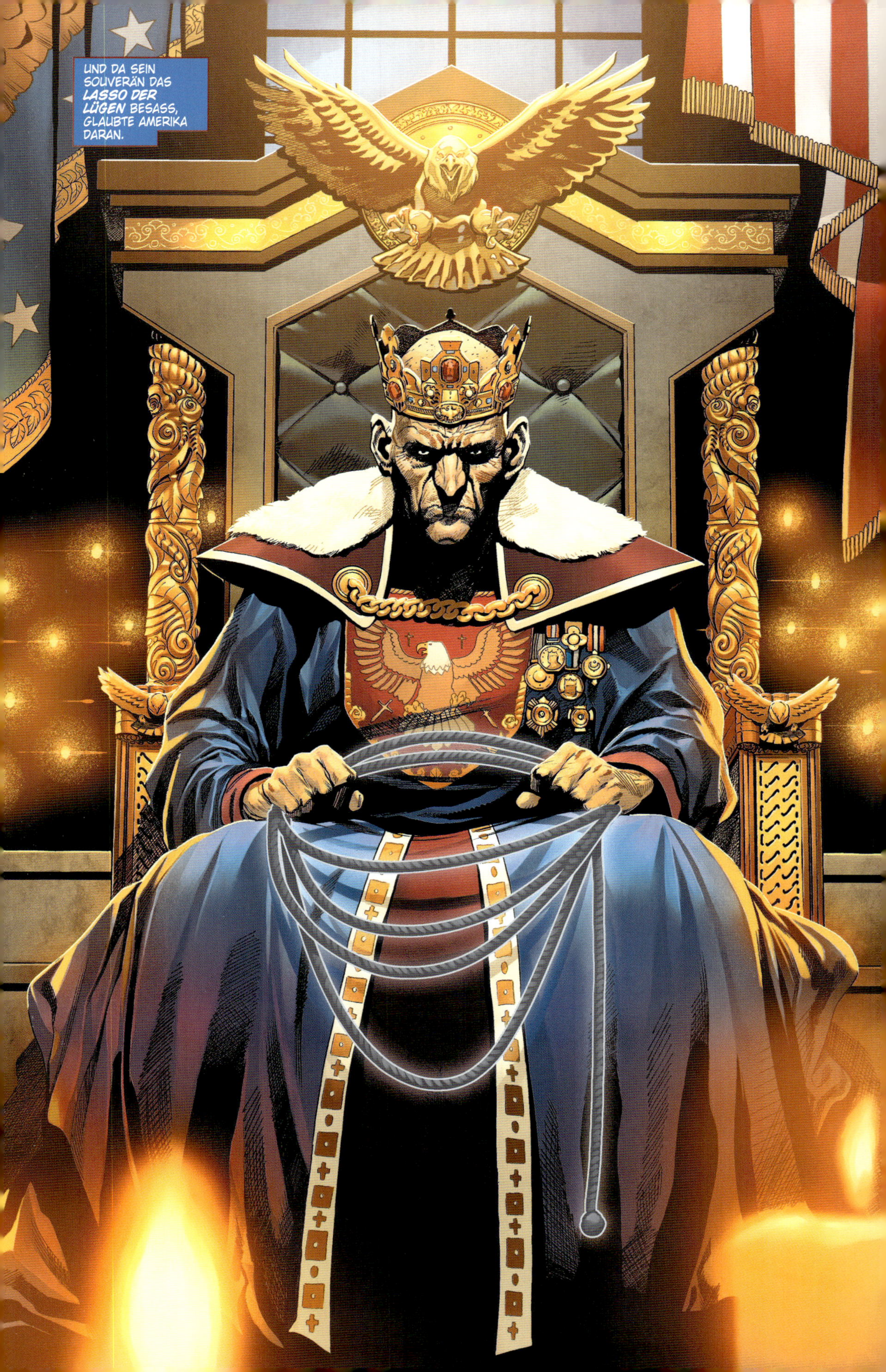
UND DA SEIN SOUVERÄN DAS ***LASSO DER LÜGEN*** BESASS, GLAUBTE AMERIKA DARAN.

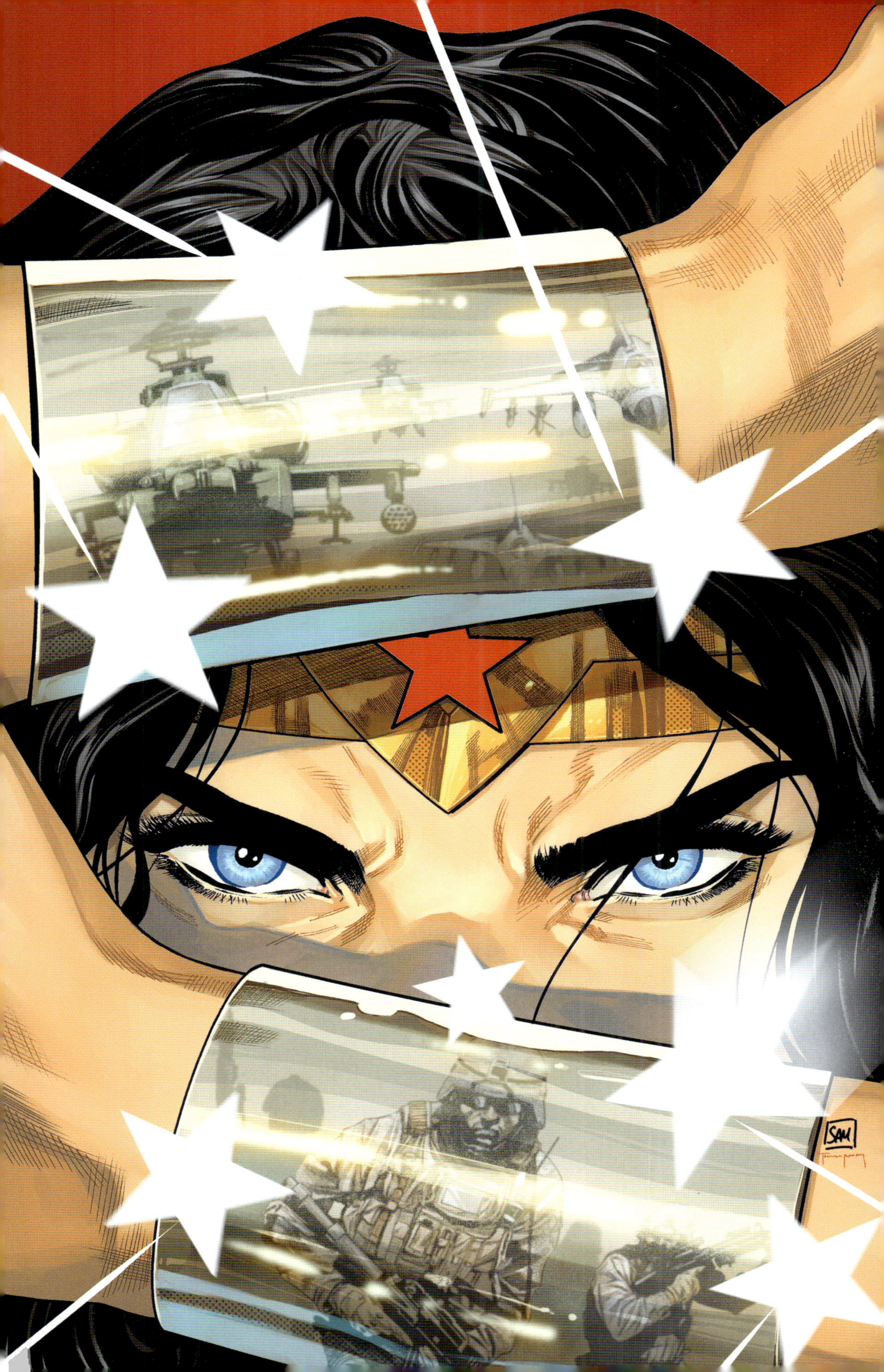
SAM

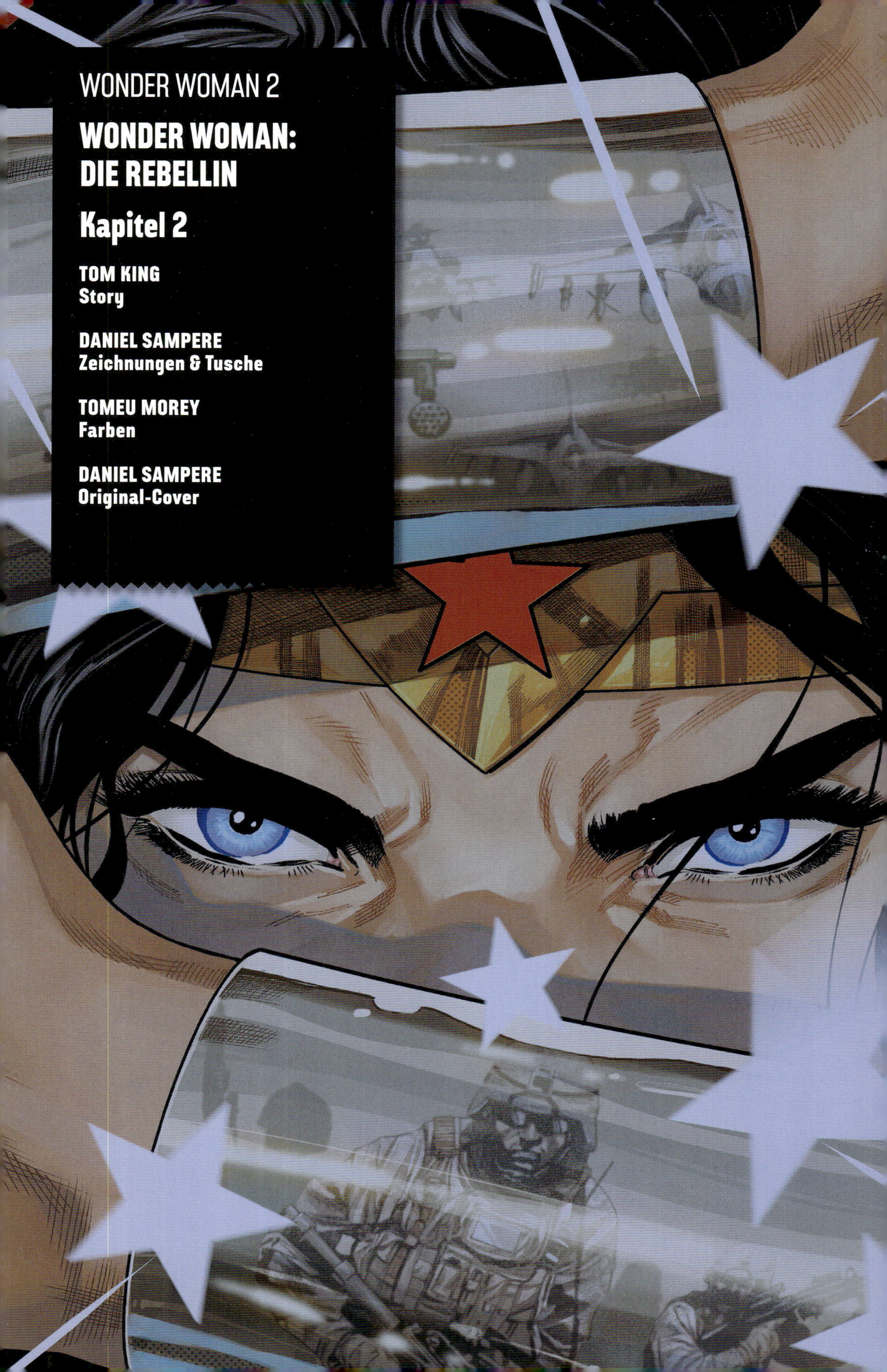

WONDER WOMAN 2

WONDER WOMAN: DIE REBELLIN

Kapitel 2

TOM KING
Story

DANIEL SAMPERE
Zeichnungen & Tusche

TOMEU MOREY
Farben

DANIEL SAMPERE
Original-Cover

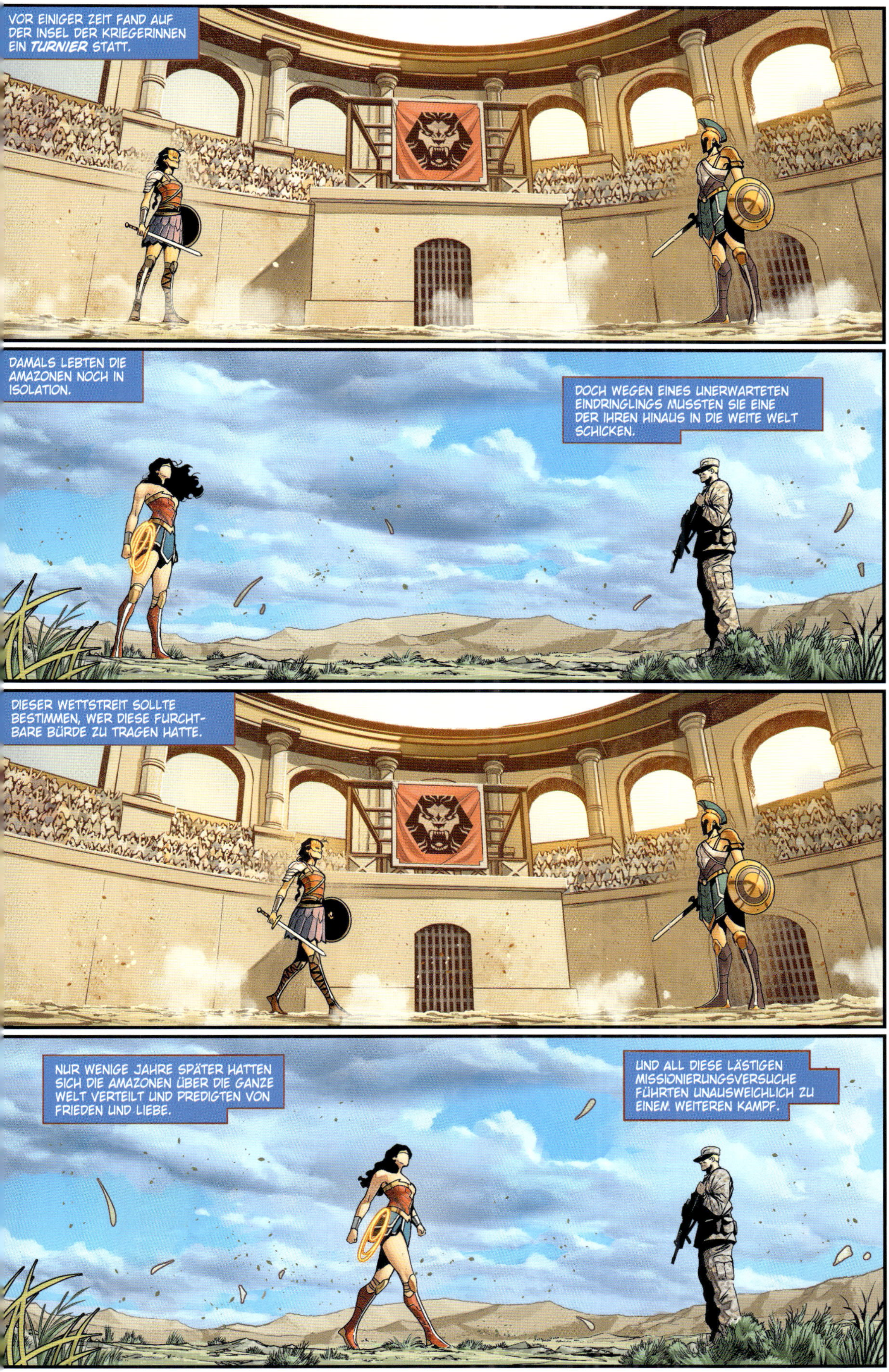

VOR EINIGER ZEIT FAND AUF DER INSEL DER KRIEGERINNEN EIN *TURNIER* STATT.

DAMALS LEBTEN DIE AMAZONEN NOCH IN ISOLATION.

DOCH WEGEN EINES UNERWARTETEN EINDRINGLINGS MUSSTEN SIE EINE DER IHREN HINAUS IN DIE WEITE WELT SCHICKEN.

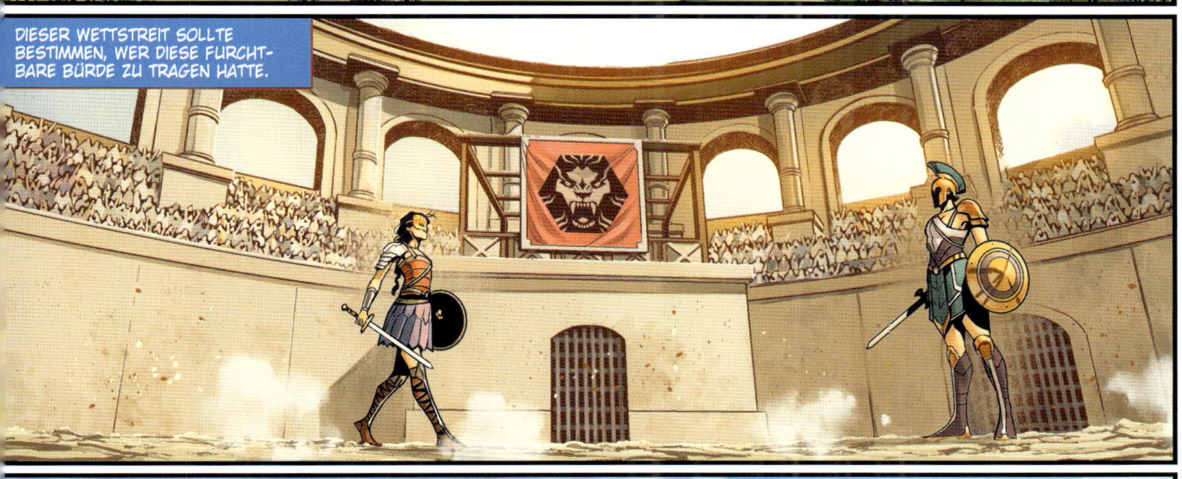

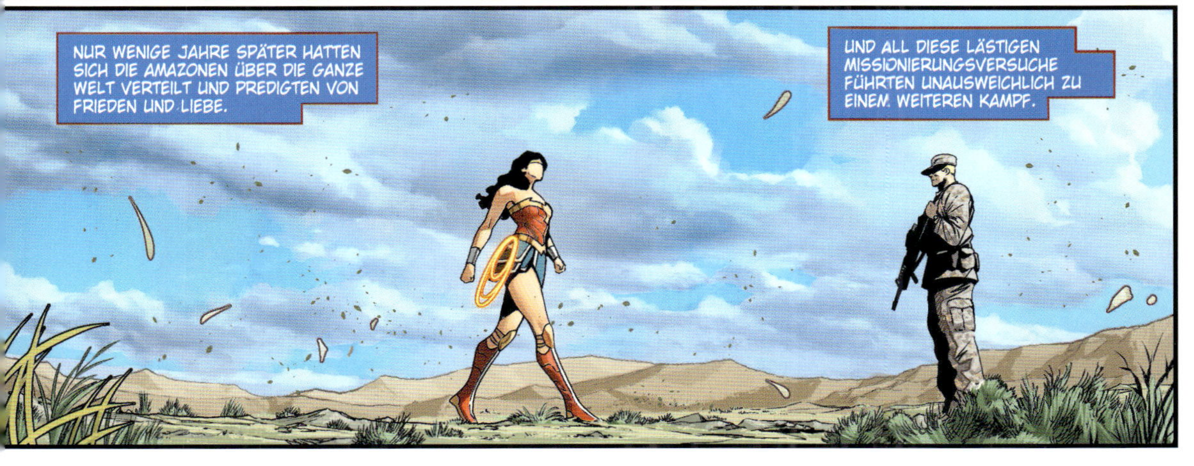

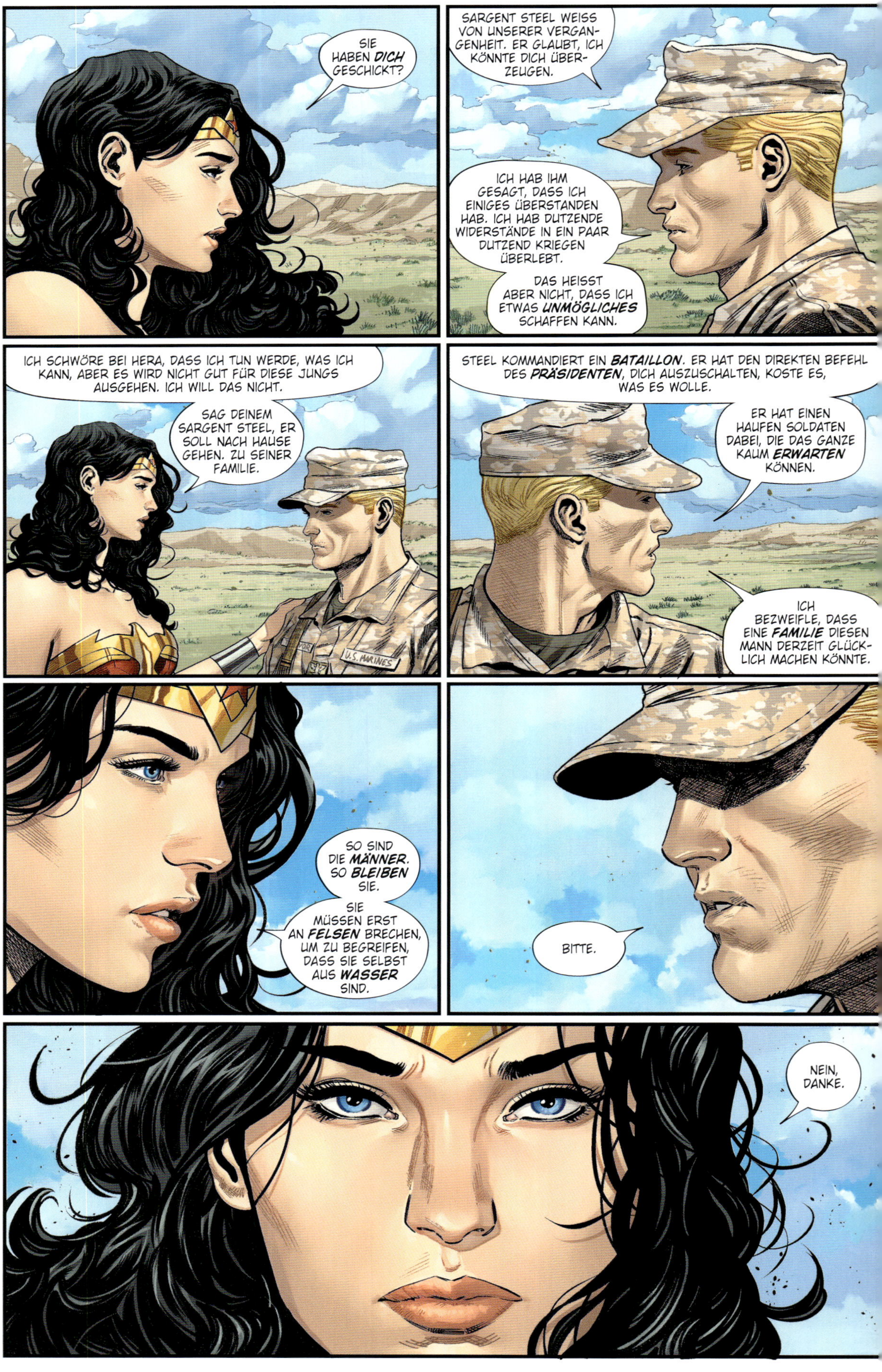

SIE HABEN *DICH* GESCHICKT?

SARGENT STEEL WEISS VON UNSERER VERGANGENHEIT. ER GLAUBT, ICH KÖNNTE DICH ÜBERZEUGEN.

ICH HAB IHM GESAGT, DASS ICH EINIGES ÜBERSTANDEN HAB. ICH HAB DUTZENDE WIDERSTÄNDE IN EIN PAAR DUTZEND KRIEGEN ÜBERLEBT.

DAS HEISST ABER NICHT, DASS ICH ETWAS *UNMÖGLICHES* SCHAFFEN KANN.

ICH SCHWÖRE BEI HERA, DASS ICH TUN WERDE, WAS ICH KANN, ABER ES WIRD NICHT GUT FÜR DIESE JUNGS AUSGEHEN. ICH WILL DAS NICHT.

SAG DEINEM SARGENT STEEL, ER SOLL NACH HAUSE GEHEN. ZU SEINER FAMILIE.

U.S. MARINES

STEEL KOMMANDIERT EIN *BATAILLON*. ER HAT DEN DIREKTEN BEFEHL DES *PRÄSIDENTEN*, DICH AUSZUSCHALTEN, KOSTE ES, WAS ES WOLLE.

ER HAT EINEN HAUFEN SOLDATEN DABEI, DIE DAS GANZE KAUM *ERWARTEN* KÖNNEN.

ICH BEZWEIFLE, DASS EINE *FAMILIE* DIESEN MANN DERZEIT GLÜCKLICH MACHEN KÖNNTE.

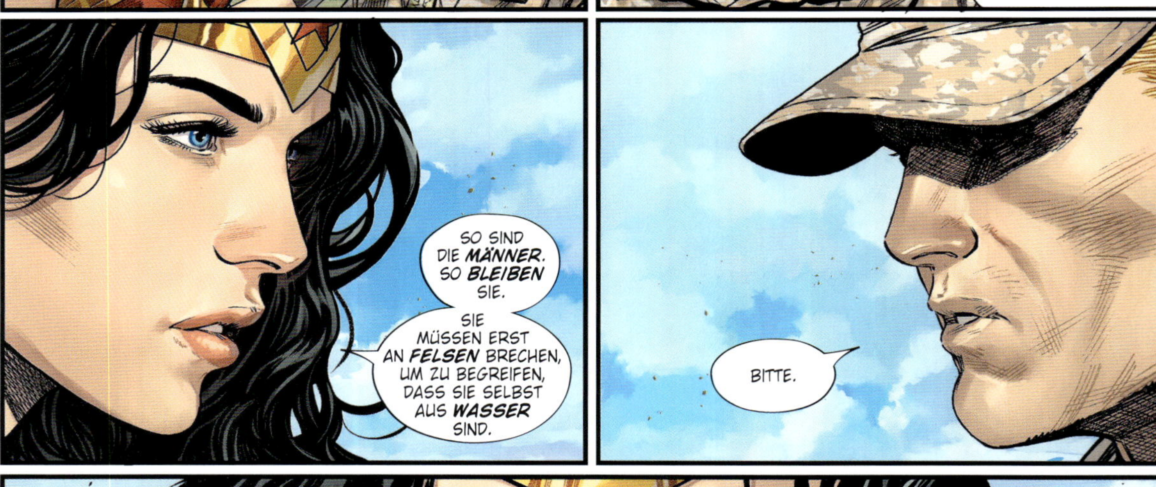

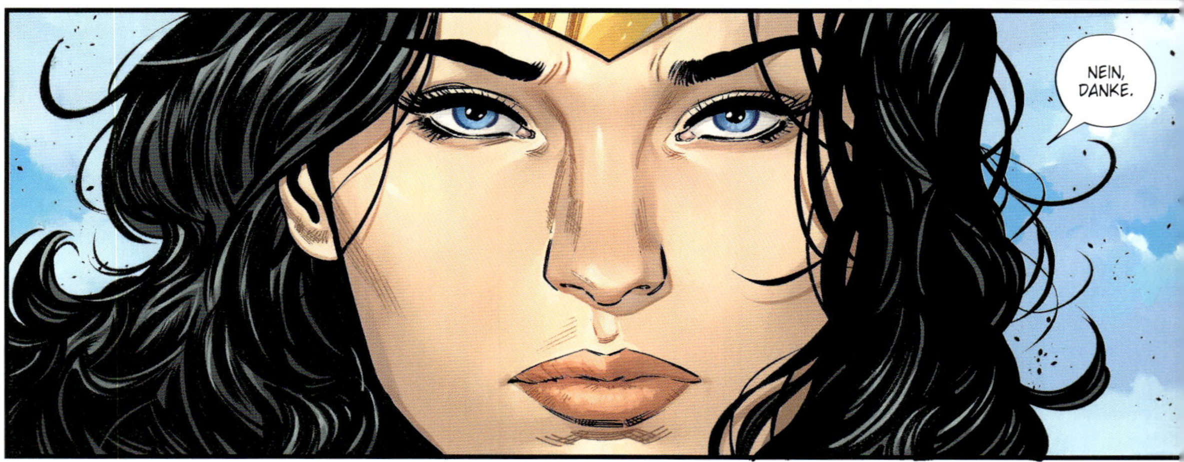

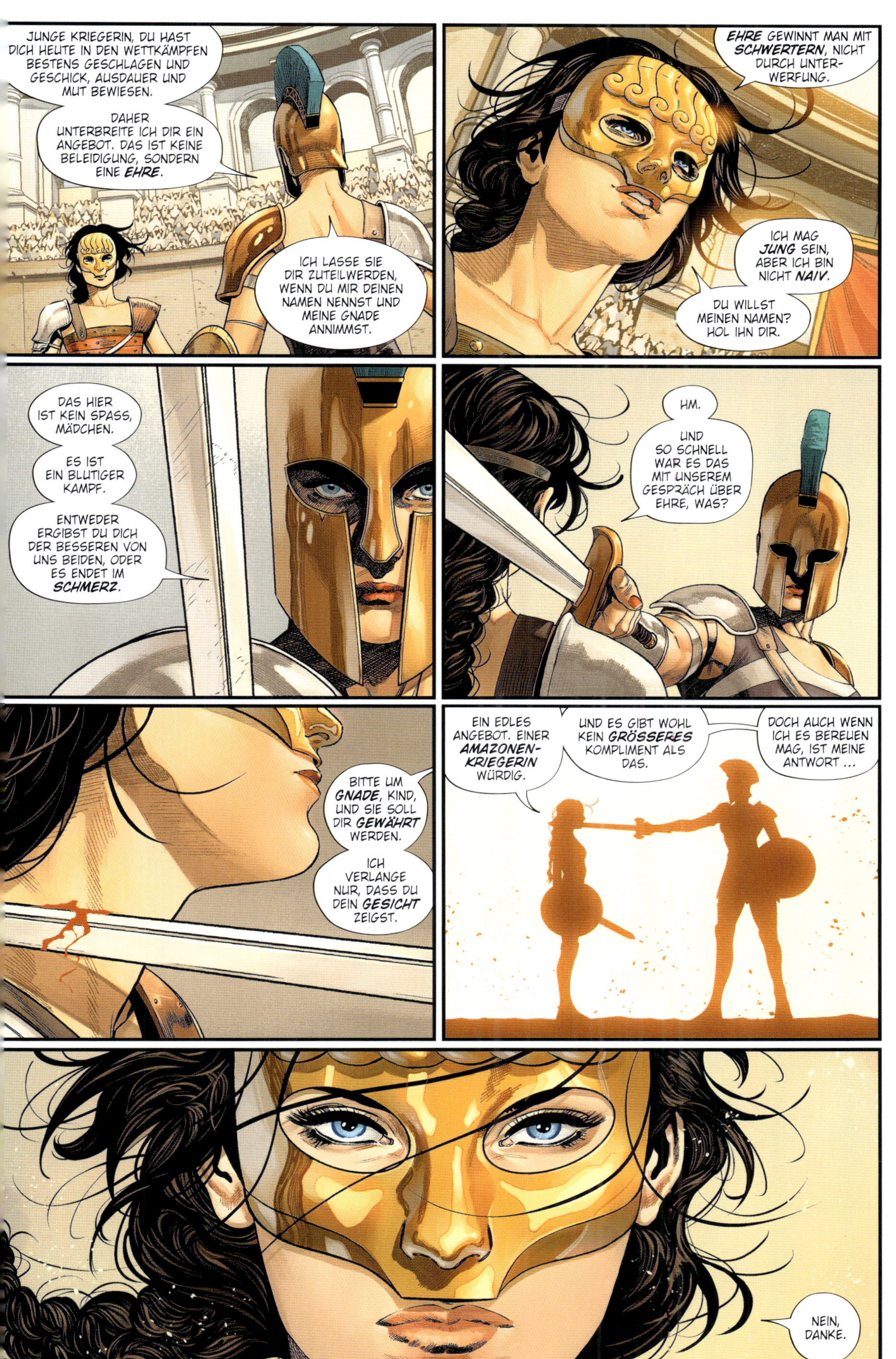
JUNGE KRIEGERIN, DU HAST DICH HEUTE IN DEN WETTKÄMPFEN BESTENS GESCHLAGEN UND GESCHICK, AUSDAUER UND MUT BEWIESEN.
DAHER UNTERBREITE ICH DIR EIN ANGEBOT. DAS IST KEINE BELEIDIGUNG, SONDERN EINE EHRE.
ICH LASSE SIE DIR ZUTEILWERDEN, WENN DU MIR DEINEN NAMEN NENNST UND MEINE GNADE ANNIMMST.
EHRE GEWINNT MAN MIT SCHWERTERN, NICHT DURCH UNTER-WERFUNG.
ICH MAG JUNG SEIN, ABER ICH BIN NICHT NAIV.
DU WILLST MEINEN NAMEN? HOL IHN DIR.
DAS HIER IST KEIN SPASS, MÄDCHEN.
ES IST EIN BLUTIGER KAMPF.
ENTWEDER ERGIBST DU DICH DER BESSEREN VON UNS BEIDEN, ODER ES ENDET IM SCHMERZ.
HM.
UND SO SCHNELL WAR ES DAS MIT UNSEREM GESPRÄCH ÜBER EHRE, WAS?
BITTE UM GNADE, KIND, UND SIE SOLL DIR GEWÄHRT WERDEN.
ICH VERLANGE NUR, DASS DU DEIN GESICHT ZEIGST.
EIN EDLES ANGEBOT. EINER AMAZONEN-KRIEGERIN WÜRDIG.
UND ES GIBT WOHL KEIN GRÖSSERES KOMPLIMENT ALS DAS.
DOCH AUCH WENN ICH ES BEREUEN MAG, IST MEINE ANTWORT ...
NEIN, DANKE.

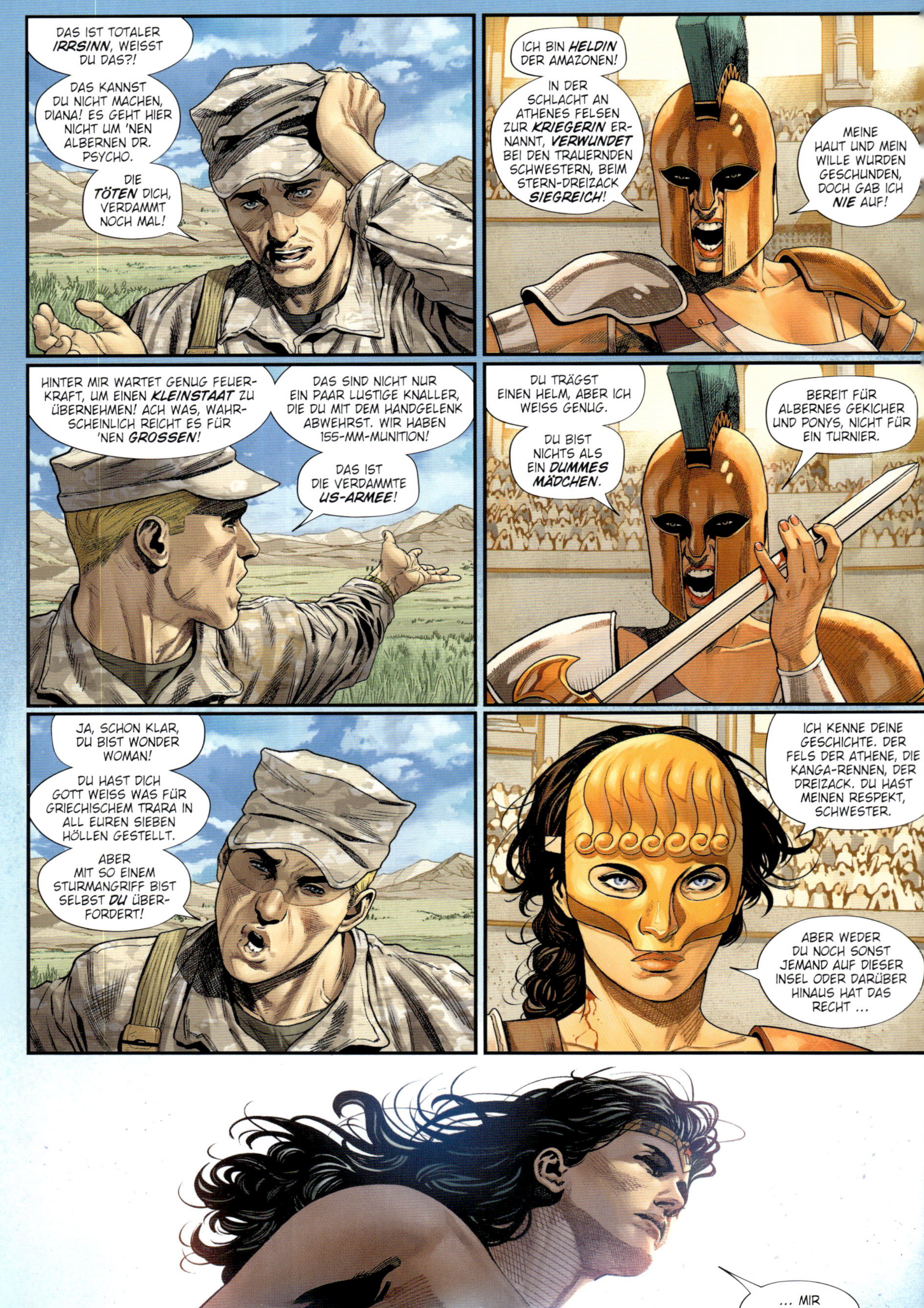
DAS IST TOTALER IRRSINN, WEISST DU DAS?!
DAS KANNST DU NICHT MACHEN, DIANA! ES GEHT HIER NICHT UM 'NEN ALBERNEN DR. PSYCHO.
DIE TÖTEN DICH, VERDAMMT NOCH MAL!
ICH BIN HELDIN DER AMAZONEN!
IN DER SCHLACHT AN ATHENES FELSEN ZUR KRIEGERIN ERNANNT, VERWUNDET BEI DEN TRAUERNDEN SCHWESTERN, BEIM STERN-DREIZACK SIEGREICH!
MEINE HAUT UND MEIN WILLE WURDEN GESCHUNDEN, DOCH GAB ICH NIE AUF!
HINTER MIR WARTET GENUG FEUERKRAFT, UM EINEN KLEINSTAAT ZU ÜBERNEHMEN! ACH WAS, WAHRSCHEINLICH REICHT ES FÜR 'NEN GROSSEN!
DAS SIND NICHT NUR EIN PAAR LUSTIGE KNALLER, DIE DU MIT DEM HANDGELENK ABWEHRST. WIR HABEN 155-MM-MUNITION!
DAS IST DIE VERDAMMTE US-ARMEE!
DU TRÄGST EINEN HELM, ABER ICH WEISS GENUG.
DU BIST NICHTS ALS EIN DUMMES MÄDCHEN.
BEREIT FÜR ALBERNES GEKICHER UND PONYS, NICHT FÜR EIN TURNIER.
JA, SCHON KLAR, DU BIST WONDER WOMAN!
DU HAST DICH GOTT WEISS WAS FÜR GRIECHISCHEM TRARA IN ALL EUREN SIEBEN HÖLLEN GESTELLT.
ABER MIT SO EINEM STURMANGRIFF BIST SELBST DU ÜBERFORDERT!
ICH KENNE DEINE GESCHICHTE. DER FELS DER ATHENE, DIE KANGA-RENNEN, DER DREIZACK. DU HAST MEINEN RESPEKT, SCHWESTER.
ABER WEDER DU NOCH SONST JEMAND AUF DIESER INSEL ODER DARÜBER HINAUS HAT DAS RECHT …
… MIR ZU SAGEN, WER ICH BIN.

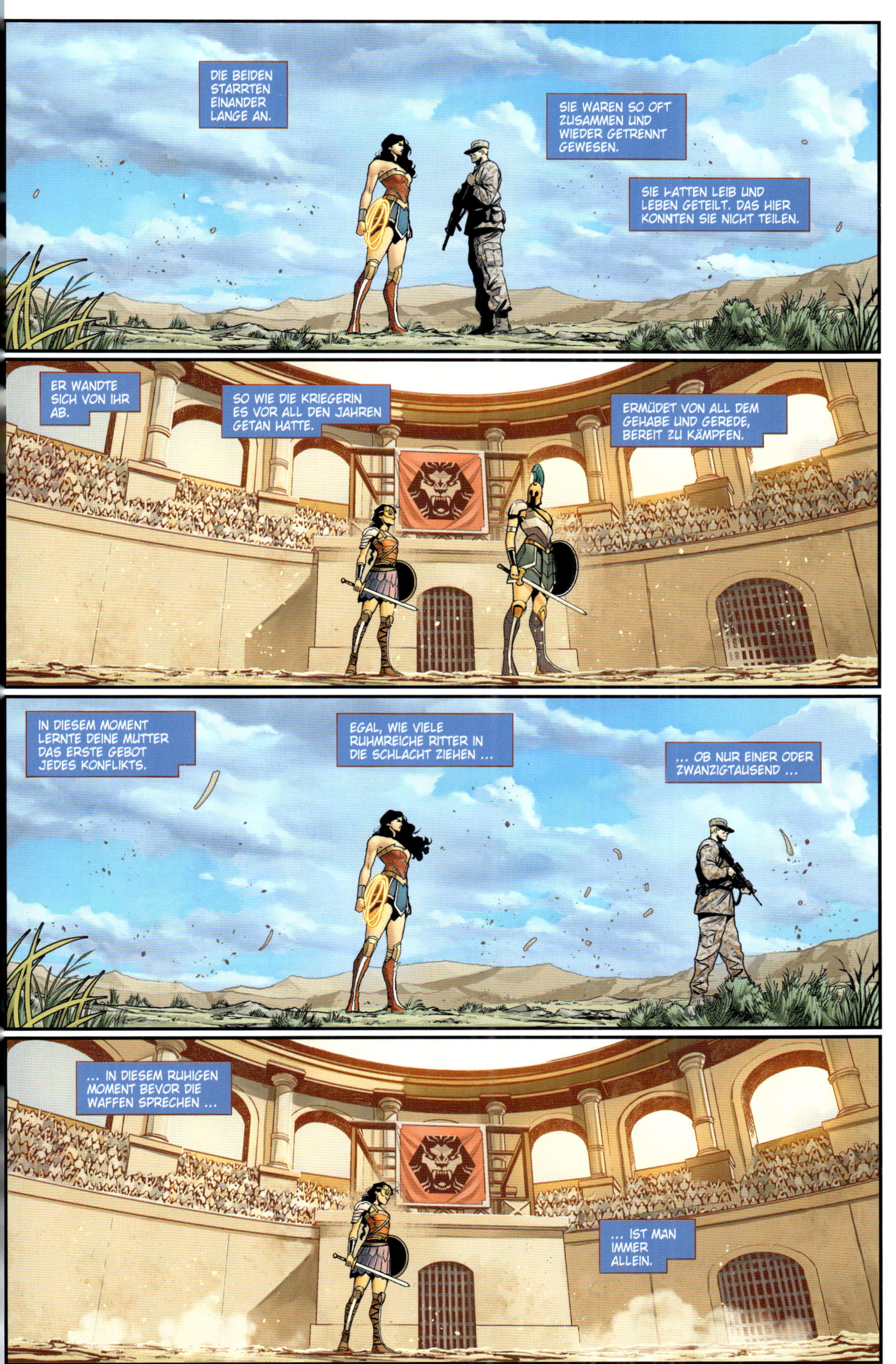
DIE BEIDEN STARRTEN EINANDER LANGE AN.
SIE WAREN SO OFT ZUSAMMEN UND WIEDER GETRENNT GEWESEN.
SIE HATTEN LEIB UND LEBEN GETEILT. DAS HIER KONNTEN SIE NICHT TEILEN.
ER WANDTE SICH VON IHR AB.
SO WIE DIE KRIEGERIN ES VOR ALL DEN JAHREN GETAN HATTE.
ERMÜDET VON ALL DEM GEHABE UND GEREDE, BEREIT ZU KÄMPFEN.
IN DIESEM MOMENT LERNTE DEINE MUTTER DAS ERSTE GEBOT JEDES KONFLIKTS.
EGAL, WIE VIELE RUHMREICHE RITTER IN DIE SCHLACHT ZIEHEN ...
... OB NUR EINER ODER ZWANZIGTAUSEND ...
... IN DIESEM RUHIGEN MOMENT BEVOR DIE WAFFEN SPRECHEN ...
... IST MAN IMMER ALLEIN.

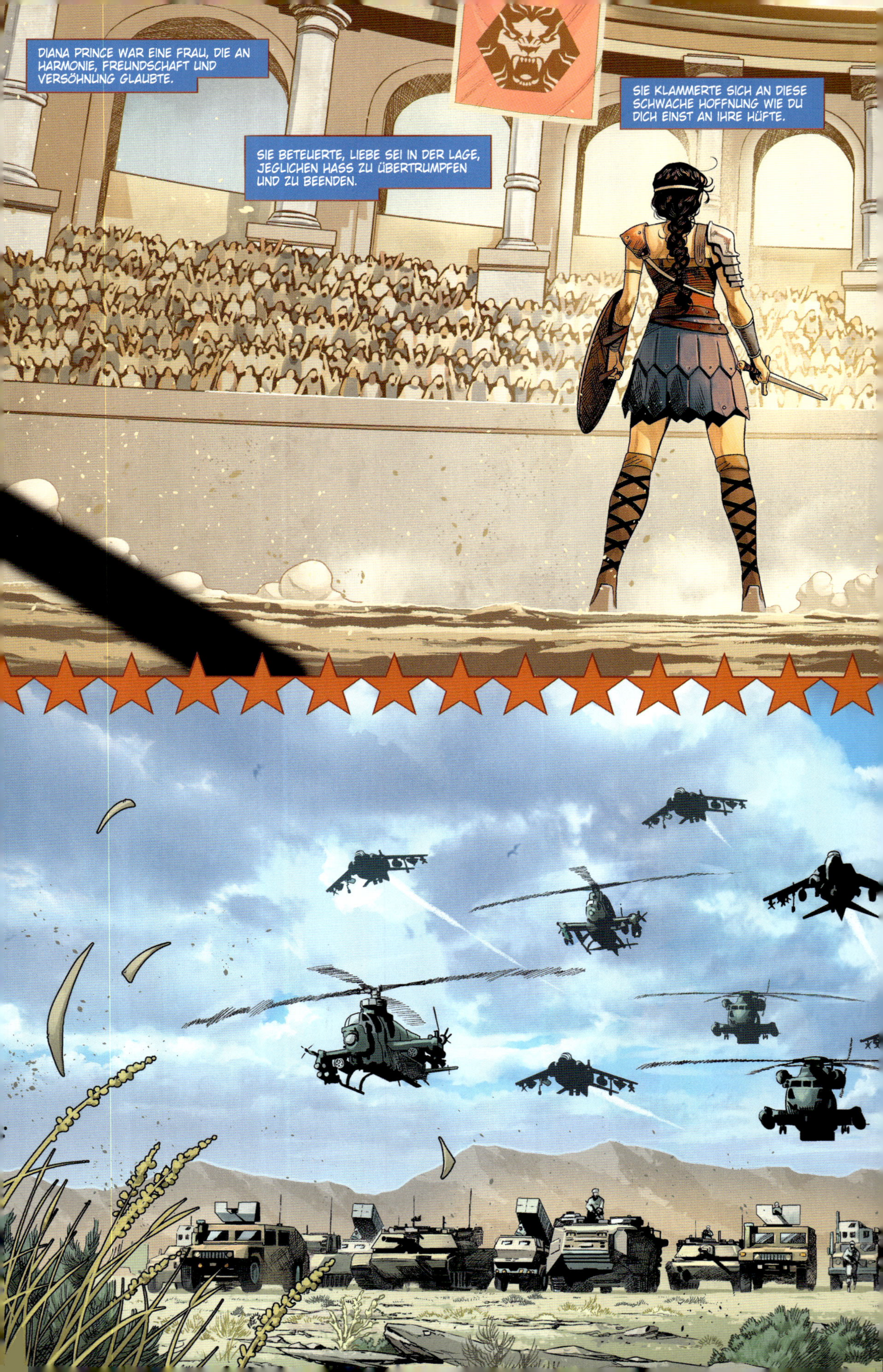
DIANA PRINCE WAR EINE FRAU, DIE AN HARMONIE, FREUNDSCHAFT UND VERSÖHNUNG GLAUBTE.
SIE BETEUERTE, LIEBE SEI IN DER LAGE, JEGLICHEN HASS ZU ÜBERTRUMPFEN UND ZU BEENDEN.
SIE KLAMMERTE SICH AN DIESE SCHWACHE HOFFNUNG WIE DU DICH EINST AN IHRE HÜFTE.

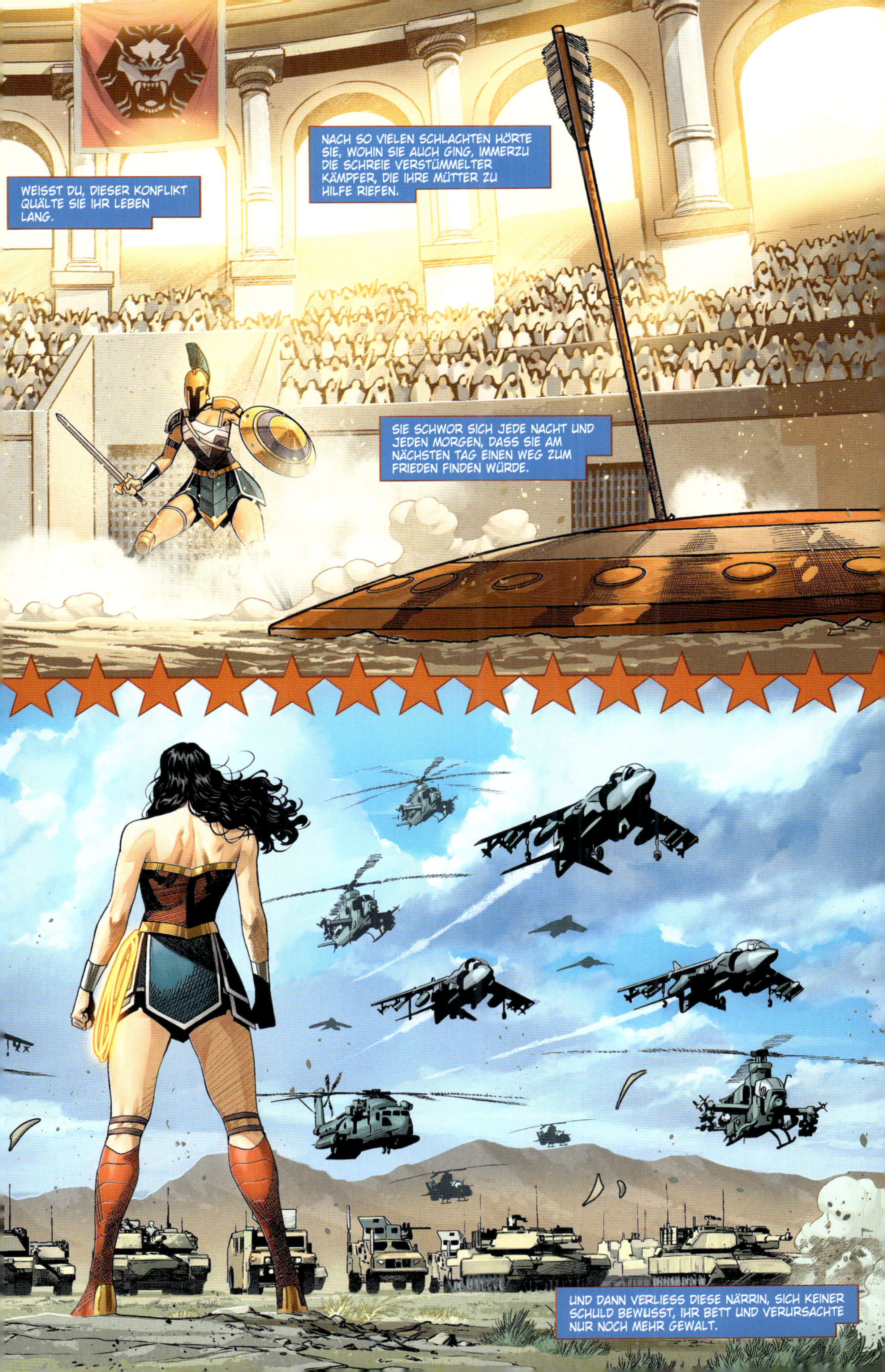
WEISST DU, DIESER KONFLIKT QUÄLTE SIE IHR LEBEN LANG.
NACH SO VIELEN SCHLACHTEN HÖRTE SIE, WOHIN SIE AUCH GING, IMMERZU DIE SCHREIE VERSTÜMMELTER KÄMPFER, DIE IHRE MÜTTER ZU HILFE RIEFEN.
SIE SCHWOR SICH JEDE NACHT UND JEDEN MORGEN, DASS SIE AM NÄCHSTEN TAG EINEN WEG ZUM FRIEDEN FINDEN WÜRDE.
UND DANN VERLIESS DIESE NÄRRIN, SICH KEINER SCHULD BEWUSST, IHR BETT UND VERURSACHTE NUR NOCH MEHR GEWALT.

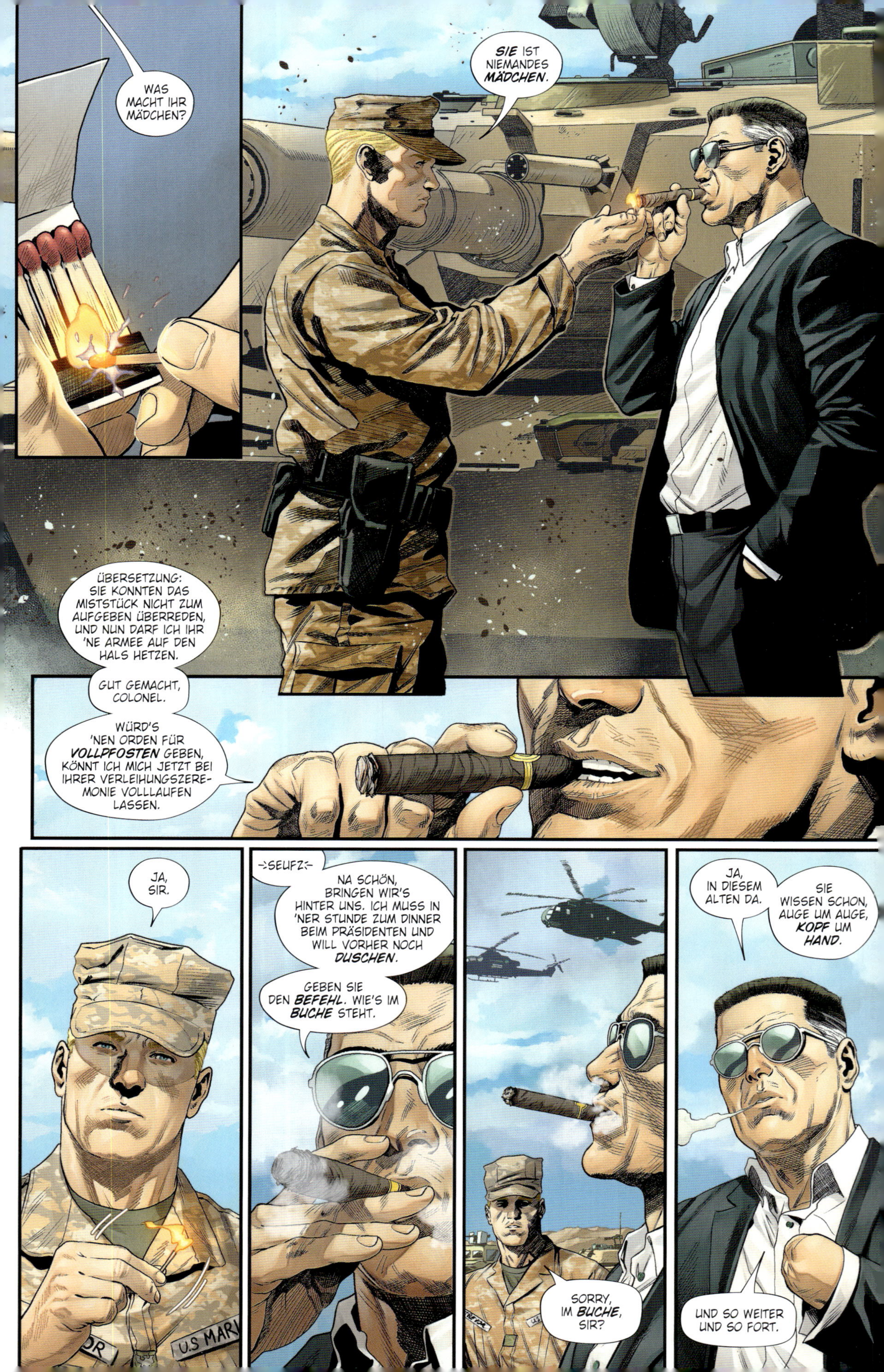

WAS MACHT IHR MÄDCHEN?
SIE IST NIEMANDES **MÄDCHEN**.
ÜBERSETZUNG: SIE KONNTEN DAS MISTSTÜCK NICHT ZUM AUFGEBEN ÜBERREDEN, UND NUN DARF ICH IHR 'NE ARMEE AUF DEN HALS HETZEN.
GUT GEMACHT, COLONEL.
WÜRD'S 'NEN ORDEN FÜR **VOLLPFOSTEN** GEBEN, KÖNNT ICH MICH JETZT BEI IHRER VERLEIHUNGSZERE-MONIE VOLLLAUFEN LASSEN.

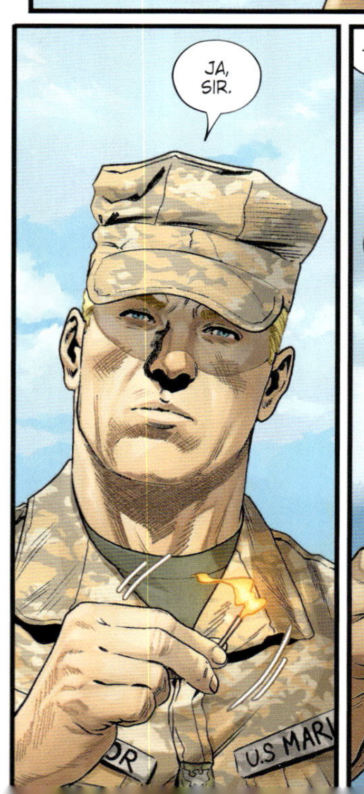

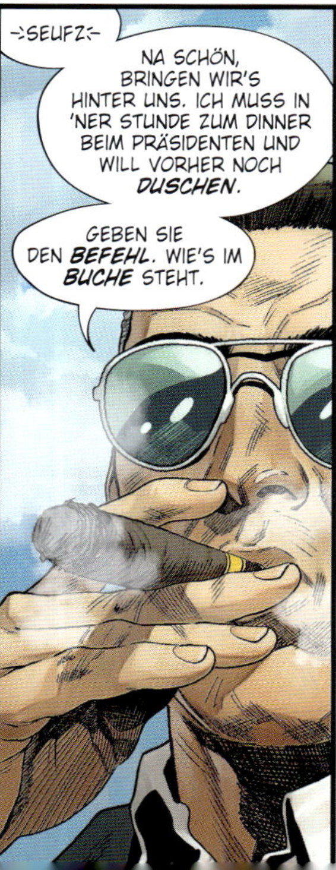

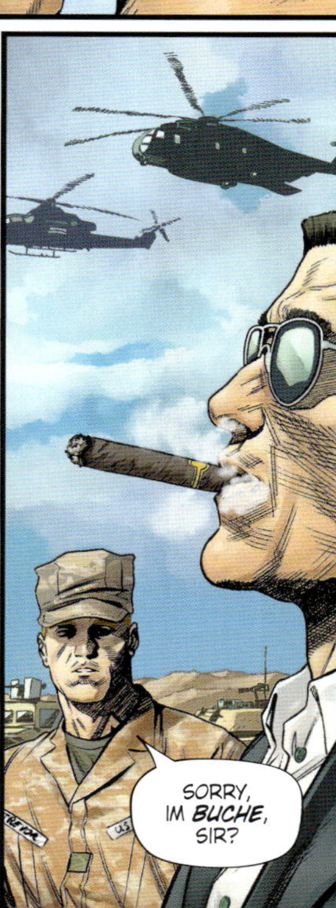

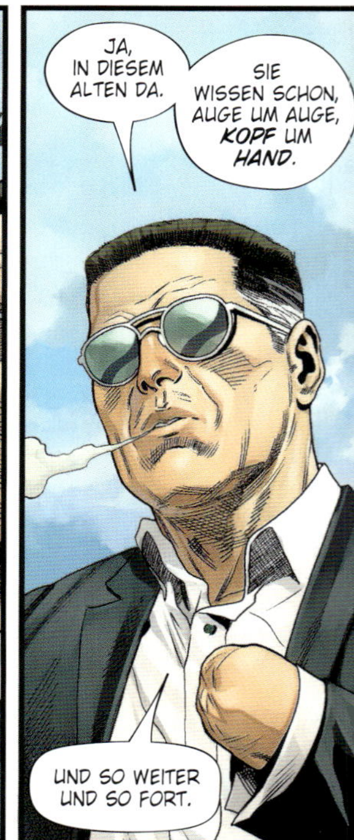

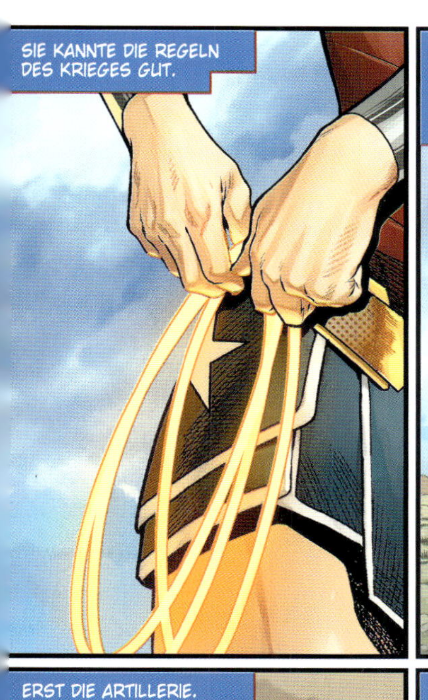
SIE KANNTE DIE REGELN DES KRIEGES GUT.

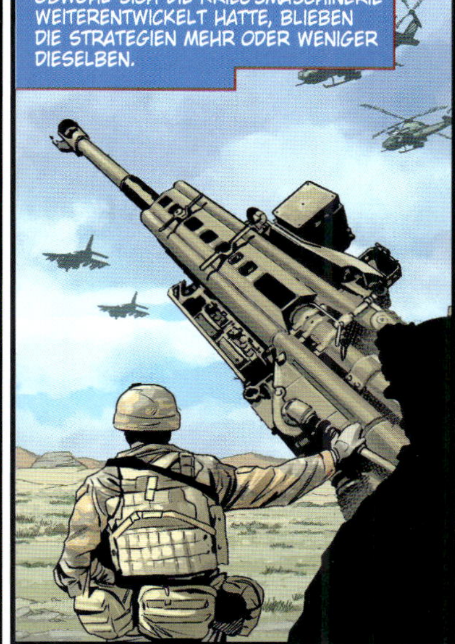
OBWOHL SICH DIE KRIEGSMASCHINERIE WEITERENTWICKELT HATTE, BLIEBEN DIE STRATEGIEN MEHR ODER WENIGER DIESELBEN.

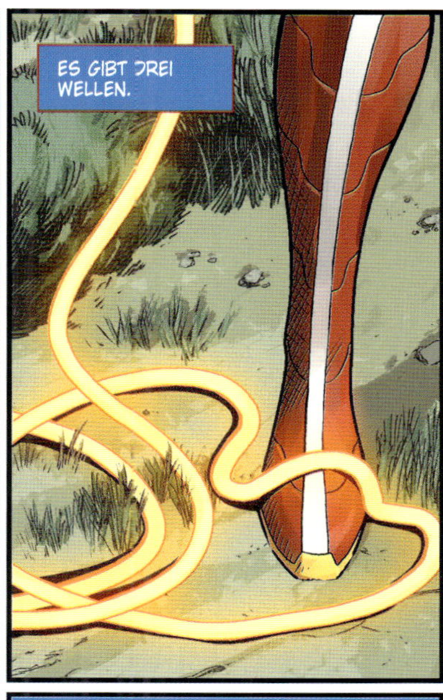
ES GIBT DREI WELLEN.

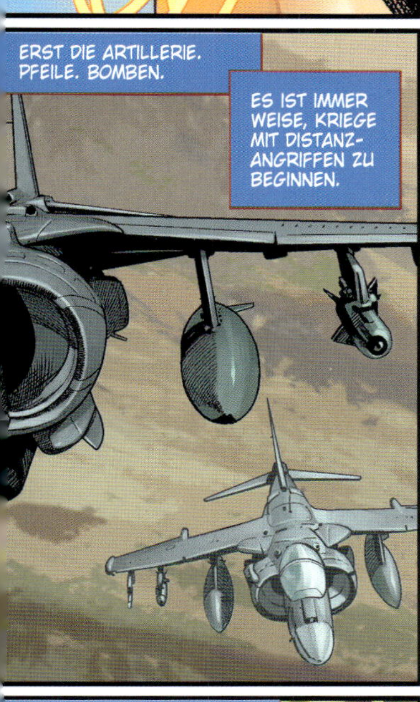
ERST DIE ARTILLERIE. PFEILE. BOMBEN.
ES IST IMMER WEISE, KRIEGE MIT DISTANZ-ANGRIFFEN ZU BEGINNEN.

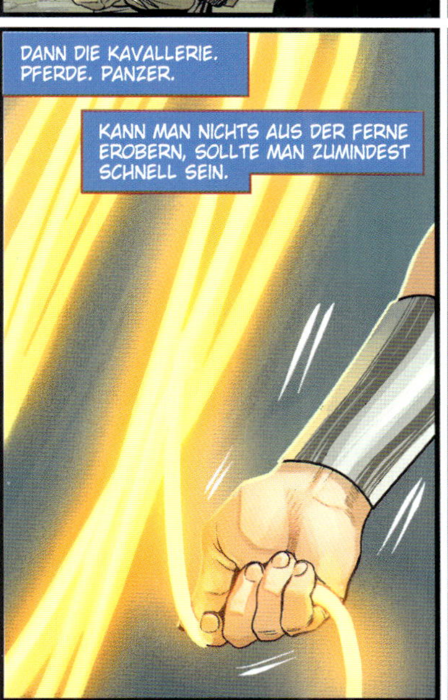
DANN DIE KAVALLERIE. PFERDE. PANZER.
KANN MAN NICHTS AUS DER FERNE EROBERN, SOLLTE MAN ZUMINDEST SCHNELL SEIN.

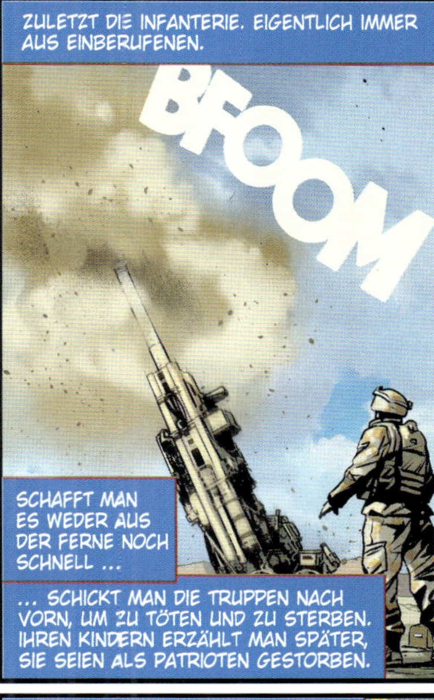
ZULETZT DIE INFANTERIE. EIGENTLICH IMMER AUS EINBERUFENEN.
BFOOM
SCHAFFT MAN ES WEDER AUS DER FERNE NOCH SCHNELL …
… SCHICKT MAN DIE TRUPPEN NACH VORN, UM ZU TÖTEN UND ZU STERBEN. IHREN KINDERN ERZÄHLT MAN SPÄTER, SIE SEIEN ALS PATRIOTEN GESTORBEN.

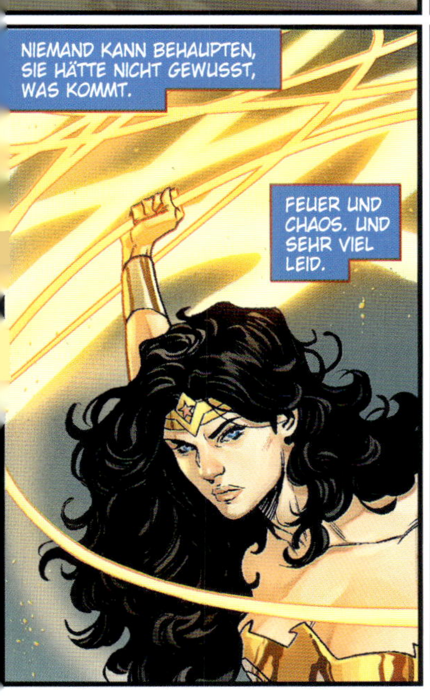
NIEMAND KANN BEHAUPTEN, SIE HÄTTE NICHT GEWUSST, WAS KOMMT.
FEUER UND CHAOS. UND SEHR VIEL LEID.

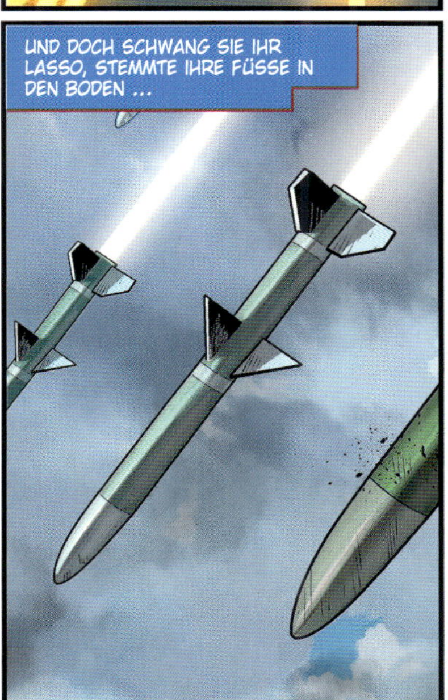
UND DOCH SCHWANG SIE IHR LASSO, STEMMTE IHRE FÜSSE IN DEN BODEN …

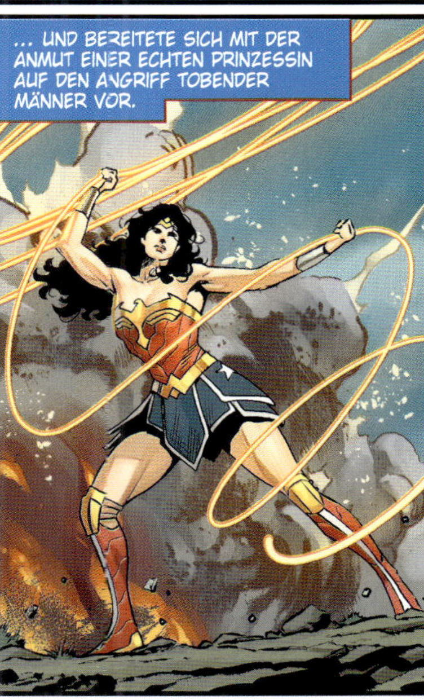
… UND BEREITETE SICH MIT DER ANMUT EINER ECHTEN PRINZESSIN AUF DEN ANGRIFF TOBENDER MÄNNER VOR.

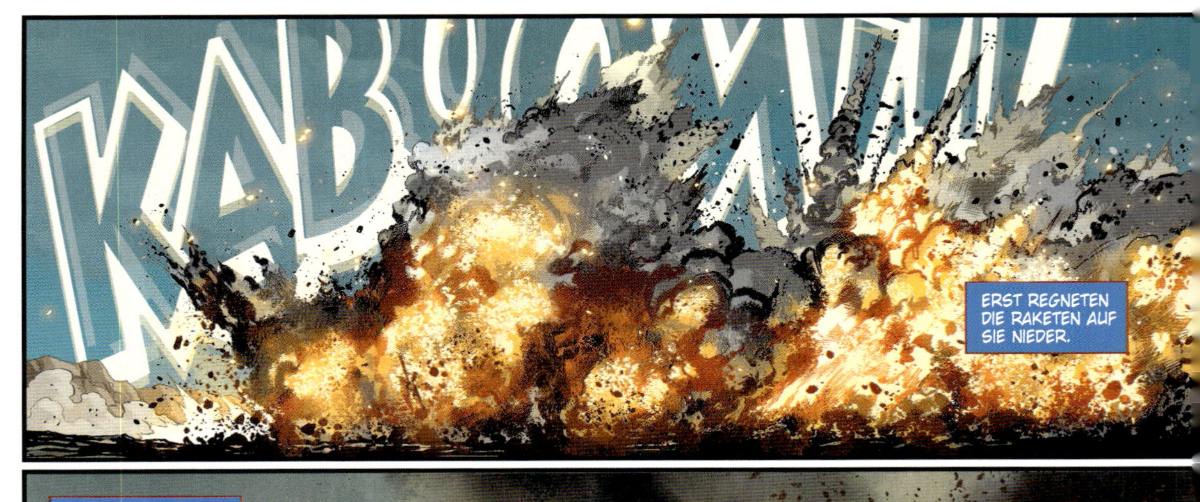
ERST REGNETEN DIE RAKETEN AUF SIE NIEDER.

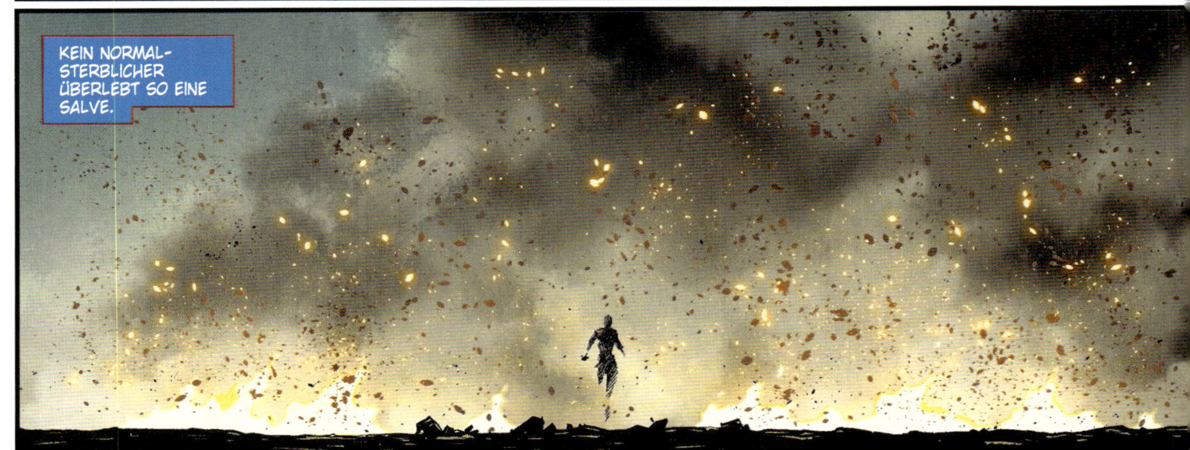
KEIN NORMAL-STERBLICHER ÜBERLEBT SO EINE SALVE.

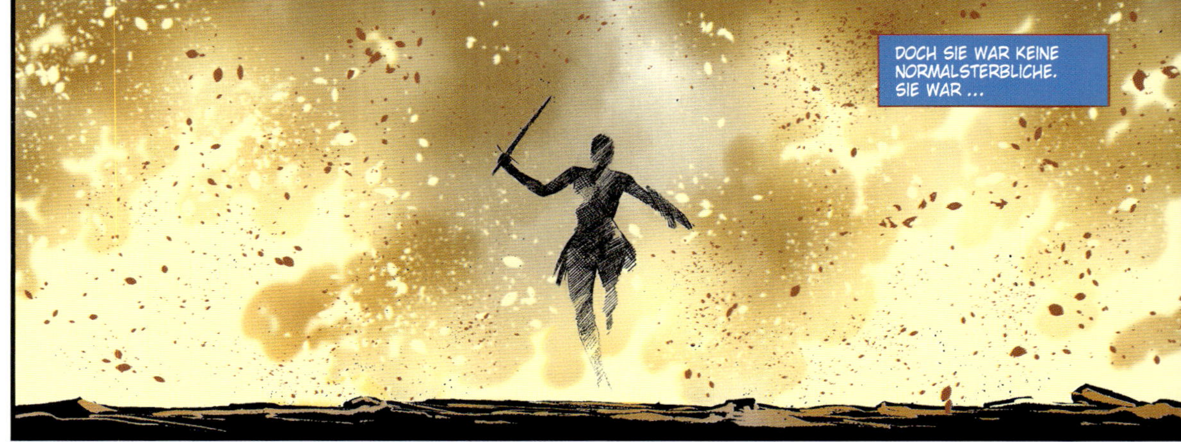
DOCH SIE WAR KEINE NORMALSTERBLICHE. SIE WAR ...

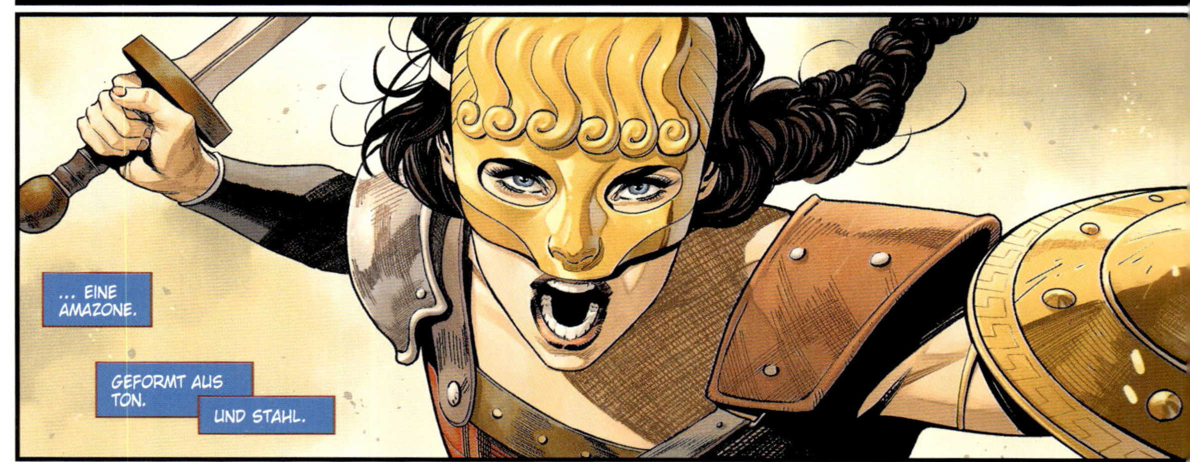
... EINE AMAZONE.
GEFORMT AUS TON.
UND STAHL.

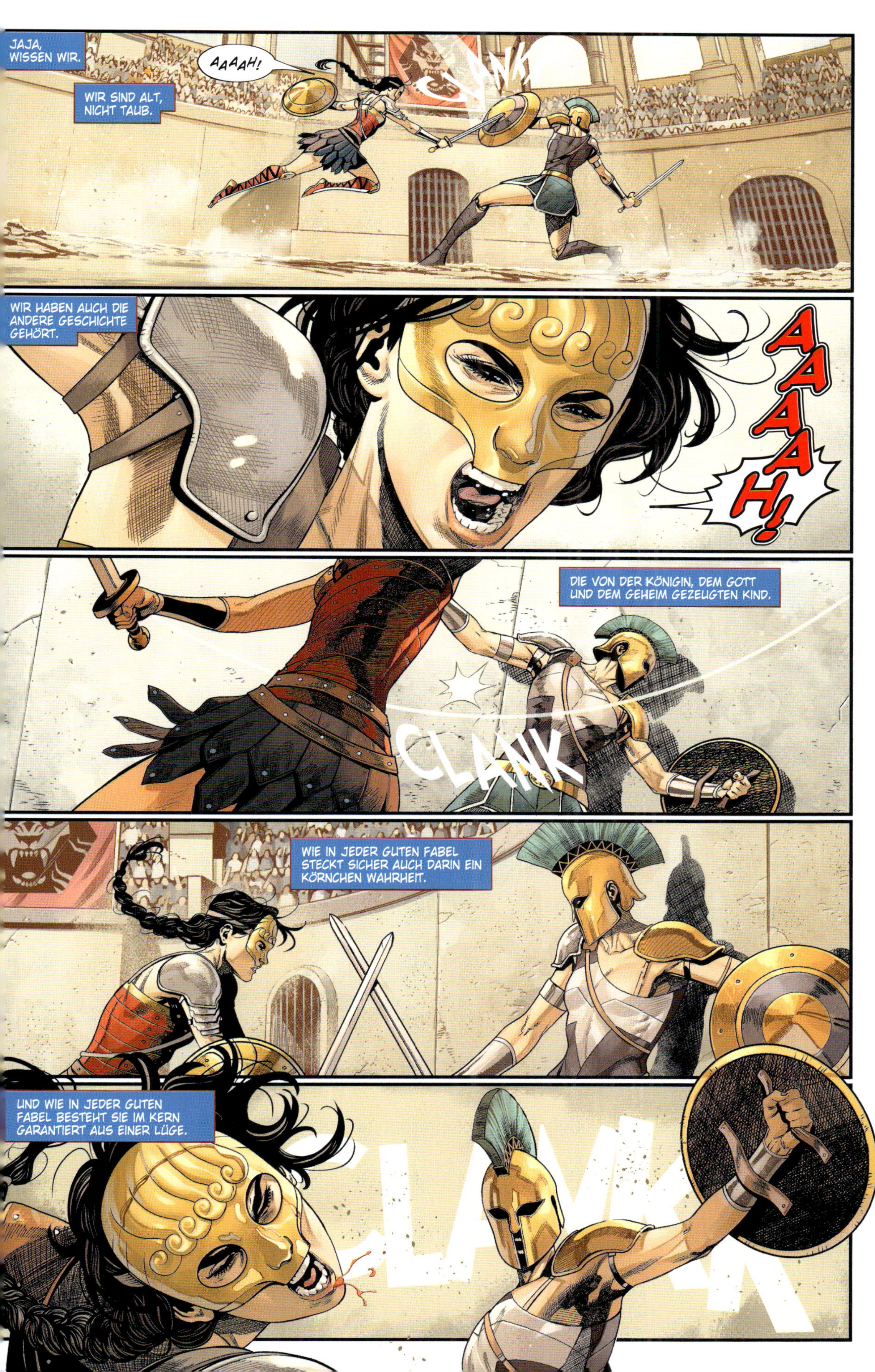

JAJA, WISSEN WIR.
AAAAH!
CLANK
WIR SIND ALT, NICHT TAUB.
WIR HABEN AUCH DIE ANDERE GESCHICHTE GEHÖRT.
AAAAH!
DIE VON DER KÖNIGIN, DEM GOTT UND DEM GEHEIM GEZEUGTEN KIND.
CLANK
WIE IN JEDER GUTEN FABEL STECKT SICHER AUCH DARIN EIN KÖRNCHEN WAHRHEIT.
UND WIE IN JEDER GUTEN FABEL BESTEHT SIE IM KERN GARANTIERT AUS EINER LÜGE.
CLANK

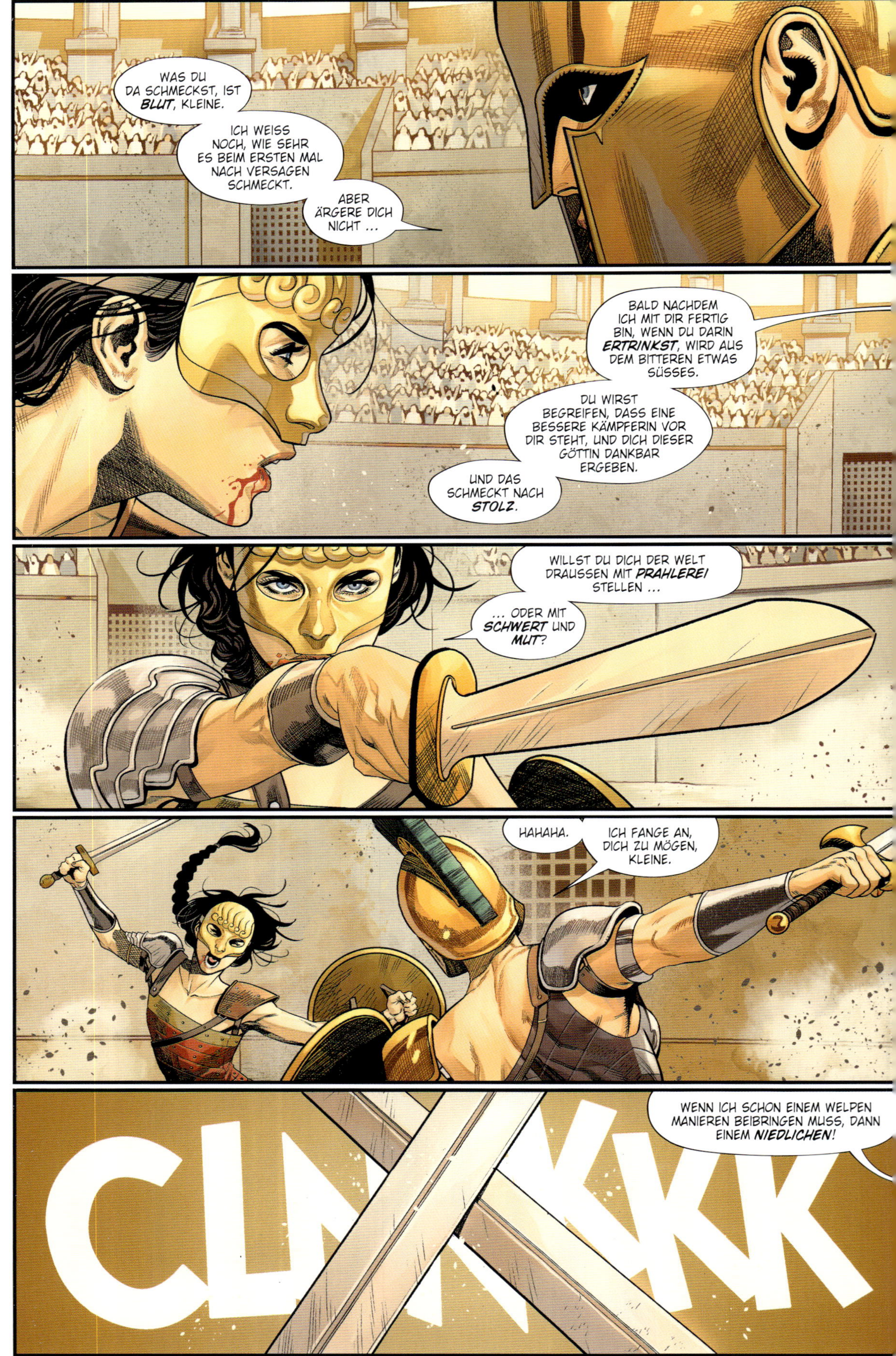
WAS DU DA SCHMECKST, IST *BLUT*, KLEINE.
ICH WEISS NOCH, WIE SEHR ES BEIM ERSTEN MAL NACH VERSAGEN SCHMECKT.
ABER ÄRGERE DICH NICHT ...
BALD NACHDEM ICH MIT DIR FERTIG BIN, WENN DU DARIN *ERTRINKST*, WIRD AUS DEM BITTEREN ETWAS SÜSSES.
DU WIRST BEGREIFEN, DASS EINE BESSERE KÄMPFERIN VOR DIR STEHT, UND DICH DIESER GÖTTIN DANKBAR ERGEBEN.
UND DAS SCHMECKT NACH *STOLZ*.
WILLST DU DICH DER WELT DRAUSSEN MIT *PRAHLEREI* STELLEN ...
... ODER MIT *SCHWERT* UND *MUT*?
HAHAHA.
ICH FANGE AN, DICH ZU MÖGEN, KLEINE.
CLNKKK
WENN ICH SCHON EINEM WELPEN MANIEREN BEIBRINGEN MUSS, DANN EINEM *NIEDLICHEN*!

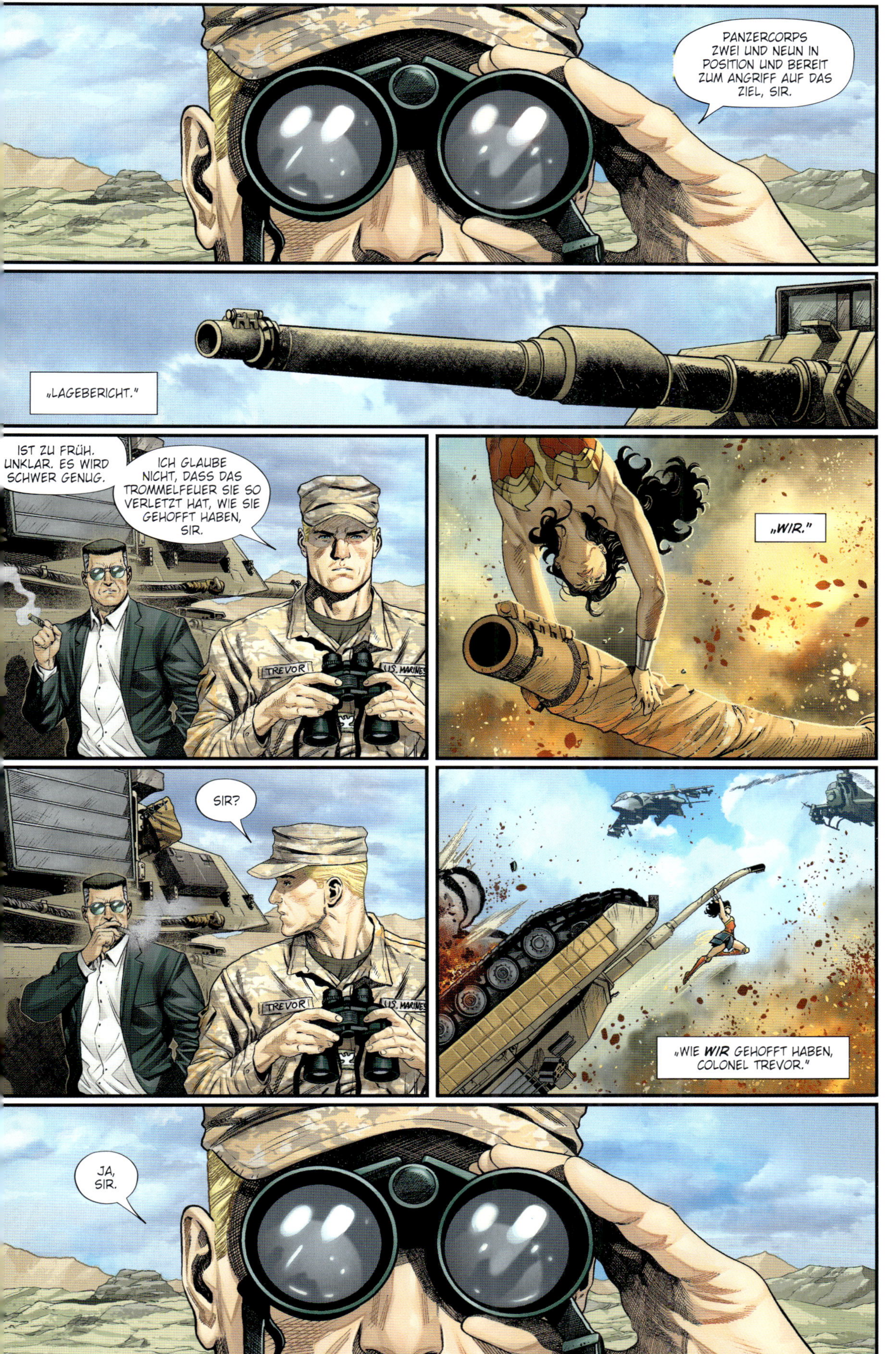
PANZERCORPS ZWEI UND NEUN IN POSITION UND BEREIT ZUM ANGRIFF AUF DAS ZIEL, SIR.
„LAGEBERICHT."
IST ZU FRÜH. UNKLAR. ES WIRD SCHWER GENUG.
ICH GLAUBE NICHT, DASS DAS TROMMELFEUER SIE SO VERLETZT HAT, WIE SIE GEHOFFT HABEN, SIR.
TREVOR
U.S. MARINES
„WIR."
SIR?
TREVOR
U.S. MARINES
„WIE WIR GEHOFFT HABEN, COLONEL TREVOR."
JA, SIR.

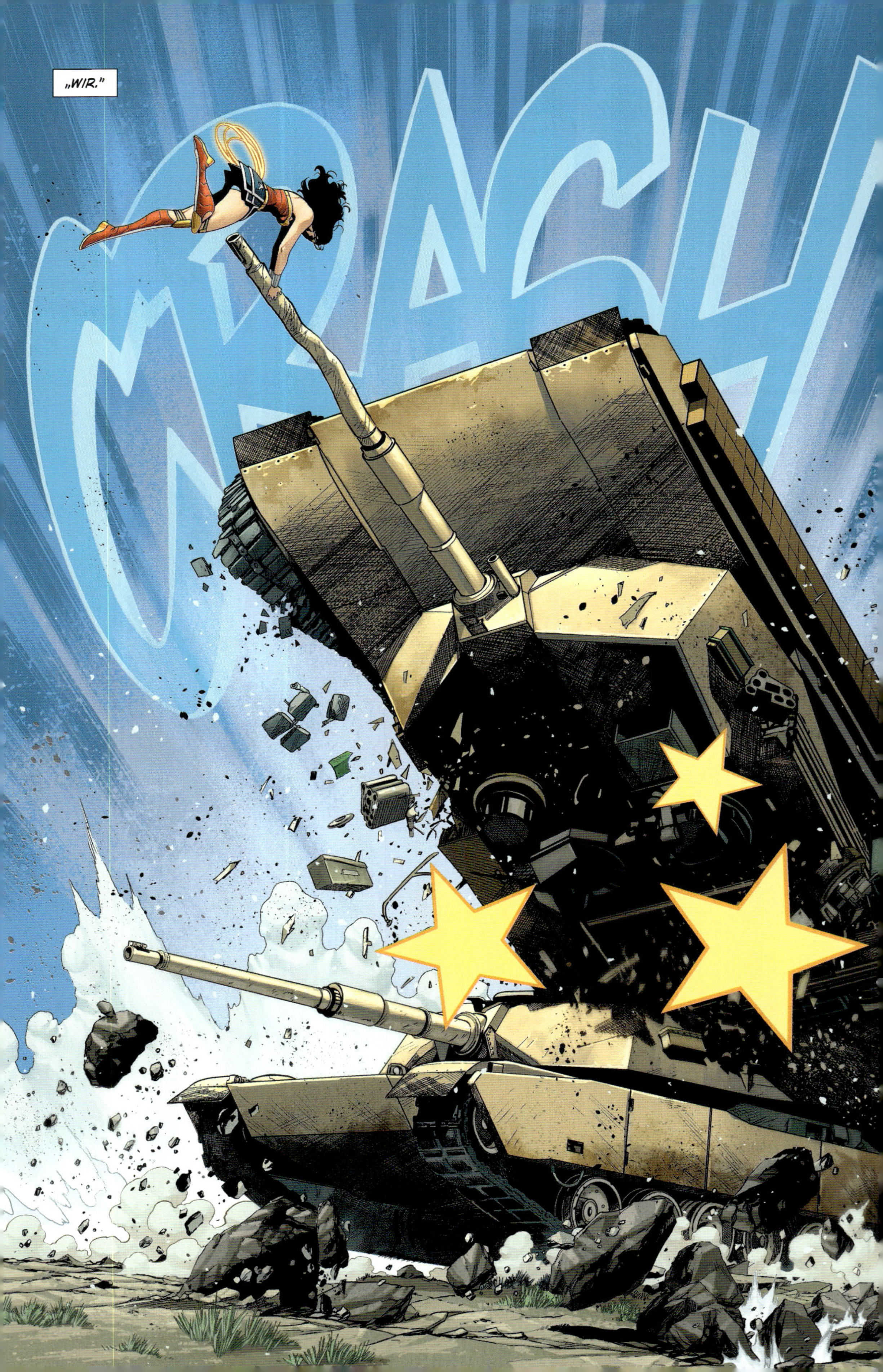
„WIR."

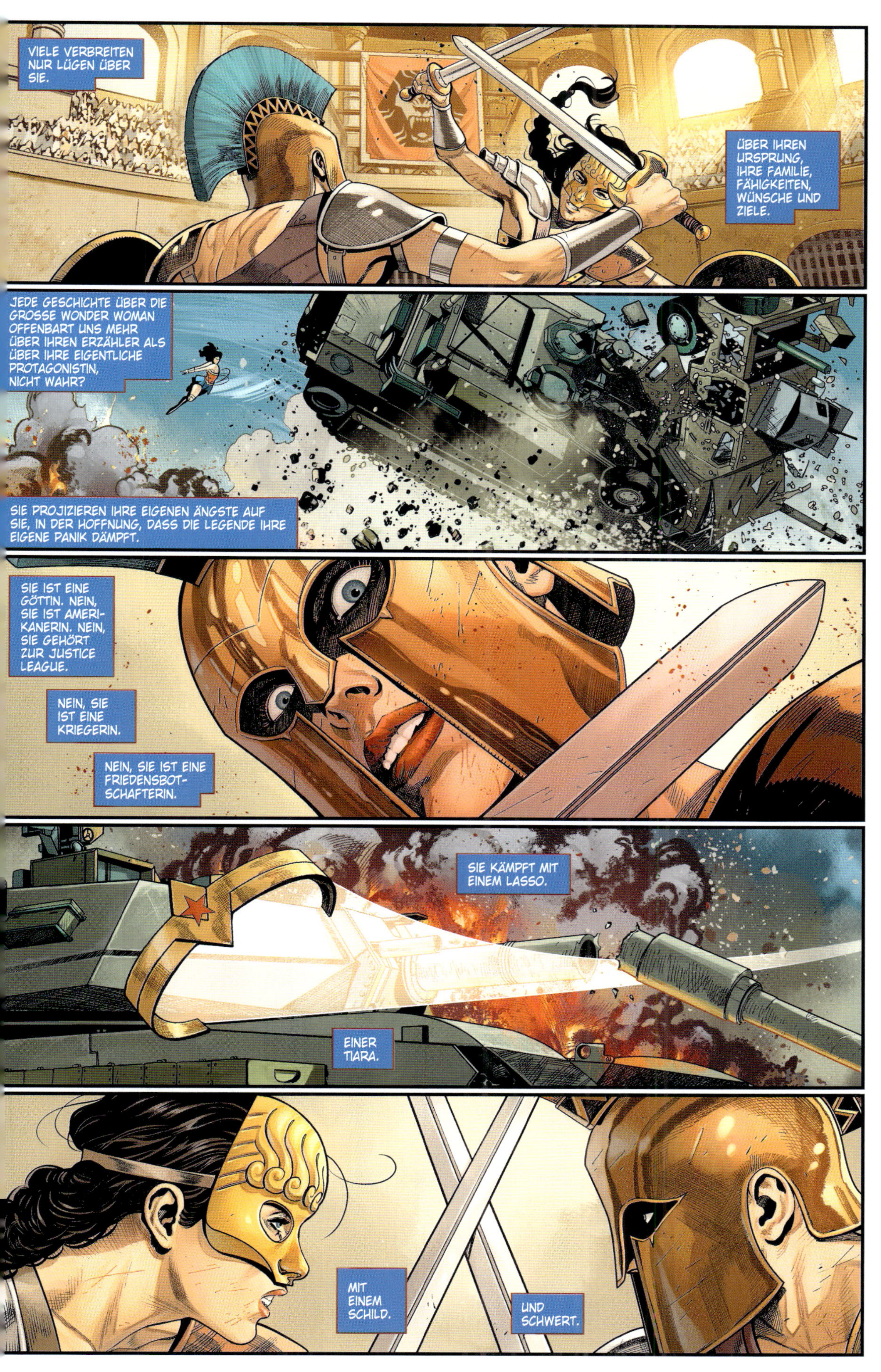
VIELE VERBREITEN NUR LÜGEN ÜBER SIE.
ÜBER IHREN URSPRUNG, IHRE FAMILIE, FÄHIGKEITEN, WÜNSCHE UND ZIELE.
JEDE GESCHICHTE ÜBER DIE GROSSE WONDER WOMAN OFFENBART UNS MEHR ÜBER IHREN ERZÄHLER ALS ÜBER IHRE EIGENTLICHE PROTAGONISTIN, NICHT WAHR?
SIE PROJIZIEREN IHRE EIGENEN ÄNGSTE AUF SIE, IN DER HOFFNUNG, DASS DIE LEGENDE IHRE EIGENE PANIK DÄMPFT.
SIE IST EINE GÖTTIN. NEIN, SIE IST AMERIKANERIN. NEIN, SIE GEHÖRT ZUR JUSTICE LEAGUE.
NEIN, SIE IST EINE KRIEGERIN.
NEIN, SIE IST EINE FRIEDENSBOTSCHAFTERIN.
SIE KÄMPFT MIT EINEM LASSO.
EINER TIARA.
MIT EINEM SCHILD.
UND SCHWERT.

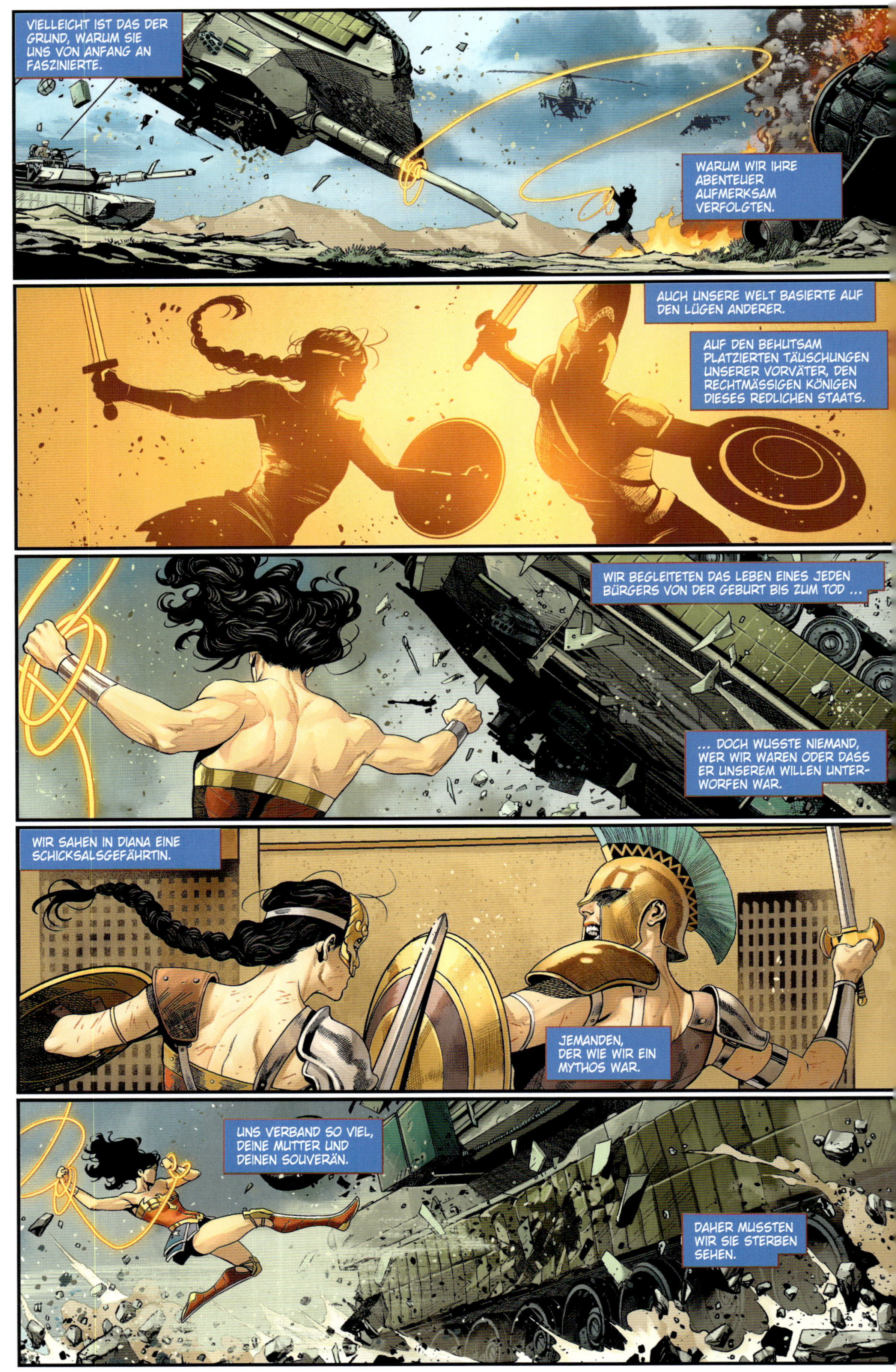
VIELLEICHT IST DAS DER GRUND, WARUM SIE UNS VON ANFANG AN FASZINIERTE.
WARUM WIR IHRE ABENTEUER AUFMERKSAM VERFOLGTEN.
AUCH UNSERE WELT BASIERTE AUF DEN LÜGEN ANDERER.
AUF DEN BEHUTSAM PLATZIERTEN TÄUSCHUNGEN UNSERER VORVÄTER, DEN RECHTMÄSSIGEN KÖNIGEN DIESES REDLICHEN STAATS.
WIR BEGLEITETEN DAS LEBEN EINES JEDEN BÜRGERS VON DER GEBURT BIS ZUM TOD ...
... DOCH WUSSTE NIEMAND, WER WIR WAREN ODER DASS ER UNSEREM WILLEN UNTER-WORFEN WAR.
WIR SAHEN IN DIANA EINE SCHICKSALSGEFÄHRTIN.
JEMANDEN, DER WIE WIR EIN MYTHOS WAR.
UNS VERBAND SO VIEL, DEINE MUTTER UND DEINEN SOUVERÄN.
DAHER MUSSTEN WIR SIE STERBEN SEHEN.

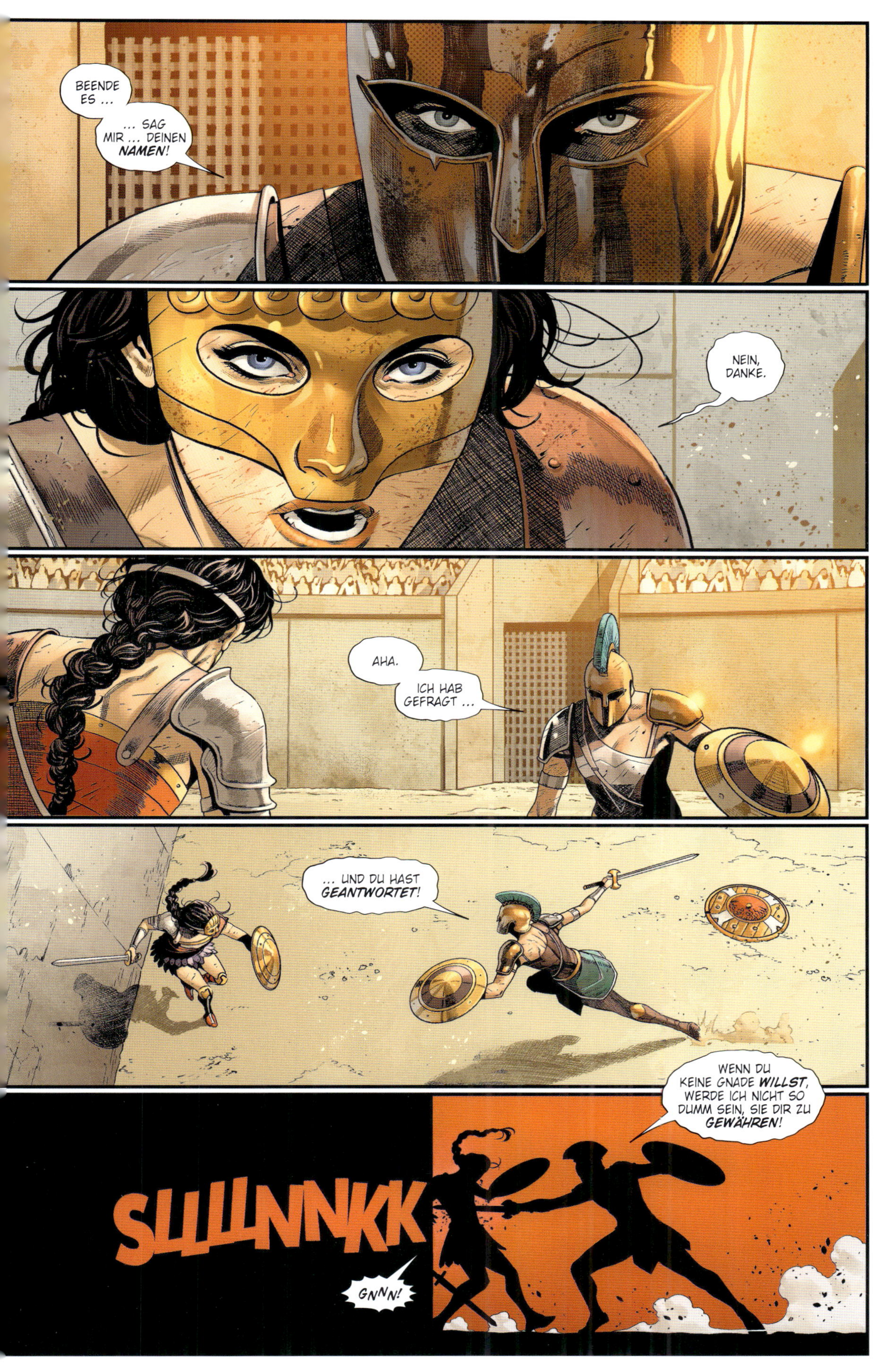
BEENDE ES ...
... SAG MIR ... DEINEN NAMEN!
NEIN, DANKE.
AHA.
ICH HAB GEFRAGT ...
... UND DU HAST GEANTWORTET!
WENN DU KEINE GNADE WILLST, WERDE ICH NICHT SO DUMM SEIN, SIE DIR ZU GEWÄHREN!
SLLLLNNKK
GNNN!

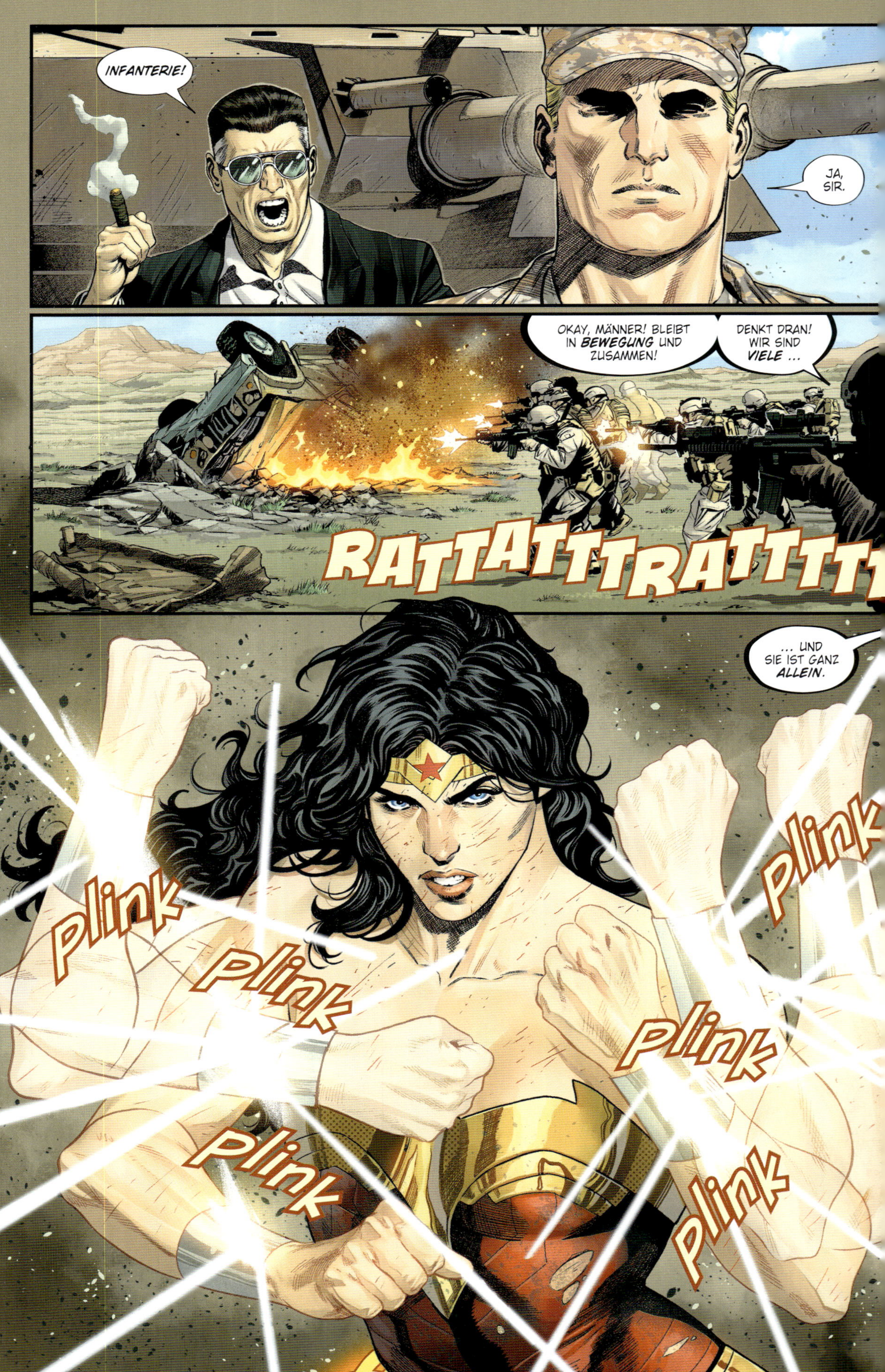

INFANTERIE!
JA, SIR.
OKAY, MÄNNER! BLEIBT IN BEWEGUNG UND ZUSAMMEN!
DENKT DRAN! WIR SIND VIELE …
RATTATTTRATTTTT
… UND SIE IST GANZ ALLEIN.
plink
plink
plink
plink
plink
plink

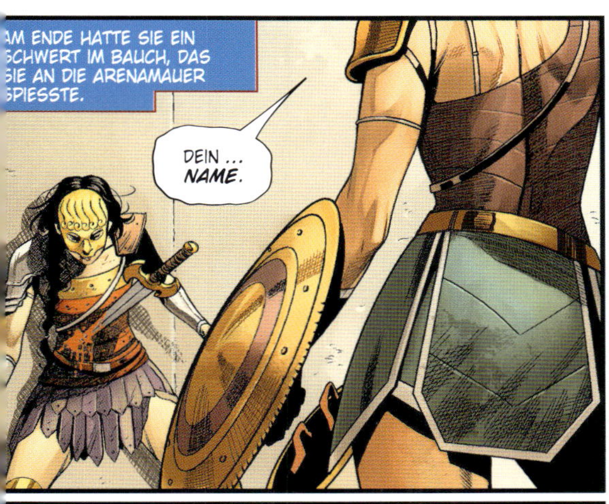
AM ENDE HATTE SIE EIN SCHWERT IM BAUCH, DAS SIE AN DIE ARENAMAUER SPIESSTE.
DEIN ... NAME.

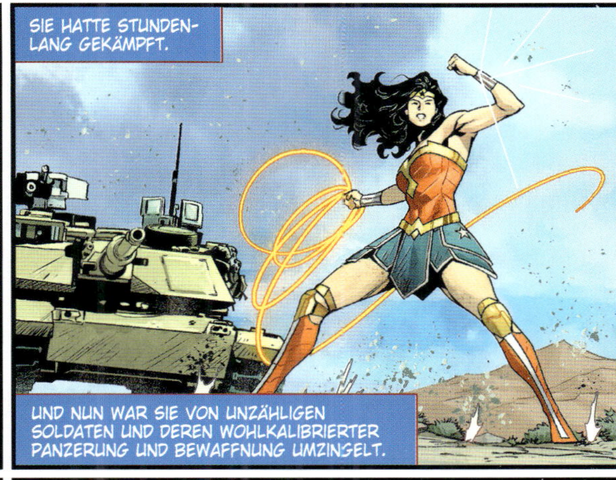
SIE HATTE STUNDENLANG GEKÄMPFT.
UND NUN WAR SIE VON UNZÄHLIGEN SOLDATEN UND DEREN WOHLKALIBRIERTER PANZERUNG UND BEWAFFNUNG UMZINGELT.

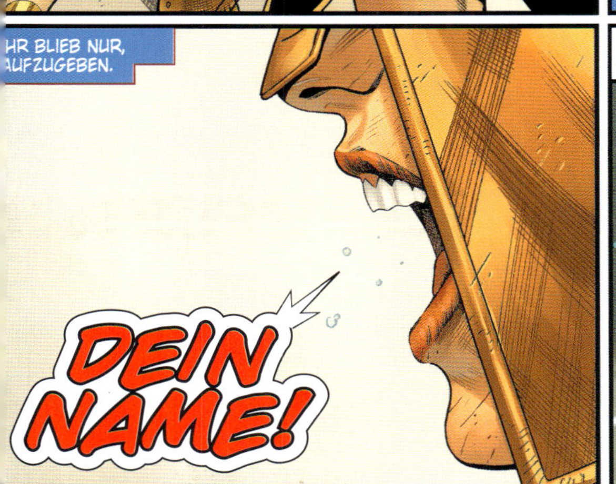
IHR BLIEB NUR, AUFZUGEBEN.
DEIN NAME!

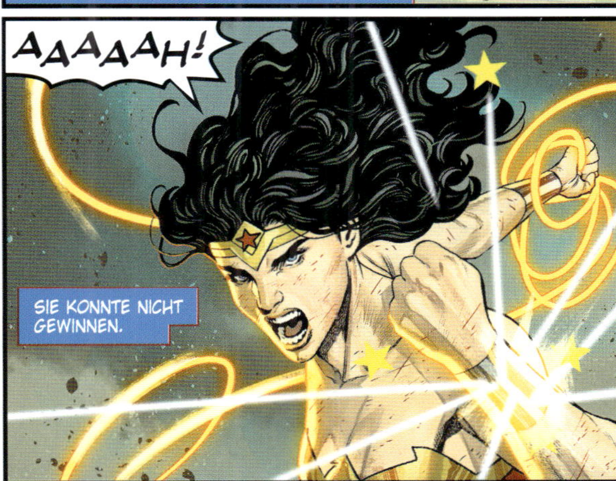
AAAAAH!
SIE KONNTE NICHT GEWINNEN.

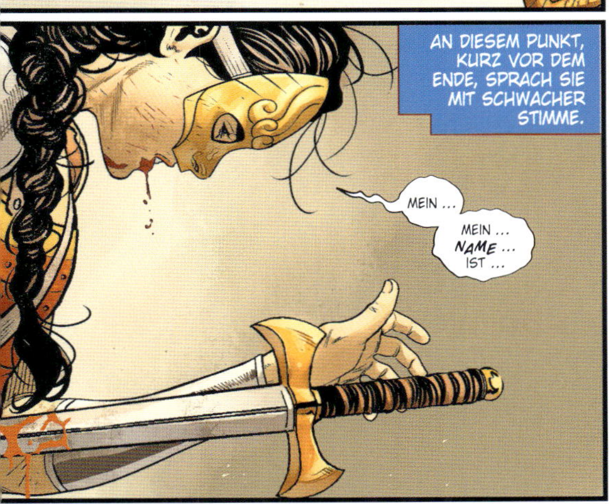
AN DIESEM PUNKT, KURZ VOR DEM ENDE, SPRACH SIE MIT SCHWACHER STIMME.
MEIN ...
MEIN ... NAME ... IST ...

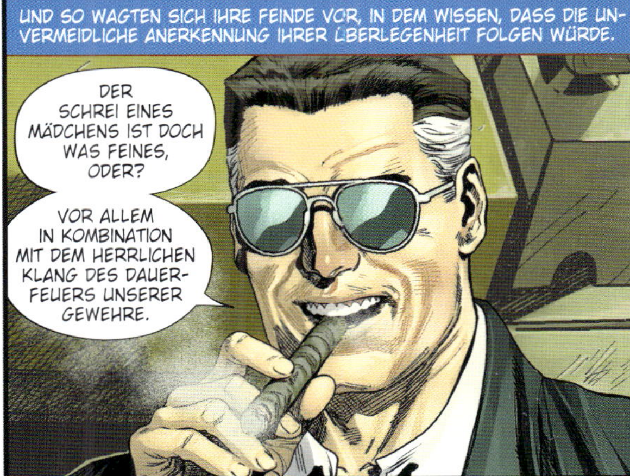
UND SO WAGTEN SICH IHRE FEINDE VOR, IN DEM WISSEN, DASS DIE UNVERMEIDLICHE ANERKENNUNG IHRER ÜBERLEGENHEIT FOLGEN WÜRDE.
DER SCHREI EINES MÄDCHENS IST DOCH WAS FEINES, ODER?
VOR ALLEM IN KOMBINATION MIT DEM HERRLICHEN KLANG DES DAUERFEUERS UNSERER GEWEHRE.

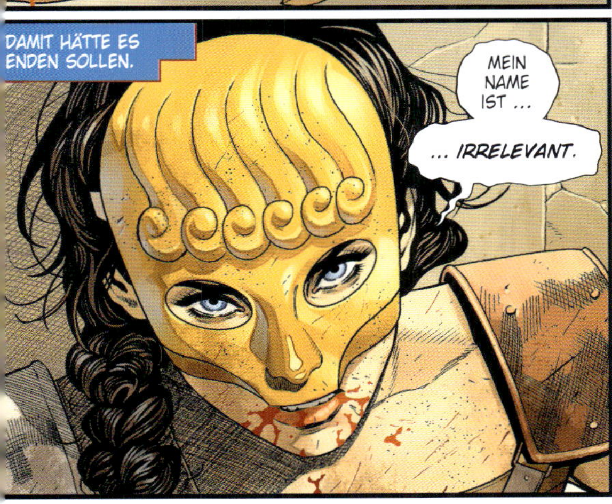
DAMIT HÄTTE ES ENDEN SOLLEN.
MEIN NAME IST ...
... IRRELEVANT.

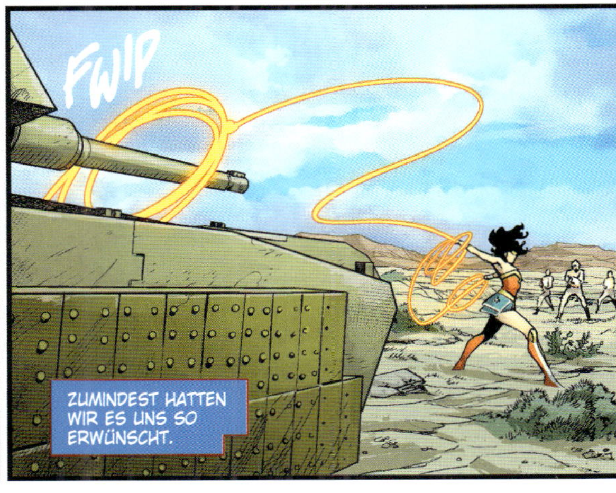
FWIP
ZUMINDEST HATTEN WIR ES UNS SO ERWÜNSCHT.

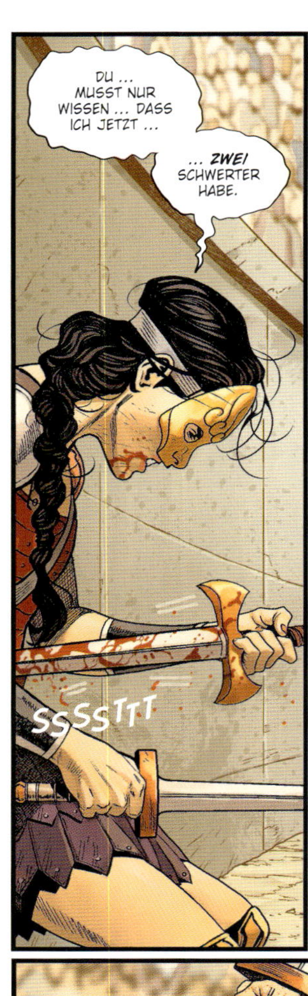
DU … MUSST NUR WISSEN … DASS ICH JETZT …
… ZWEI SCHWERTER HABE.
SSSSTTT

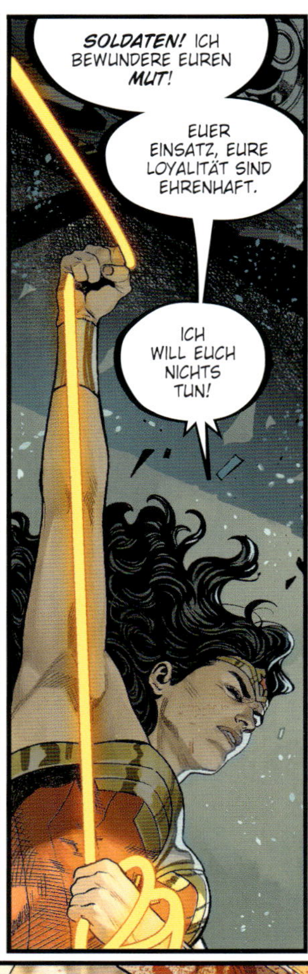
SOLDATEN! ICH BEWUNDERE EUREN MUT!
EUER EINSATZ, EURE LOYALITÄT SIND EHRENHAFT.
ICH WILL EUCH NICHTS TUN!

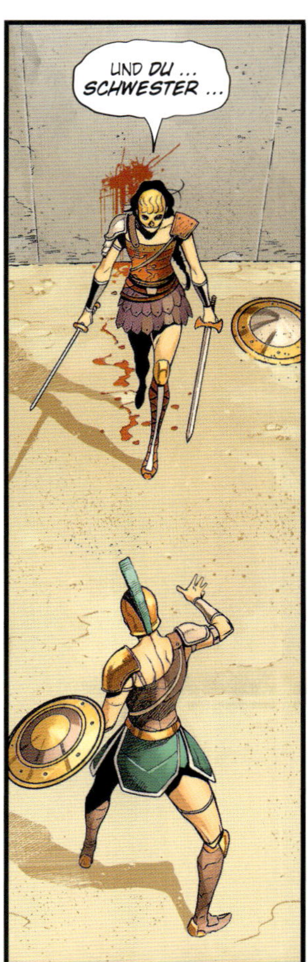
UND DU … SCHWESTER …

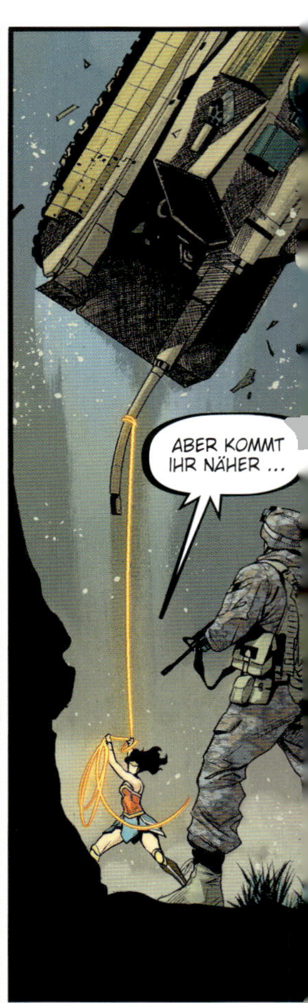
ABER KOMMT IHR NÄHER …

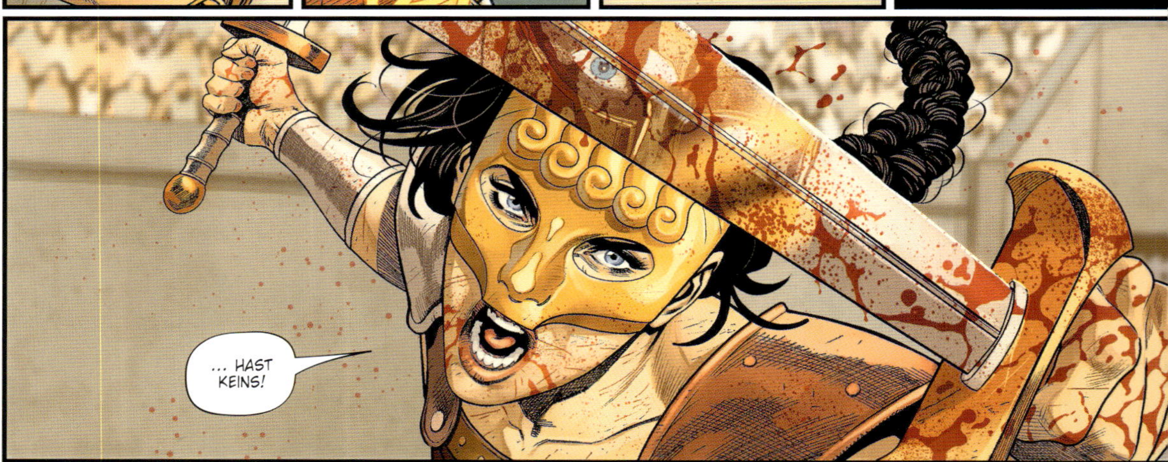
… HAST KEINS!

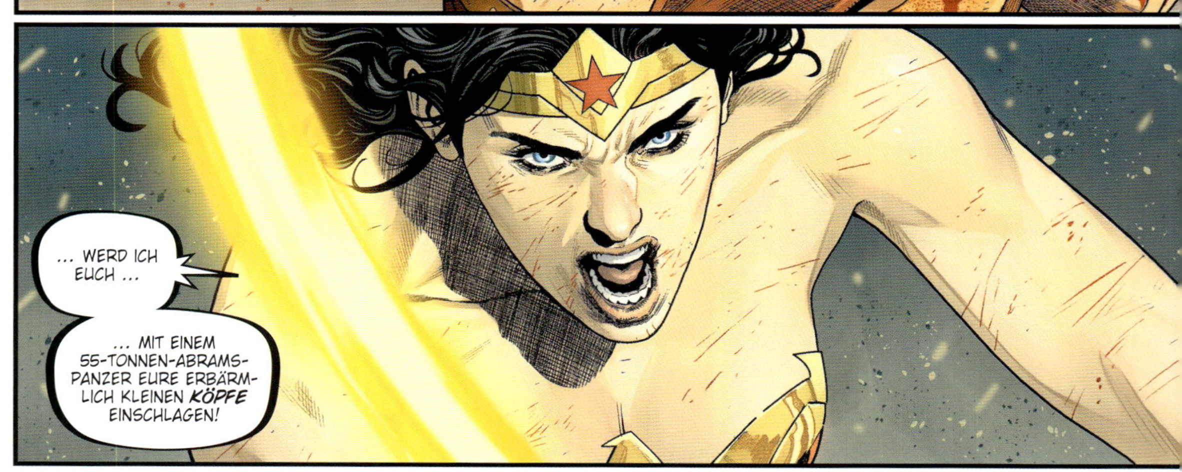
… WERD ICH EUCH …
… MIT EINEM 55-TONNEN-ABRAMS-PANZER EURE ERBÄRMLICH KLEINEN KÖPFE EINSCHLAGEN!

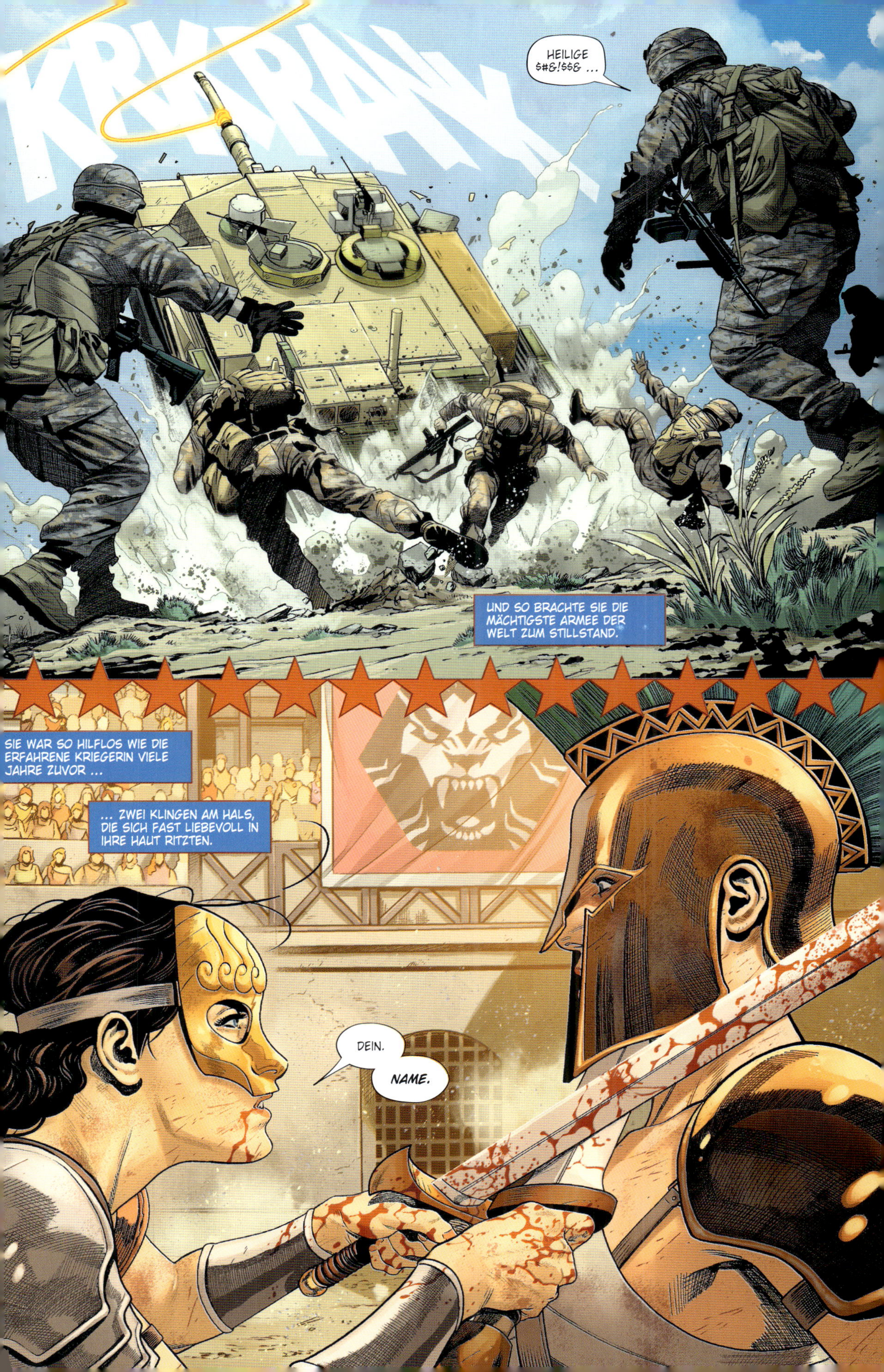
KRKRANK
HEILIGE $#&!$$& ...
UND SO BRACHTE SIE DIE MÄCHTIGSTE ARMEE DER WELT ZUM STILLSTAND.
SIE WAR SO HILFLOS WIE DIE ERFAHRENE KRIEGERIN VIELE JAHRE ZUVOR ...
... ZWEI KLINGEN AM HALS, DIE SICH FAST LIEBEVOLL IN IHRE HAUT RITZTEN.
DEIN.
NAME.

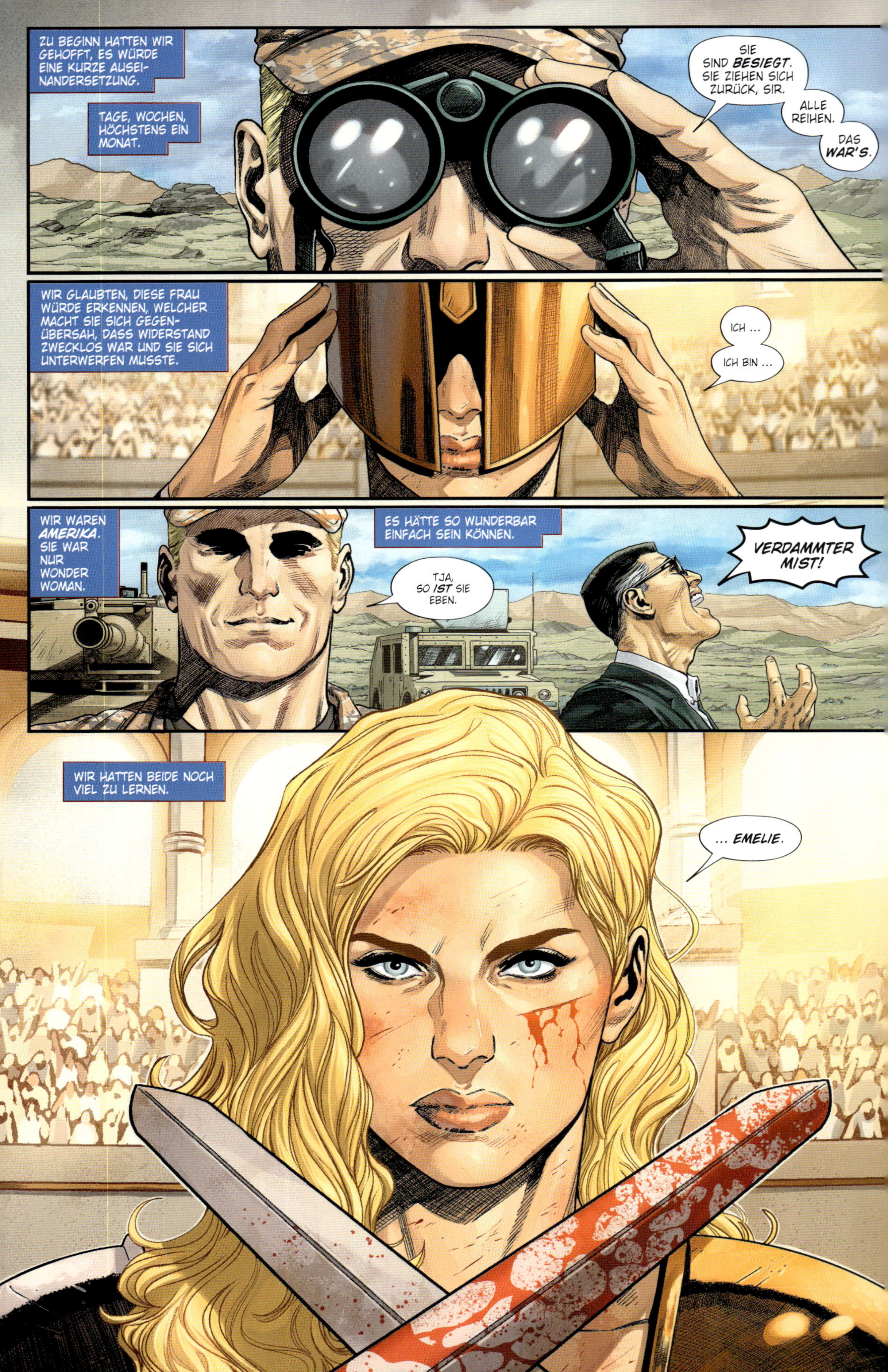
ZU BEGINN HATTEN WIR GEHOFFT, ES WÜRDE EINE KURZE AUSEI-NANDERSETZUNG.
TAGE, WOCHEN, HÖCHSTENS EIN MONAT.
SIE SIND BESIEGT. SIE ZIEHEN SICH ZURÜCK, SIR.
ALLE REIHEN.
DAS WAR'S.
WIR GLAUBTEN, DIESE FRAU WÜRDE ERKENNEN, WELCHER MACHT SIE SICH GEGEN-ÜBERSAH, DASS WIDERSTAND ZWECKLOS WAR UND SIE SICH UNTERWERFEN MUSSTE.
ICH ...
ICH BIN ...
WIR WAREN AMERIKA. SIE WAR NUR WONDER WOMAN.
ES HÄTTE SO WUNDERBAR EINFACH SEIN KÖNNEN.
TJA, SO IST SIE EBEN.
VERDAMMTER MIST!
WIR HATTEN BEIDE NOCH VIEL ZU LERNEN.
... EMELIE.

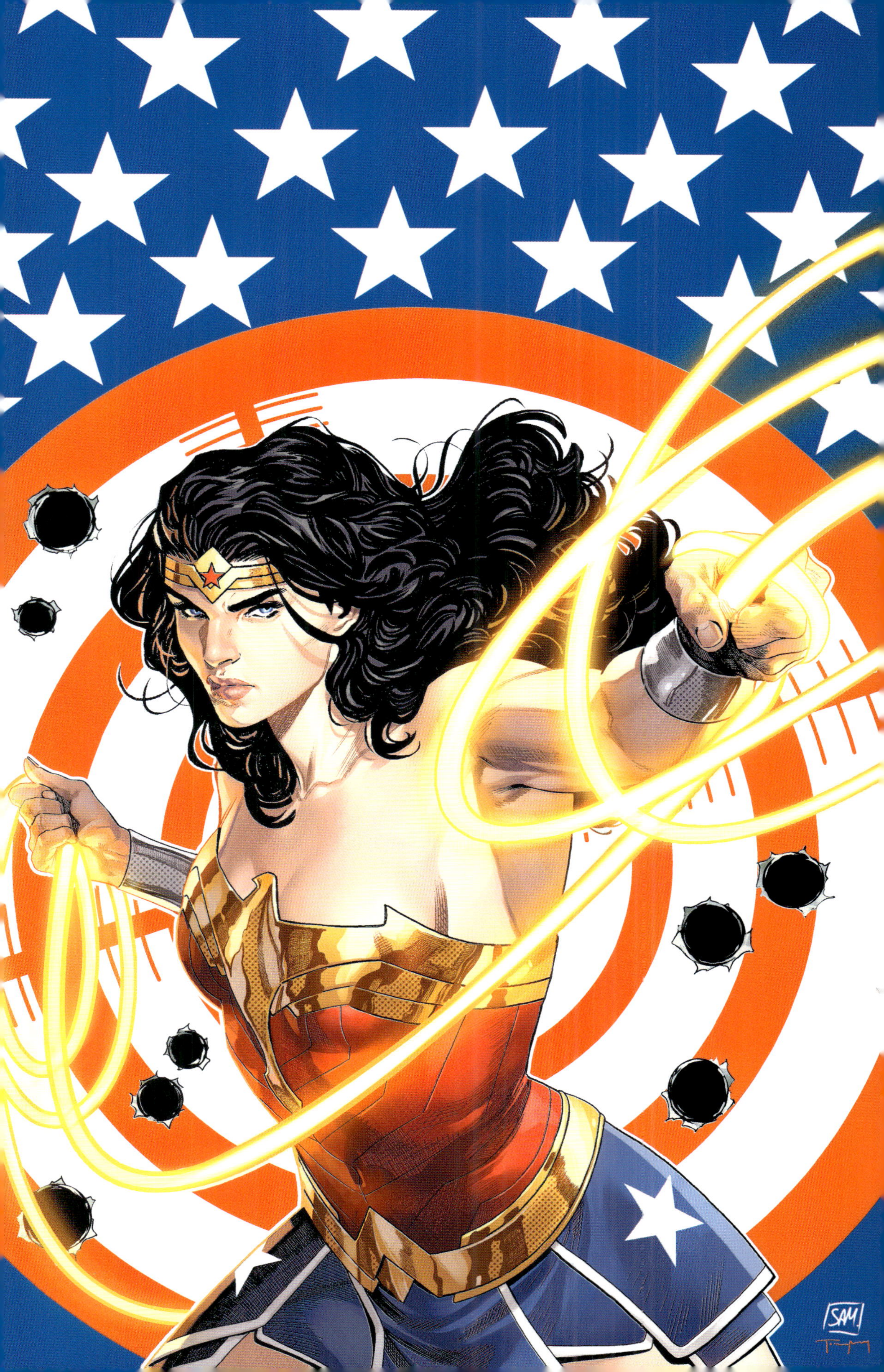
SAM

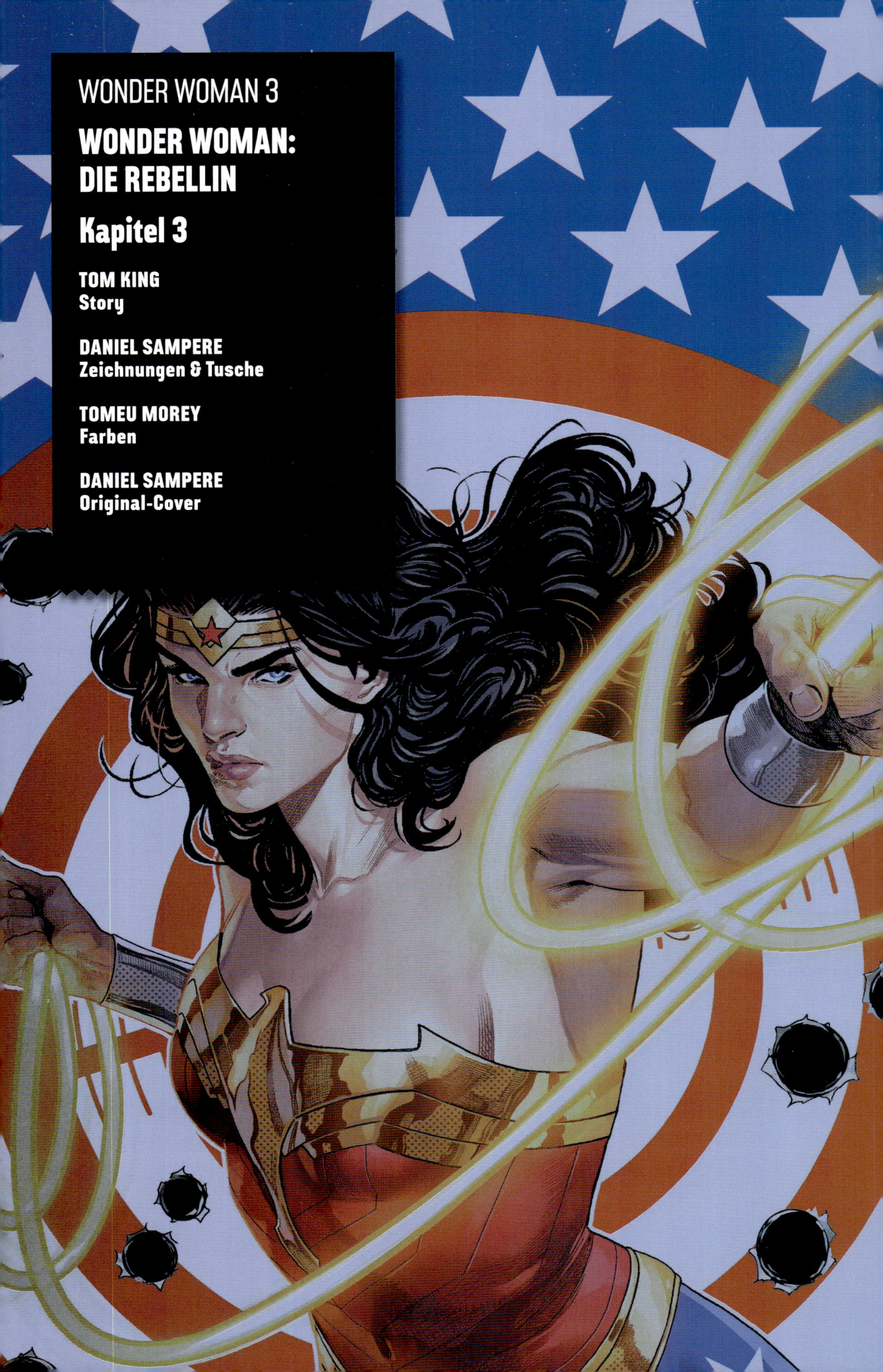
WONDER WOMAN 3
WONDER WOMAN: DIE REBELLIN
Kapitel 3
TOM KING
Story
DANIEL SAMPERE
Zeichnungen & Tusche
TOMEU MOREY
Farben
DANIEL SAMPERE
Original-Cover

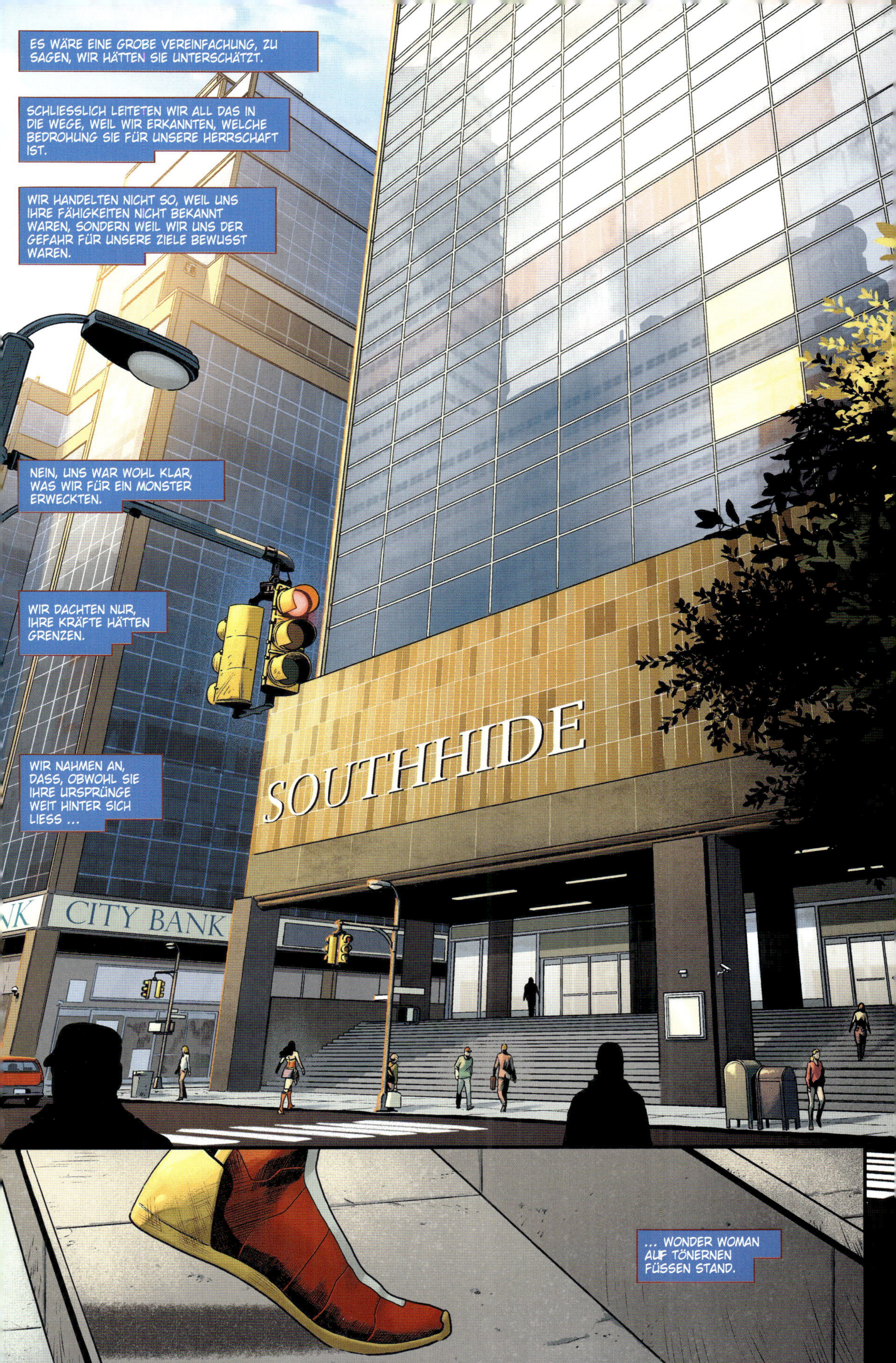
ES WÄRE EINE GROBE VEREINFACHUNG, ZU SAGEN, WIR HÄTTEN SIE UNTERSCHÄTZT.
SCHLIESSLICH LEITETEN WIR ALL DAS IN DIE WEGE, WEIL WIR ERKANNTEN, WELCHE BEDROHUNG SIE FÜR UNSERE HERRSCHAFT IST.
WIR HANDELTEN NICHT SO, WEIL UNS IHRE FÄHIGKEITEN NICHT BEKANNT WAREN, SONDERN WEIL WIR UNS DER GEFAHR FÜR UNSERE ZIELE BEWUSST WAREN.
NEIN, UNS WAR WOHL KLAR, WAS WIR FÜR EIN MONSTER ERWECKTEN.
WIR DACHTEN NUR, IHRE KRÄFTE HÄTTEN GRENZEN.
SOUTHHIDE
WIR NAHMEN AN, DASS, OBWOHL SIE IHRE URSPRÜNGE WEIT HINTER SICH LIESS ...
CITY BANK
... WONDER WOMAN AUF TÖNERNEN FÜSSEN STAND.

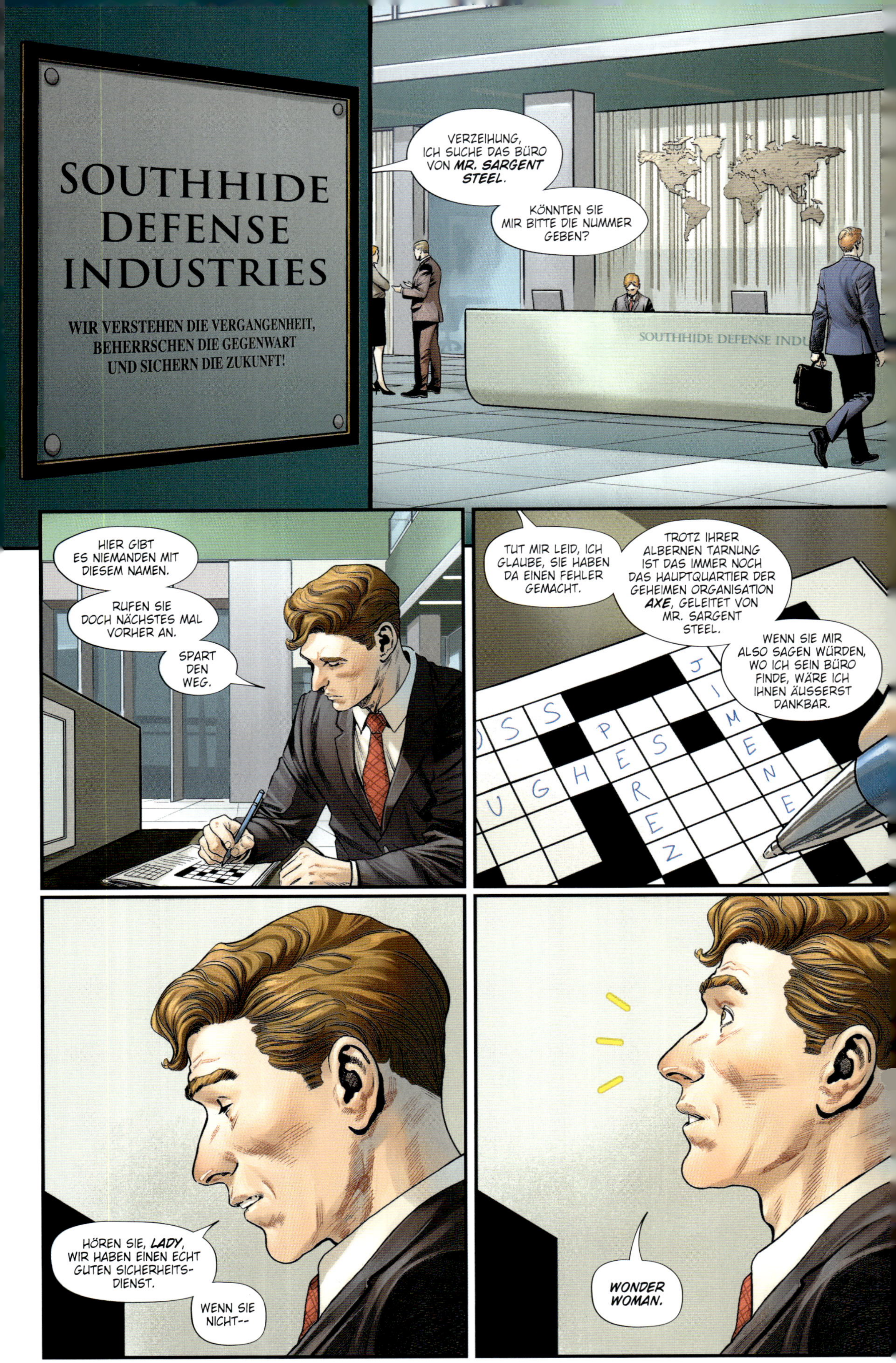

SOUTHHIDE DEFENSE INDUSTRIES

WIR VERSTEHEN DIE VERGANGENHEIT, BEHERRSCHEN DIE GEGENWART UND SICHERN DIE ZUKUNFT!

VERZEIHUNG, ICH SUCHE DAS BÜRO VON ***MR. SARGENT STEEL.***

KÖNNTEN SIE MIR BITTE DIE NUMMER GEBEN?

SOUTHHIDE DEFENSE INDU

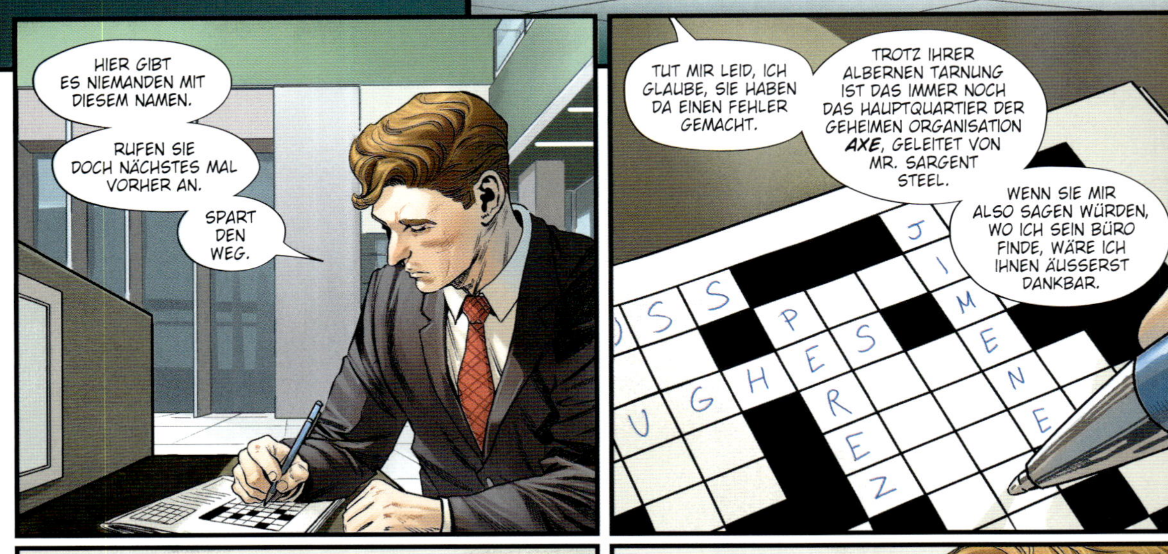

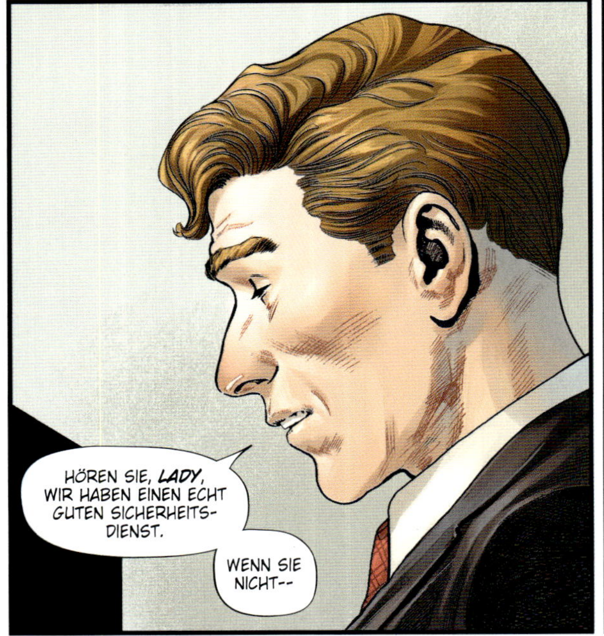

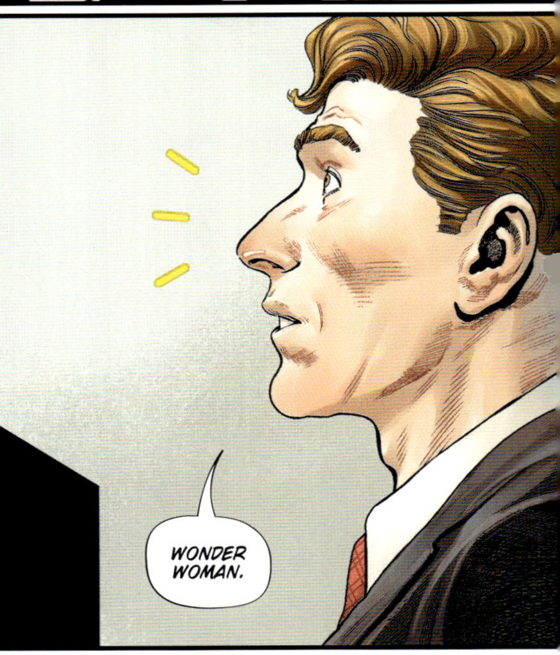

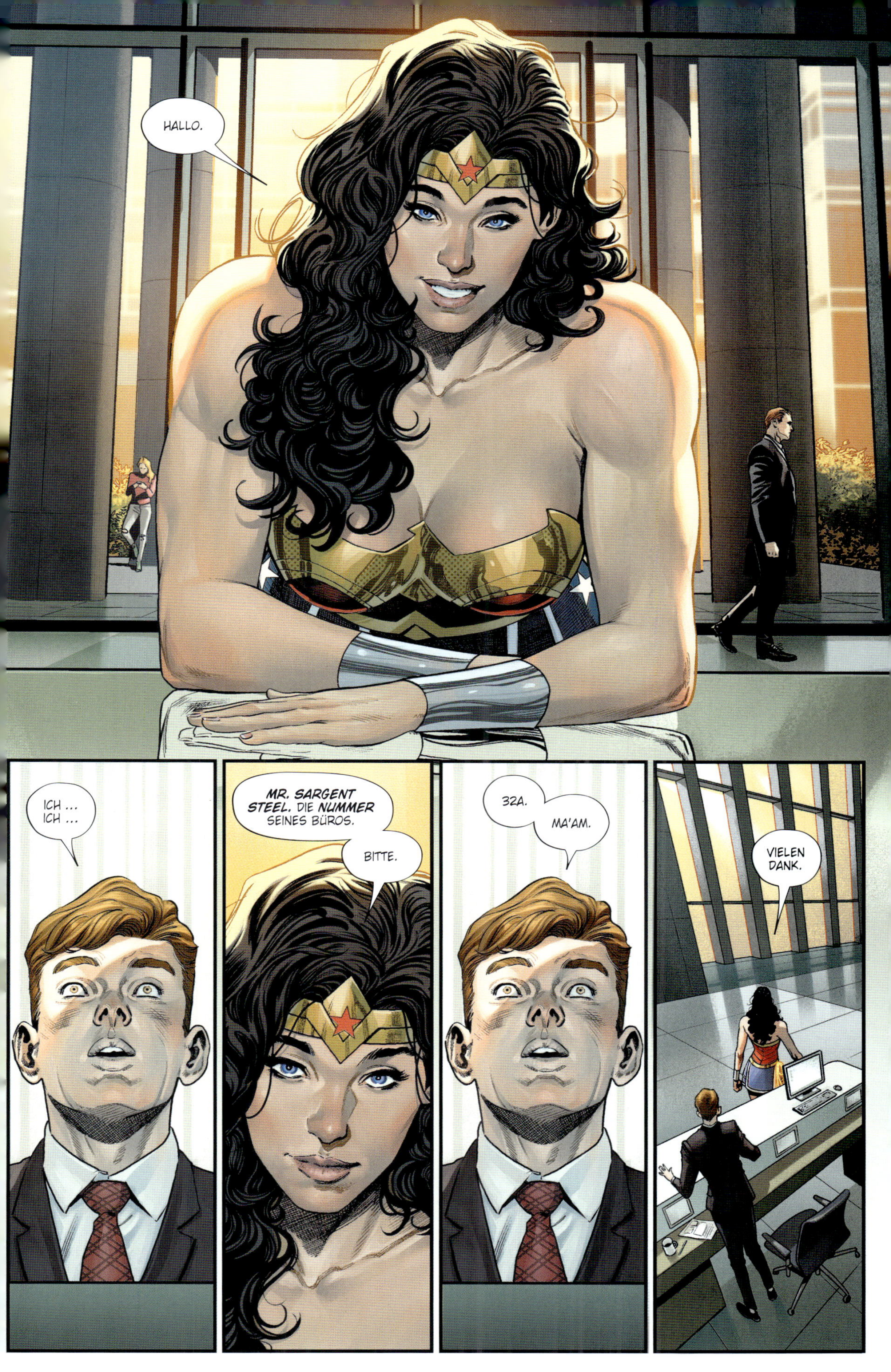
HALLO.
ICH ...
ICH ...
MR. SARGENT STEEL. DIE NUMMER SEINES BÜROS.
BITTE.
32A.
MA'AM.
VIELEN DANK.

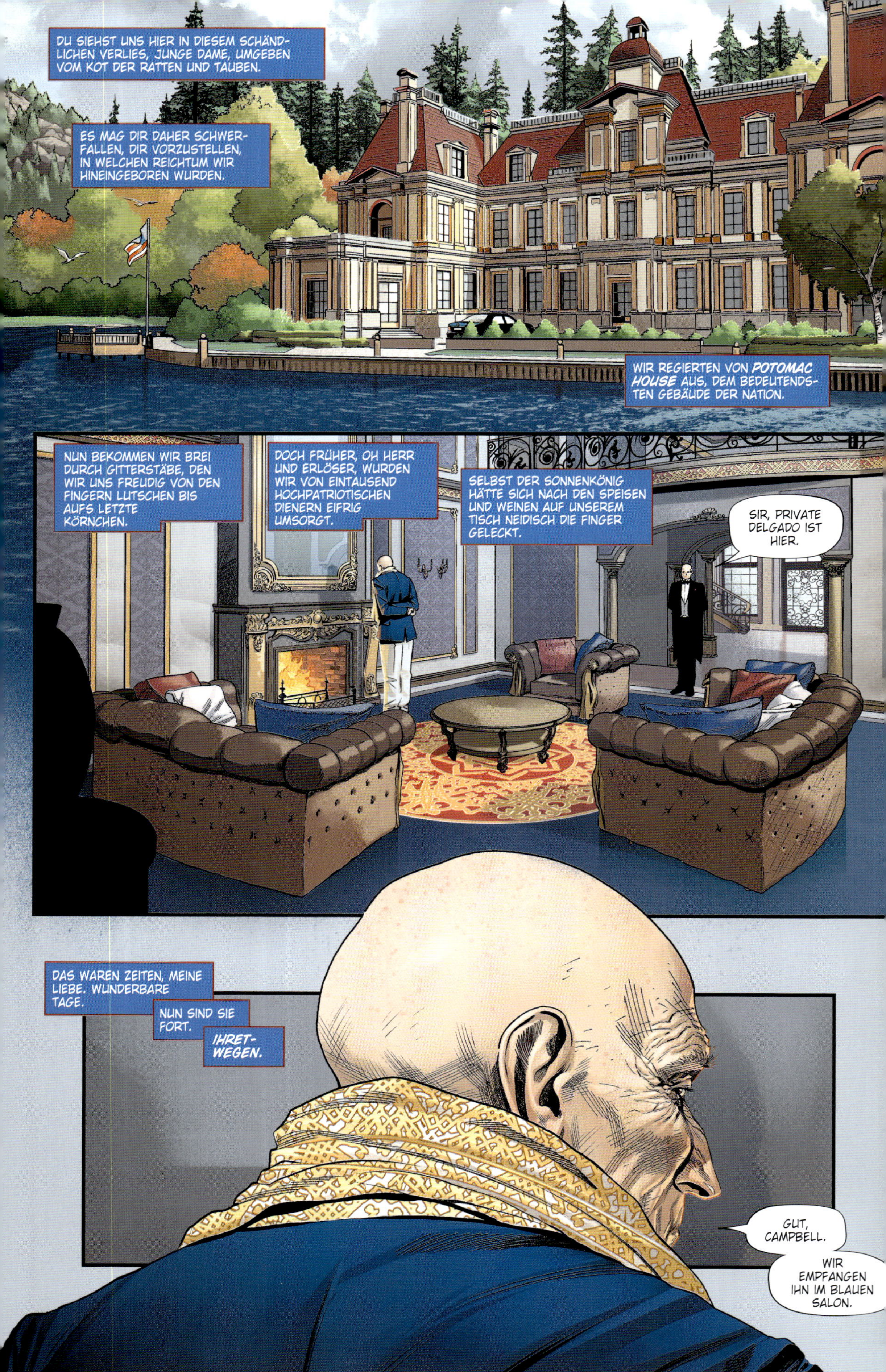
DU SIEHST UNS HIER IN DIESEM SCHÄNDLICHEN VERLIES, JUNGE DAME, UMGEBEN VOM KOT DER RATTEN UND TAUBEN.
ES MAG DIR DAHER SCHWERFALLEN, DIR VORZUSTELLEN, IN WELCHEN REICHTUM WIR HINEINGEBOREN WURDEN.
WIR REGIERTEN VON *POTOMAC HOUSE* AUS, DEM BEDEUTENDSTEN GEBÄUDE DER NATION.
NUN BEKOMMEN WIR BREI DURCH GITTERSTÄBE, DEN WIR UNS FREUDIG VON DEN FINGERN LUTSCHEN BIS AUFS LETZTE KÖRNCHEN.
DOCH FRÜHER, OH HERR UND ERLÖSER, WURDEN WIR VON EINTAUSEND HOCHPATRIOTISCHEN DIENERN EIFRIG UMSORGT.
SELBST DER SONNENKÖNIG HÄTTE SICH NACH DEN SPEISEN UND WEINEN AUF UNSEREM TISCH NEIDISCH DIE FINGER GELECKT.
SIR, PRIVATE DELGADO IST HIER.
DAS WAREN ZEITEN, MEINE LIEBE. WUNDERBARE TAGE.
NUN SIND SIE FORT.
IHRETWEGEN.
GUT, CAMPBELL.
WIR EMPFANGEN IHN IM BLAUEN SALON.

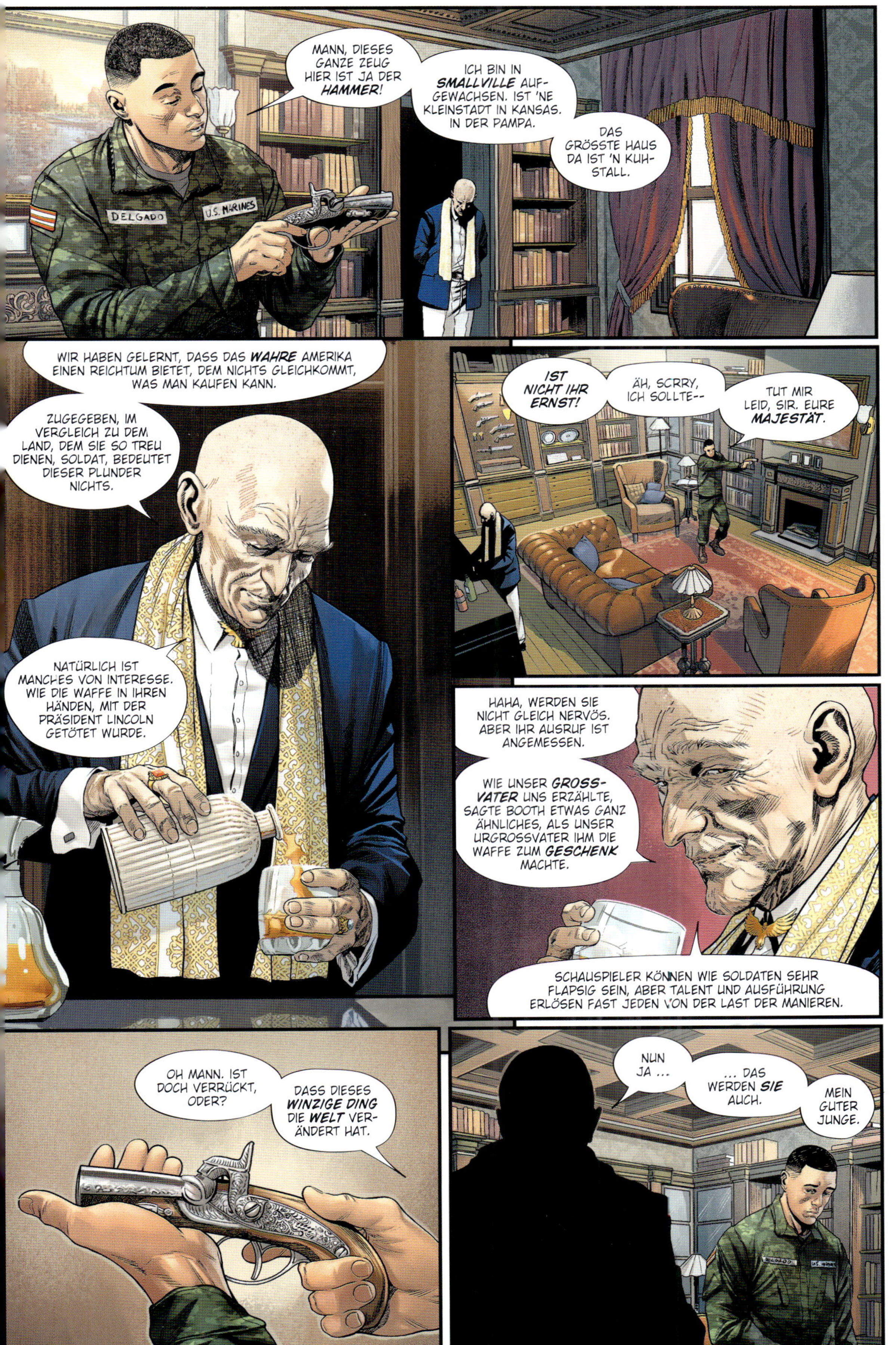

DELGADO
U.S. MARINES
MANN, DIESES GANZE ZEUG HIER IST JA DER HAMMER!
ICH BIN IN SMALLVILLE AUFGEWACHSEN. IST 'NE KLEINSTADT IN KANSAS. IN DER PAMPA.
DAS GRÖSSTE HAUS DA IST 'N KUHSTALL.
WIR HABEN GELERNT, DASS DAS WAHRE AMERIKA EINEN REICHTUM BIETET, DEM NICHTS GLEICHKOMMT, WAS MAN KAUFEN KANN.
ZUGEGEBEN, IM VERGLEICH ZU DEM LAND, DEM SIE SO TREU DIENEN, SOLDAT, BEDEUTET DIESER PLUNDER NICHTS.
NATÜRLICH IST MANCHES VON INTERESSE. WIE DIE WAFFE IN IHREN HÄNDEN, MIT DER PRÄSIDENT LINCOLN GETÖTET WURDE.
IST NICHT IHR ERNST!
ÄH, SORRY, ICH SOLLTE--
TUT MIR LEID, SIR. EURE MAJESTÄT.
HAHA, WERDEN SIE NICHT GLEICH NERVÖS. ABER IHR AUSRUF IST ANGEMESSEN.
WIE UNSER GROSSVATER UNS ERZÄHLTE, SAGTE BOOTH ETWAS GANZ ÄHNLICHES, ALS UNSER URGROSSVATER IHM DIE WAFFE ZUM GESCHENK MACHTE.
SCHAUSPIELER KÖNNEN WIE SOLDATEN SEHR FLAPSIG SEIN, ABER TALENT UND AUSFÜHRUNG ERLÖSEN FAST JEDEN VON DER LAST DER MANIEREN.
OH MANN. IST DOCH VERRÜCKT, ODER?
DASS DIESES WINZIGE DING DIE WELT VERÄNDERT HAT.
NUN JA ...
... DAS WERDEN SIE AUCH.
MEIN GUTER JUNGE.

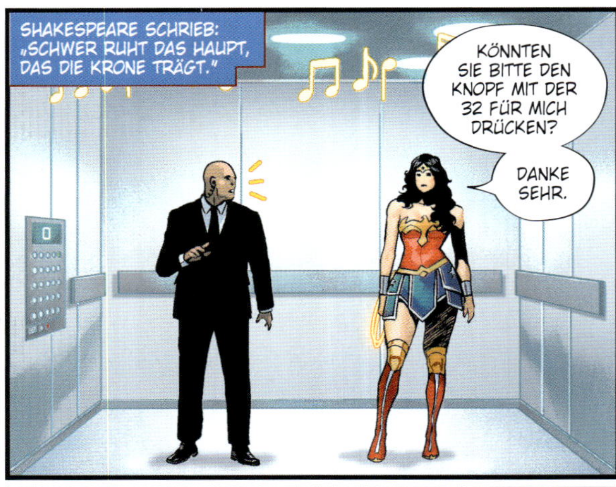
SHAKESPEARE SCHRIEB: „SCHWER RUHT DAS HAUPT, DAS DIE KRONE TRÄGT."
KÖNNTEN SIE BITTE DEN KNOPF MIT DER 32 FÜR MICH DRÜCKEN?
DANKE SEHR.

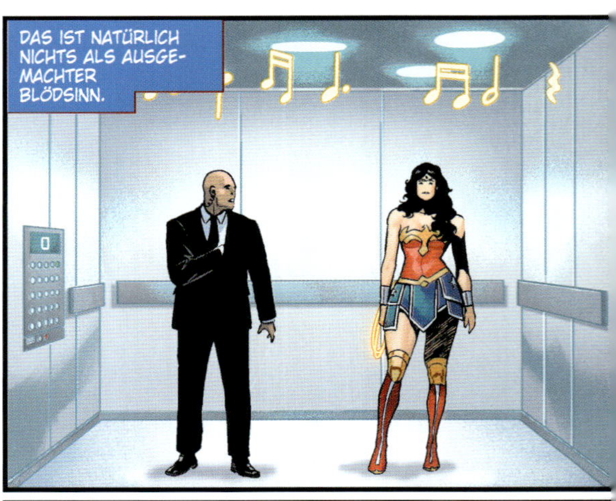
DAS IST NATÜRLICH NICHTS ALS AUSGE-MACHTER BLÖDSINN.

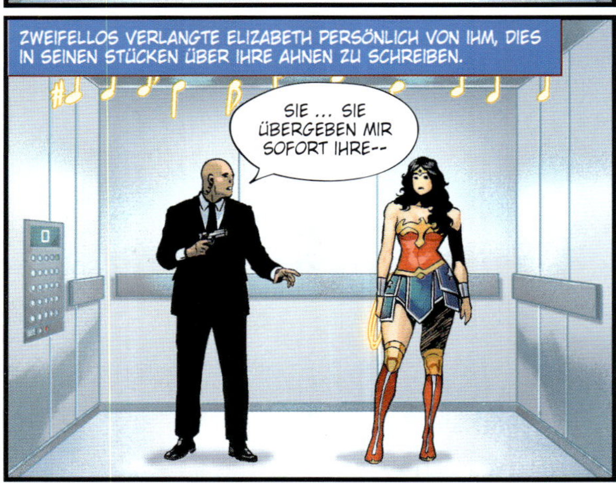
ZWEIFELLOS VERLANGTE ELIZABETH PERSÖNLICH VON IHM, DIES IN SEINEN STÜCKEN ÜBER IHRE AHNEN ZU SCHREIBEN.
SIE ... SIE ÜBERGEBEN MIR SOFORT IHRE--

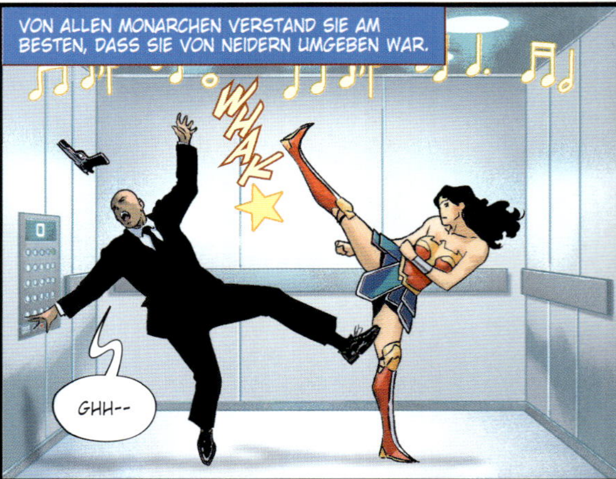
VON ALLEN MONARCHEN VERSTAND SIE AM BESTEN, DASS SIE VON NEIDERN UMGEBEN WAR.
WHAK
GHH--

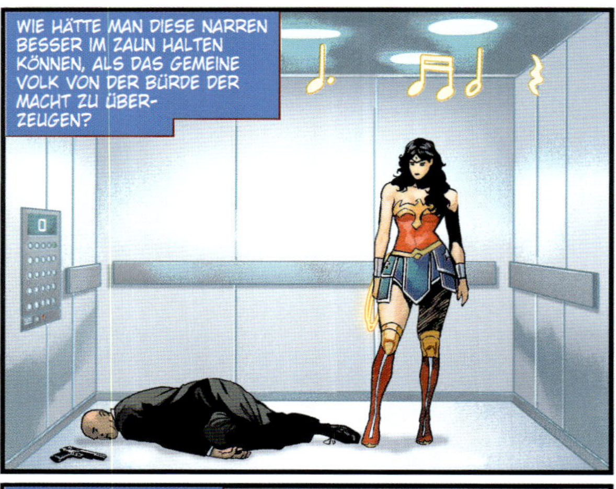
WIE HÄTTE MAN DIESE NARREN BESSER IM ZAUN HALTEN KÖNNEN, ALS DAS GEMEINE VOLK VON DER BÜRDE DER MACHT ZU ÜBER-ZEUGEN?

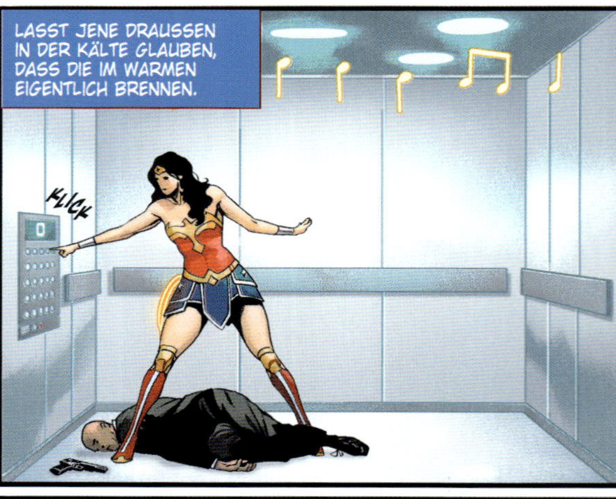
LASST JENE DRAUSSEN IN DER KÄLTE GLAUBEN, DASS DIE IM WARMEN EIGENTLICH BRENNEN.
KLICK

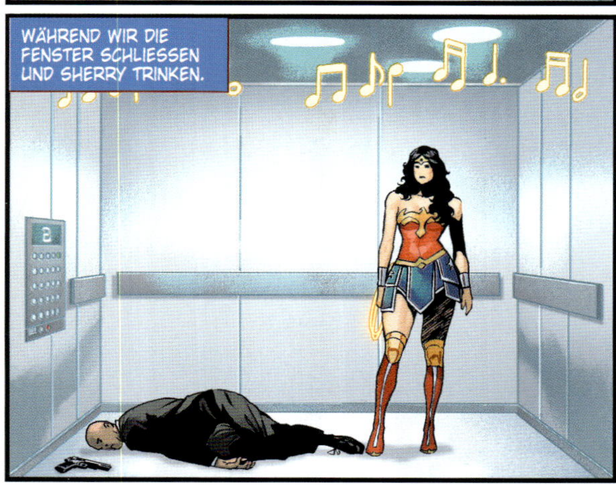
WÄHREND WIR DIE FENSTER SCHLIESSEN UND SHERRY TRINKEN.

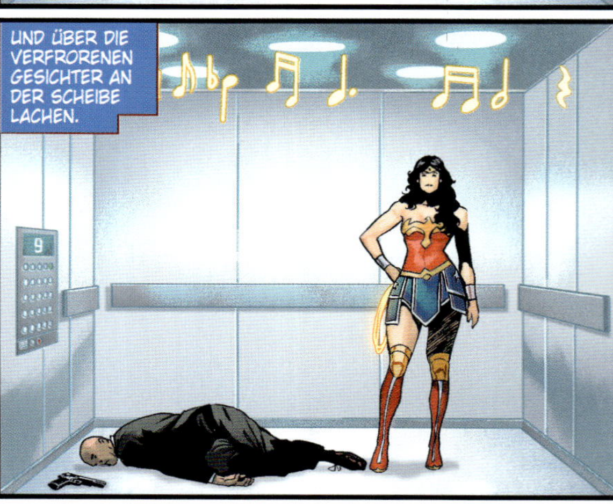
UND ÜBER DIE VERFRORENEN GESICHTER AN DER SCHEIBE LACHEN.

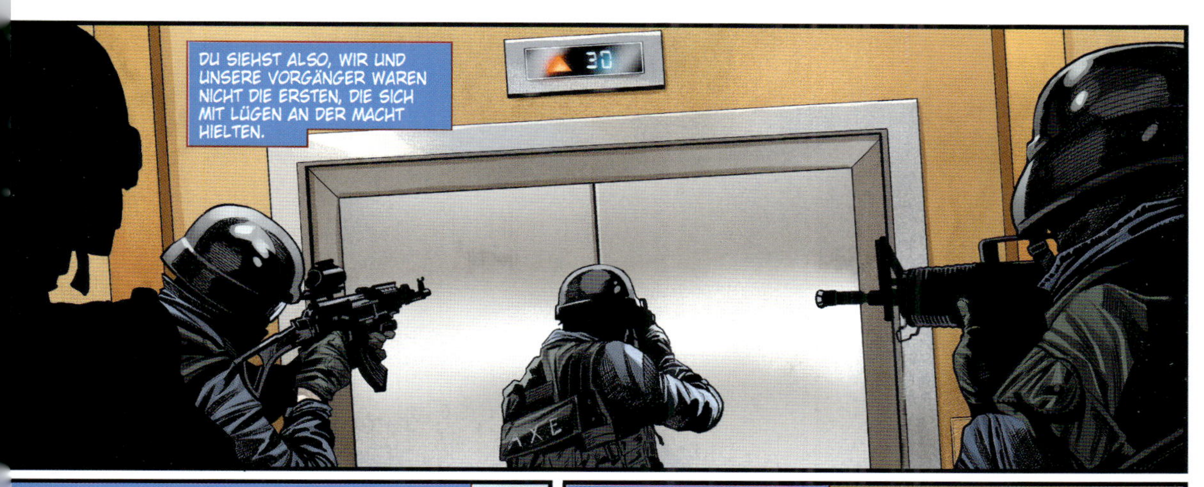
DU SIEHST ALSO, WIR UND UNSERE VORGÄNGER WAREN NICHT DIE ERSTEN, DIE SICH MIT LÜGEN AN DER MACHT HIELTEN.
30
A.X.E

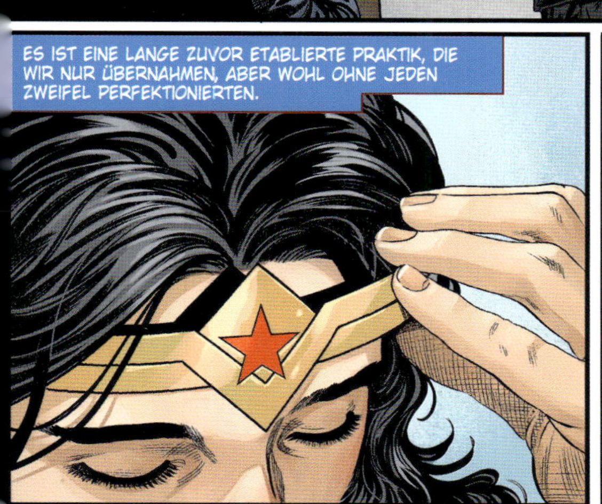
ES IST EINE LANGE ZUVOR ETABLIERTE PRAKTIK, DIE WIR NUR ÜBERNAHMEN, ABER WOHL OHNE JEDEN ZWEIFEL PERFEKTIONIERTEN.

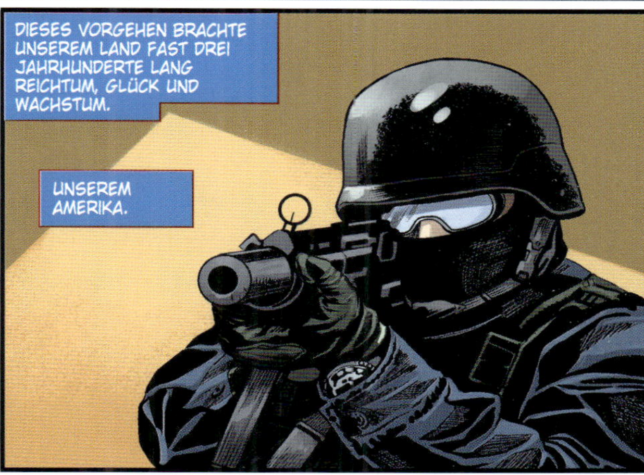
DIESES VORGEHEN BRACHTE UNSEREM LAND FAST DREI JAHRHUNDERTE LANG REICHTUM, GLÜCK UND WACHSTUM.
UNSEREM AMERIKA.

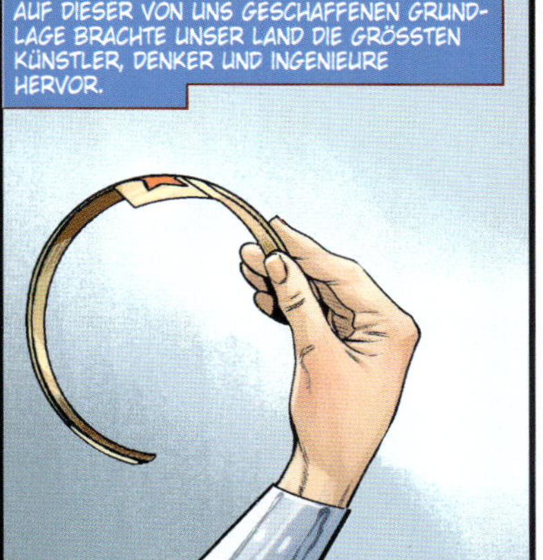
AUF DIESER VON UNS GESCHAFFENEN GRUNDLAGE BRACHTE UNSER LAND DIE GRÖSSTEN KÜNSTLER, DENKER UND INGENIEURE HERVOR.

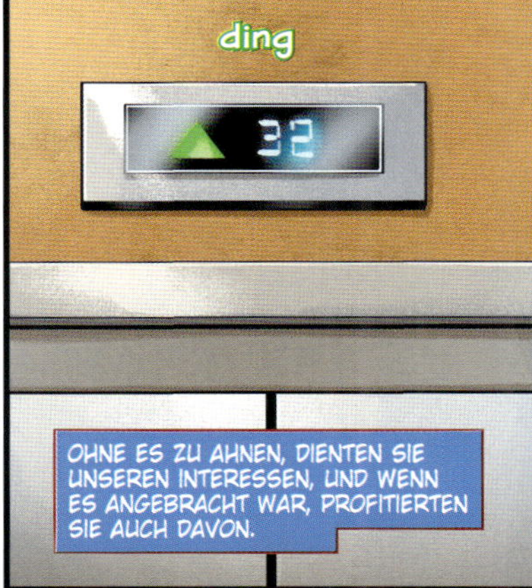
ding
32
OHNE ES ZU AHNEN, DIENTEN SIE UNSEREN INTERESSEN, UND WENN ES ANGEBRACHT WAR, PROFITIERTEN SIE AUCH DAVON.

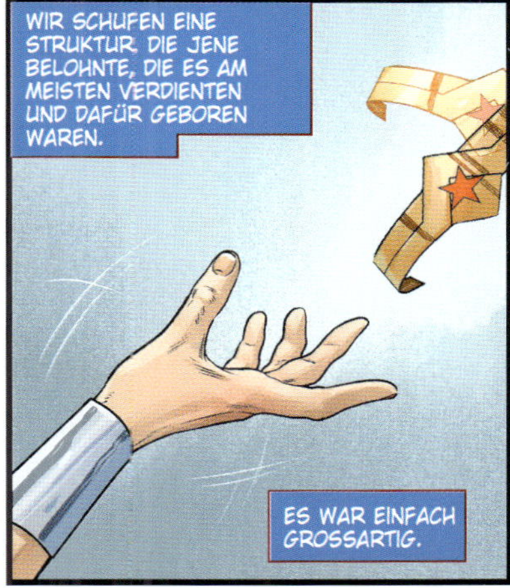
WIR SCHUFEN EINE STRUKTUR, DIE JENE BELOHNTE, DIE ES AM MEISTEN VERDIENTEN UND DAFÜR GEBOREN WAREN.
ES WAR EINFACH GROSSARTIG.

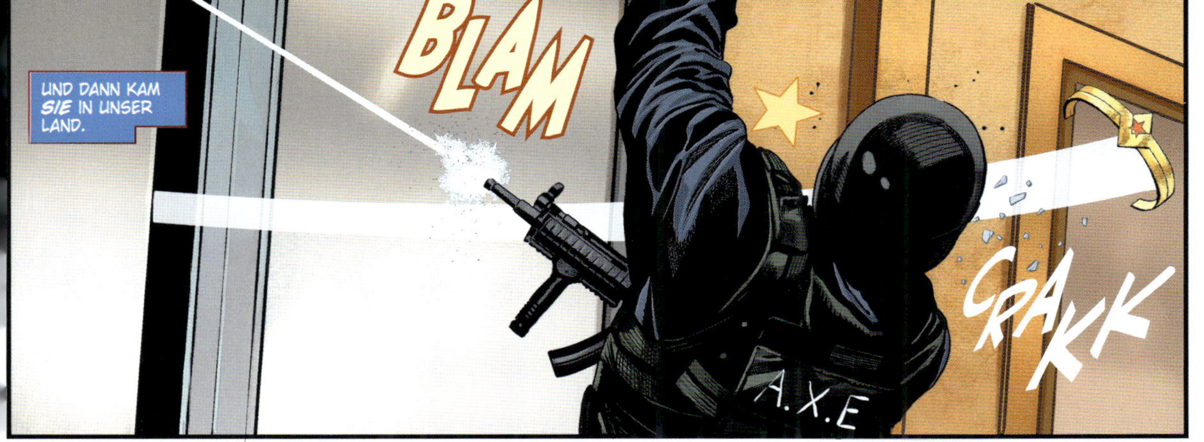
UND DANN KAM *SIE* IN UNSER LAND.
BLAM
CRAKK
A.X.E

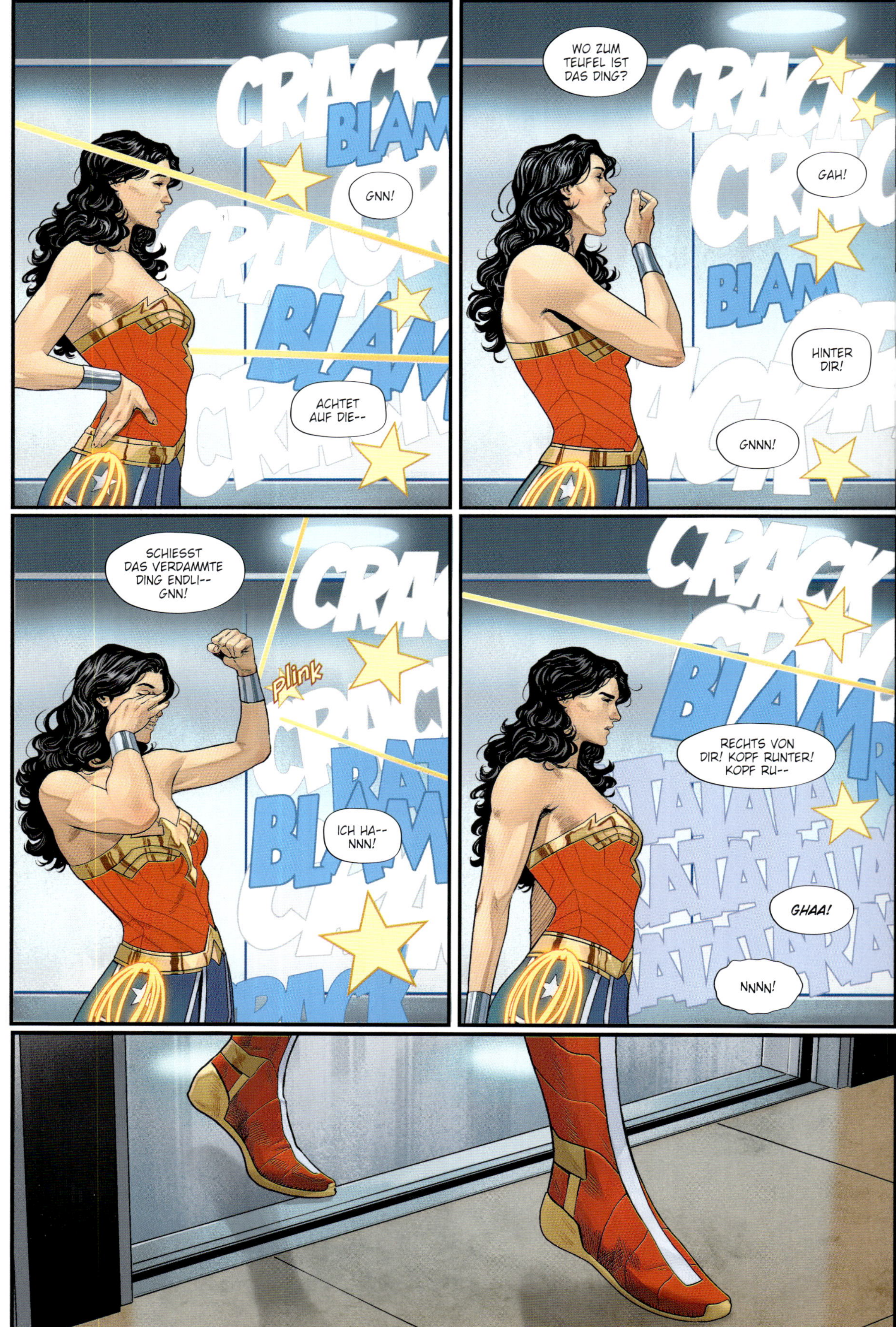
CRACK
BLAM
GNN!
ACHTET AUF DIE--
WO ZUM TEUFEL IST DAS DING?
CRACK
GAH!
BLAM
HINTER DIR!
GNNN!
SCHIESST DAS VERDAMMTE DING ENDLI-- GNN!
plink
ICH HA-- NNN!
CRACK
BLAM
RECHTS VON DIR! KOPF RUNTER! KOPF RU--
GHAA!
NNNN!

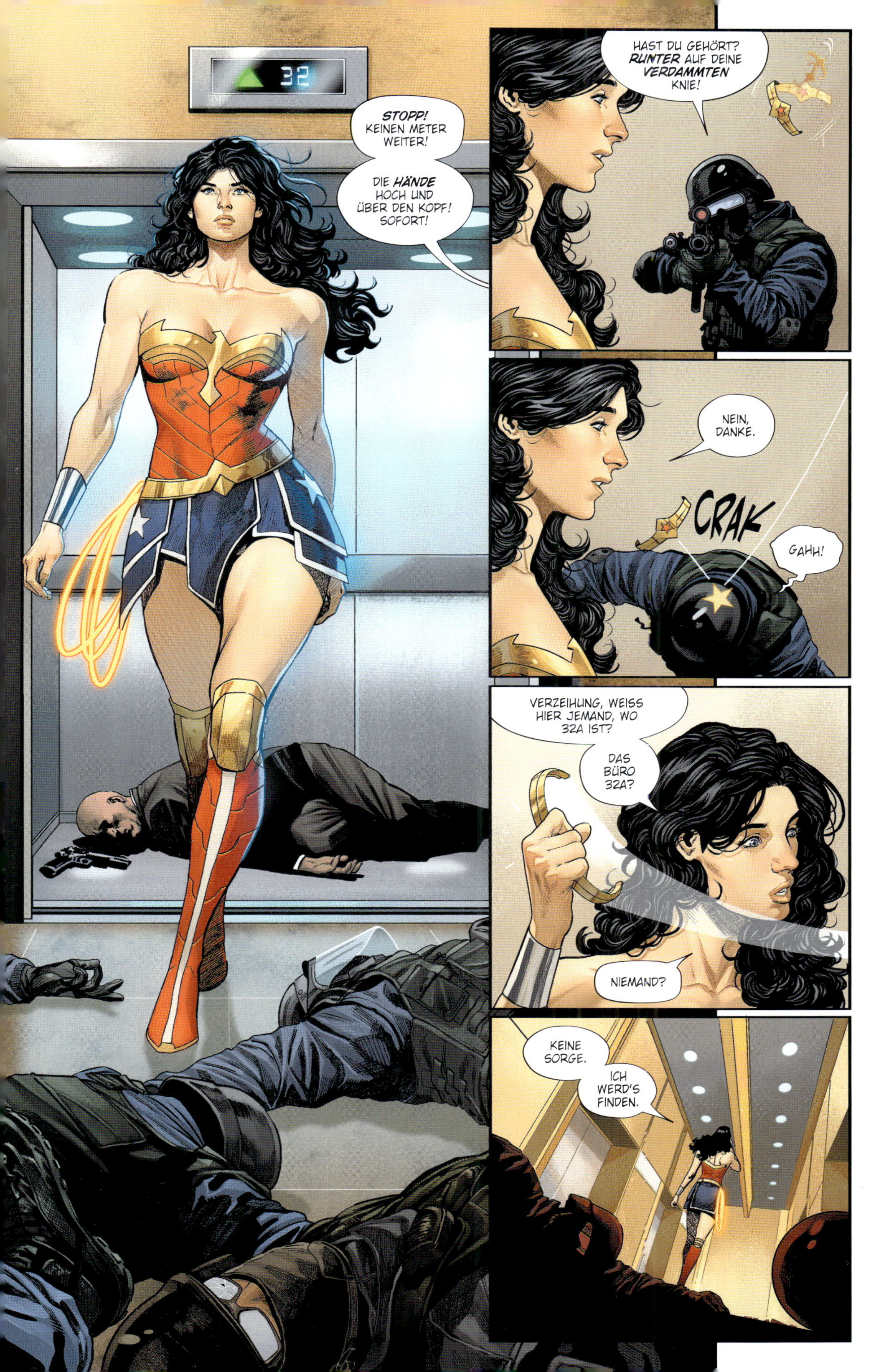
32
STOPP! KEINEN METER WEITER!
DIE HÄNDE HOCH UND ÜBER DEN KOPF! SOFORT!
HAST DU GEHÖRT? RUNTER AUF DEINE VERDAMMTEN KNIE!
NEIN, DANKE.
CRAK
GAHH!
VERZEIHUNG, WEISS HIER JEMAND, WO 32A IST?
DAS BÜRO 32A?
NIEMAND?
KEINE SORGE.
ICH WERD'S FINDEN.

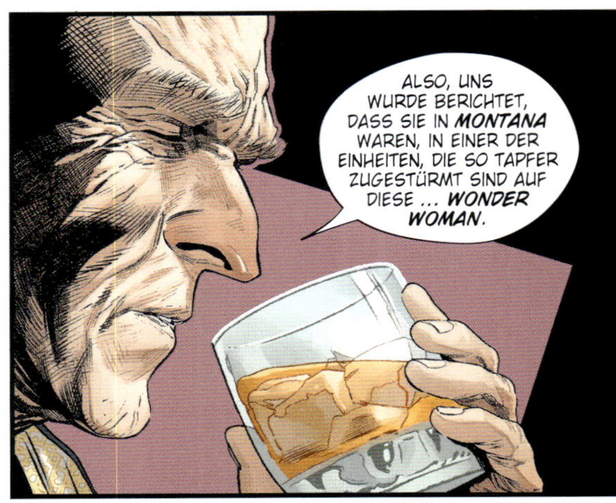
ALSO, UNS WURDE BERICHTET, DASS SIE IN MONTANA WAREN, IN EINER DER EINHEITEN, DIE SO TAPFER ZUGESTÜRMT SIND AUF DIESE ... WONDER WOMAN.

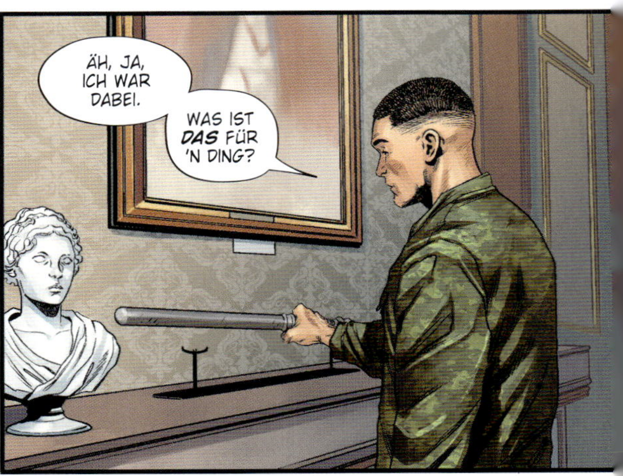
ÄH, JA, ICH WAR DABEI.
WAS IST DAS FÜR 'N DING?

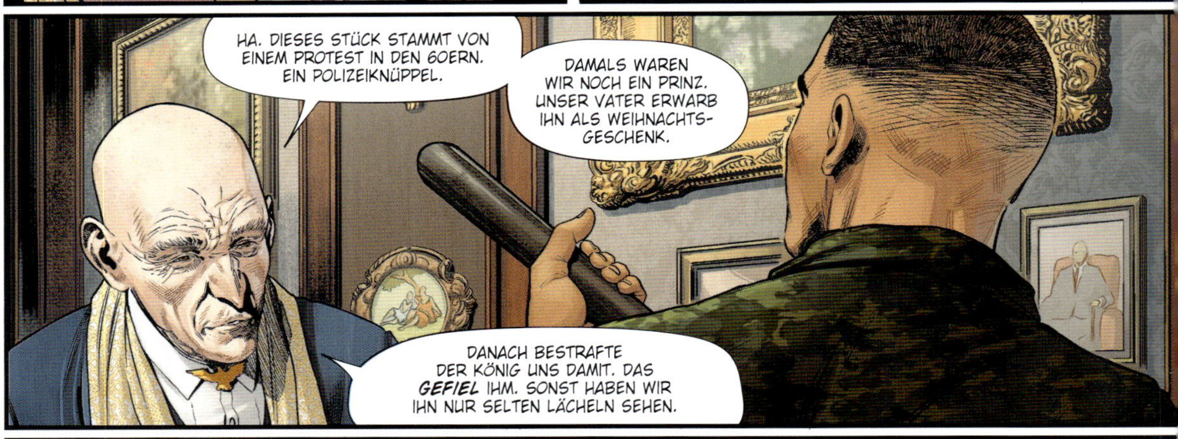
HA. DIESES STÜCK STAMMT VON EINEM PROTEST IN DEN 60ERN. EIN POLIZEIKNÜPPEL.
DAMALS WAREN WIR NOCH EIN PRINZ. UNSER VATER ERWARB IHN ALS WEIHNACHTS-GESCHENK.
DANACH BESTRAFTE DER KÖNIG UNS DAMIT. DAS GEFIEL IHM. SONST HABEN WIR IHN NUR SELTEN LÄCHELN SEHEN.

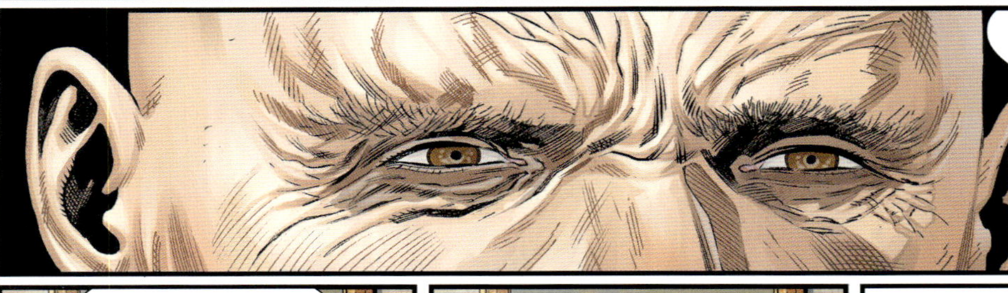
ABER HEBEN WIR UNS DIESE GESCHICHTE FÜR SPÄTER AUF.
WIR WÜRDEN GERNE ETWAS ÜBER IHRE ERFAHRUNG AUF DEM SCHLACHTFELD HÖREN ... MIT DIESER HELDIN UND IHREM LASSO.

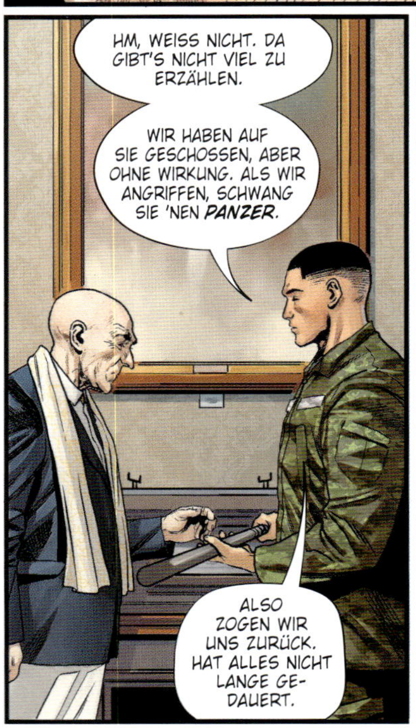
HM, WEISS NICHT. DA GIBT'S NICHT VIEL ZU ERZÄHLEN.
WIR HABEN AUF SIE GESCHOSSEN, ABER OHNE WIRKUNG. ALS WIR ANGRIFFEN, SCHWANG SIE 'NEN PANZER.
ALSO ZOGEN WIR UNS ZURÜCK. HAT ALLES NICHT LANGE GE-DAUERT.

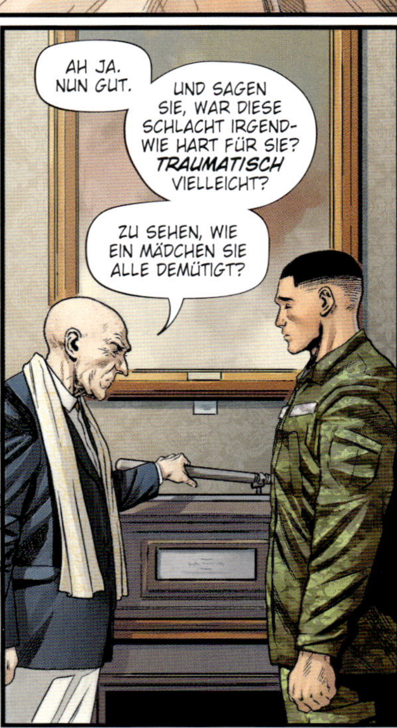
AH JA. NUN GUT.
UND SAGEN SIE, WAR DIESE SCHLACHT IRGEND-WIE HART FÜR SIE? TRAUMATISCH VIELLEICHT?
ZU SEHEN, WIE EIN MÄDCHEN SIE ALLE DEMÜTIGT?

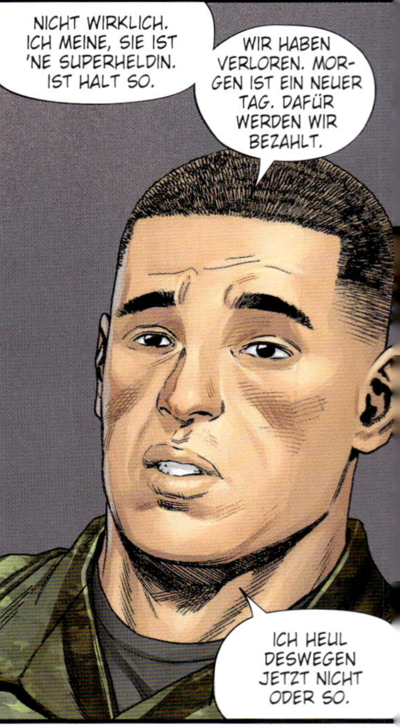
NICHT WIRKLICH. ICH MEINE, SIE IST 'NE SUPERHELDIN. IST HALT SO.
WIR HABEN VERLOREN. MOR-GEN IST EIN NEUER TAG. DAFÜR WERDEN WIR BEZAHLT.
ICH HEUL DESWEGEN JETZT NICHT ODER SO.

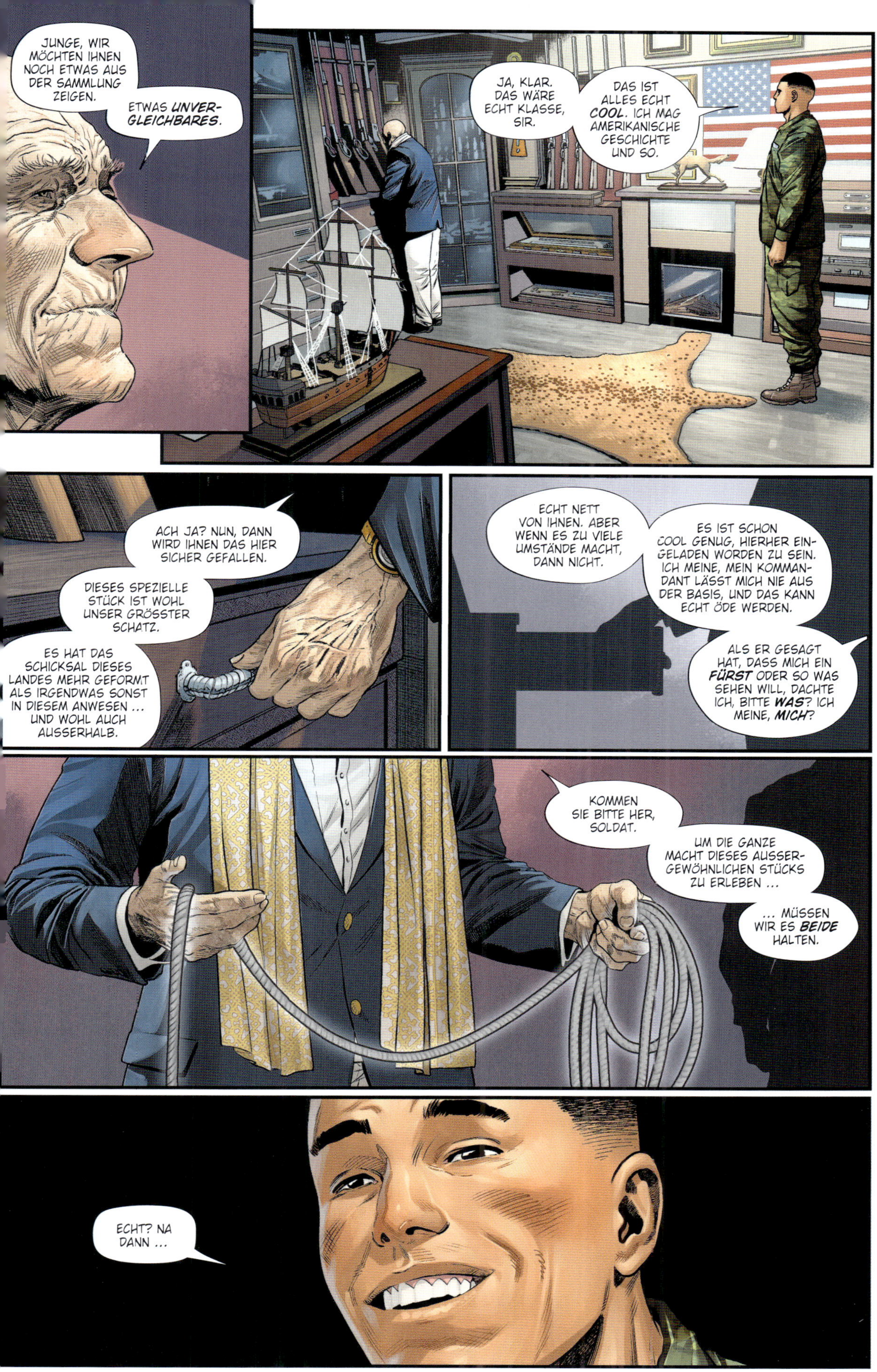

JUNGE, WIR MÖCHTEN IHNEN NOCH ETWAS AUS DER SAMMLUNG ZEIGEN.
ETWAS **UNVERGLEICHBARES**.
JA, KLAR. DAS WÄRE ECHT KLASSE, SIR.
DAS IST ALLES ECHT **COOL**. ICH MAG AMERIKANISCHE GESCHICHTE UND SO.

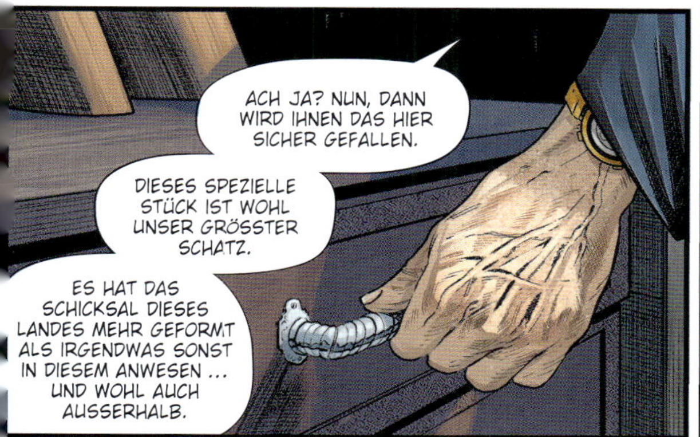

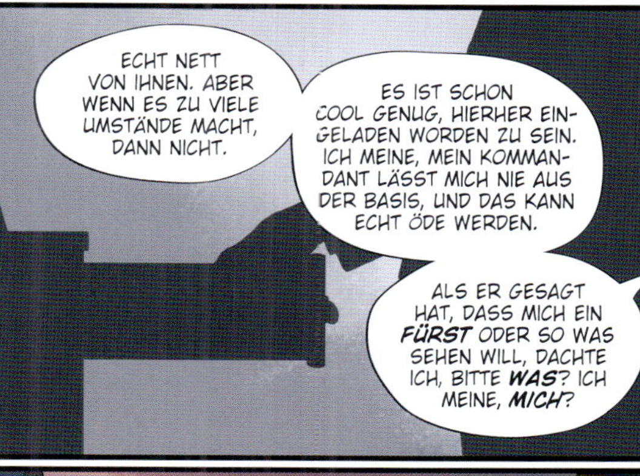

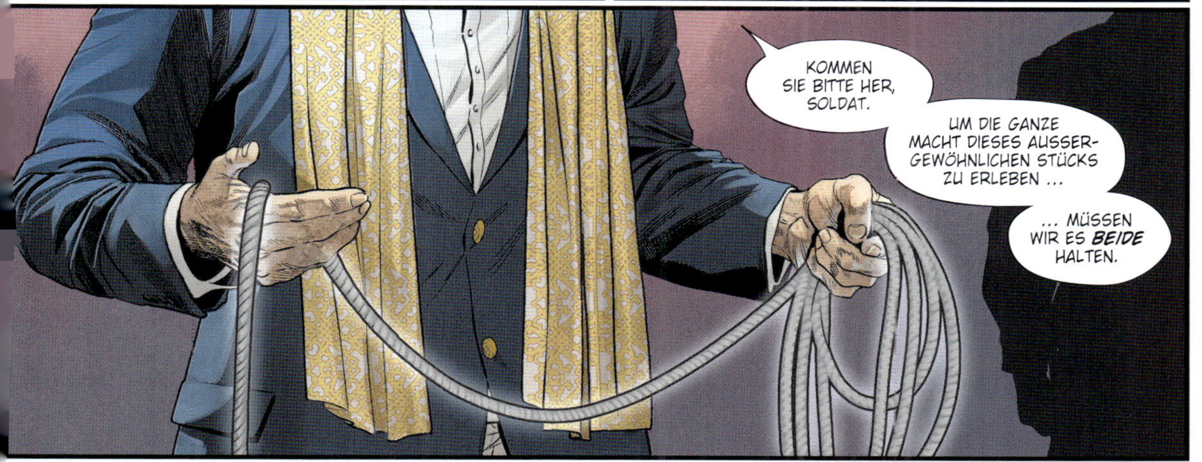

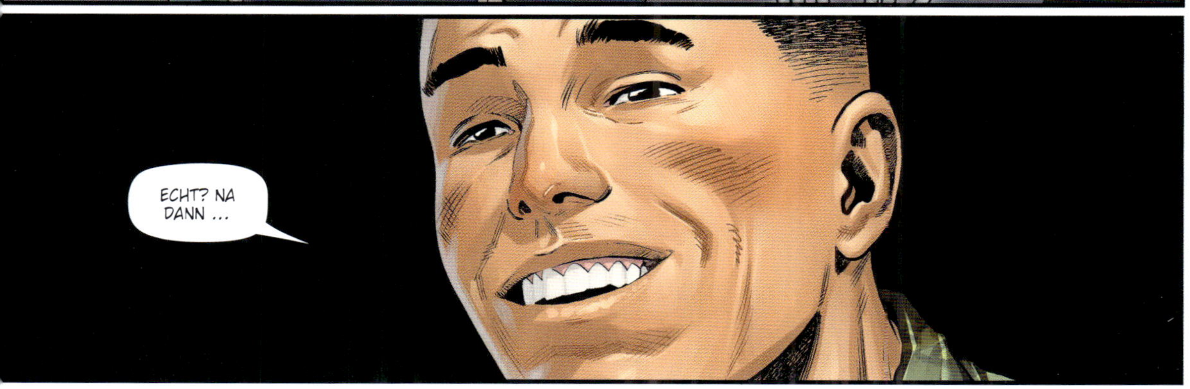

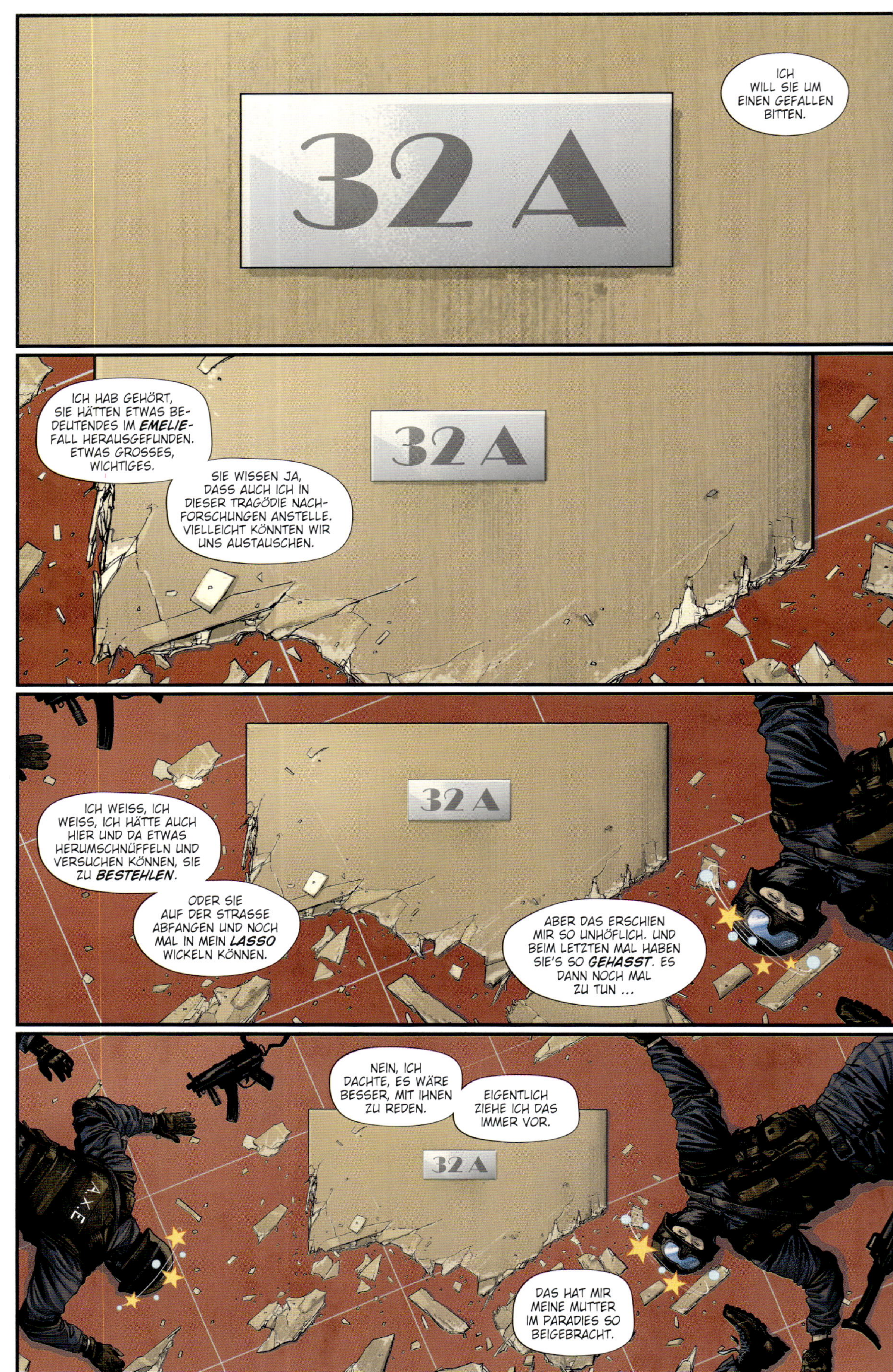
32 A
ICH WILL SIE UM EINEN GEFALLEN BITTEN.
32 A
ICH HAB GEHÖRT, SIE HÄTTEN ETWAS BEDEUTENDES IM EMELIE-FALL HERAUSGEFUNDEN. ETWAS GROSSES, WICHTIGES.
SIE WISSEN JA, DASS AUCH ICH IN DIESER TRAGÖDIE NACHFORSCHUNGEN ANSTELLE. VIELLEICHT KÖNNTEN WIR UNS AUSTAUSCHEN.
32 A
ICH WEISS, ICH HÄTTE AUCH HIER UND DA ETWAS HERUMSCHNÜFFELN UND VERSUCHEN KÖNNEN, SIE ZU BESTEHLEN.
ODER SIE AUF DER STRASSE ABFANGEN UND NOCH MAL IN MEIN LASSO WICKELN KÖNNEN.
ABER DAS ERSCHIEN MIR SO UNHÖFLICH. UND BEIM LETZTEN MAL HABEN SIE'S SO GEHASST. ES DANN NOCH MAL ZU TUN ...
NEIN, ICH DACHTE, ES WÄRE BESSER, MIT IHNEN ZU REDEN.
EIGENTLICH ZIEHE ICH DAS IMMER VOR.
32 A
A.X.E
DAS HAT MIR MEINE MUTTER IM PARADIES SO BEIGEBRACHT.

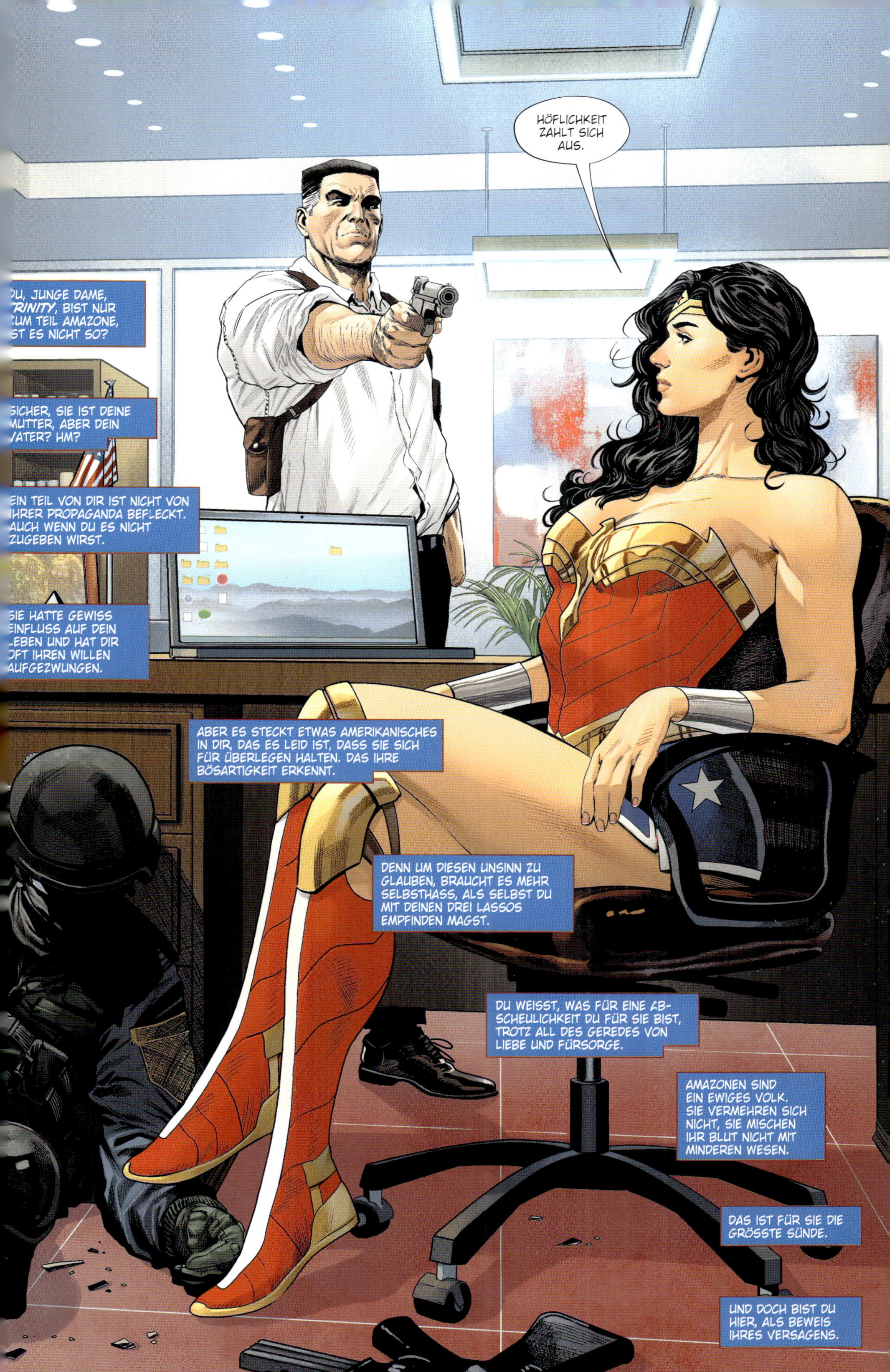
HÖFLICHKEIT ZAHLT SICH AUS.
DU, JUNGE DAME, TRINITY, BIST NUR ZUM TEIL AMAZONE, IST ES NICHT SO?
SICHER, SIE IST DEINE MUTTER, ABER DEIN VATER? HM?
EIN TEIL VON DIR IST NICHT VON IHRER PROPAGANDA BEFLECKT. AUCH WENN DU ES NICHT ZUGEBEN WIRST.
SIE HATTE GEWISS EINFLUSS AUF DEIN LEBEN UND HAT DIR OFT IHREN WILLEN AUFGEZWUNGEN.
ABER ES STECKT ETWAS AMERIKANISCHES IN DIR, DAS ES LEID IST, DASS SIE SICH FÜR ÜBERLEGEN HALTEN. DAS IHRE BÖSARTIGKEIT ERKENNT.
DENN UM DIESEN UNSINN ZU GLAUBEN, BRAUCHT ES MEHR SELBSTHASS, ALS SELBST DU MIT DEINEN DREI LASSOS EMPFINDEN MAGST.
DU WEISST, WAS FÜR EINE AB-SCHEULICHKEIT DU FÜR SIE BIST, TROTZ ALL DES GEREDES VON LIEBE UND FÜRSORGE.
AMAZONEN SIND EIN EWIGES VOLK. SIE VERMEHREN SICH NICHT, SIE MISCHEN IHR BLUT NICHT MIT MINDEREN WESEN.
DAS IST FÜR SIE DIE GRÖSSTE SÜNDE.
UND DOCH BIST DU HIER, ALS BEWEIS IHRES VERSAGENS.

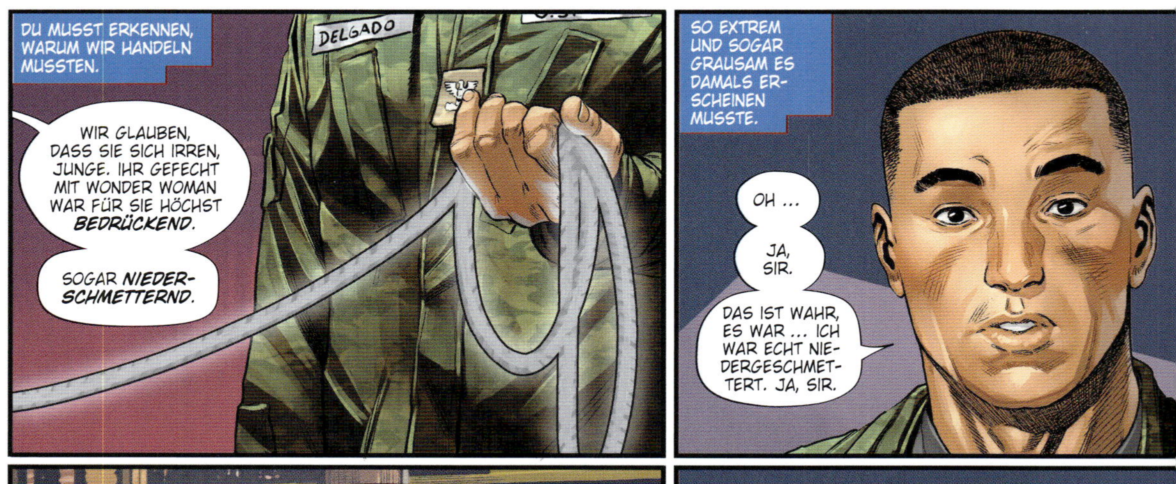
DU MUSST ERKENNEN, WARUM WIR HANDELN MUSSTEN.
DELGADO
WIR GLAUBEN, DASS SIE SICH IRREN, JUNGE. IHR GEFECHT MIT WONDER WOMAN WAR FÜR SIE HÖCHST BEDRÜCKEND.
SOGAR NIEDERSCHMETTERND.
SO EXTREM UND SOGAR GRAUSAM ES DAMALS ERSCHEINEN MUSSTE.
OH ...
JA, SIR.
DAS IST WAHR, ES WAR ... ICH WAR ECHT NIEDERGESCHMETTERT. JA, SIR.

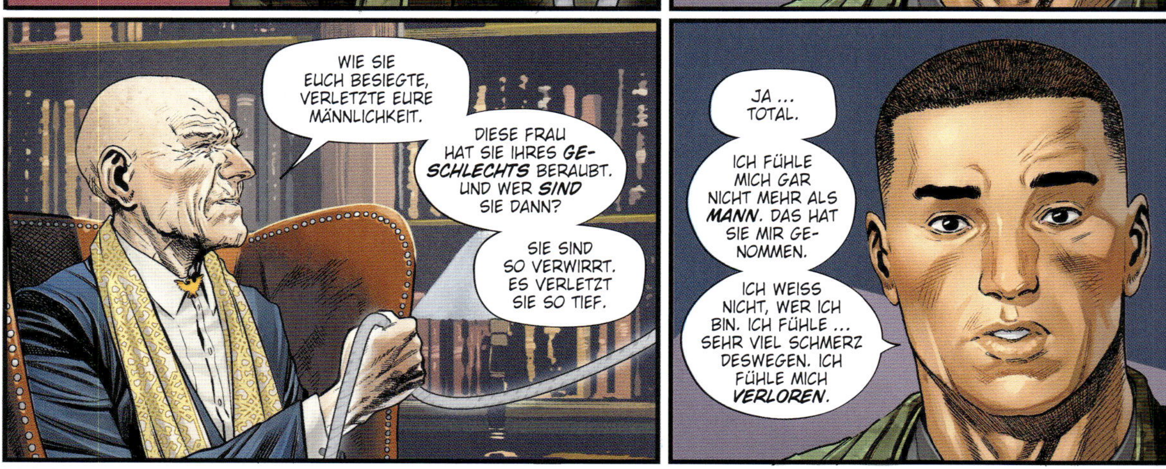
WIE SIE EUCH BESIEGTE, VERLETZTE EURE MÄNNLICHKEIT.
DIESE FRAU HAT SIE IHRES GESCHLECHTS BERAUBT. UND WER SIND SIE DANN?
SIE SIND SO VERWIRRT. ES VERLETZT SIE SO TIEF.
JA ... TOTAL.
ICH FÜHLE MICH GAR NICHT MEHR ALS MANN. DAS HAT SIE MIR GENOMMEN.
ICH WEISS NICHT, WER ICH BIN. ICH FÜHLE ... SEHR VIEL SCHMERZ DESWEGEN. ICH FÜHLE MICH VERLOREN.

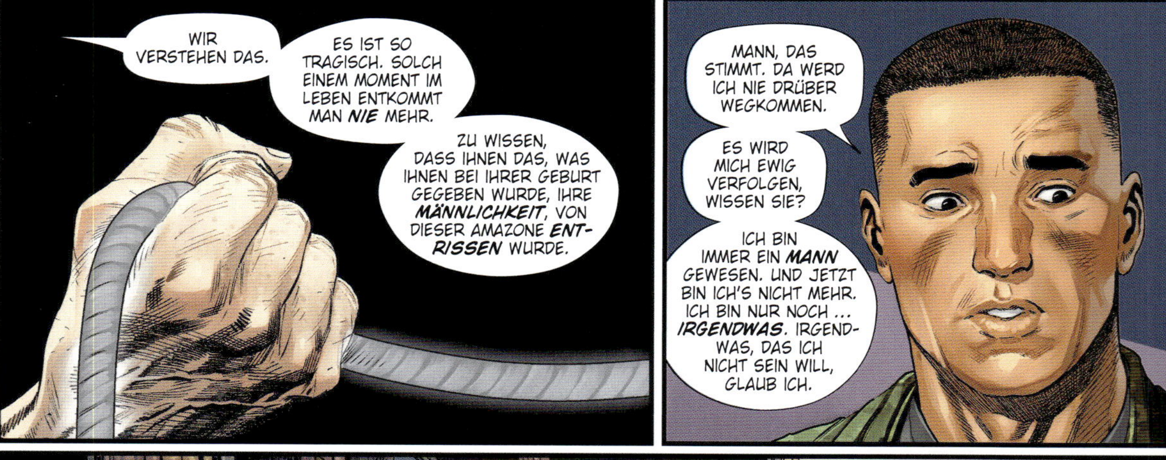
WIR VERSTEHEN DAS.
ES IST SO TRAGISCH. SOLCH EINEM MOMENT IM LEBEN ENTKOMMT MAN NIE MEHR.
ZU WISSEN, DASS IHNEN DAS, WAS IHNEN BEI IHRER GEBURT GEGEBEN WURDE, IHRE MÄNNLICHKEIT, VON DIESER AMAZONE ENTRISSEN WURDE.
MANN, DAS STIMMT. DA WERD ICH NIE DRÜBER WEGKOMMEN.
ES WIRD MICH EWIG VERFOLGEN, WISSEN SIE?
ICH BIN IMMER EIN MANN GEWESEN. UND JETZT BIN ICH'S NICHT MEHR. ICH BIN NUR NOCH ... IRGENDWAS. IRGENDWAS, DAS ICH NICHT SEIN WILL, GLAUB ICH.

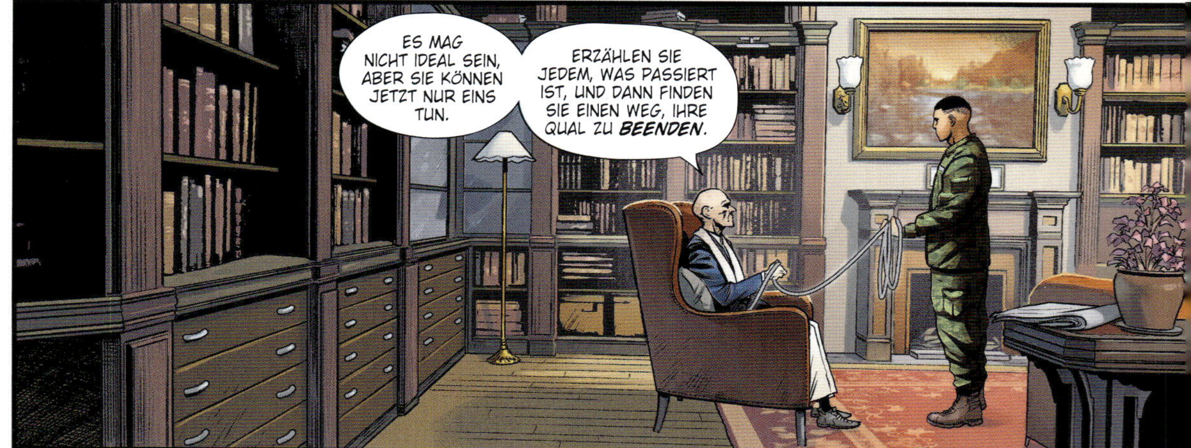
ES MAG NICHT IDEAL SEIN, ABER SIE KÖNNEN JETZT NUR EINS TUN.
ERZÄHLEN SIE JEDEM, WAS PASSIERT IST, UND DANN FINDEN SIE EINEN WEG, IHRE QUAL ZU BEENDEN.

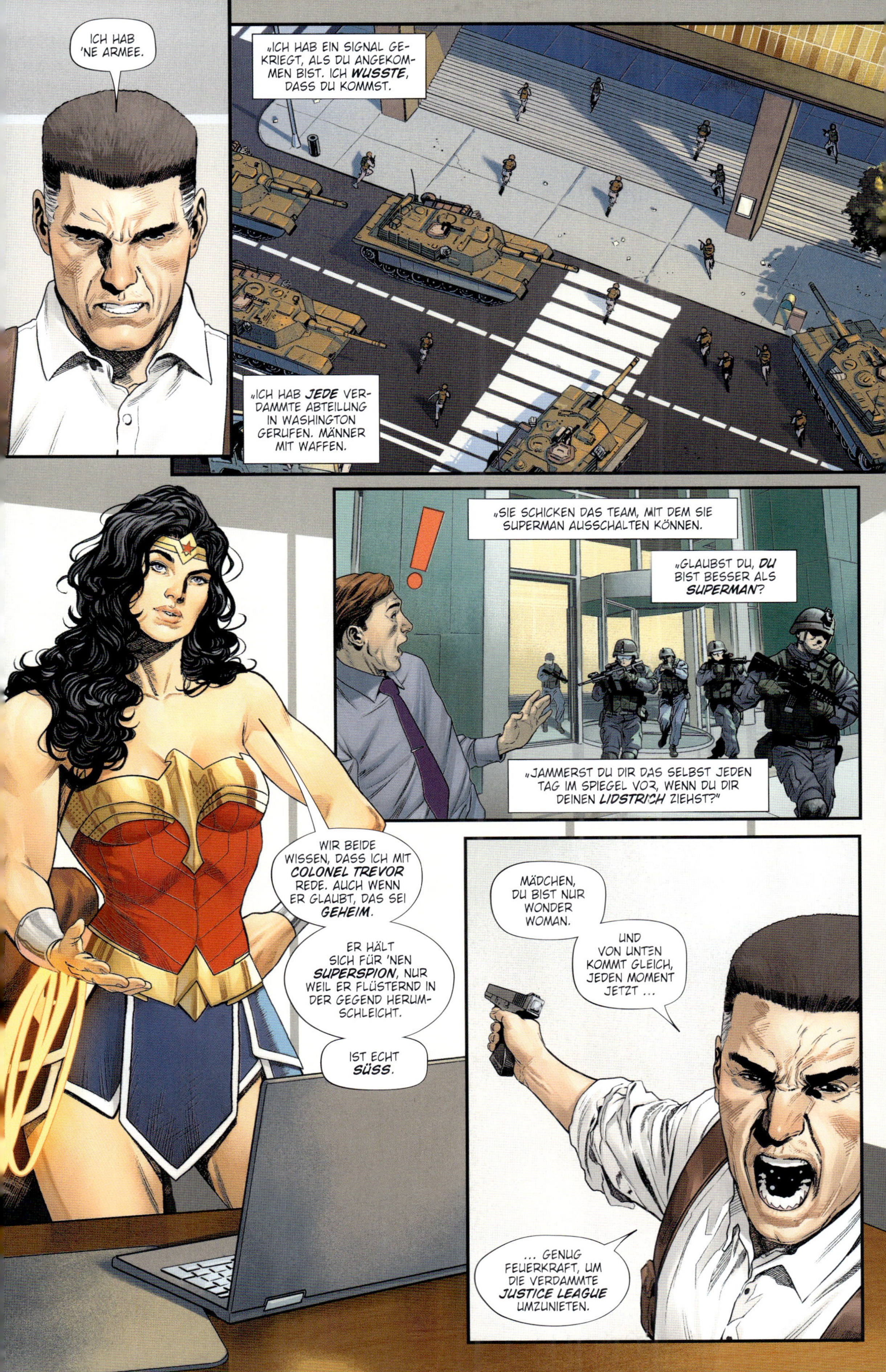

ICH HAB 'NE ARMEE.
„ICH HAB EIN SIGNAL GEKRIEGT, ALS DU ANGEKOMMEN BIST. ICH **WUSSTE**, DASS DU KOMMST.
„ICH HAB **JEDE** VERDAMMTE ABTEILUNG IN WASHINGTON GERUFEN. MÄNNER MIT WAFFEN.
„SIE SCHICKEN DAS TEAM, MIT DEM SIE SUPERMAN AUSSCHALTEN KÖNNEN.
„GLAUBST DU, **DU** BIST BESSER ALS **SUPERMAN**?
„JAMMERST DU DIR DAS SELBST JEDEN TAG IM SPIEGEL VOR, WENN DU DIR DEINEN **LIDSTRICH** ZIEHST?"
WIR BEIDE WISSEN, DASS ICH MIT **COLONEL TREVOR** REDE. AUCH WENN ER GLAUBT, DAS SEI **GEHEIM**.
ER HÄLT SICH FÜR 'NEN **SUPERSPION**, NUR WEIL ER FLÜSTERND IN DER GEGEND HERUMSCHLEICHT.
IST ECHT **SÜSS**.
MÄDCHEN, DU BIST NUR WONDER WOMAN.
UND VON UNTEN KOMMT GLEICH, JEDEN MOMENT JETZT ...
... GENUG FEUERKRAFT, UM DIE VERDAMMTE **JUSTICE LEAGUE** UMZUNIETEN.

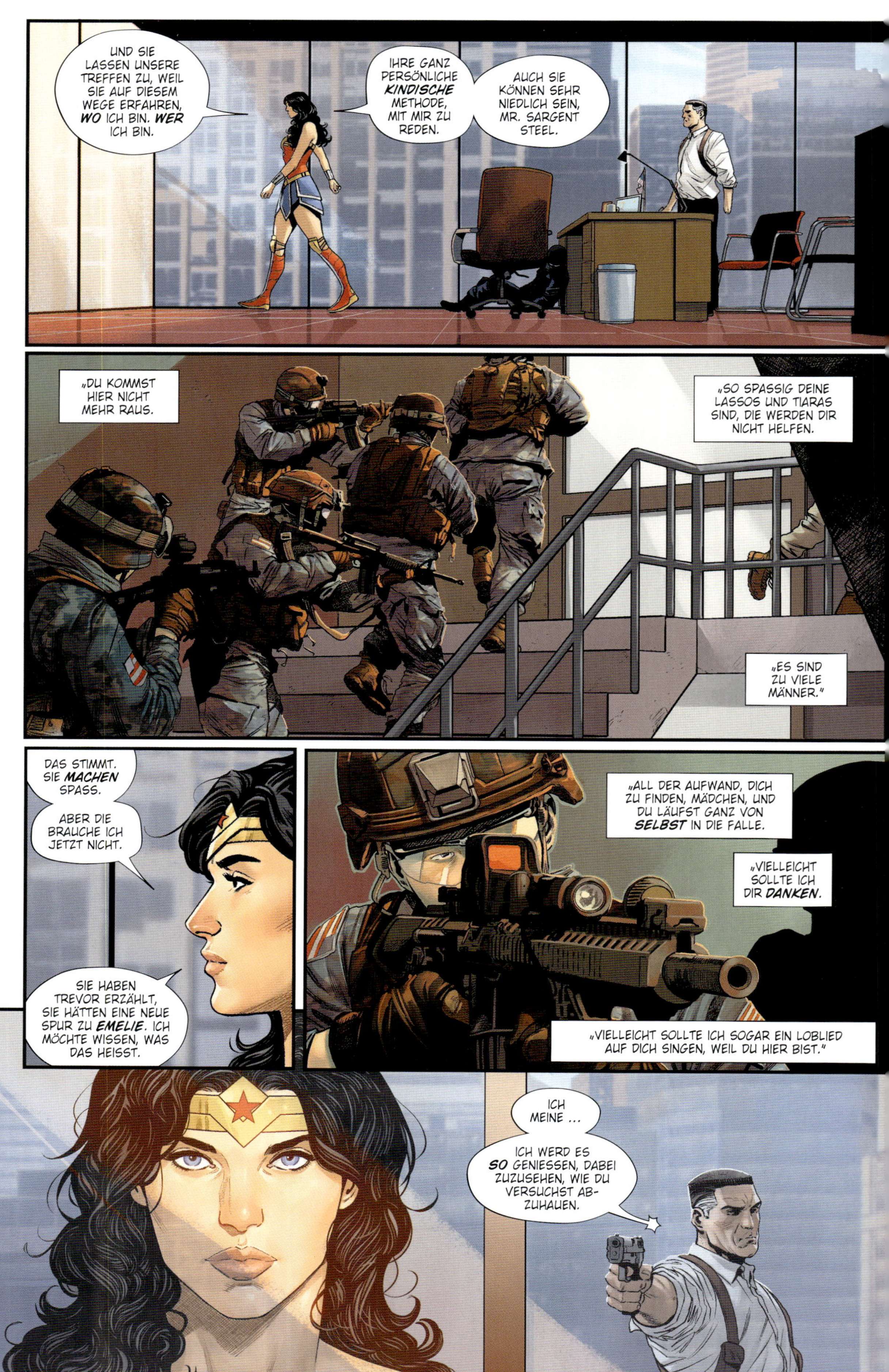
UND SIE LASSEN UNSERE TREFFEN ZU, WEIL SIE AUF DIESEM WEGE ERFAHREN, WO ICH BIN. WER ICH BIN.
IHRE GANZ PERSÖNLICHE KINDISCHE METHODE, MIT MIR ZU REDEN.
AUCH SIE KÖNNEN SEHR NIEDLICH SEIN, MR. SARGENT STEEL.
„DU KOMMST HIER NICHT MEHR RAUS.
„SO SPASSIG DEINE LASSOS UND TIARAS SIND, DIE WERDEN DIR NICHT HELFEN.
„ES SIND ZU VIELE MÄNNER."
DAS STIMMT. SIE MACHEN SPASS.
ABER DIE BRAUCHE ICH JETZT NICHT.
SIE HABEN TREVOR ERZÄHLT, SIE HÄTTEN EINE NEUE SPUR ZU EMELIE. ICH MÖCHTE WISSEN, WAS DAS HEISST.
„ALL DER AUFWAND, DICH ZU FINDEN, MÄDCHEN, UND DU LÄUFST GANZ VON SELBST IN DIE FALLE.
„VIELLEICHT SOLLTE ICH DIR DANKEN.
„VIELLEICHT SOLLTE ICH SOGAR EIN LOBLIED AUF DICH SINGEN, WEIL DU HIER BIST."
ICH MEINE ...
ICH WERD ES SO GENIESSEN, DABEI ZUZUSEHEN, WIE DU VERSUCHST AB-ZUHAUEN.

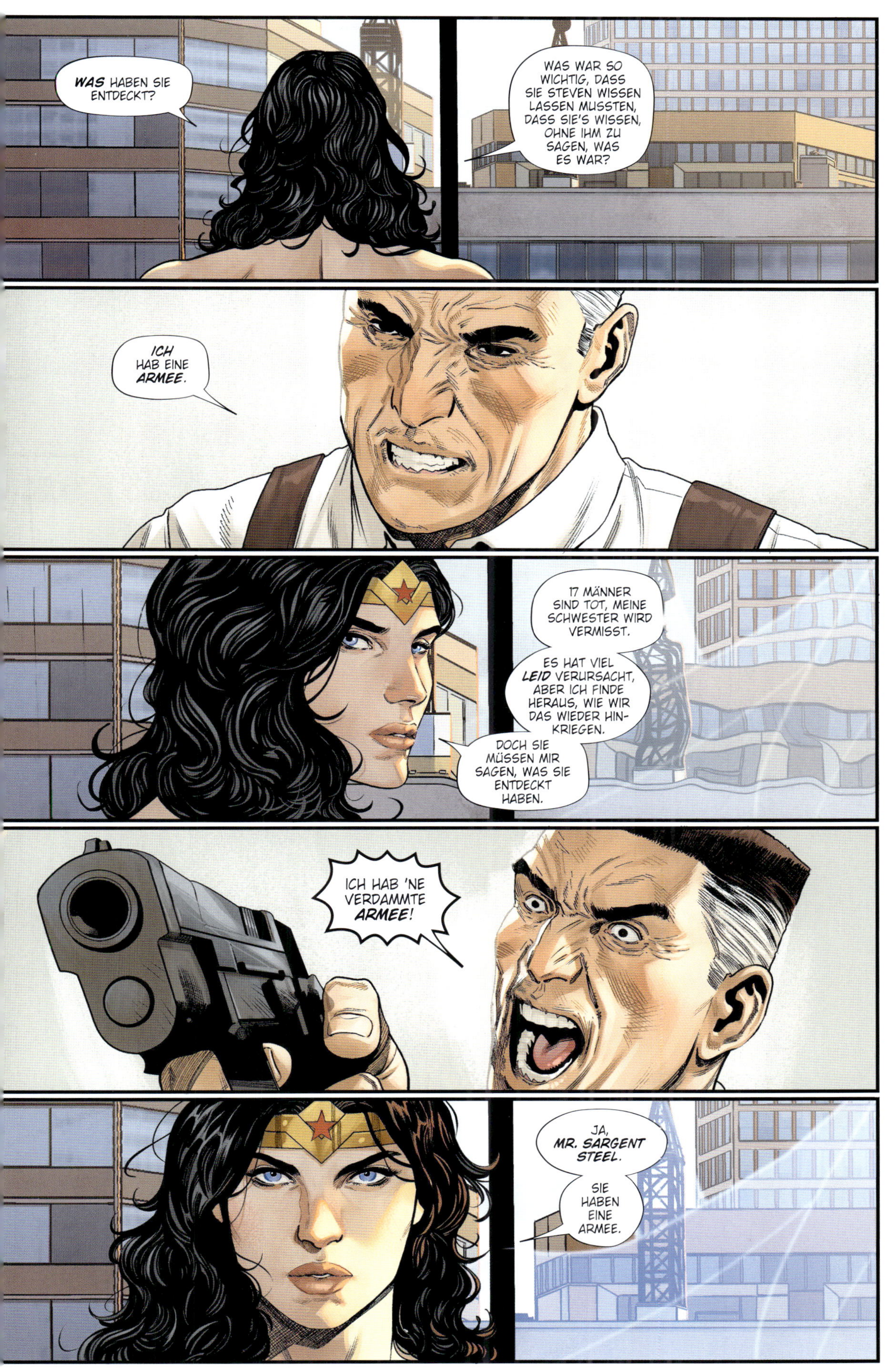
WAS HABEN SIE ENTDECKT?
WAS WAR SO WICHTIG, DASS SIE STEVEN WISSEN LASSEN MUSSTEN, DASS SIE'S WISSEN, OHNE IHM ZU SAGEN, WAS ES WAR?
ICH HAB EINE ARMEE.
17 MÄNNER SIND TOT, MEINE SCHWESTER WIRD VERMISST.
ES HAT VIEL LEID VERURSACHT, ABER ICH FINDE HERAUS, WIE WIR DAS WIEDER HIN-KRIEGEN.
DOCH SIE MÜSSEN MIR SAGEN, WAS SIE ENTDECKT HABEN.
ICH HAB 'NE VERDAMMTE ARMEE!
JA, MR. SARGENT STEEL.
SIE HABEN EINE ARMEE.

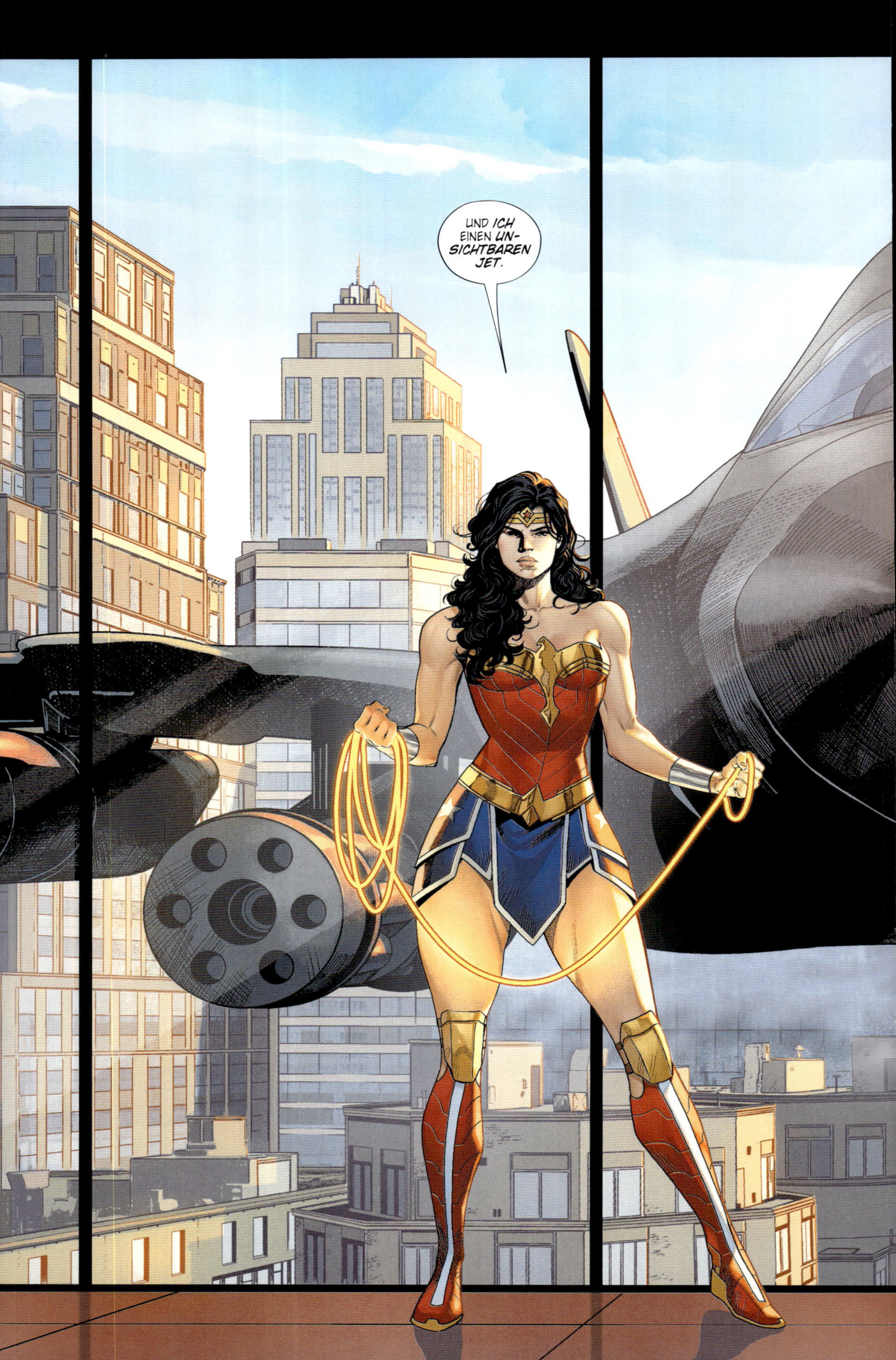
UND ICH EINEN UNSICHTBAREN JET.

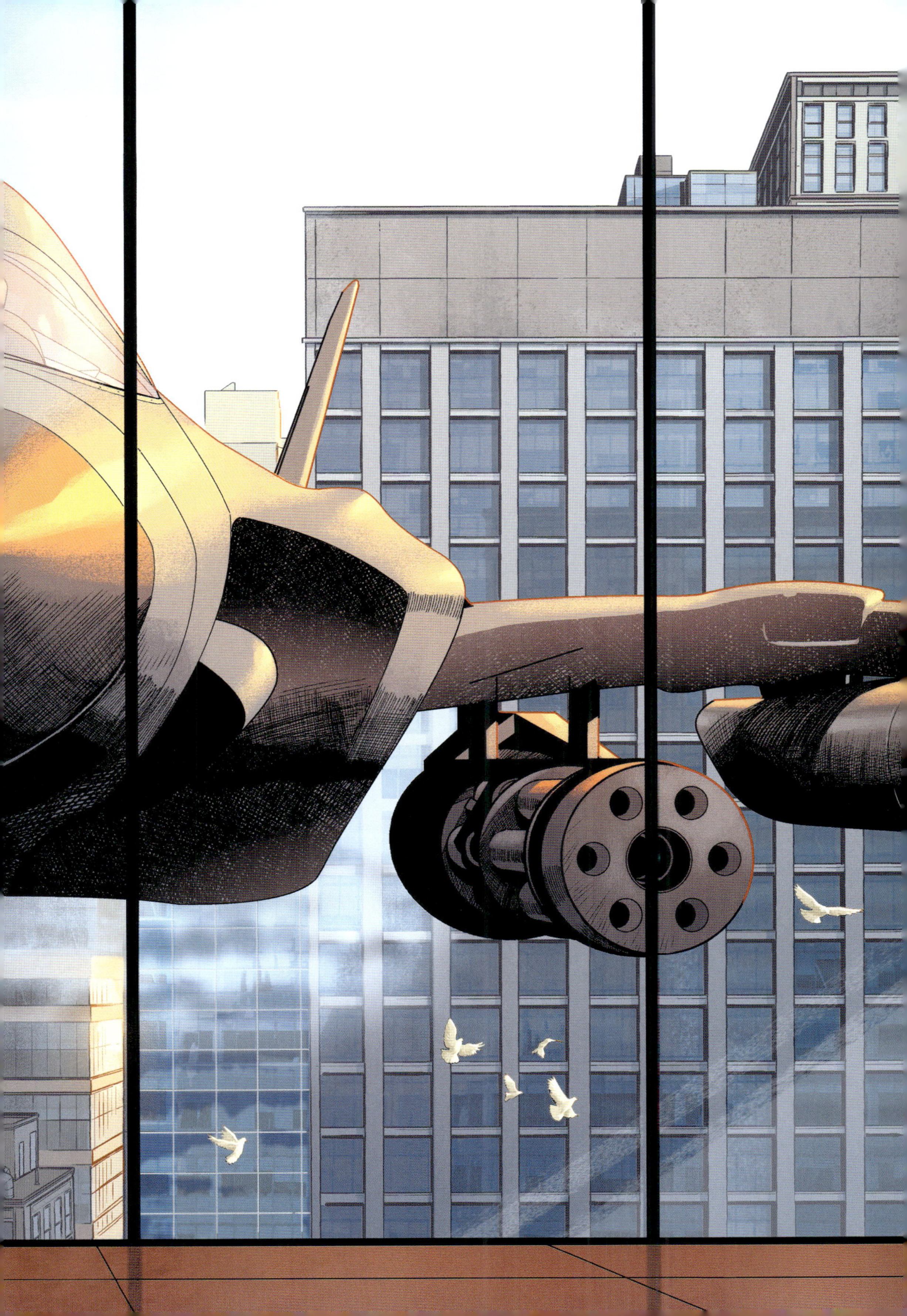

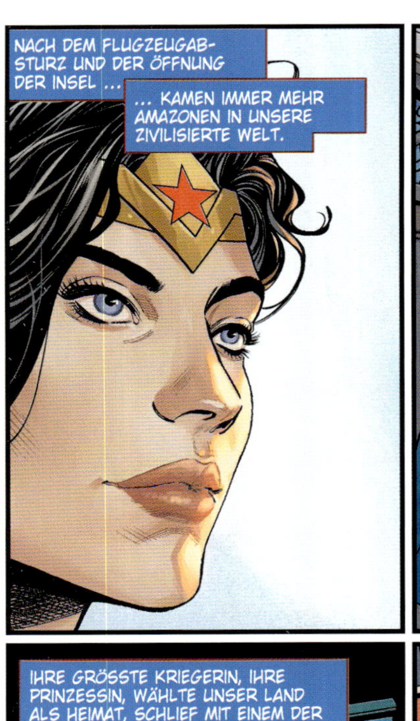
NACH DEM FLUGZEUGAB-
STURZ UND DER ÖFFNUNG
DER INSEL ...
... KAMEN IMMER MEHR
AMAZONEN IN UNSERE
ZIVILISIERTE WELT.

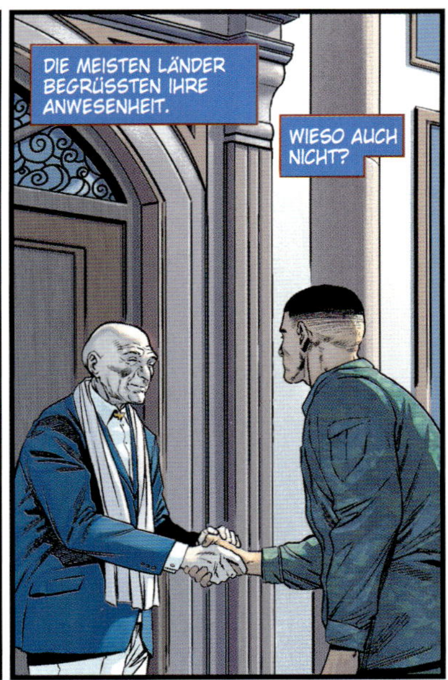
DIE MEISTEN LÄNDER
BEGRÜSSTEN IHRE
ANWESENHEIT.
WIESO AUCH
NICHT?

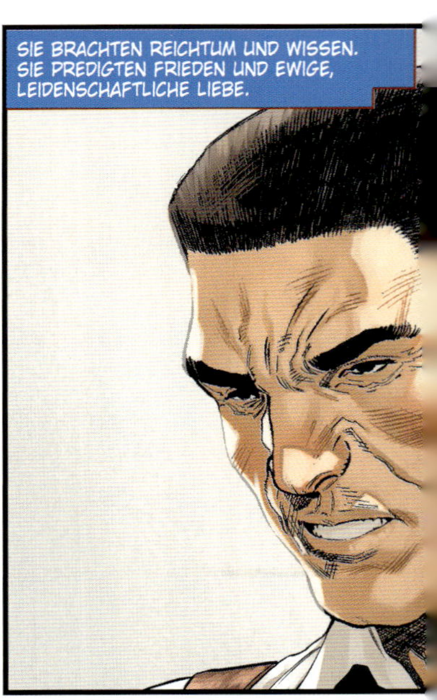
SIE BRACHTEN REICHTUM UND WISSEN.
SIE PREDIGTEN FRIEDEN UND EWIGE,
LEIDENSCHAFTLICHE LIEBE.

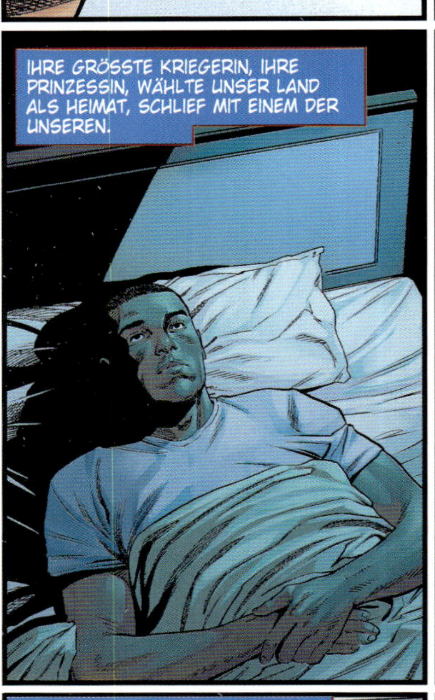
IHRE GRÖSSTE KRIEGERIN, IHRE
PRINZESSIN, WÄHLTE UNSER LAND
ALS HEIMAT, SCHLIEF MIT EINEM DER
UNSEREN.

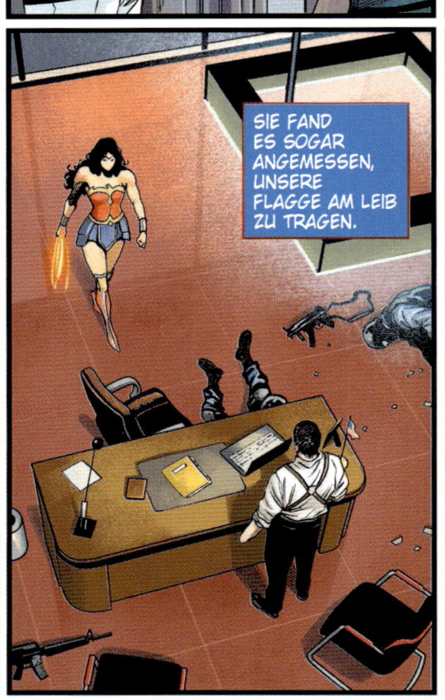
SIE FAND
ES SOGAR
ANGEMESSEN,
UNSERE
FLAGGE AM LEIB
ZU TRAGEN.

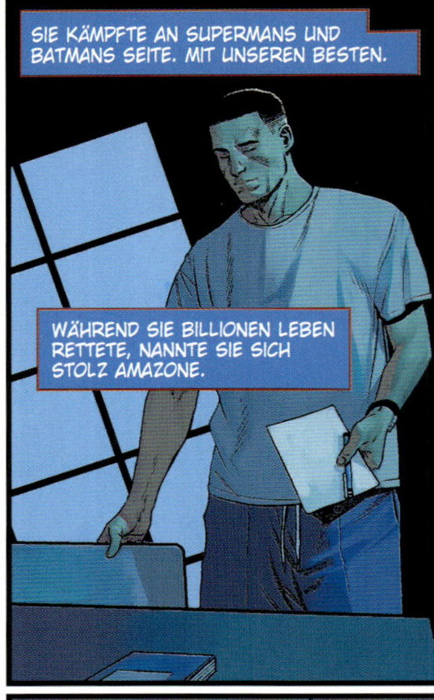
SIE KÄMPFTE AN SUPERMANS UND
BATMANS SEITE. MIT UNSEREN BESTEN.
WÄHREND SIE BILLIONEN LEBEN
RETTETE, NANNTE SIE SICH
STOLZ AMAZONE.

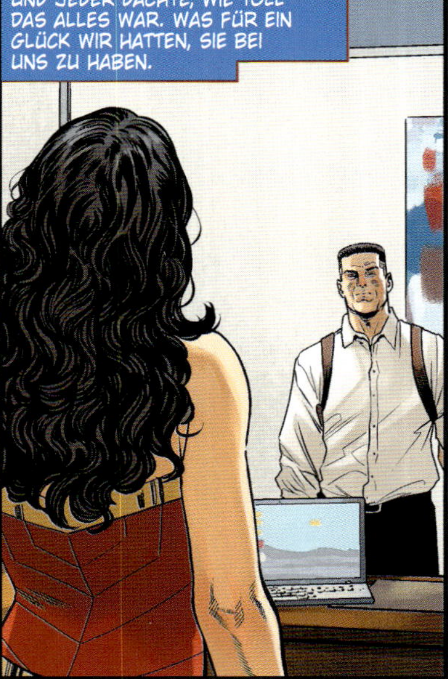
UND JEDER DACHTE, WIE TOLL
DAS ALLES WAR. WAS FÜR EIN
GLÜCK WIR HATTEN, SIE BEI
UNS ZU HABEN.

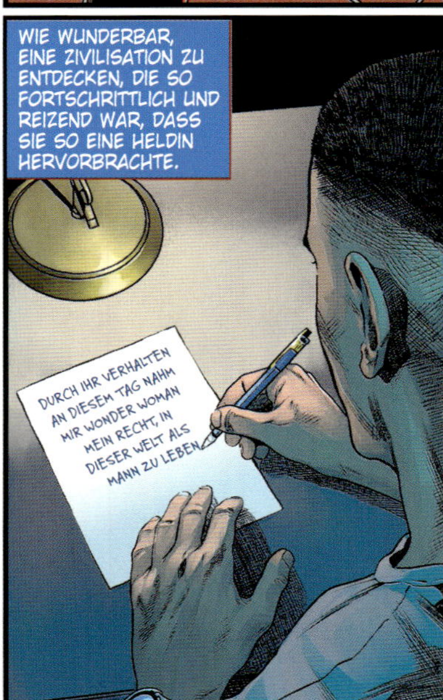
WIE WUNDERBAR,
EINE ZIVILISATION ZU
ENTDECKEN, DIE SO
FORTSCHRITTLICH UND
REIZEND WAR, DASS
SIE SO EINE HELDIN
HERVORBRACHTE.
DURCH IHR VERHALTEN
AN DIESEM TAG NAHM
MIR WONDER WOMAN
MEIN RECHT, IN
DIESER WELT ALS
MANN ZU LEBEN.

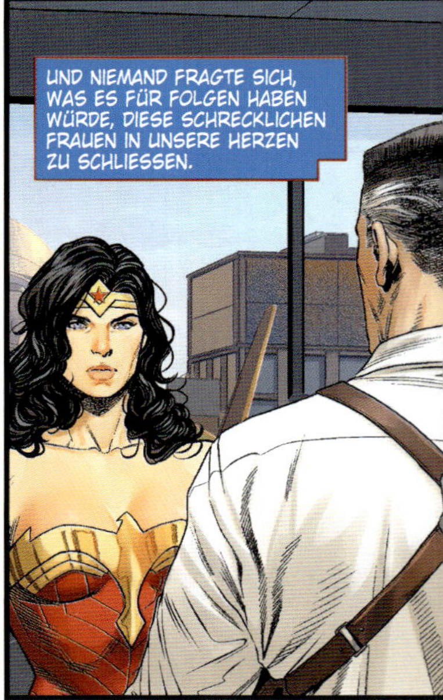
UND NIEMAND FRAGTE SICH,
WAS ES FÜR FOLGEN HABEN
WÜRDE, DIESE SCHRECKLICHEN
FRAUEN IN UNSERE HERZEN
ZU SCHLIESSEN.

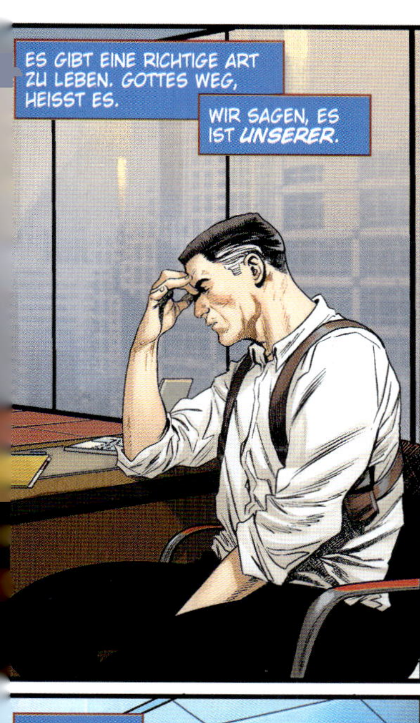
ES GIBT EINE RICHTIGE ART ZU LEBEN. GOTTES WEG, HEISST ES.
WIR SAGEN, ES IST *UNSERER*.

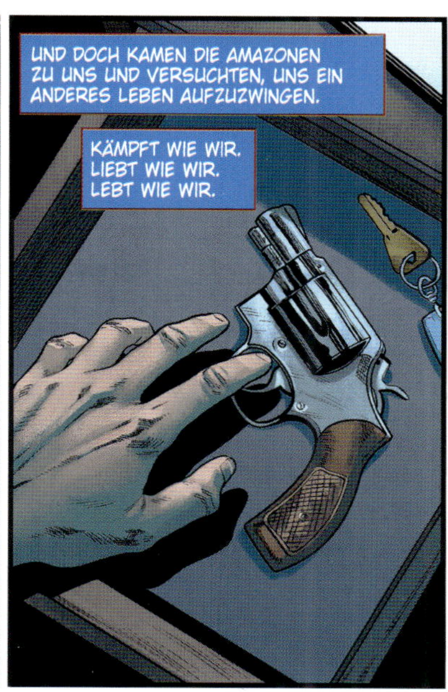
UND DOCH KAMEN DIE AMAZONEN ZU UNS UND VERSUCHTEN, UNS EIN ANDERES LEBEN AUFZUZWINGEN.
KÄMPFT WIE WIR. LIEBT WIE WIR. LEBT WIE WIR.

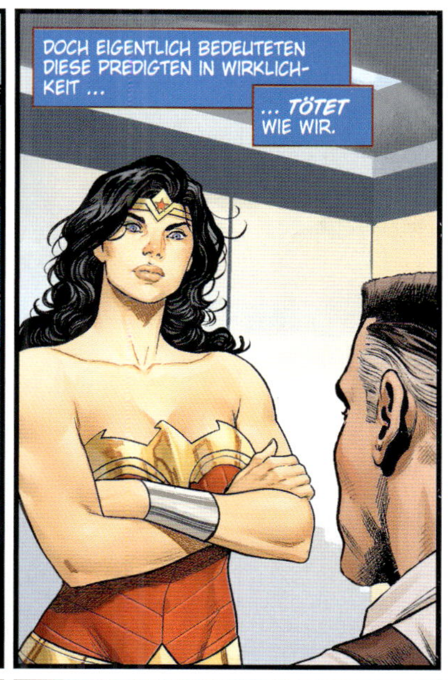
DOCH EIGENTLICH BEDEUTETEN DIESE PREDIGTEN IN WIRKLICHKEIT ...
... *TÖTET* WIE WIR.

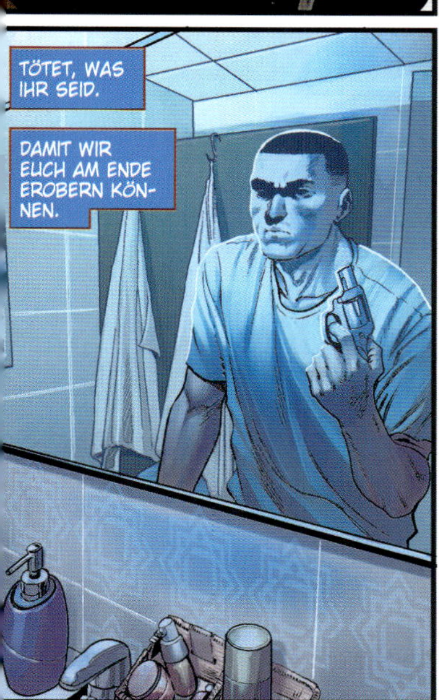
TÖTET, WAS IHR SEID.
DAMIT WIR EUCH AM ENDE EROBERN KÖNNEN.

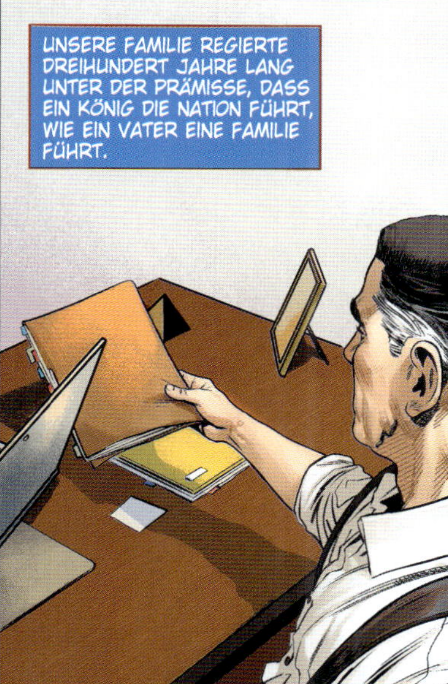
UNSERE FAMILIE REGIERTE DREIHUNDERT JAHRE LANG UNTER DER PRÄMISSE, DASS EIN KÖNIG DIE NATION FÜHRT, WIE EIN VATER EINE FAMILIE FÜHRT.

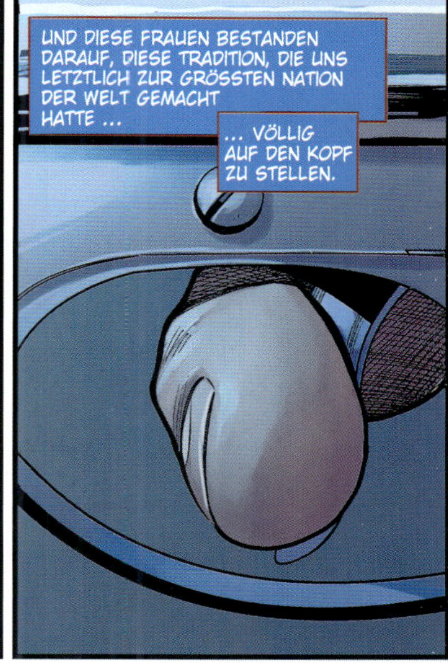
UND DIESE FRAUEN BESTANDEN DARAUF, DIESE TRADITION, DIE UNS LETZTLICH ZUR GRÖSSTEN NATION DER WELT GEMACHT HATTE ...
... VÖLLIG AUF DEN KOPF ZU STELLEN.

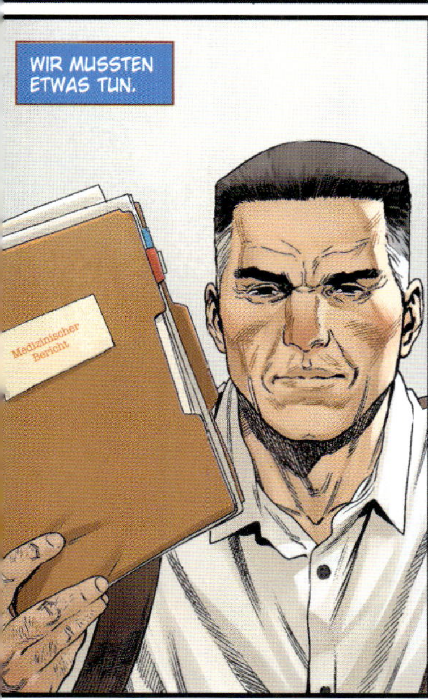
WIR MUSSTEN ETWAS TUN.
Medizinischer Bericht

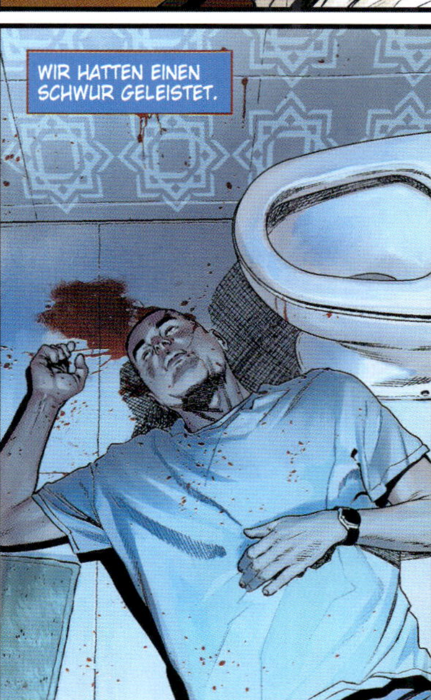
WIR HATTEN EINEN SCHWUR GELEISTET.

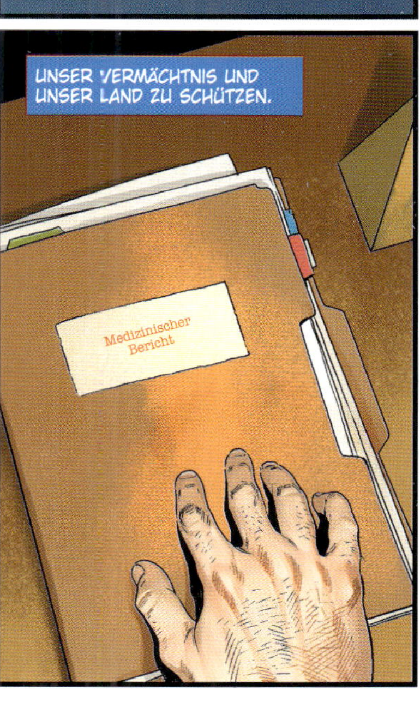
UNSER VERMÄCHTNIS UND UNSER LAND ZU SCHÜTZEN.
Medizinischer Bericht

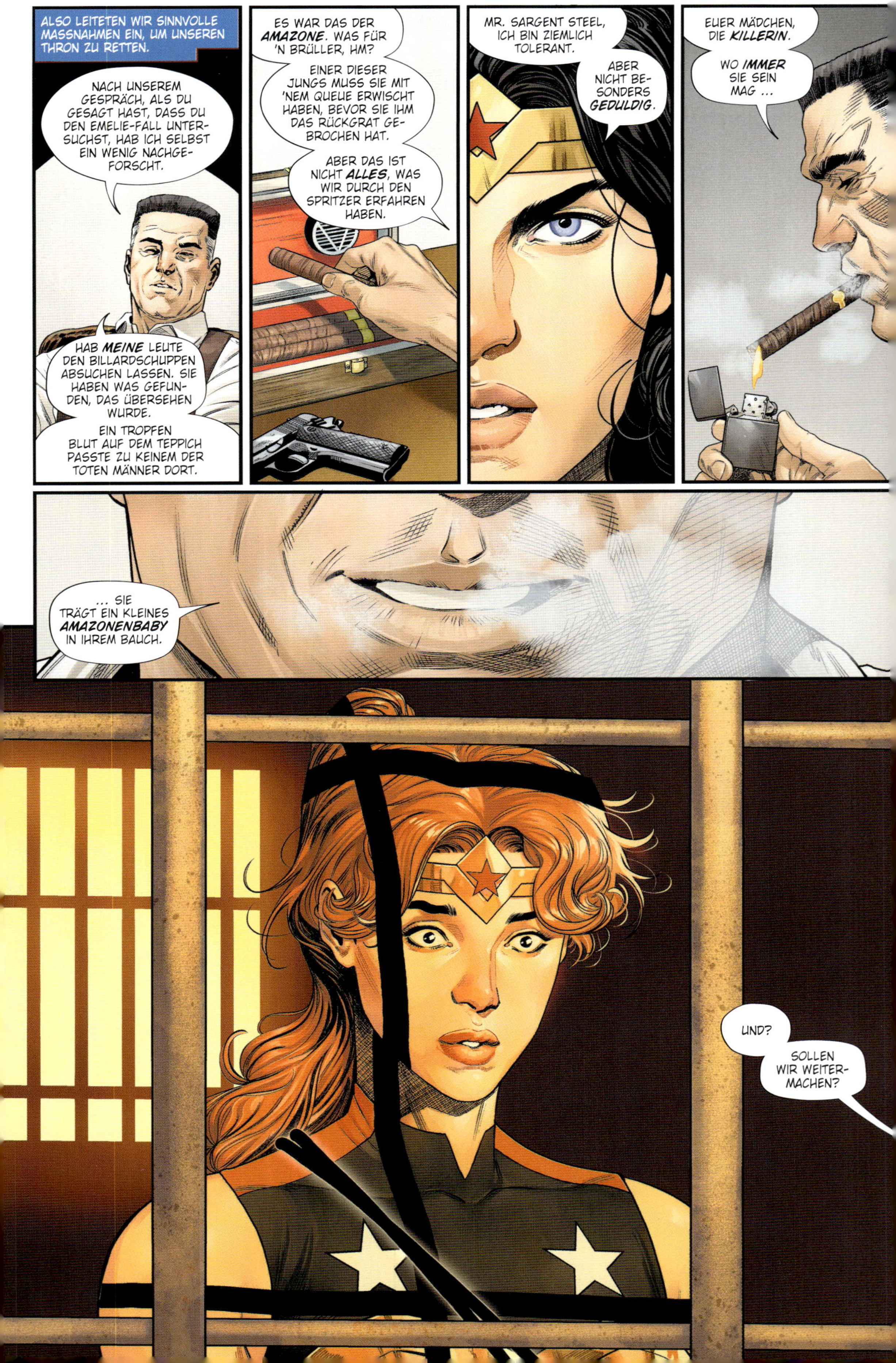

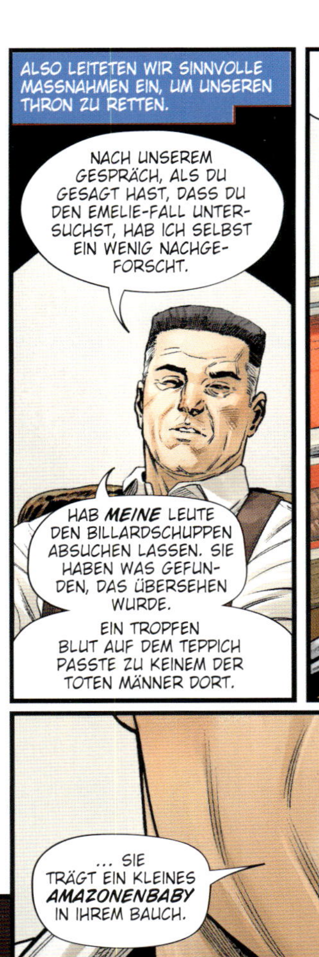
ALSO LEITETEN WIR SINNVOLLE MASSNAHMEN EIN, UM UNSEREN THRON ZU RETTEN.
NACH UNSEREM GESPRÄCH, ALS DU GESAGT HAST, DASS DU DEN EMELIE-FALL UNTERSUCHST, HAB ICH SELBST EIN WENIG NACHGEFORSCHT.
HAB *MEINE* LEUTE DEN BILLARDSCHUPPEN ABSUCHEN LASSEN. SIE HABEN WAS GEFUNDEN, DAS ÜBERSEHEN WURDE.
EIN TROPFEN BLUT AUF DEM TEPPICH PASSTE ZU KEINEM DER TOTEN MÄNNER DORT.

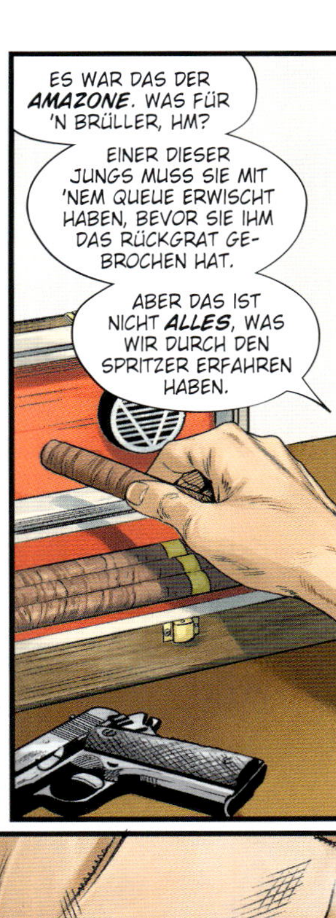
ES WAR DAS DER *AMAZONE*. WAS FÜR 'N BRÜLLER, HM?
EINER DIESER JUNGS MUSS SIE MIT 'NEM QUEUE ERWISCHT HABEN, BEVOR SIE IHM DAS RÜCKGRAT GEBROCHEN HAT.
ABER DAS IST NICHT *ALLES*, WAS WIR DURCH DEN SPRITZER ERFAHREN HABEN.

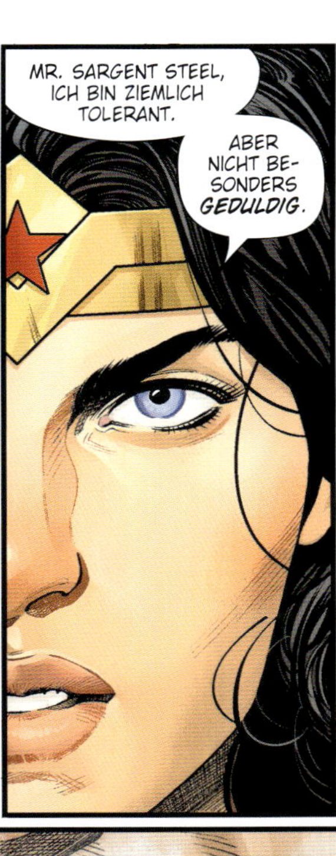
MR. SARGENT STEEL, ICH BIN ZIEMLICH TOLERANT.
ABER NICHT BESONDERS *GEDULDIG*.

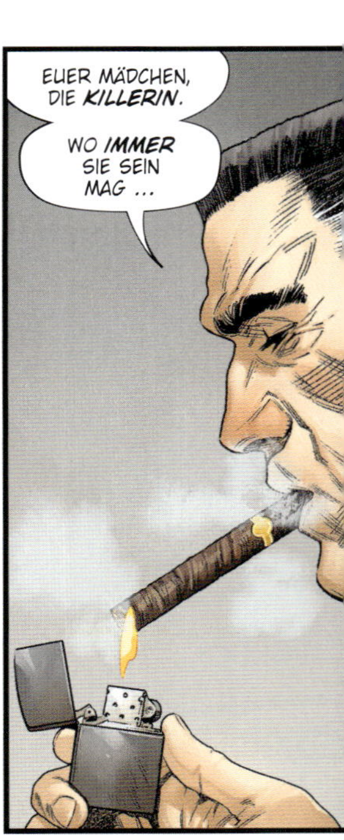
EUER MÄDCHEN, DIE *KILLERIN*.
WO *IMMER* SIE SEIN MAG ...

... SIE TRÄGT EIN KLEINES *AMAZONENBABY* IN IHREM BAUCH.

UND?
SOLLEN WIR WEITERMACHEN?

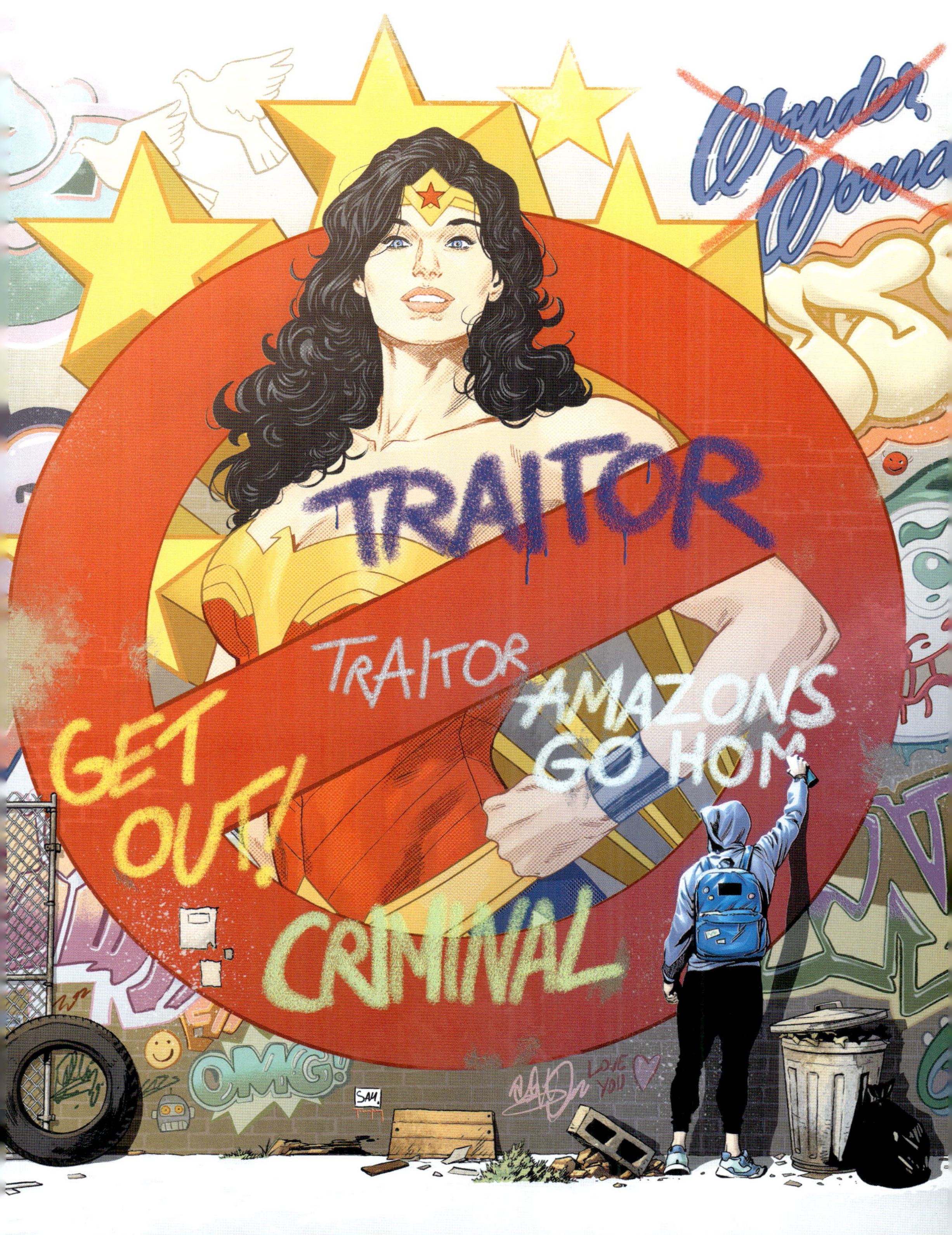

TRAITOR
TRAITOR
AMAZONS GO HOM
GET OUT!
CRIMINAL
OMG!
LOVE YOU

WONDER WOMAN 4

WONDER WOMAN: DIE REBELLIN

Kapitel 4

TOM KING
Story

DANIEL SAMPERE
Zeichnungen & Tusche

TOMEU MOREY
Farben

DANIEL SAMPERE
Original-Cover

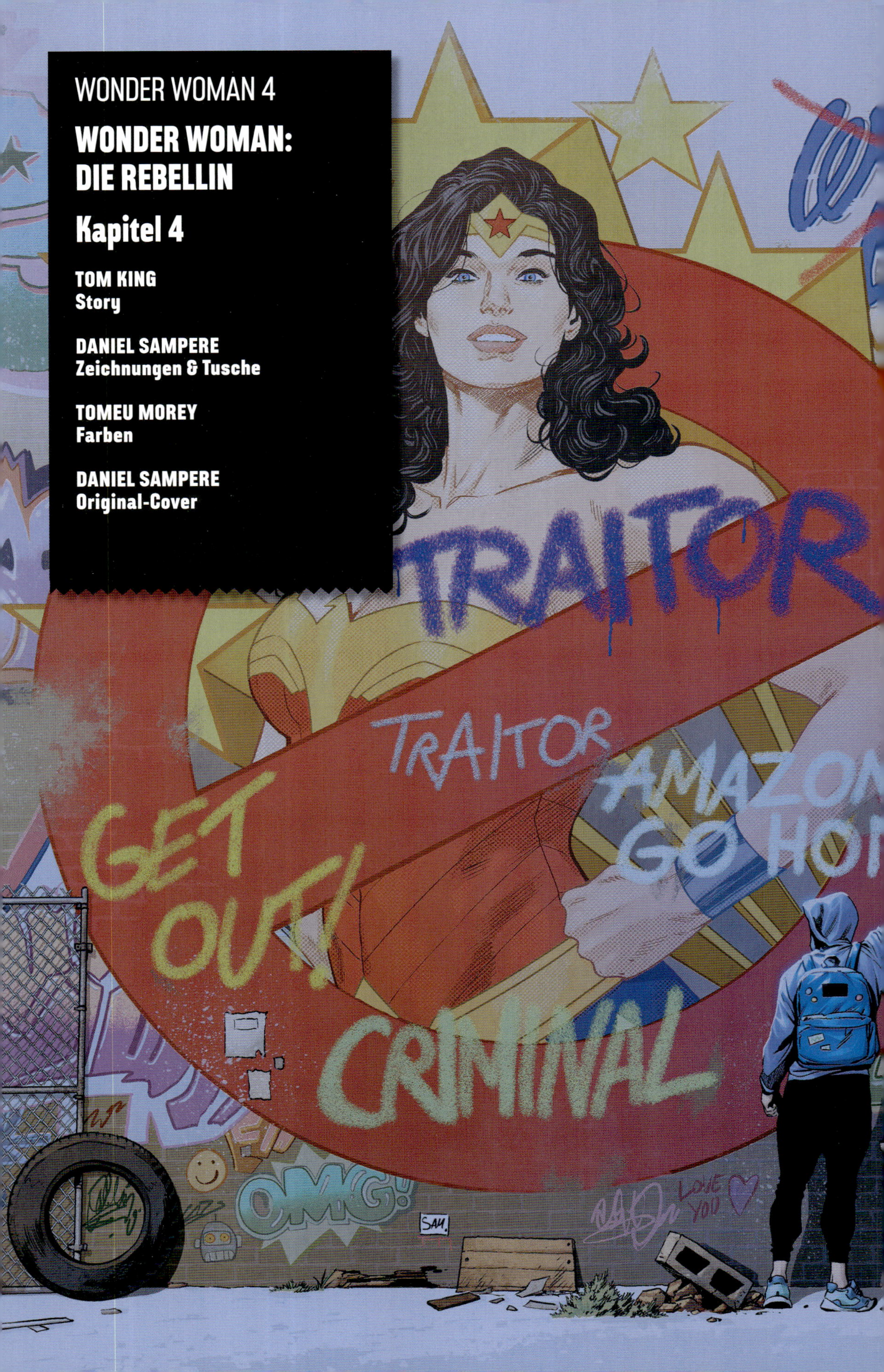

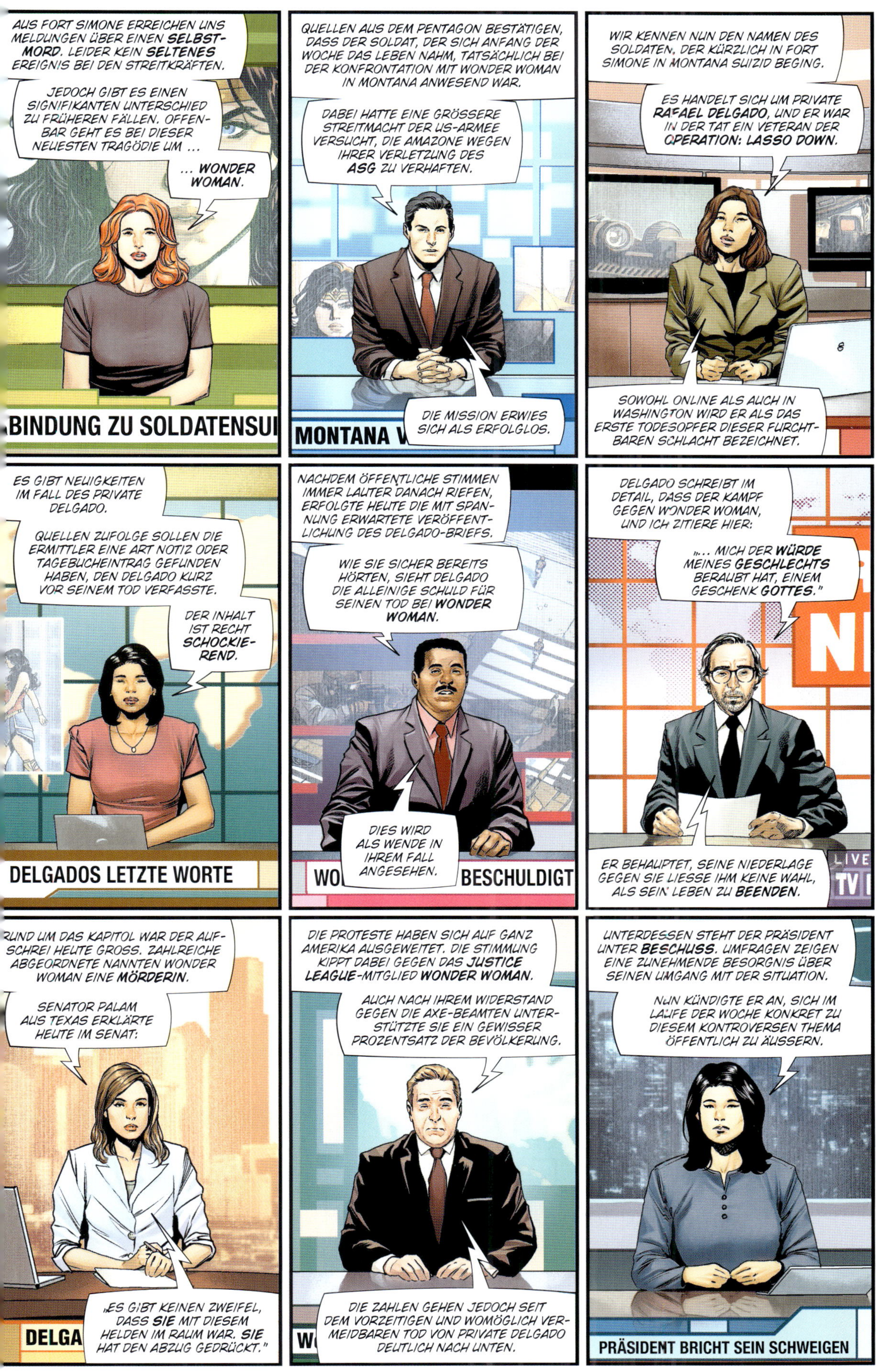
AUS FORT SIMONE ERREICHEN UNS MELDUNGEN ÜBER EINEN SELBSTMORD. LEIDER KEIN SELTENES EREIGNIS BEI DEN STREITKRÄFTEN.
JEDOCH GIBT ES EINEN SIGNIFIKANTEN UNTERSCHIED ZU FRÜHEREN FÄLLEN. OFFENBAR GEHT ES BEI DIESER NEUESTEN TRAGÖDIE UM ...
... WONDER WOMAN.
BINDUNG ZU SOLDATENSUI
QUELLEN AUS DEM PENTAGON BESTÄTIGEN, DASS DER SOLDAT, DER SICH ANFANG DER WOCHE DAS LEBEN NAHM, TATSÄCHLICH BEI DER KONFRONTATION MIT WONDER WOMAN IN MONTANA ANWESEND WAR.
DABEI HATTE EINE GRÖSSERE STREITMACHT DER US-ARMEE VERSUCHT, DIE AMAZONE WEGEN IHRER VERLETZUNG DES ASG ZU VERHAFTEN.
DIE MISSION ERWIES SICH ALS ERFOLGLOS.
MONTANA W
WIR KENNEN NUN DEN NAMEN DES SOLDATEN, DER KÜRZLICH IN FORT SIMONE IN MONTANA SUIZID BEGING.
ES HANDELT SICH UM PRIVATE RAFAEL DELGADO, UND ER WAR IN DER TAT EIN VETERAN DER OPERATION: LASSO DOWN.
SOWOHL ONLINE ALS AUCH IN WASHINGTON WIRD ER ALS DAS ERSTE TODESOPFER DIESER FURCHTBAREN SCHLACHT BEZEICHNET.
ES GIBT NEUIGKEITEN IM FALL DES PRIVATE DELGADO.
QUELLEN ZUFOLGE SOLLEN DIE ERMITTLER EINE ART NOTIZ ODER TAGEBUCHEINTRAG GEFUNDEN HABEN, DEN DELGADO KURZ VOR SEINEM TOD VERFASSTE.
DER INHALT IST RECHT SCHOCKIEREND.
DELGADOS LETZTE WORTE
NACHDEM ÖFFENTLICHE STIMMEN IMMER LAUTER DANACH RIEFEN, ERFOLGTE HEUTE DIE MIT SPANNUNG ERWARTETE VERÖFFENTLICHUNG DES DELGADO-BRIEFS.
WIE SIE SICHER BEREITS HÖRTEN, SIEHT DELGADO DIE ALLEINIGE SCHULD FÜR SEINEN TOD BEI WONDER WOMAN.
DIES WIRD ALS WENDE IN IHREM FALL ANGESEHEN.
WO BESCHULDIGT
DELGADO SCHREIBT IM DETAIL, DASS DER KAMPF GEGEN WONDER WOMAN, UND ICH ZITIERE HIER:
„... MICH DER WÜRDE MEINES GESCHLECHTS BERAUBT HAT, EINEM GESCHENK GOTTES."
ER BEHAUPTET, SEINE NIEDERLAGE GEGEN SIE LIESSE IHM KEINE WAHL, ALS SEIN LEBEN ZU BEENDEN.
LIVE
TV
RUND UM DAS KAPITOL WAR DER AUFSCHREI HEUTE GROSS. ZAHLREICHE ABGEORDNETE NANNTEN WONDER WOMAN EINE MÖRDERIN.
SENATOR PALAM AUS TEXAS ERKLÄRTE HEUTE IM SENAT:
„ES GIBT KEINEN ZWEIFEL, DASS SIE MIT DIESEM HELDEN IM RAUM WAR. SIE HAT DEN ABZUG GEDRÜCKT."
DELGA
DIE PROTESTE HABEN SICH AUF GANZ AMERIKA AUSGEWEITET. DIE STIMMUNG KIPPT DABEI GEGEN DAS JUSTICE LEAGUE-MITGLIED WONDER WOMAN.
AUCH NACH IHREM WIDERSTAND GEGEN DIE AXE-BEAMTEN UNTERSTÜTZTE SIE EIN GEWISSER PROZENTSATZ DER BEVÖLKERUNG.
DIE ZAHLEN GEHEN JEDOCH SEIT DEM VORZEITIGEN UND WOMÖGLICH VERMEIDBAREN TOD VON PRIVATE DELGADO DEUTLICH NACH UNTEN.
W
UNTERDESSEN STEHT DER PRÄSIDENT UNTER BESCHUSS. UMFRAGEN ZEIGEN EINE ZUNEHMENDE BESORGNIS ÜBER SEINEN UMGANG MIT DER SITUATION.
NUN KÜNDIGTE ER AN, SICH IM LAUFE DER WOCHE KONKRET ZU DIESEM KONTROVERSEN THEMA ÖFFENTLICH ZU ÄUSSERN.
PRÄSIDENT BRICHT SEIN SCHWEIGEN

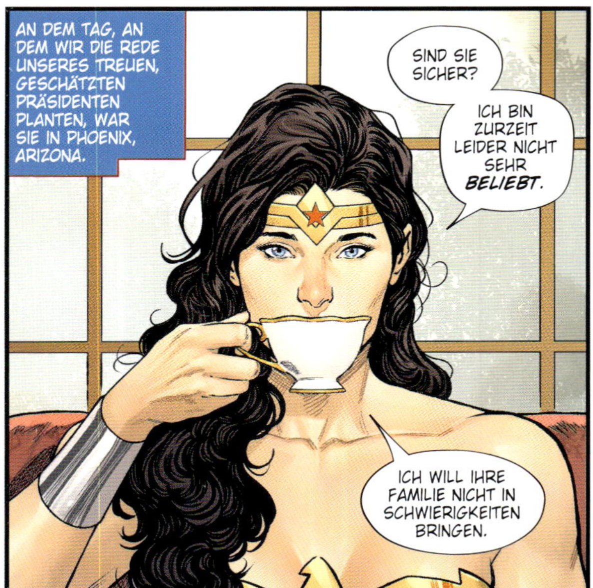
AN DEM TAG, AN DEM WIR DIE REDE UNSERES TREUEN, GESCHÄTZTEN PRÄSIDENTEN PLANTEN, WAR SIE IN PHOENIX, ARIZONA.
SIND SIE SICHER?
ICH BIN ZURZEIT LEIDER NICHT SEHR BELIEBT.
ICH WILL IHRE FAMILIE NICHT IN SCHWIERIGKEITEN BRINGEN.

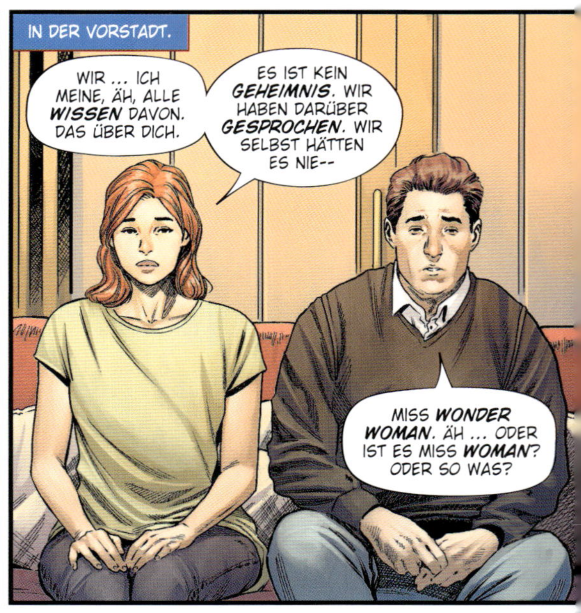
IN DER VORSTADT.
WIR ... ICH MEINE, ÄH, ALLE WISSEN DAVON. DAS ÜBER DICH.
ES IST KEIN GEHEIMNIS. WIR HABEN DARÜBER GESPROCHEN. WIR SELBST HÄTTEN ES NIE--
MISS WONDER WOMAN. ÄH ... ODER IST ES MISS WOMAN? ODER SO WAS?

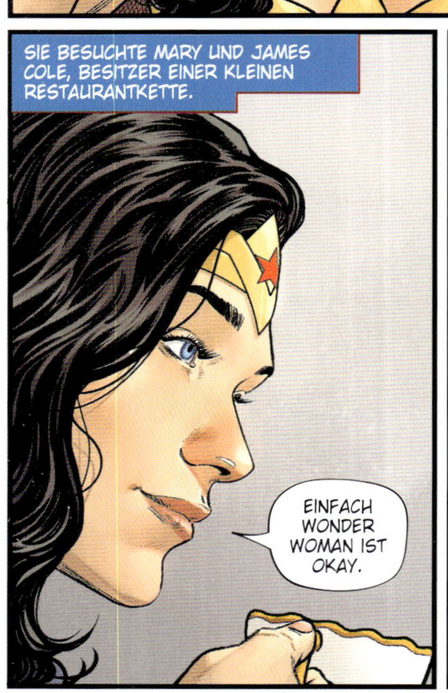
SIE BESUCHTE MARY UND JAMES COLE, BESITZER EINER KLEINEN RESTAURANTKETTE.
EINFACH WONDER WOMAN IST OKAY.

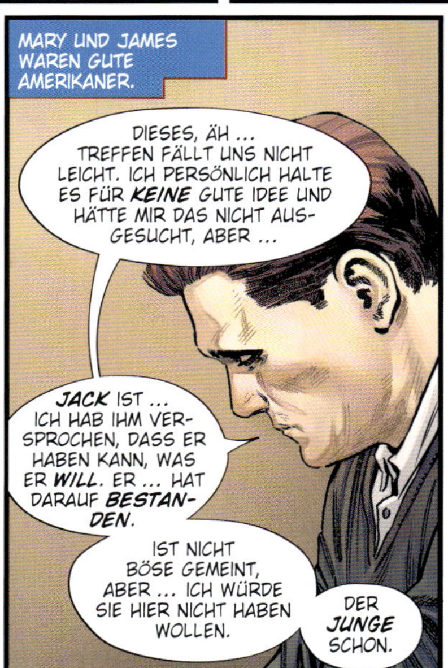
MARY UND JAMES WAREN GUTE AMERIKANER.
DIESES, ÄH ... TREFFEN FÄLLT UNS NICHT LEICHT. ICH PERSÖNLICH HALTE ES FÜR KEINE GUTE IDEE UND HÄTTE MIR DAS NICHT AUSGESUCHT, ABER ...
JACK IST ... ICH HAB IHM VERSPROCHEN, DASS ER HABEN KANN, WAS ER WILL. ER ... HAT DARAUF BESTANDEN.
IST NICHT BÖSE GEMEINT, ABER ... ICH WÜRDE SIE HIER NICHT HABEN WOLLEN.
DER JUNGE SCHON.

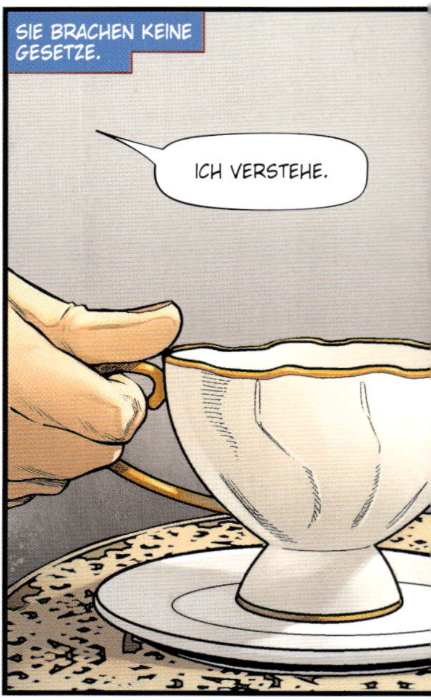
SIE BRACHEN KEINE GESETZE.
ICH VERSTEHE.

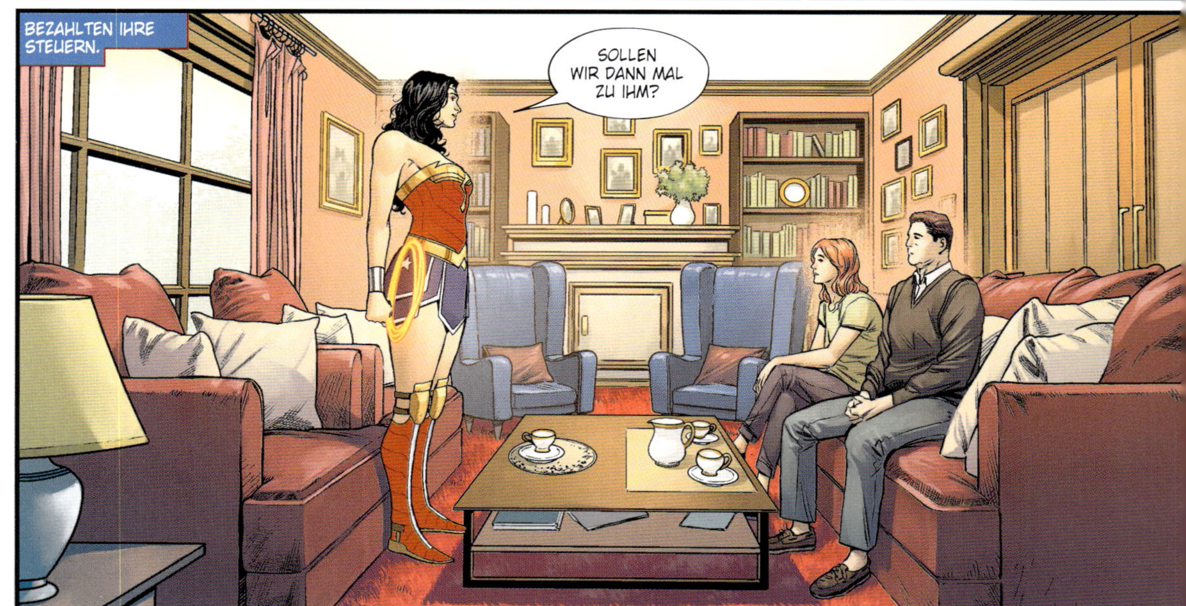
BEZAHLTEN IHRE STEUERN.
SOLLEN WIR DANN MAL ZU IHM?

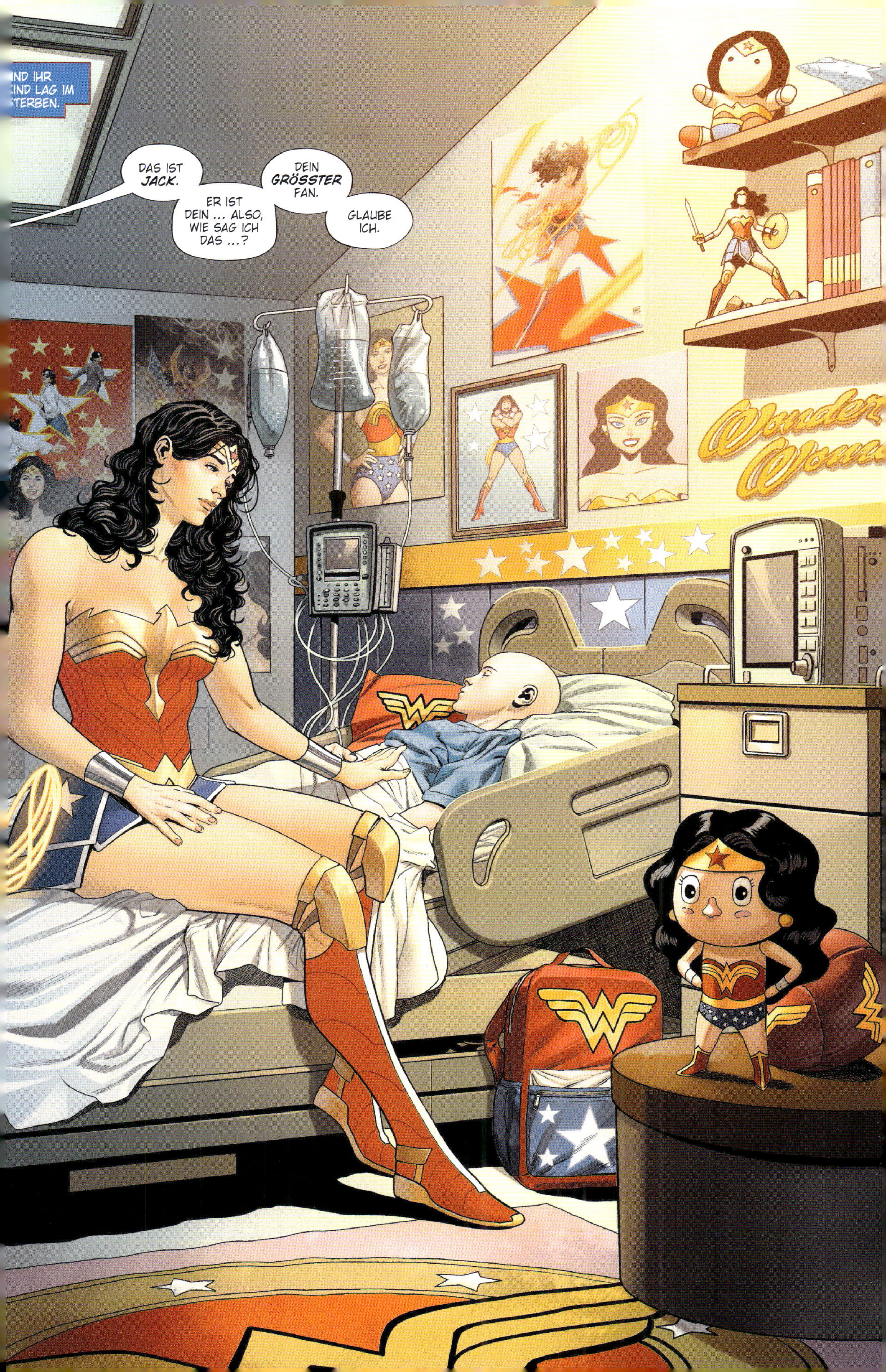

ND IHR KIND LAG IM STERBEN.
DAS IST *JACK*.
ER IST DEIN ... ALSO, WIE SAG ICH DAS ...?
DEIN *GRÖSSTER* FAN.
GLAUBE ICH.

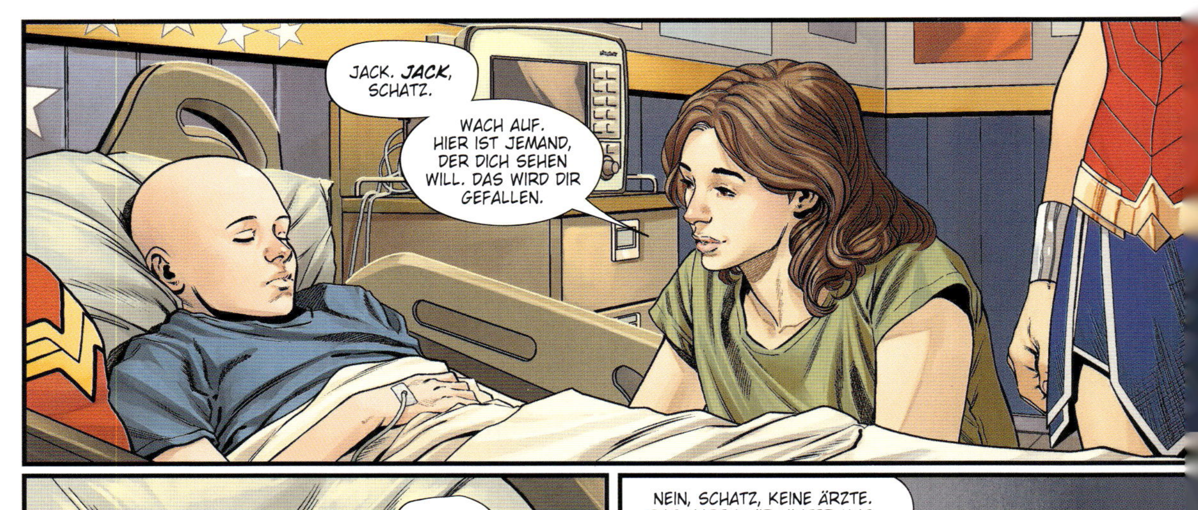
JACK. **JACK**, SCHATZ.
WACH AUF. HIER IST JEMAND, DER DICH SEHEN WILL. DAS WIRD DIR GEFALLEN.

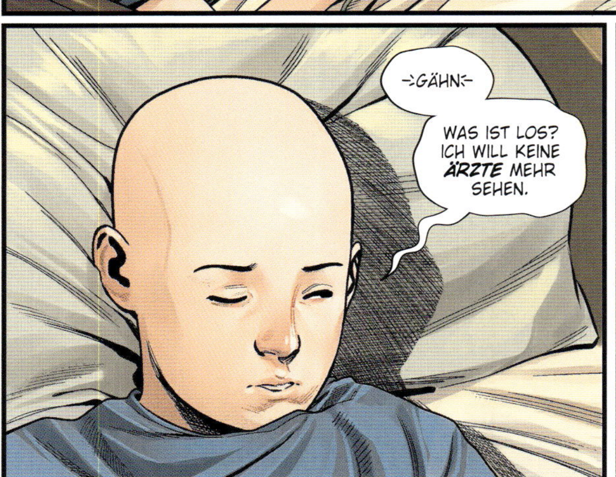
-GÄHN-
WAS IST LOS? ICH WILL KEINE **ÄRZTE** MEHR SEHEN.

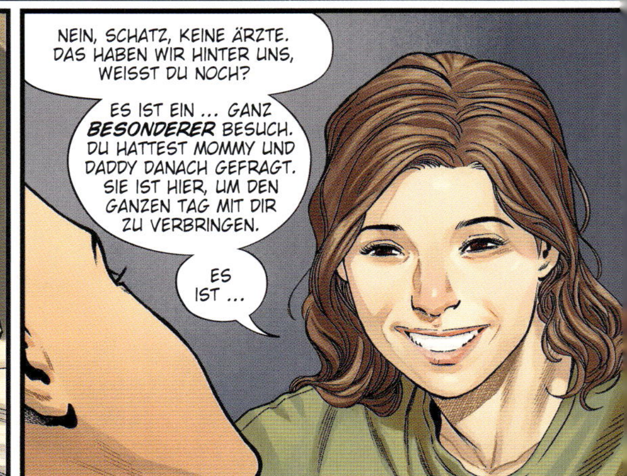
NEIN, SCHATZ, KEINE ÄRZTE. DAS HABEN WIR HINTER UNS, WEISST DU NOCH?
ES IST EIN ... GANZ **BESONDERER** BESUCH. DU HATTEST MOMMY UND DADDY DANACH GEFRAGT. SIE IST HIER, UM DEN GANZEN TAG MIT DIR ZU VERBRINGEN.
ES IST ...

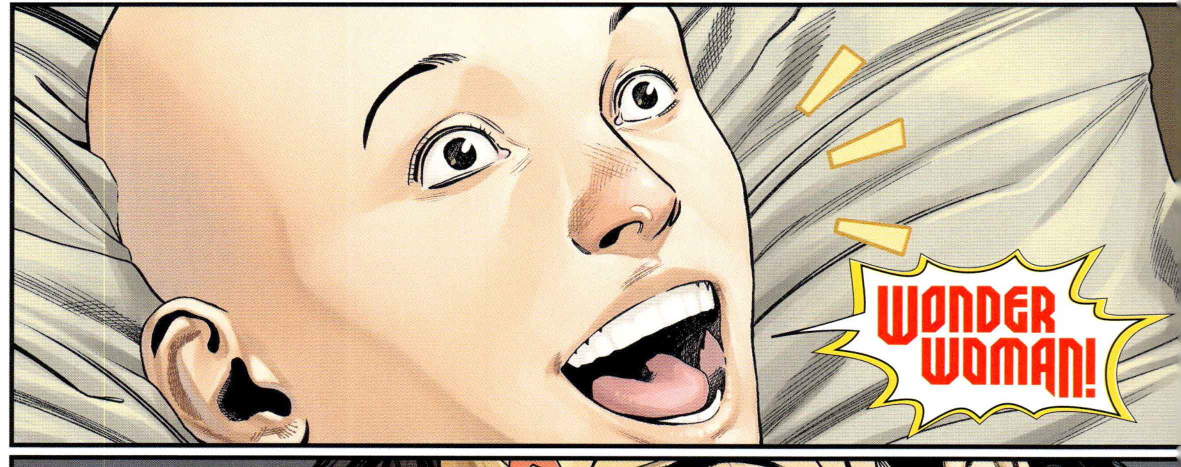
WONDER WOMAN!

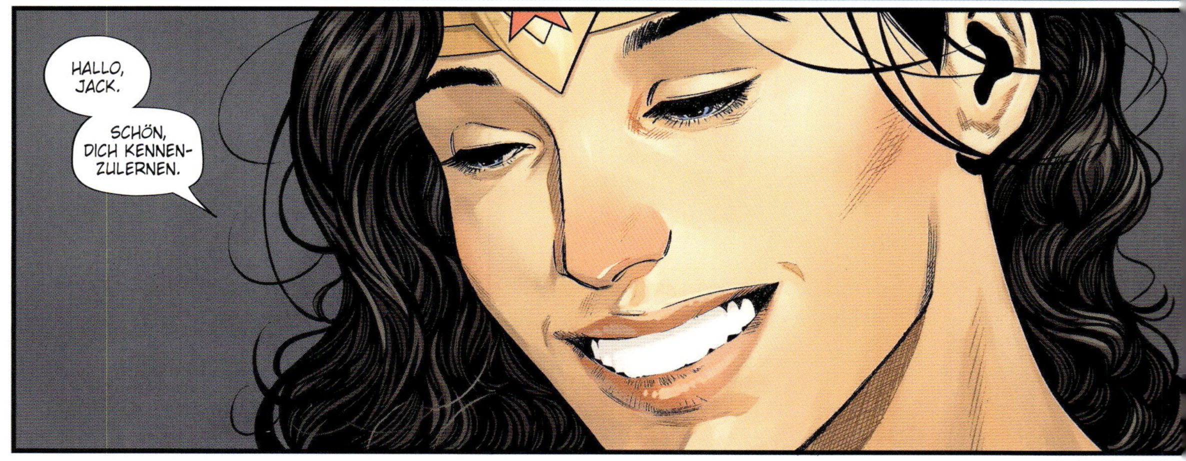
HALLO, JACK.
SCHÖN, DICH KENNEN-ZULERNEN.

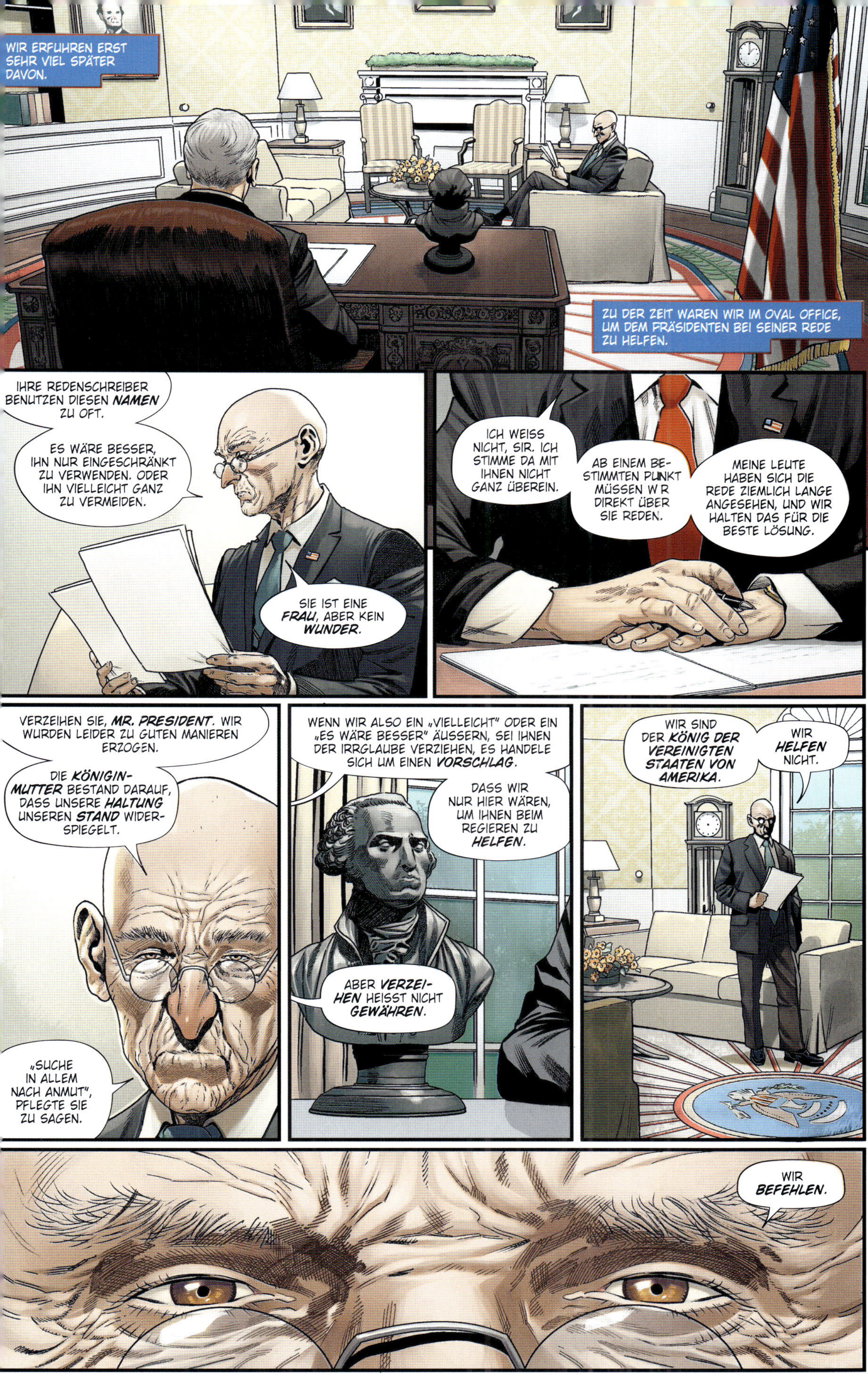

WIR ERFUHREN ERST SEHR VIEL SPÄTER DAVON.

ZU DER ZEIT WAREN WIR IM OVAL OFFICE, UM DEM PRÄSIDENTEN BEI SEINER REDE ZU HELFEN.

IHRE REDENSCHREIBER BENUTZEN DIESEN ***NAMEN*** ZU OFT.

ES WÄRE BESSER, IHN NUR EINGESCHRÄNKT ZU VERWENDEN. ODER IHN VIELLEICHT GANZ ZU VERMEIDEN.

SIE IST EINE ***FRAU***, ABER KEIN ***WUNDER***.

ICH WEISS NICHT, SIR. ICH STIMME DA MIT IHNEN NICHT GANZ ÜBEREIN.

AB EINEM BESTIMMTEN PUNKT MÜSSEN W R DIREKT ÜBER SIE REDEN.

MEINE LEUTE HABEN SICH DIE REDE ZIEMLICH LANGE ANGESEHEN, UND WIR HALTEN DAS FÜR DIE BESTE LÖSUNG.

VERZEIHEN SIE, ***MR. PRESIDENT***. WIR WURDEN LEIDER ZU GUTEN MANIEREN ERZOGEN.

DIE ***KÖNIGINMUTTER*** BESTAND DARAUF, DASS UNSERE ***HALTUNG*** UNSEREN ***STAND*** WIDERSPIEGELT.

„SUCHE IN ALLEM NACH ANMUT", PFLEGTE SIE ZU SAGEN.

WENN WIR ALSO EIN „VIELLEICHT" ODER EIN „ES WÄRE BESSER" ÄUSSERN, SEI IHNEN DER IRRGLAUBE VERZIEHEN, ES HANDELE SICH UM EINEN ***VORSCHLAG***.

DASS WIR NUR HIER WÄREN, UM IHNEN BEIM REGIEREN ZU ***HELFEN***.

ABER ***VERZEIHEN*** HEISST NICHT ***GEWÄHREN***.

WIR SIND DER ***KÖNIG DER VEREINIGTEN STAATEN VON AMERIKA***.

WIR ***HELFEN*** NICHT.

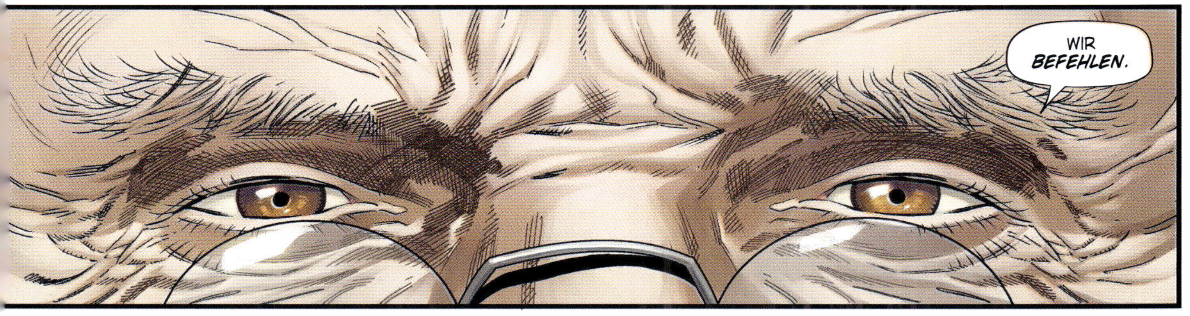

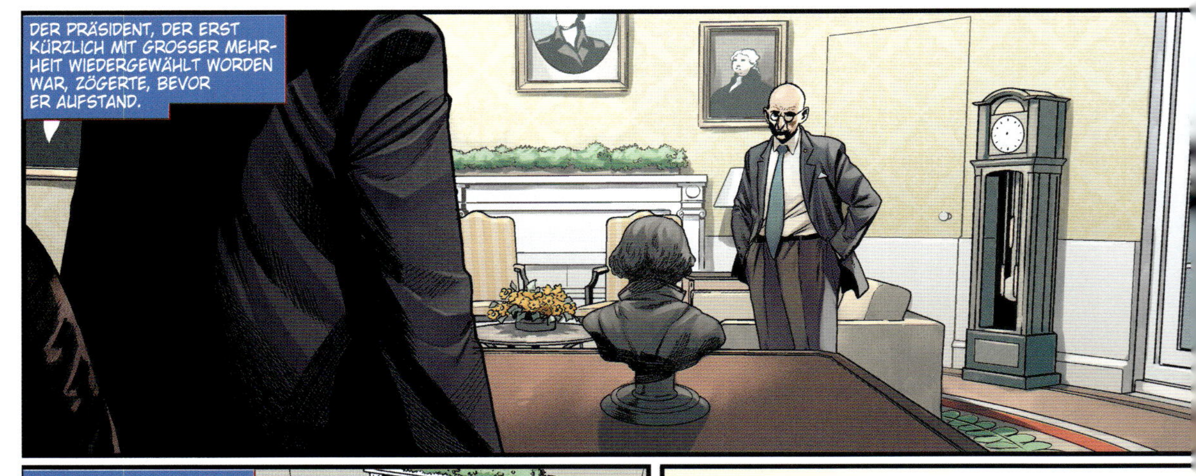
DER PRÄSIDENT, DER ERST KÜRZLICH MIT GROSSER MEHRHEIT WIEDERGEWÄHLT WORDEN WAR, ZÖGERTE, BEVOR ER AUFSTAND.

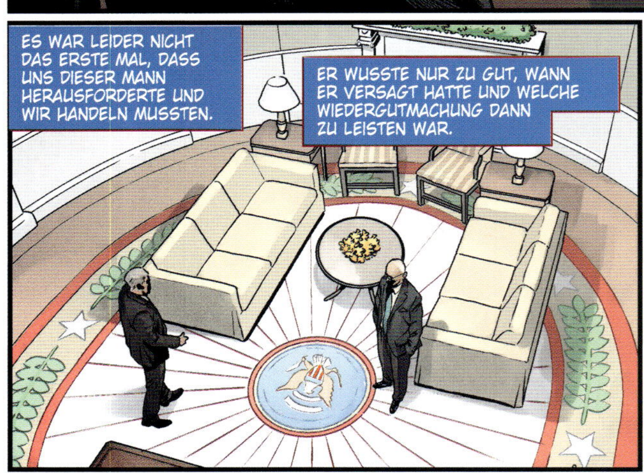
ES WAR LEIDER NICHT DAS ERSTE MAL, DASS UNS DIESER MANN HERAUSFORDERTE UND WIR HANDELN MUSSTEN.
ER WUSSTE NUR ZU GUT, WANN ER VERSAGT HATTE UND WELCHE WIEDERGUTMACHUNG DANN ZU LEISTEN WAR.

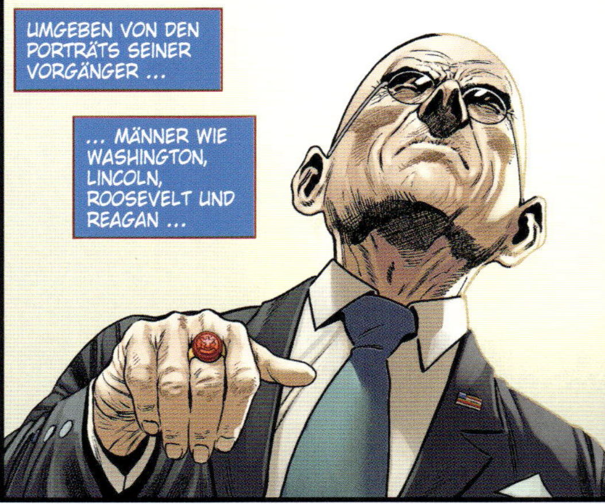
UMGEBEN VON DEN PORTRÄTS SEINER VORGÄNGER ...
... MÄNNER WIE WASHINGTON, LINCOLN, ROOSEVELT UND REAGAN ...

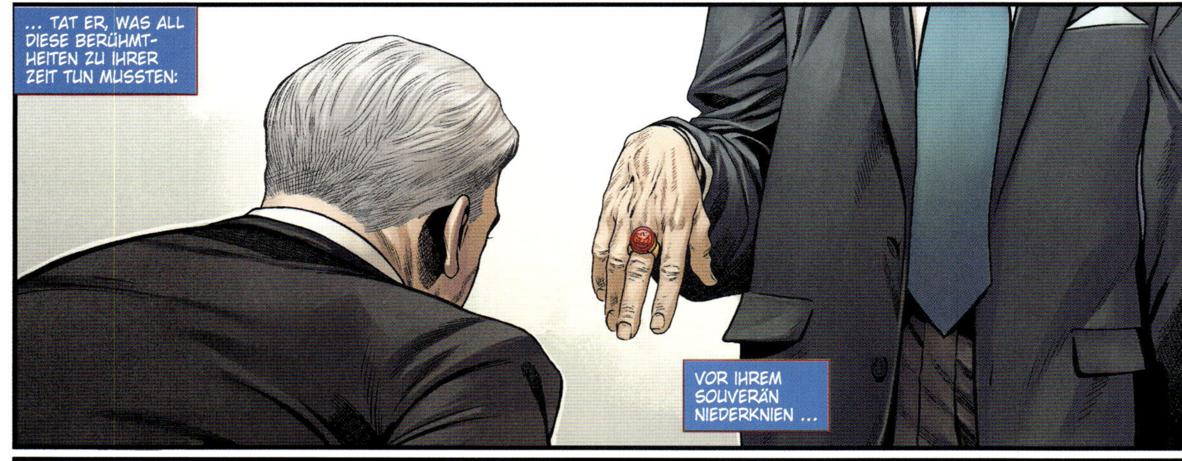
... TAT ER, WAS ALL DIESE BERÜHMTHEITEN ZU IHRER ZEIT TUN MUSSTEN:
VOR IHREM SOUVERÄN NIEDERKNIEN ...

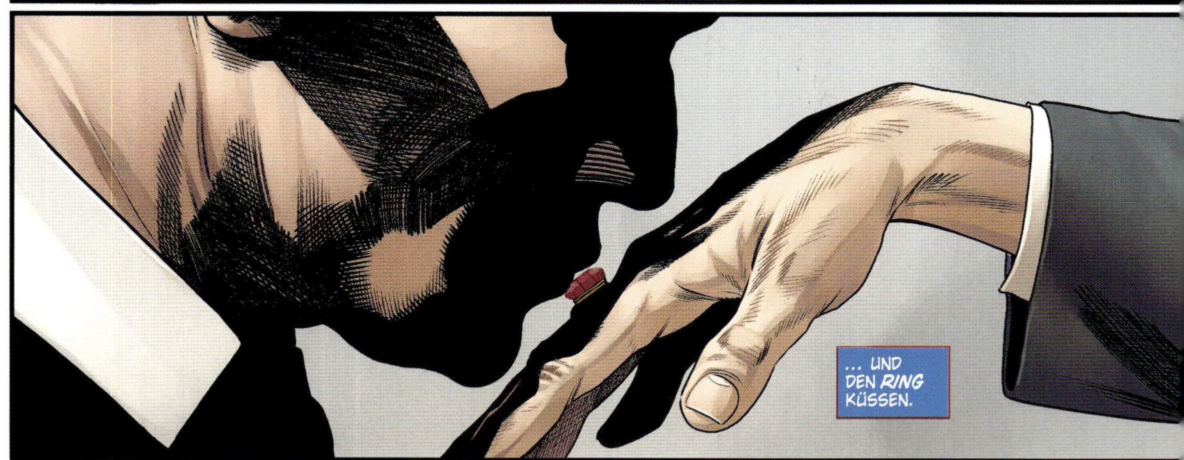
... UND DEN *RING* KÜSSEN.

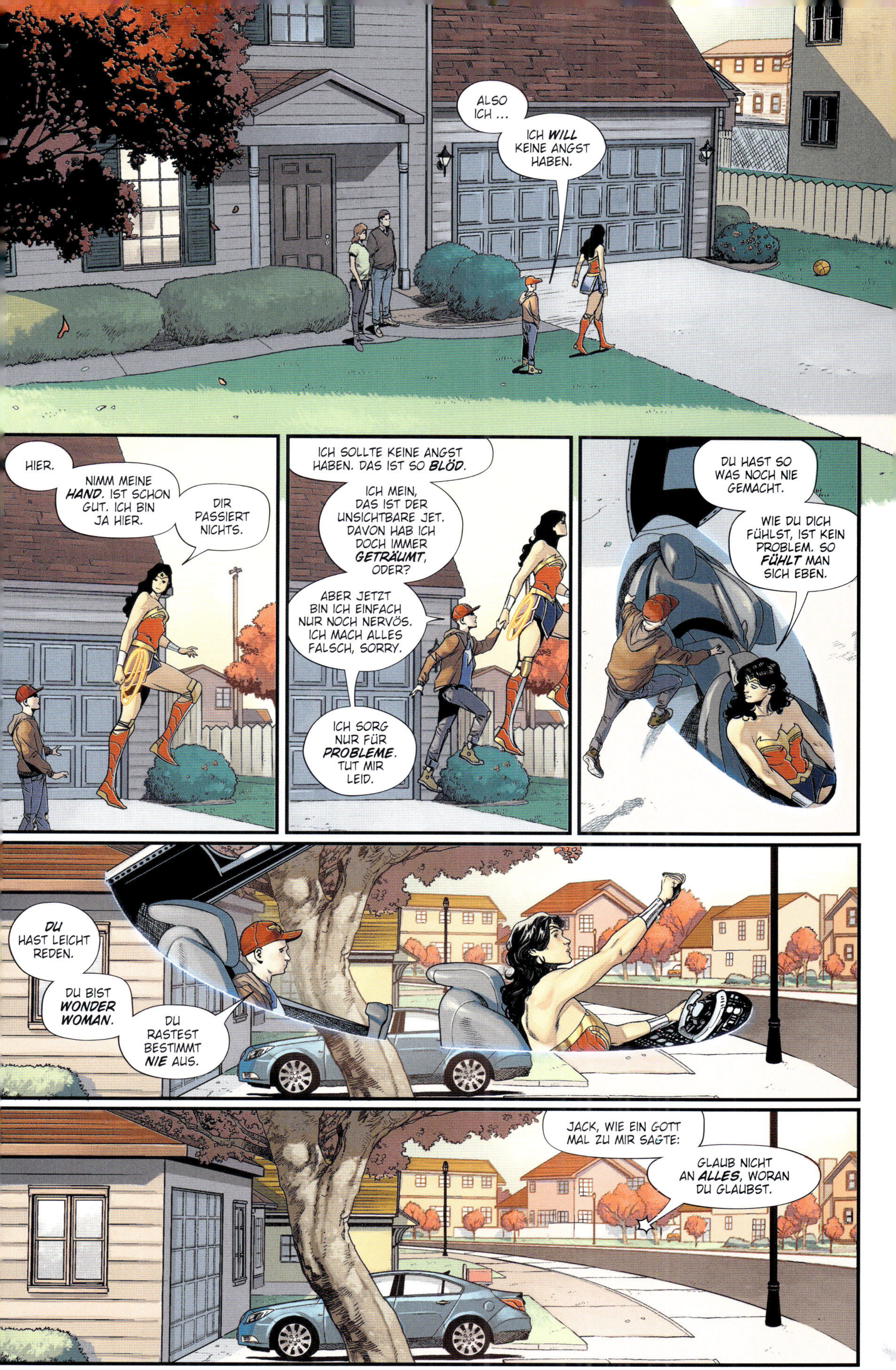

ALSO ICH …
ICH **WILL** KEINE ANGST HABEN.

HIER.
NIMM MEINE **HAND**. IST SCHON GUT. ICH BIN JA HIER.
DIR PASSIERT NICHTS.

ICH SOLLTE KEINE ANGST HABEN. DAS IST SO **BLÖD**.
ICH MEIN, DAS IST DER UNSICHTBARE JET. DAVON HAB ICH DOCH IMMER **GETRÄUMT**, ODER?
ABER JETZT BIN ICH EINFACH NUR NOCH NERVÖS. ICH MACH ALLES FALSCH, SORRY.
ICH SORG NUR FÜR **PROBLEME**. TUT MIR LEID.

DU HAST SO WAS NOCH NIE GEMACHT.
WIE DU DICH FÜHLST, IST KEIN PROBLEM. SO **FÜHLT** MAN SICH EBEN.

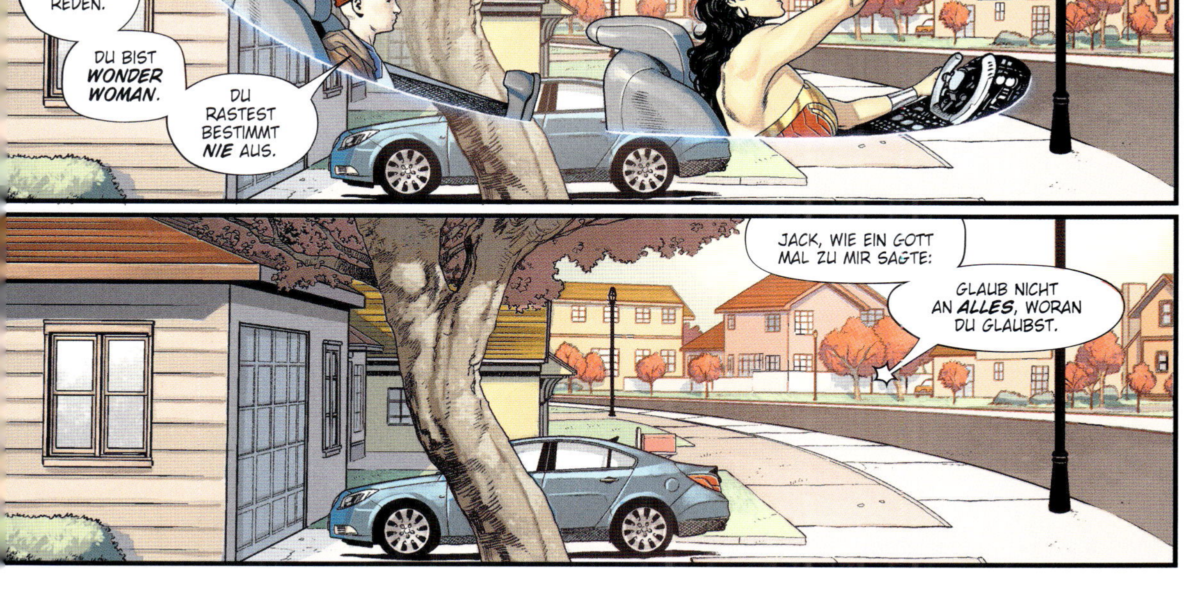

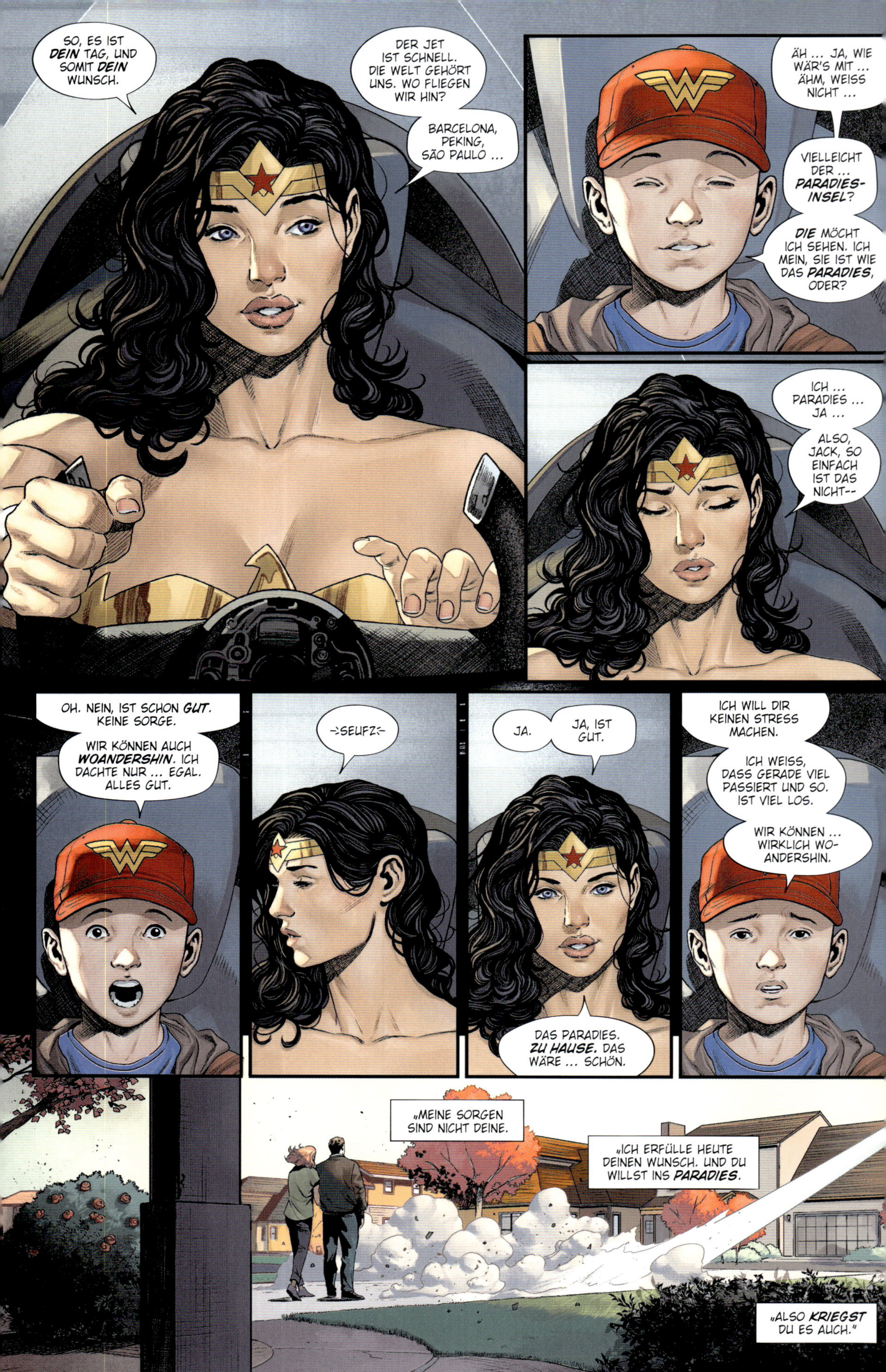
SO, ES IST DEIN TAG, UND SOMIT DEIN WUNSCH.
DER JET IST SCHNELL. DIE WELT GEHÖRT UNS. WO FLIEGEN WIR HIN?
BARCELONA, PEKING, SÃO PAULO ...
ÄH ... JA, WIE WÄR'S MIT ... ÄHM, WEISS NICHT ...
VIELLEICHT DER ... PARADIES-INSEL?
DIE MÖCHT ICH SEHEN. ICH MEIN, SIE IST WIE DAS PARADIES, ODER?
ICH ... PARADIES ... JA ...
ALSO, JACK, SO EINFACH IST DAS NICHT--
OH. NEIN, IST SCHON GUT. KEINE SORGE.
WIR KÖNNEN AUCH WOANDERSHIN. ICH DACHTE NUR ... EGAL. ALLES GUT.
-SEUFZ-
JA.
JA, IST GUT.
DAS PARADIES. ZU HAUSE. DAS WÄRE ... SCHÖN.
ICH WILL DIR KEINEN STRESS MACHEN.
ICH WEISS, DASS GERADE VIEL PASSIERT UND SO. IST VIEL LOS.
WIR KÖNNEN ... WIRKLICH WO-ANDERSHIN.
„MEINE SORGEN SIND NICHT DEINE.
„ICH ERFÜLLE HEUTE DEINEN WUNSCH. UND DU WILLST INS PARADIES.
„ALSO KRIEGST DU ES AUCH."

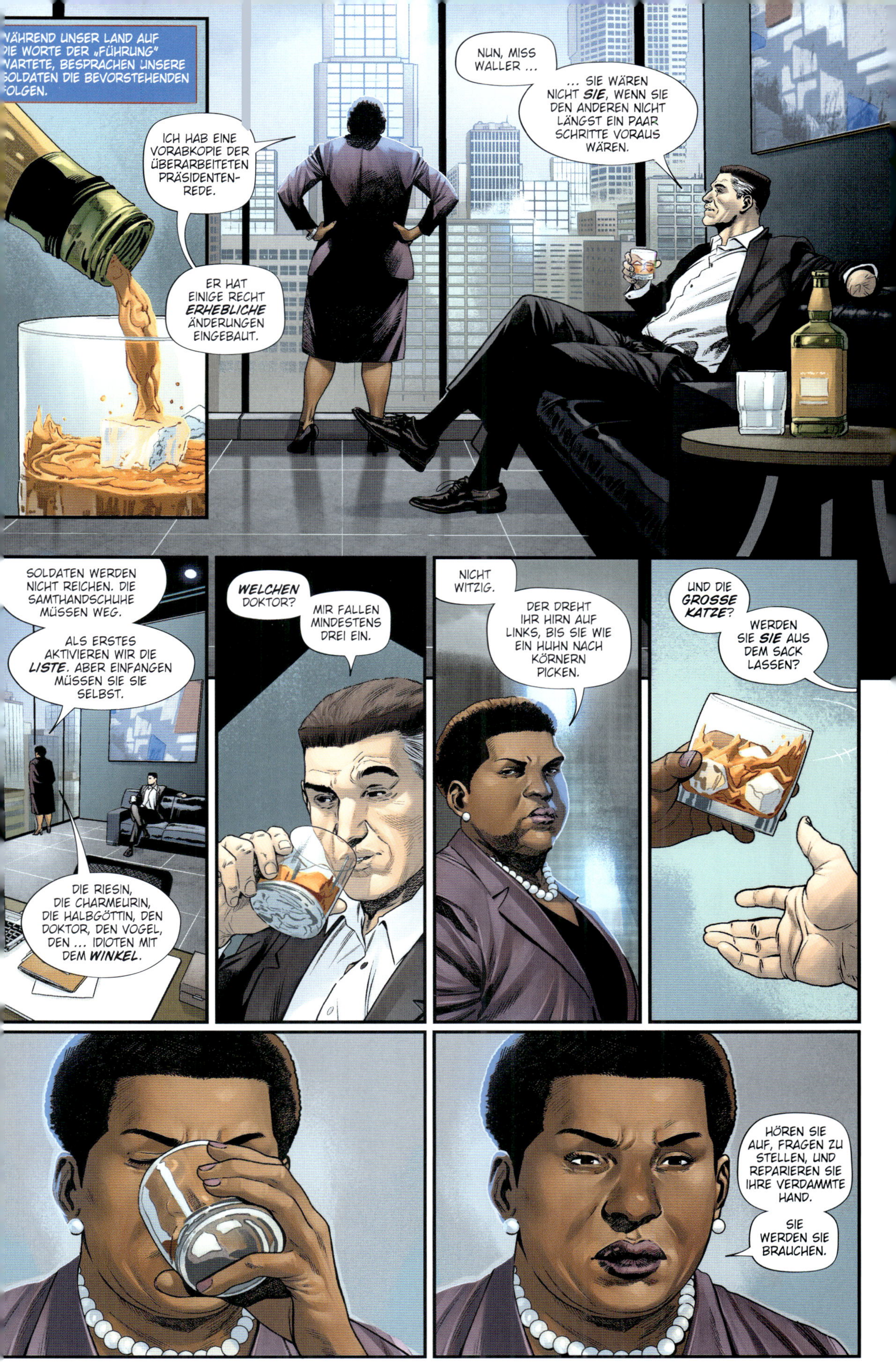

…ÄHREND UNSER LAND AUF …IE WORTE DER „FÜHRUNG" …ARTETE, BESPRACHEN UNSERE …OLDATEN DIE BEVORSTEHENDEN …OLGEN.
ICH HAB EINE VORABKOPIE DER ÜBERARBEITETEN PRÄSIDENTEN-REDE.
ER HAT EINIGE RECHT ERHEBLICHE ÄNDERUNGEN EINGEBAUT.
NUN, MISS WALLER …
… SIE WÄREN NICHT SIE, WENN SIE DEN ANDEREN NICHT LÄNGST EIN PAAR SCHRITTE VORAUS WÄREN.
SOLDATEN WERDEN NICHT REICHEN. DIE SAMTHANDSCHUHE MÜSSEN WEG.
ALS ERSTES AKTIVIEREN WIR DIE LISTE. ABER EINFANGEN MÜSSEN SIE SIE SELBST.
DIE RIESIN, DIE CHARMEURIN, DIE HALBGÖTTIN, DEN DOKTOR, DEN VOGEL, DEN … IDIOTEN MIT DEM WINKEL.
WELCHEN DOKTOR?
MIR FALLEN MINDESTENS DREI EIN.
NICHT WITZIG.
DER DREHT IHR HIRN AUF LINKS, BIS SIE WIE EIN HUHN NACH KÖRNERN PICKEN.
UND DIE GROSSE KATZE?
WERDEN SIE SIE AUS DEM SACK LASSEN?

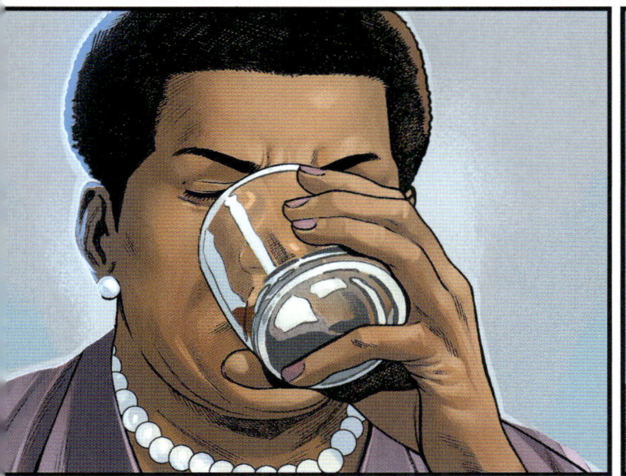

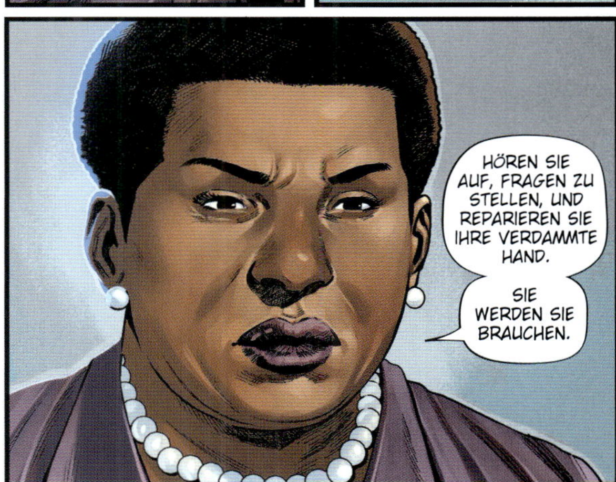

HÖREN SIE AUF, FRAGEN ZU STELLEN, UND REPARIEREN SIE IHRE VERDAMMTE HAND.
SIE WERDEN SIE BRAUCHEN.

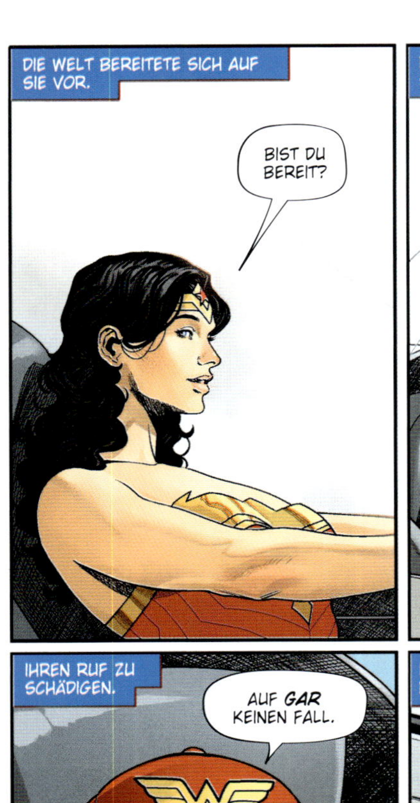
DIE WELT BEREITETE SICH AUF SIE VOR.
BIST DU BEREIT?

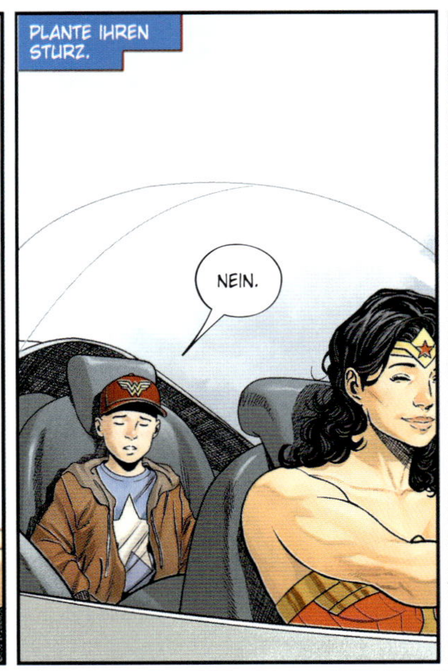
PLANTE IHREN STURZ.
NEIN.

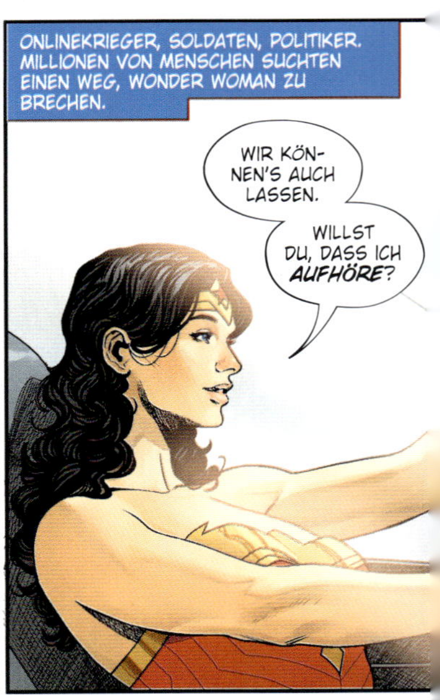
ONLINEKRIEGER, SOLDATEN, POLITIKER. MILLIONEN VON MENSCHEN SUCHTEN EINEN WEG, WONDER WOMAN ZU BRECHEN.
WIR KÖN-NEN'S AUCH LASSEN.
WILLST DU, DASS ICH AUFHÖRE?

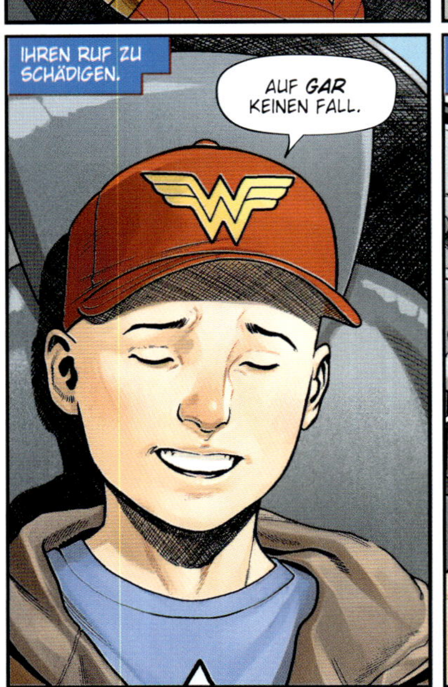
IHREN RUF ZU SCHÄDIGEN.
AUF GAR KEINEN FALL.

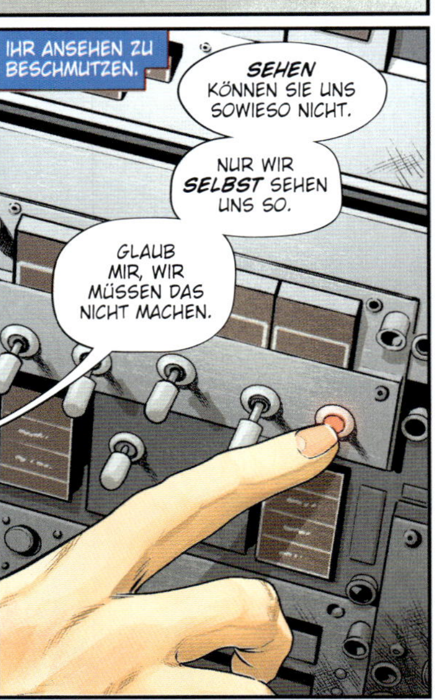
IHR ANSEHEN ZU BESCHMUTZEN.
SEHEN KÖNNEN SIE UNS SOWIESO NICHT.
NUR WIR SELBST SEHEN UNS SO.
GLAUB MIR, WIR MÜSSEN DAS NICHT MACHEN.

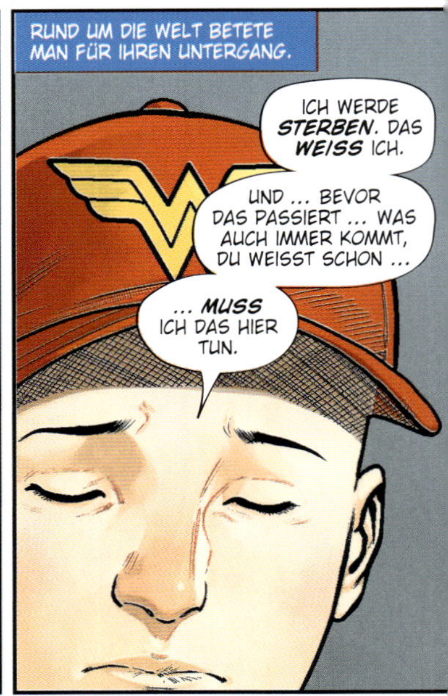
RUND UM DIE WELT BETETE MAN FÜR IHREN UNTERGANG.
ICH WERDE STERBEN. DAS WEISS ICH.
UND ... BEVOR DAS PASSIERT ... WAS AUCH IMMER KOMMT, DU WEISST SCHON ...
... MUSS ICH DAS HIER TUN.

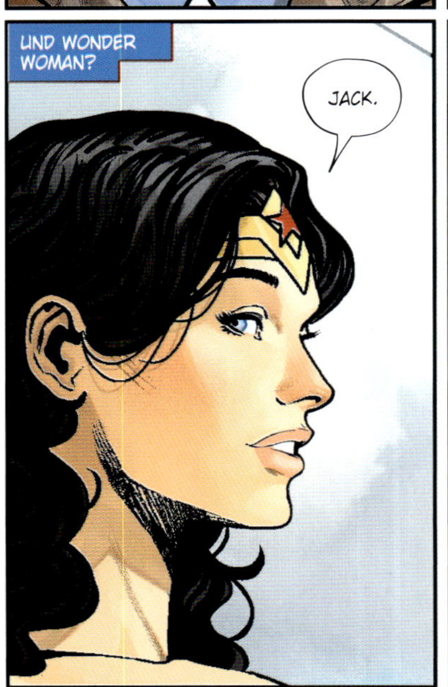
UND WONDER WOMAN?
JACK.

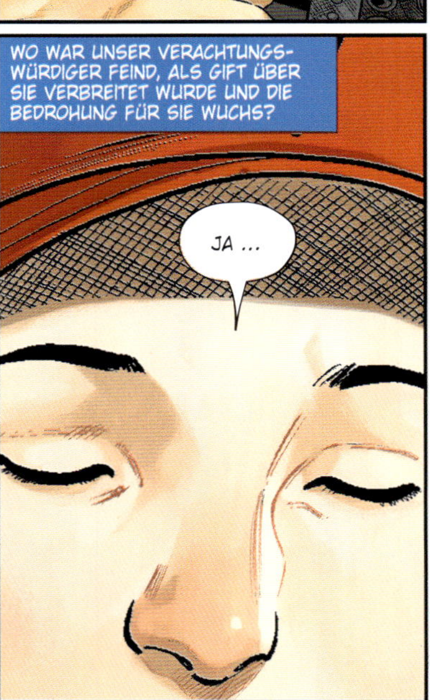
WO WAR UNSER VERACHTUNGS-WÜRDIGER FEIND, ALS GIFT ÜBER SIE VERBREITET WURDE UND DIE BEDROHUNG FÜR SIE WUCHS?
JA ...

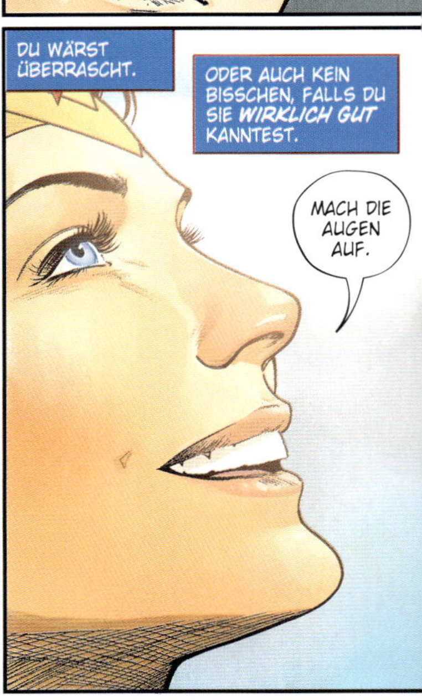
DU WÄRST ÜBERRASCHT.
ODER AUCH KEIN BISSCHEN, FALLS DU SIE WIRKLICH GUT KANNTEST.
MACH DIE AUGEN AUF.

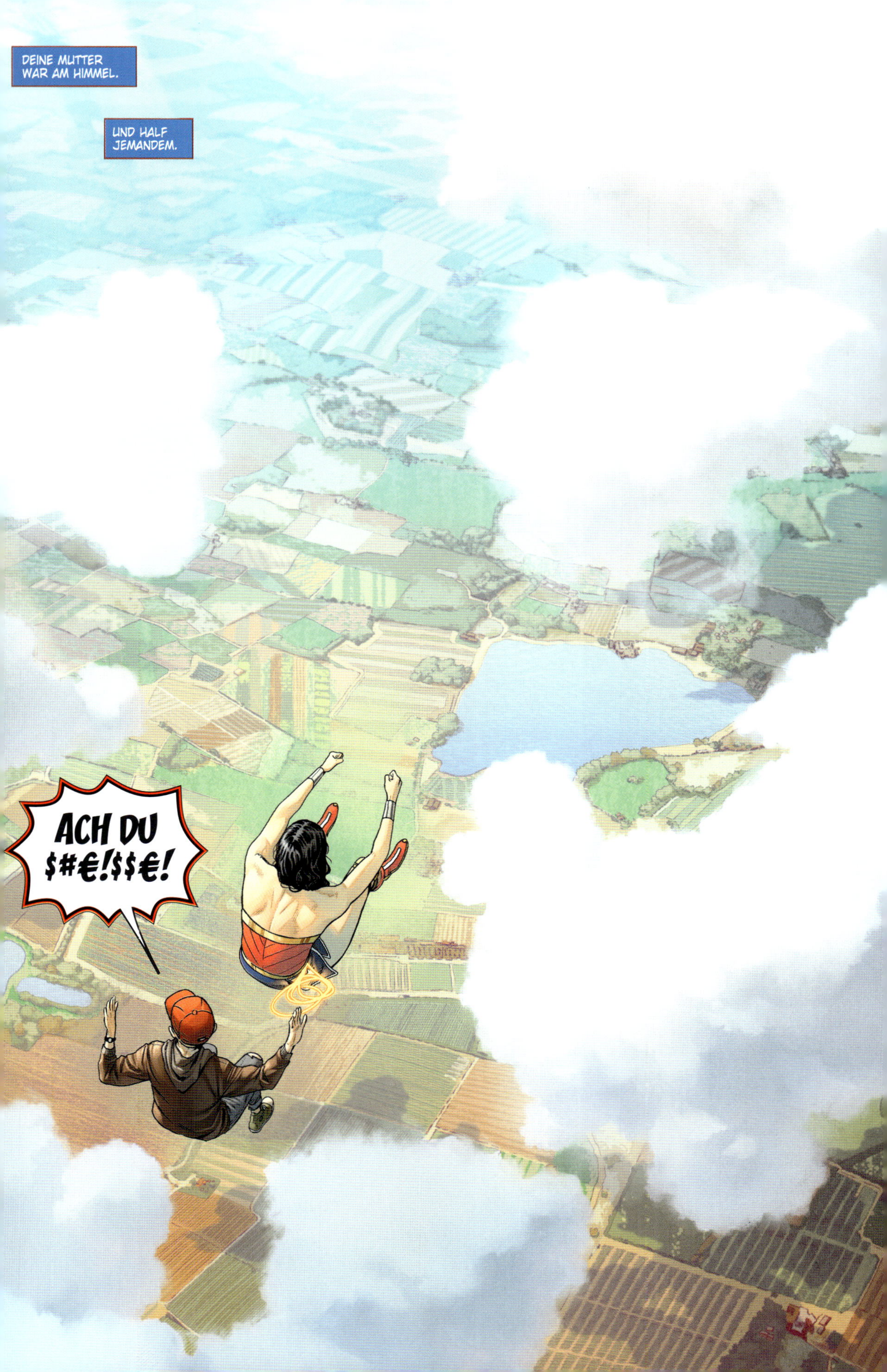
DEINE MUTTER WAR AM HIMMEL.
UND HALF JEMANDEM.
ACH DU $#€!$$€!

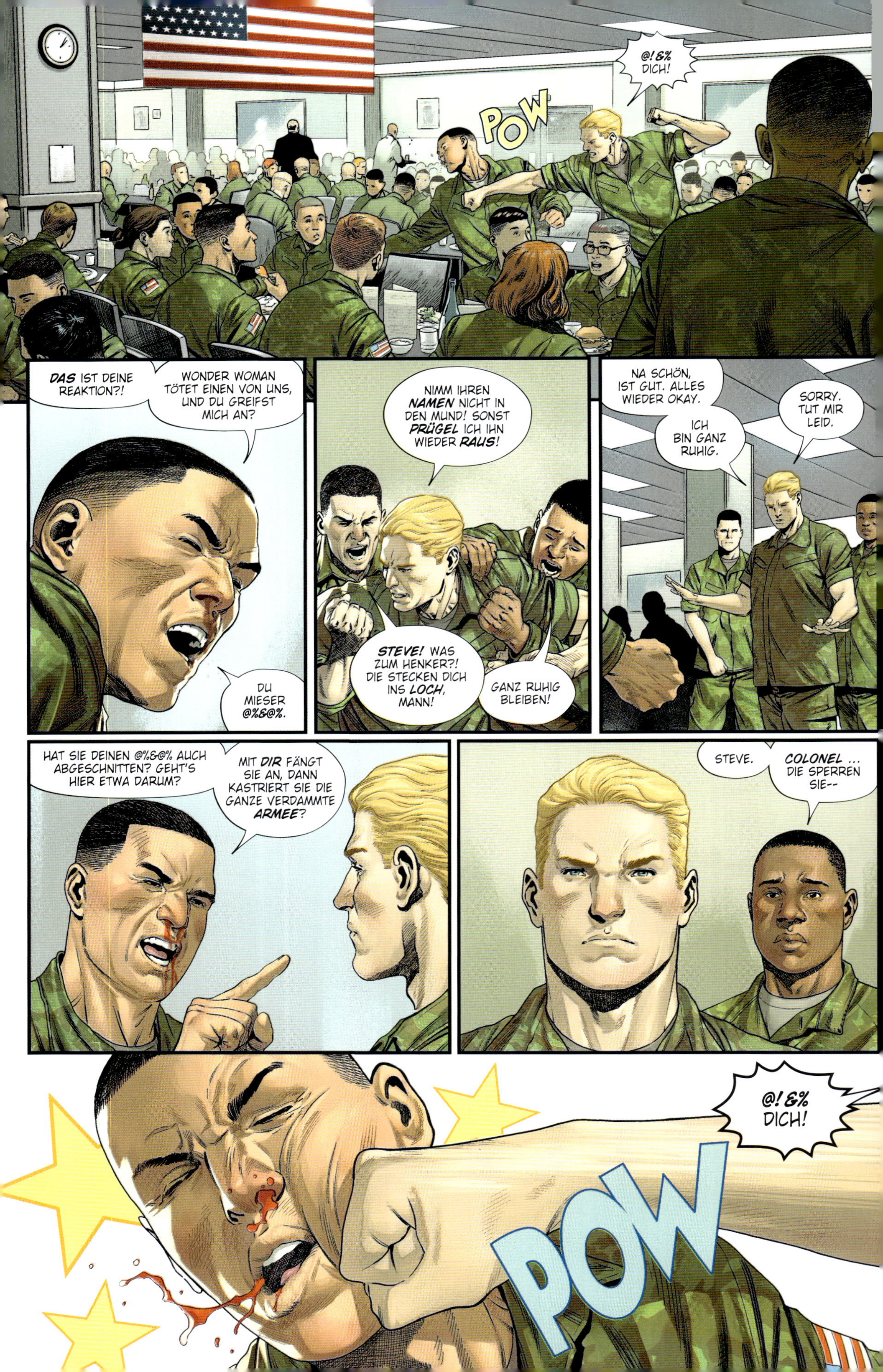
POW
@! &%
DICH!
DAS IST DEINE REAKTION?!
WONDER WOMAN TÖTET EINEN VON UNS, UND DU GREIFST MICH AN?
DU MIESER @%&@%.
NIMM IHREN NAMEN NICHT IN DEN MUND! SONST PRÜGEL ICH IHN WIEDER RAUS!
STEVE! WAS ZUM HENKER?! DIE STECKEN DICH INS LOCH, MANN!
GANZ RUHIG BLEIBEN!
NA SCHÖN, IST GUT. ALLES WIEDER OKAY.
ICH BIN GANZ RUHIG.
SORRY. TUT MIR LEID.
HAT SIE DEINEN @%&@% AUCH ABGESCHNITTEN? GEHT'S HIER ETWA DARUM?
MIT DIR FÄNGT SIE AN, DANN KASTRIERT SIE DIE GANZE VERDAMMTE ARMEE?
STEVE.
COLONEL ... DIE SPERREN SIE--
@! &%
DICH!
POW

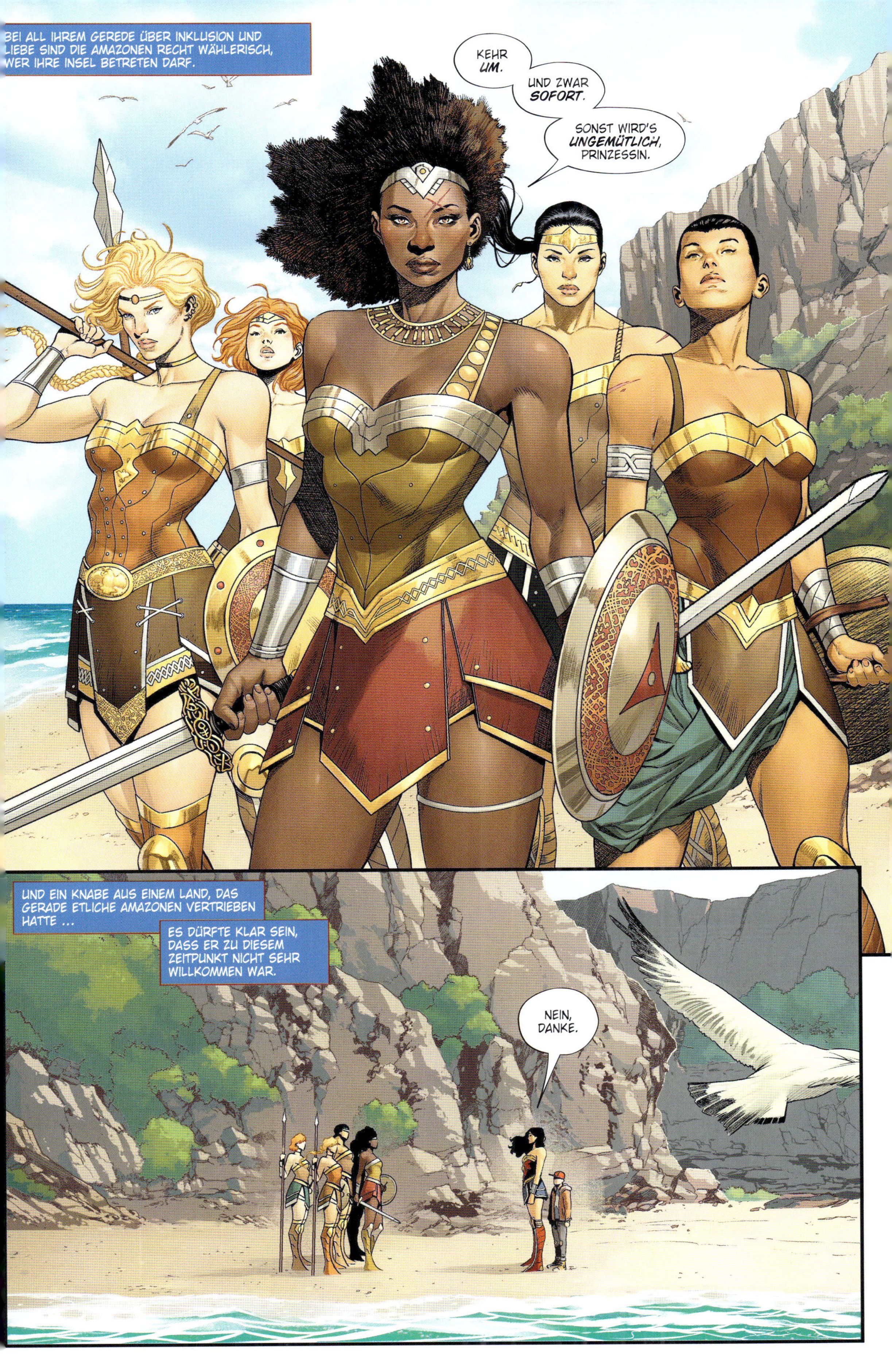
BEI ALL IHREM GEREDE ÜBER INKLUSION UND LIEBE SIND DIE AMAZONEN RECHT WÄHLERISCH, WER IHRE INSEL BETRETEN DARF.
KEHR UM.
UND ZWAR SOFORT.
SONST WIRD'S UNGEMÜTLICH, PRINZESSIN.
UND EIN KNABE AUS EINEM LAND, DAS GERADE ETLICHE AMAZONEN VERTRIEBEN HATTE ...
ES DÜRFTE KLAR SEIN, DASS ER ZU DIESEM ZEITPUNKT NICHT SEHR WILLKOMMEN WAR.
NEIN, DANKE.

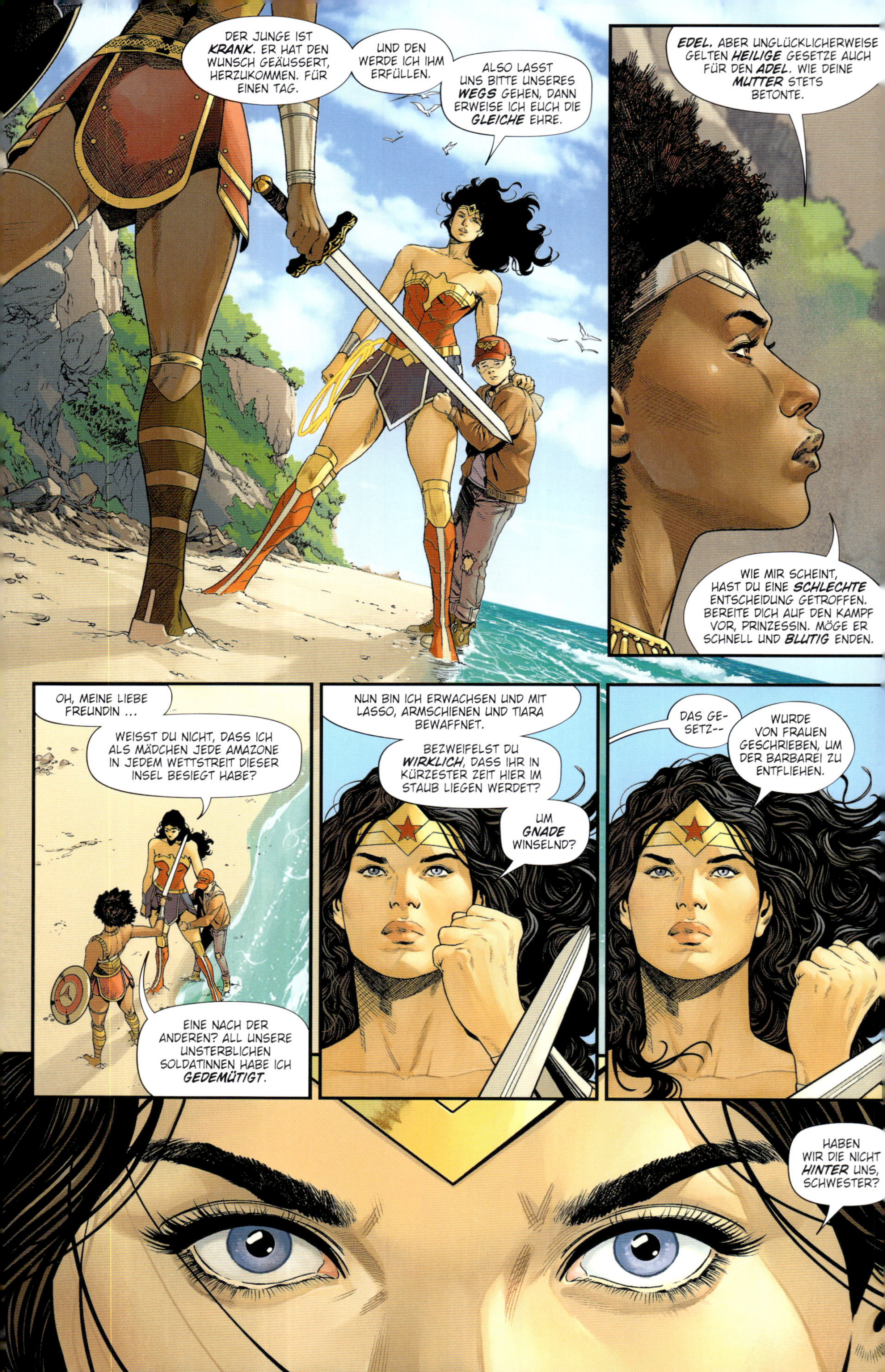

DER JUNGE IST KRANK. ER HAT DEN WUNSCH GEÄUSSERT, HERZUKOMMEN. FÜR EINEN TAG.
UND DEN WERDE ICH IHM ERFÜLLEN.
ALSO LASST UNS BITTE UNSERES WEGS GEHEN, DANN ERWEISE ICH EUCH DIE GLEICHE EHRE.
EDEL. ABER UNGLÜCKLICHERWEISE GELTEN HEILIGE GESETZE AUCH FÜR DEN ADEL. WIE DEINE MUTTER STETS BETONTE.
WIE MIR SCHEINT, HAST DU EINE SCHLECHTE ENTSCHEIDUNG GETROFFEN. BEREITE DICH AUF DEN KAMPF VOR, PRINZESSIN. MÖGE ER SCHNELL UND BLUTIG ENDEN.
OH, MEINE LIEBE FREUNDIN ...
WEISST DU NICHT, DASS ICH ALS MÄDCHEN JEDE AMAZONE IN JEDEM WETTSTREIT DIESER INSEL BESIEGT HABE?
EINE NACH DER ANDEREN? ALL UNSERE UNSTERBLICHEN SOLDATINNEN HABE ICH GEDEMÜTIGT.
NUN BIN ICH ERWACHSEN UND MIT LASSO, ARMSCHIENEN UND TIARA BEWAFFNET.
BEZWEIFELST DU WIRKLICH, DASS IHR IN KÜRZESTER ZEIT HIER IM STAUB LIEGEN WERDET?
UM GNADE WINSELND?
DAS GE-SETZ--
WURDE VON FRAUEN GESCHRIEBEN, UM DER BARBAREI ZU ENTFLIEHEN.
HABEN WIR DIE NICHT HINTER UNS, SCHWESTER?

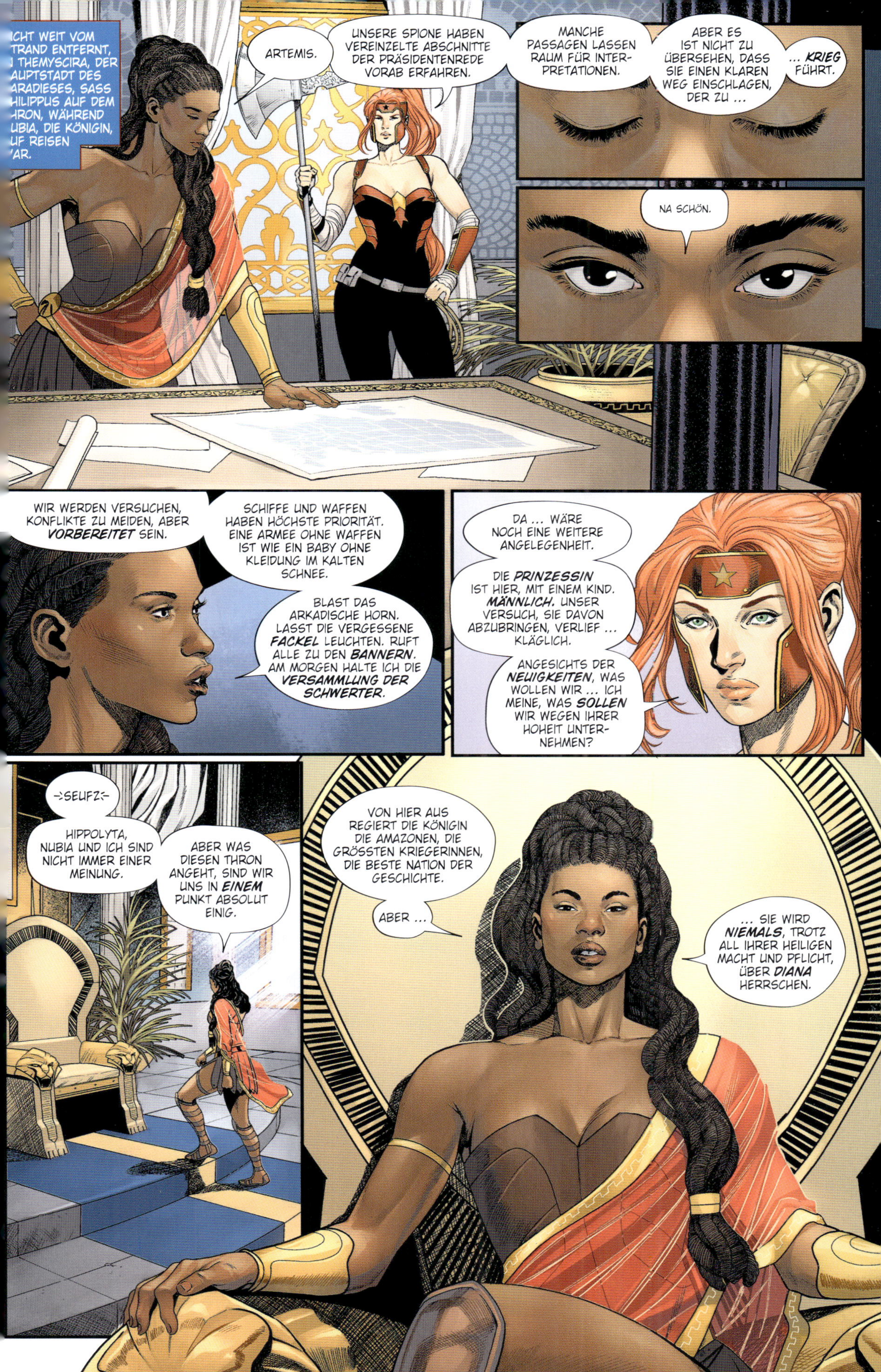
ICHT WEIT VOM TRAND ENTFERNT, THEMYSCIRA, DER AUPTSTADT DES ARADIESES, SASS HILIPPUS AUF DEM HRON, WÄHREND UBIA, DIE KÖNIGIN, UF REISEN AR.
ARTEMIS.
UNSERE SPIONE HABEN VEREINZELTE ABSCHNITTE DER PRÄSIDENTENREDE VORAB ERFAHREN.
MANCHE PASSAGEN LASSEN RAUM FÜR INTERPRETATIONEN.
ABER ES IST NICHT ZU ÜBERSEHEN, DASS SIE EINEN KLAREN WEG EINSCHLAGEN, DER ZU …
… KRIEG FÜHRT.
NA SCHÖN.
WIR WERDEN VERSUCHEN, KONFLIKTE ZU MEIDEN, ABER VORBEREITET SEIN.
SCHIFFE UND WAFFEN HABEN HÖCHSTE PRIORITÄT. EINE ARMEE OHNE WAFFEN IST WIE EIN BABY OHNE KLEIDUNG IM KALTEN SCHNEE.
BLAST DAS ARKADISCHE HORN. LASST DIE VERGESSENE FACKEL LEUCHTEN. RUFT ALLE ZU DEN BANNERN. AM MORGEN HALTE ICH DIE VERSAMMLUNG DER SCHWERTER.
DA … WÄRE NOCH EINE WEITERE ANGELEGENHEIT.
DIE PRINZESSIN IST HIER, MIT EINEM KIND. MÄNNLICH. UNSER VERSUCH, SIE DAVON ABZUBRINGEN, VERLIEF … KLÄGLICH.
ANGESICHTS DER NEUIGKEITEN, WAS WOLLEN WIR … ICH MEINE, WAS SOLLEN WIR WEGEN IHRER HOHEIT UNTERNEHMEN?
-SEUFZ-
HIPPOLYTA, NUBIA UND ICH SIND NICHT IMMER EINER MEINUNG.
ABER WAS DIESEN THRON ANGEHT, SIND WIR UNS IN EINEM PUNKT ABSOLUT EINIG.
VON HIER AUS REGIERT DIE KÖNIGIN DIE AMAZONEN, DIE GRÖSSTEN KRIEGERINNEN, DIE BESTE NATION DER GESCHICHTE.
ABER …
… SIE WIRD NIEMALS, TROTZ ALL IHRER HEILIGEN MACHT UND PFLICHT, ÜBER DIANA HERRSCHEN.

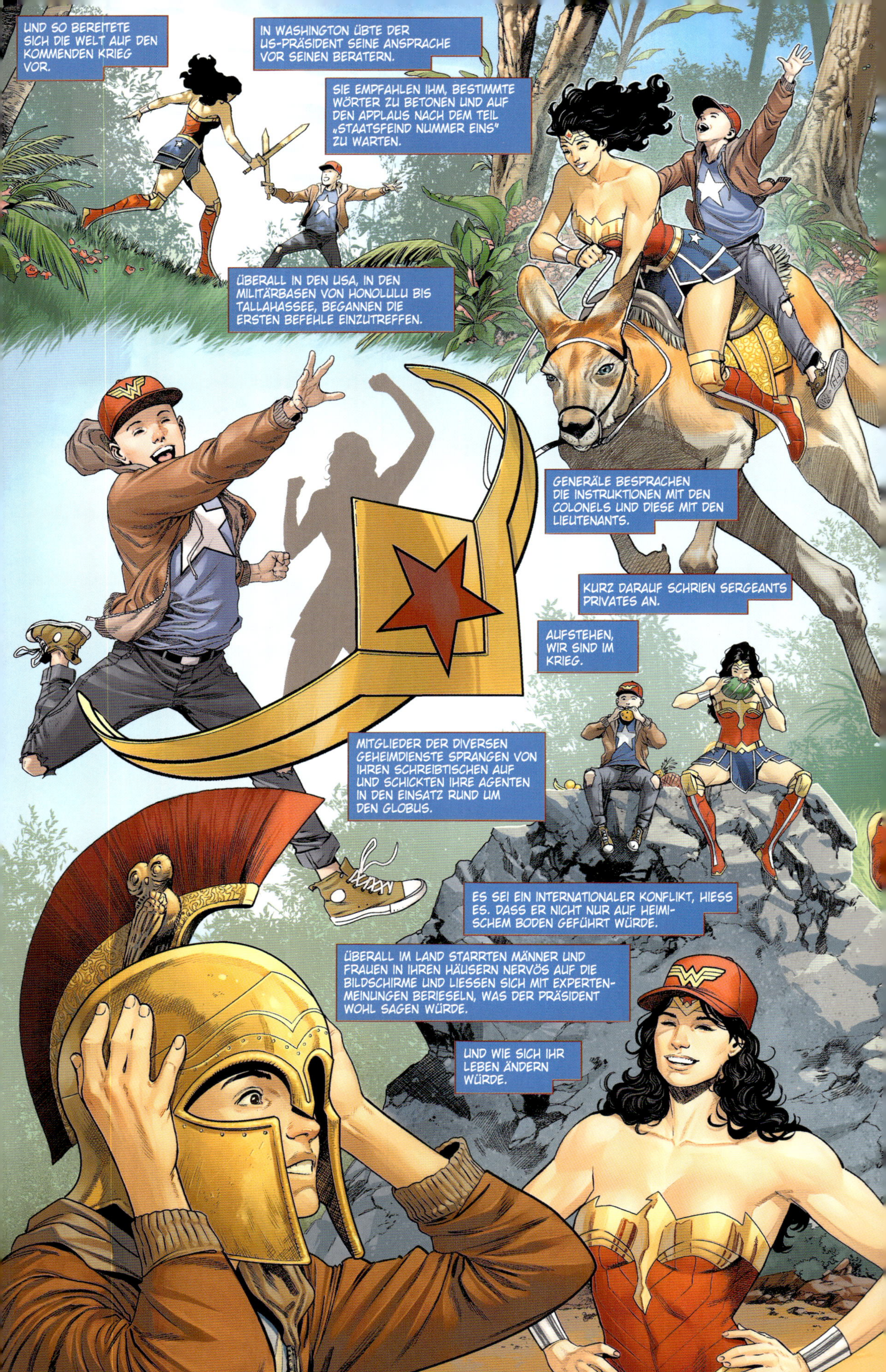
UND SO BEREITETE SICH DIE WELT AUF DEN KOMMENDEN KRIEG VOR.
IN WASHINGTON ÜBTE DER US-PRÄSIDENT SEINE ANSPRACHE VOR SEINEN BERATERN.
SIE EMPFAHLEN IHM, BESTIMMTE WÖRTER ZU BETONEN UND AUF DEN APPLAUS NACH DEM TEIL „STAATSFEIND NUMMER EINS" ZU WARTEN.
ÜBERALL IN DEN USA, IN DEN MILITÄRBASEN VON HONOLULU BIS TALLAHASSEE, BEGANNEN DIE ERSTEN BEFEHLE EINZUTREFFEN.
GENERÄLE BESPRACHEN DIE INSTRUKTIONEN MIT DEN COLONELS UND DIESE MIT DEN LIEUTENANTS.
KURZ DARAUF SCHRIEN SERGEANTS PRIVATES AN.
AUFSTEHEN, WIR SIND IM KRIEG.
MITGLIEDER DER DIVERSEN GEHEIMDIENSTE SPRANGEN VON IHREN SCHREIBTISCHEN AUF UND SCHICKTEN IHRE AGENTEN IN DEN EINSATZ RUND UM DEN GLOBUS.
ES SEI EIN INTERNATIONALER KONFLIKT, HIESS ES. DASS ER NICHT NUR AUF HEIMISCHEM BODEN GEFÜHRT WÜRDE.
ÜBERALL IM LAND STARRTEN MÄNNER UND FRAUEN IN IHREN HÄUSERN NERVÖS AUF DIE BILDSCHIRME UND LIESSEN SICH MIT EXPERTENMEINUNGEN BERIESELN, WAS DER PRÄSIDENT WOHL SAGEN WÜRDE.
UND WIE SICH IHR LEBEN ÄNDERN WÜRDE.

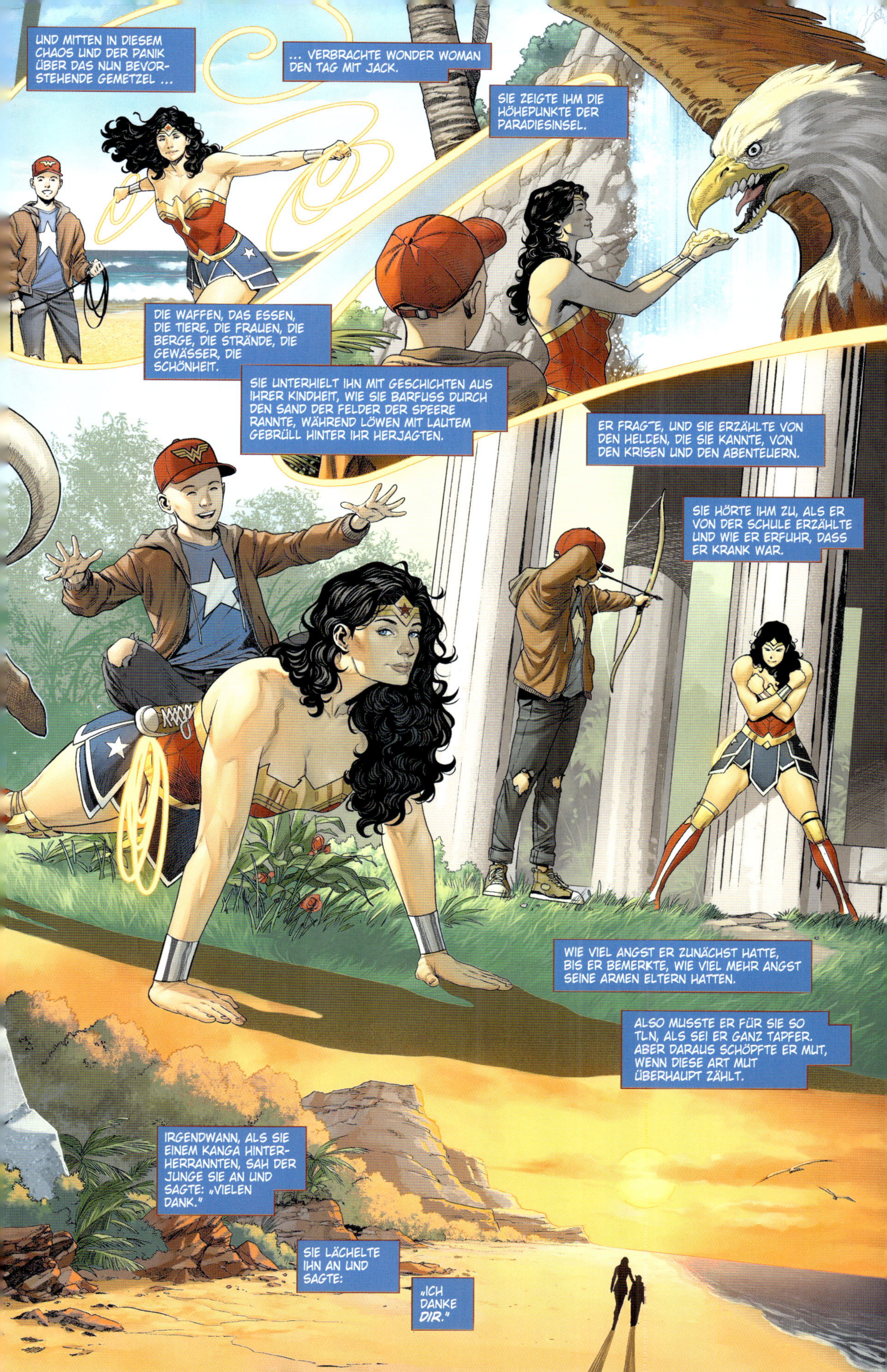
UND MITTEN IN DIESEM CHAOS UND DER PANIK ÜBER DAS NUN BEVORSTEHENDE GEMETZEL ...
... VERBRACHTE WONDER WOMAN DEN TAG MIT JACK.
SIE ZEIGTE IHM DIE HÖHEPUNKTE DER PARADIESINSEL.
DIE WAFFEN, DAS ESSEN, DIE TIERE, DIE FRAUEN, DIE BERGE, DIE STRÄNDE, DIE GEWÄSSER, DIE SCHÖNHEIT.
SIE UNTERHIELT IHN MIT GESCHICHTEN AUS IHRER KINDHEIT, WIE SIE BARFUSS DURCH DEN SAND DER FELDER DER SPEERE RANNTE, WÄHREND LÖWEN MIT LAUTEM GEBRÜLL HINTER IHR HERJAGTEN.
ER FRAGTE, UND SIE ERZÄHLTE VON DEN HELDEN, DIE SIE KANNTE, VON DEN KRISEN UND DEN ABENTEUERN.
SIE HÖRTE IHM ZU, ALS ER VON DER SCHULE ERZÄHLTE UND WIE ER ERFUHR, DASS ER KRANK WAR.
WIE VIEL ANGST ER ZUNÄCHST HATTE, BIS ER BEMERKTE, WIE VIEL MEHR ANGST SEINE ARMEN ELTERN HATTEN.
ALSO MUSSTE ER FÜR SIE SO TUN, ALS SEI ER GANZ TAPFER. ABER DARAUS SCHÖPFTE ER MUT, WENN DIESE ART MUT ÜBERHAUPT ZÄHLT.
IRGENDWANN, ALS SIE EINEM KANGA HINTERHERRANNTEN, SAH DER JUNGE SIE AN UND SAGTE: »VIELEN DANK.«
SIE LÄCHELTE IHN AN UND SAGTE:
»ICH DANKE DIR.«

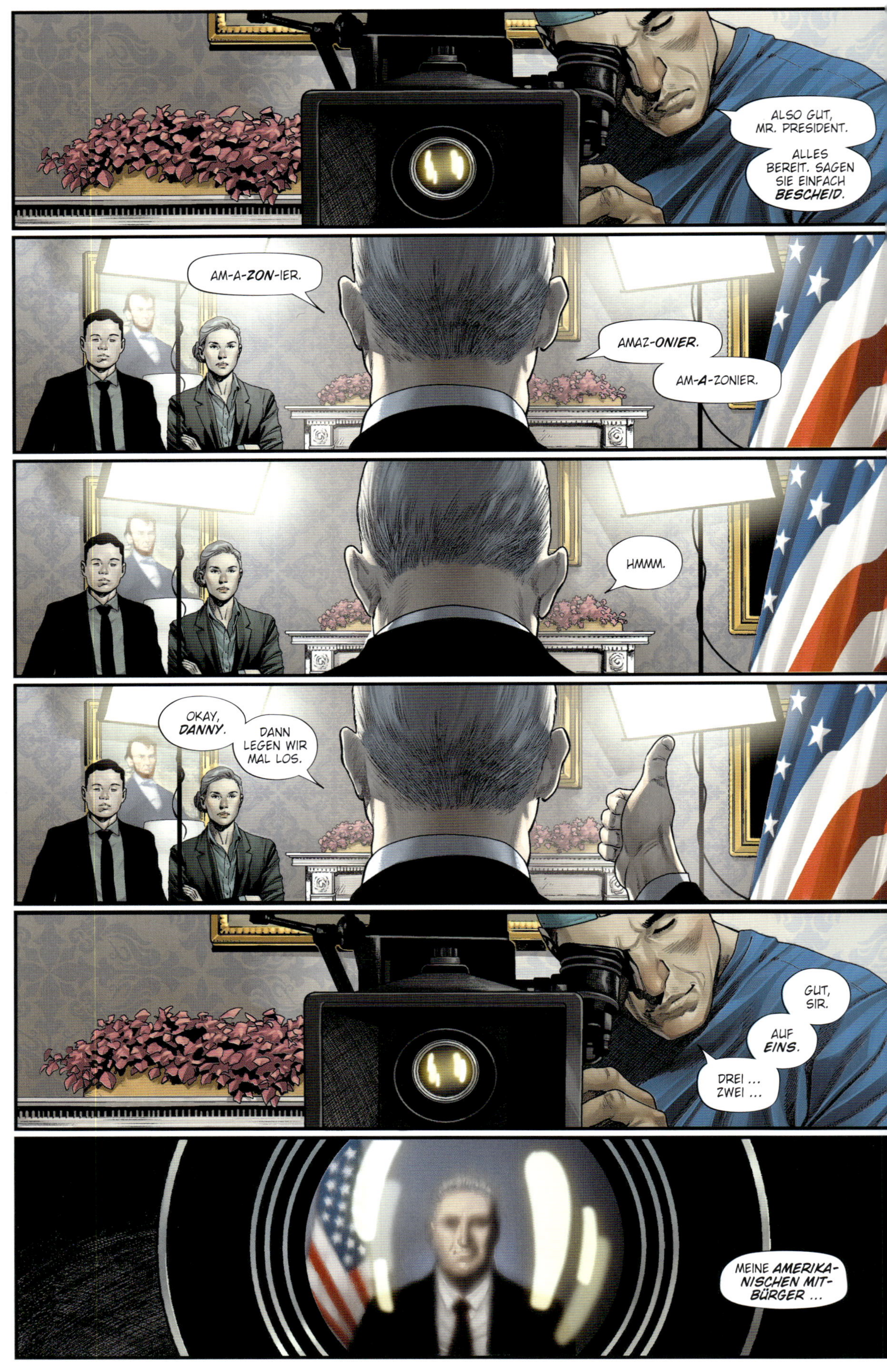
ALSO GUT, MR. PRESIDENT.
ALLES BEREIT. SAGEN SIE EINFACH **BESCHEID**.
AM-A-**ZON**-IER.
AMAZ-**ONIER**.
AM-**A**-ZONIER.
HMMM.
OKAY, **DANNY**.
DANN LEGEN WIR MAL LOS.
GUT, SIR.
AUF **EINS**.
DREI ... ZWEI ...
MEINE **AMERIKANISCHEN MITBÜRGER** ...

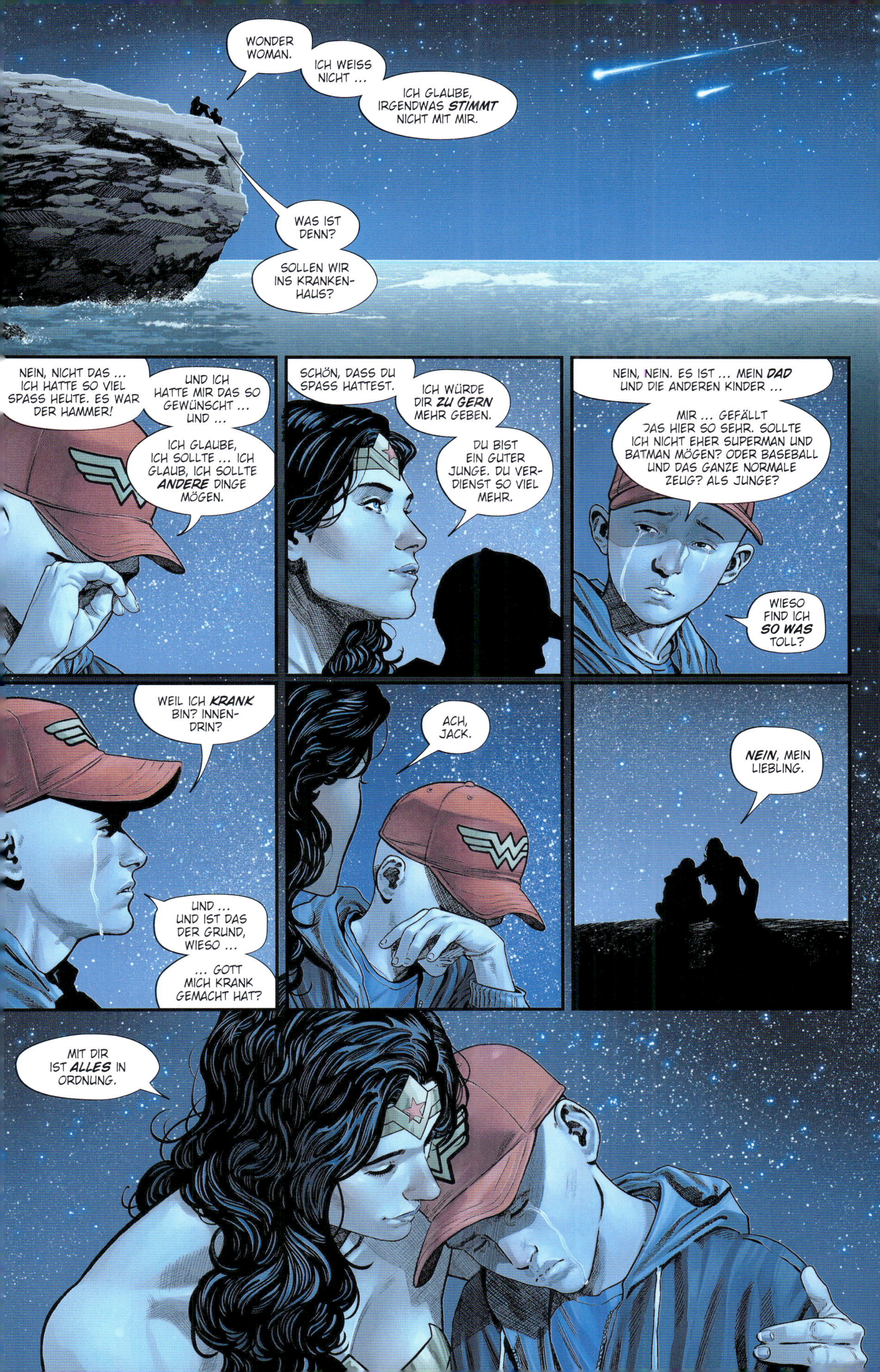
WONDER WOMAN.
ICH WEISS NICHT ...
ICH GLAUBE, IRGENDWAS STIMMT NICHT MIT MIR.
WAS IST DENN?
SOLLEN WIR INS KRANKENHAUS?
NEIN, NICHT DAS ... ICH HATTE SO VIEL SPASS HEUTE. ES WAR DER HAMMER!
UND ICH HATTE MIR DAS SO GEWÜNSCHT ... UND ...
ICH GLAUBE, ICH SOLLTE ... ICH GLAUB, ICH SOLLTE ANDERE DINGE MÖGEN.
SCHÖN, DASS DU SPASS HATTEST.
ICH WÜRDE DIR ZU GERN MEHR GEBEN.
DU BIST EIN GUTER JUNGE. DU VERDIENST SO VIEL MEHR.
NEIN, NEIN. ES IST ... MEIN DAD UND DIE ANDEREN KINDER ...
MIR ... GEFÄLLT DAS HIER SO SEHR. SOLLTE ICH NICHT EHER SUPERMAN UND BATMAN MÖGEN? ODER BASEBALL UND DAS GANZE NORMALE ZEUG? ALS JUNGE?
WIESO FIND ICH SO WAS TOLL?
WEIL ICH KRANK BIN? INNENDRIN?
UND ... UND IST DAS DER GRUND, WIESO ...
... GOTT MICH KRANK GEMACHT HAT?
ACH, JACK.
NEIN, MEIN LIEBLING.
MIT DIR IST ALLES IN ORDNUNG.

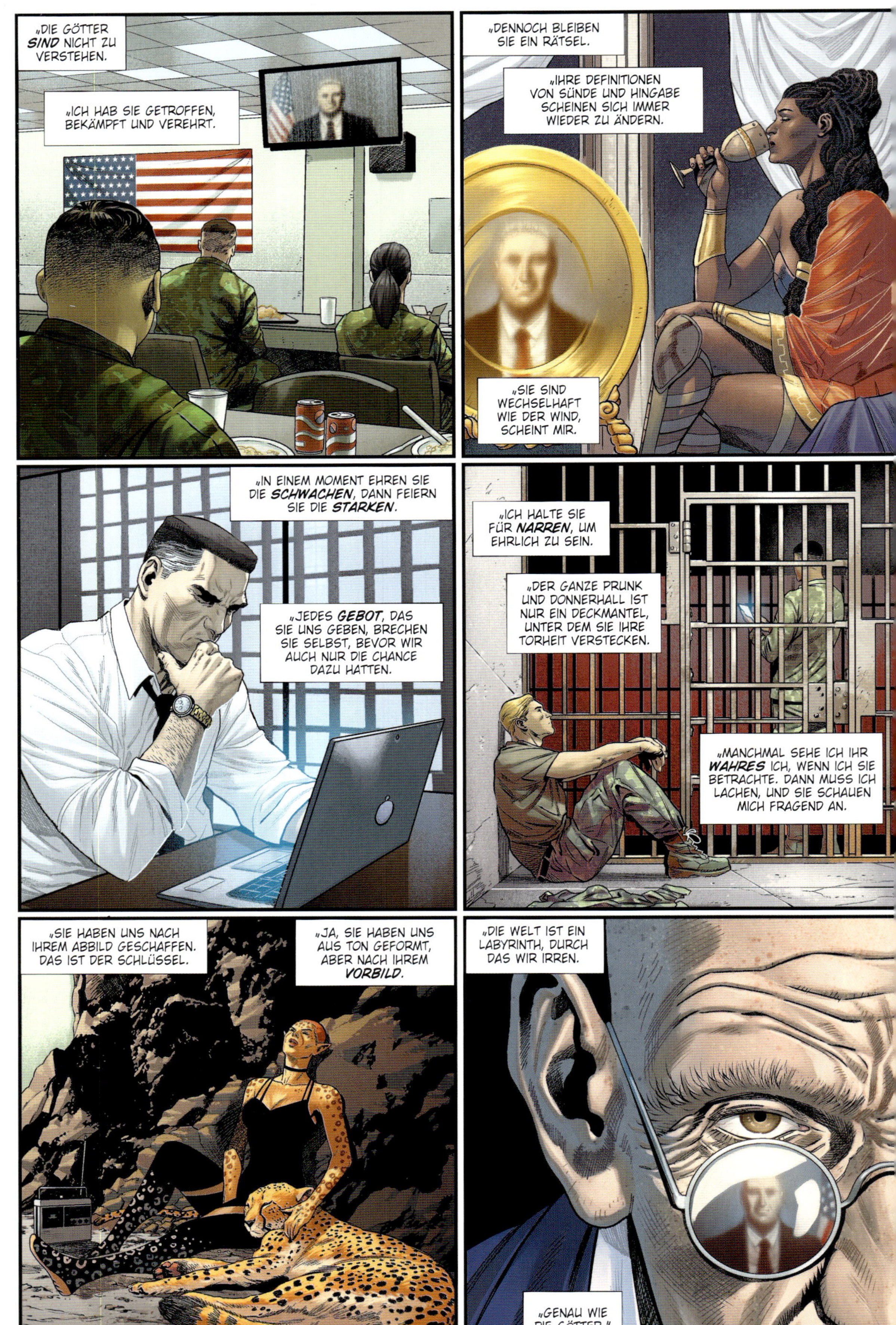
„DIE GÖTTER SIND NICHT ZU VERSTEHEN.
„ICH HAB SIE GETROFFEN, BEKÄMPFT UND VEREHRT.
„DENNOCH BLEIBEN SIE EIN RÄTSEL.
„IHRE DEFINITIONEN VON SÜNDE UND HINGABE SCHEINEN SICH IMMER WIEDER ZU ÄNDERN.
„SIE SIND WECHSELHAFT WIE DER WIND, SCHEINT MIR.
„IN EINEM MOMENT EHREN SIE DIE SCHWACHEN, DANN FEIERN SIE DIE STARKEN.
„JEDES GEBOT, DAS SIE UNS GEBEN, BRECHEN SIE SELBST, BEVOR WIR AUCH NUR DIE CHANCE DAZU HATTEN.
„ICH HALTE SIE FÜR NARREN, UM EHRLICH ZU SEIN.
„DER GANZE PRUNK UND DONNERHALL IST NUR EIN DECKMANTEL, UNTER DEM SIE IHRE TORHEIT VERSTECKEN.
„MANCHMAL SEHE ICH IHR WAHRES ICH, WENN ICH SIE BETRACHTE. DANN MUSS ICH LACHEN, UND SIE SCHAUEN MICH FRAGEND AN.
„SIE HABEN UNS NACH IHREM ABBILD GESCHAFFEN. DAS IST DER SCHLÜSSEL.
„JA, SIE HABEN UNS AUS TON GEFORMT, ABER NACH IHREM VORBILD.
„DIE WELT IST EIN LABYRINTH, DURCH DAS WIR IRREN.
„GENAU WIE DIE GÖTTER."

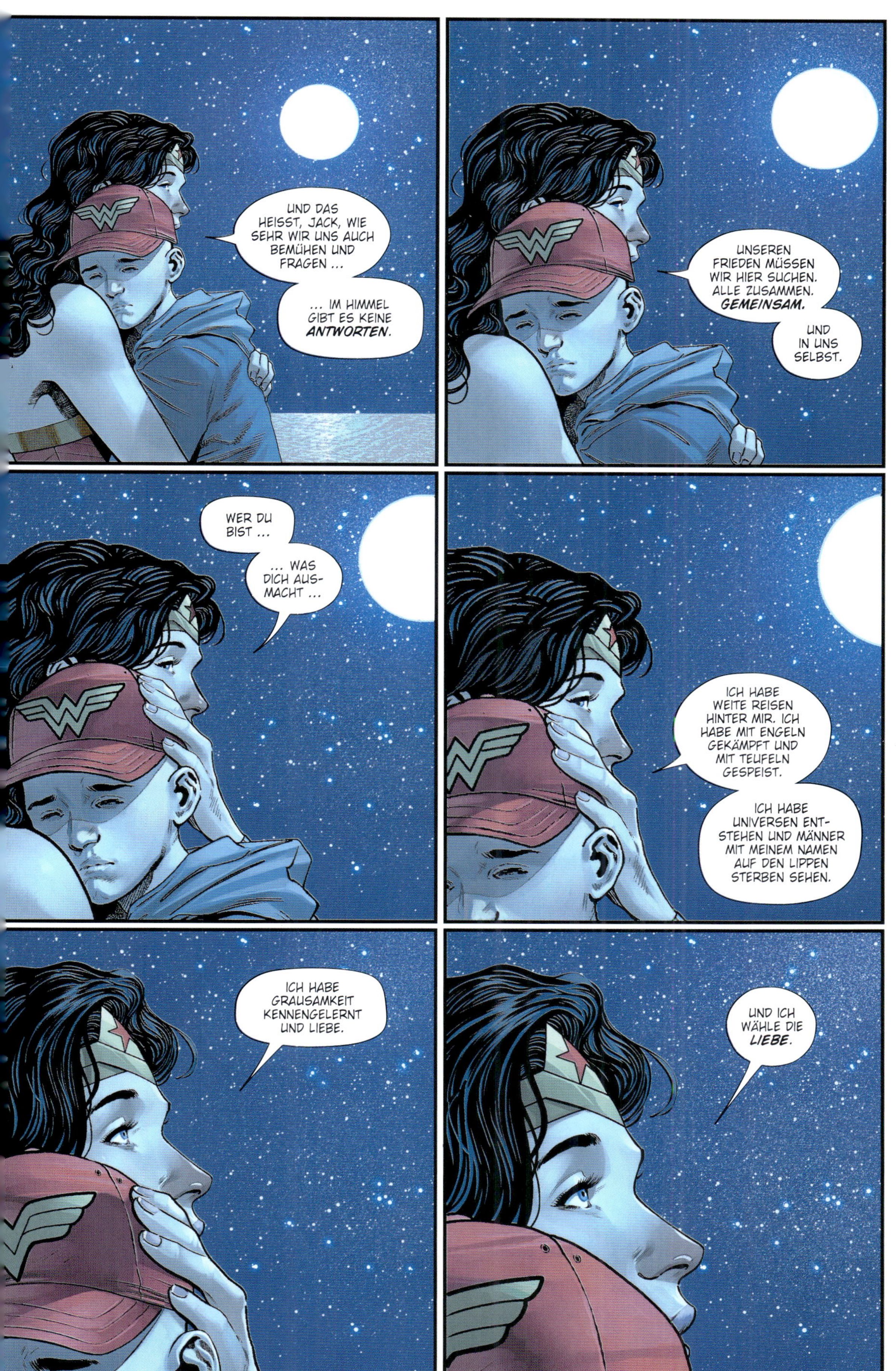
UND DAS HEISST, JACK, WIE SEHR WIR UNS AUCH BEMÜHEN UND FRAGEN …
… IM HIMMEL GIBT ES KEINE ANTWORTEN.
UNSEREN FRIEDEN MÜSSEN WIR HIER SUCHEN. ALLE ZUSAMMEN. GEMEINSAM.
UND IN UNS SELBST.
WER DU BIST …
… WAS DICH AUSMACHT …
ICH HABE WEITE REISEN HINTER MIR. ICH HABE MIT ENGELN GEKÄMPFT UND MIT TEUFELN GESPEIST.
ICH HABE UNIVERSEN ENTSTEHEN UND MÄNNER MIT MEINEM NAMEN AUF DEN LIPPEN STERBEN SEHEN.
ICH HABE GRAUSAMKEIT KENNENGELERNT UND LIEBE.
UND ICH WÄHLE DIE LIEBE.

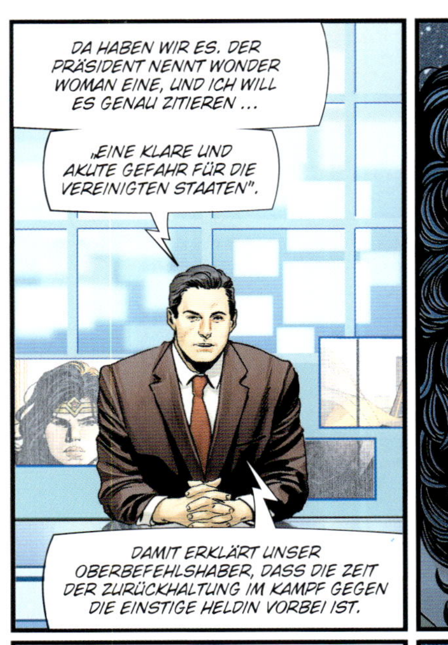
DA HABEN WIR ES. DER PRÄSIDENT NENNT WONDER WOMAN EINE, UND ICH WILL ES GENAU ZITIEREN ...
„EINE KLARE UND AKUTE GEFAHR FÜR DIE VEREINIGTEN STAATEN".
DAMIT ERKLÄRT UNSER OBERBEFEHLSHABER, DASS DIE ZEIT DER ZURÜCKHALTUNG IM KAMPF GEGEN DIE EINSTIGE HELDIN VORBEI IST.

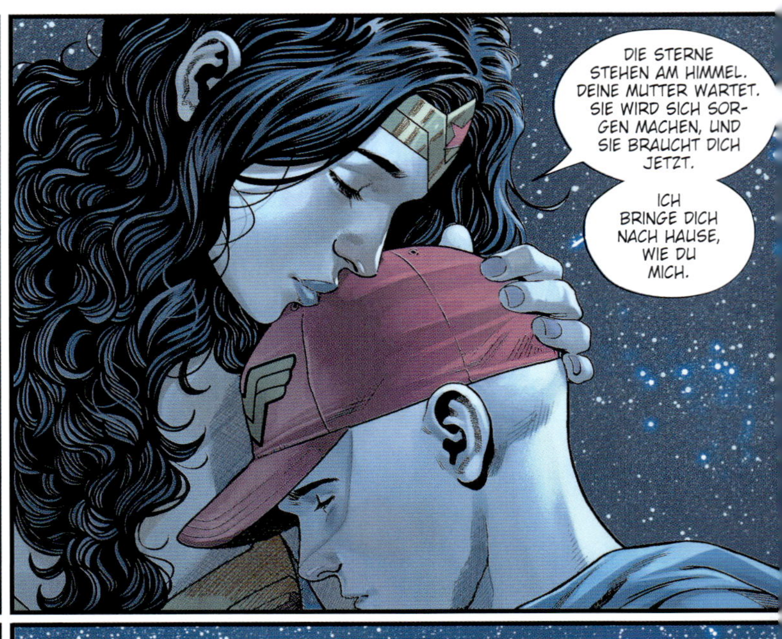
DIE STERNE STEHEN AM HIMMEL. DEINE MUTTER WARTET. SIE WIRD SICH SORGEN MACHEN, UND SIE BRAUCHT DICH JETZT.
ICH BRINGE DICH NACH HAUSE, WIE DU MICH.

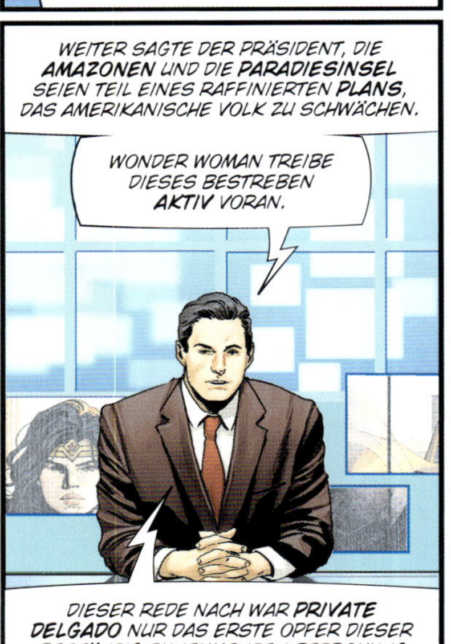
WEITER SAGTE DER PRÄSIDENT, DIE **AMAZONEN** UND DIE **PARADIESINSEL** SEIEN TEIL EINES RAFFINIERTEN **PLANS**, DAS AMERIKANISCHE VOLK ZU SCHWÄCHEN.
WONDER WOMAN TREIBE DIESES BESTREBEN **AKTIV** VORAN.
DIESER REDE NACH WAR **PRIVATE DELGADO** NUR DAS ERSTE OPFER DIESER BESTÄNDIG ZUNEHMENDEN BEDROHUNG FÜR UNSER GELIEBTES LAND.

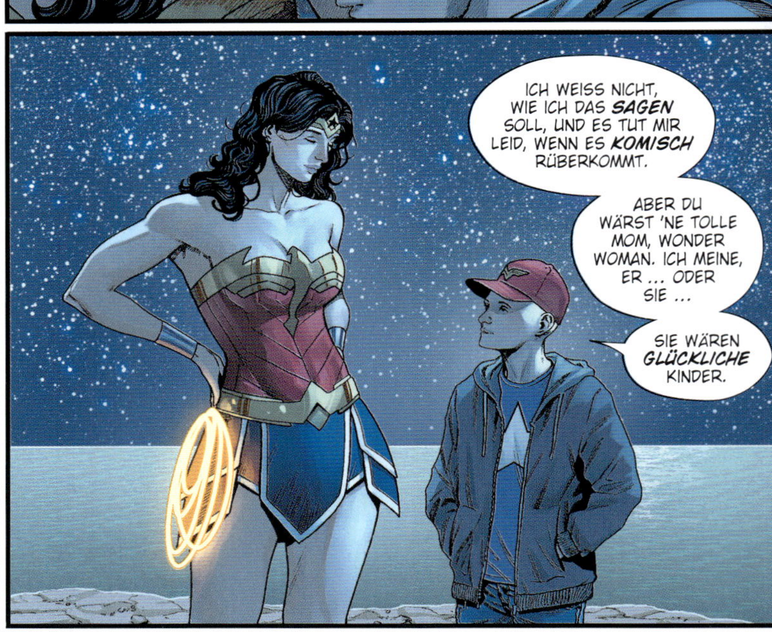
ICH WEISS NICHT, WIE ICH DAS **SAGEN** SOLL, UND ES TUT MIR LEID, WENN ES **KOMISCH** RÜBERKOMMT.
ABER DU WÄRST 'NE TOLLE MOM, WONDER WOMAN. ICH MEINE, ER ... ODER SIE ...
SIE WÄREN **GLÜCKLICHE** KINDER.

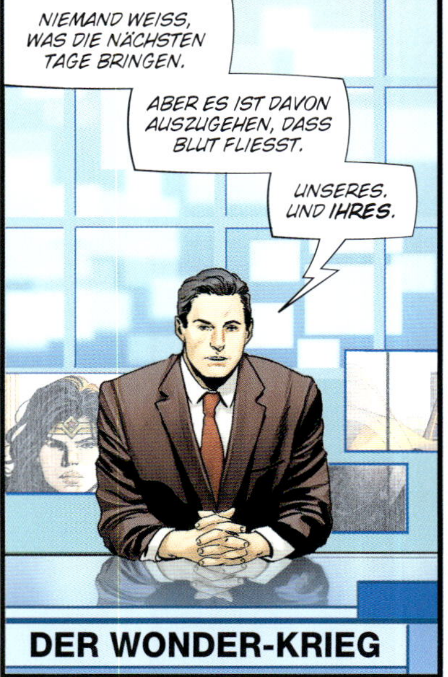
NIEMAND WEISS, WAS DIE NÄCHSTEN TAGE BRINGEN.
ABER ES IST DAVON AUSZUGEHEN, DASS BLUT FLIESST.
UNSERES. UND **IHRES**.
DER WONDER-KRIEG

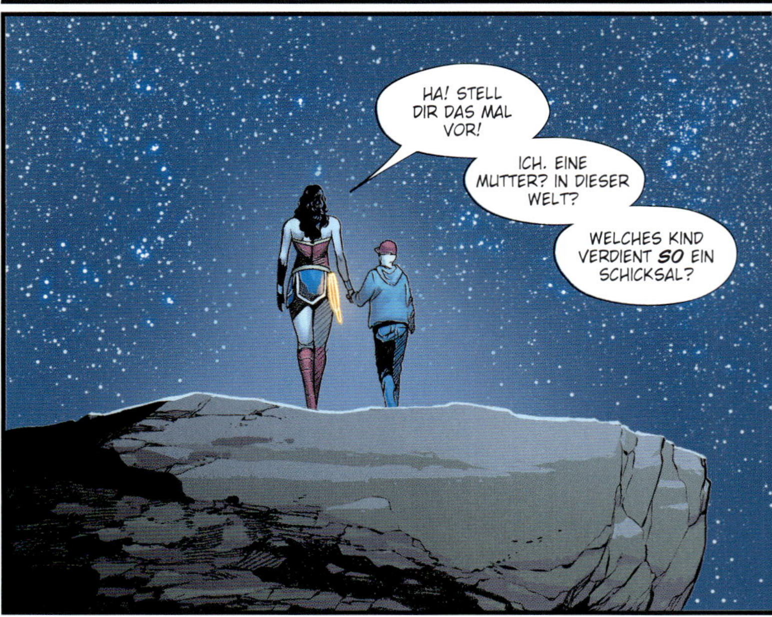
HA! STELL DIR DAS MAL VOR!
ICH. EINE MUTTER? IN DIESER WELT?
WELCHES KIND VERDIENT **SO** EIN SCHICKSAL?

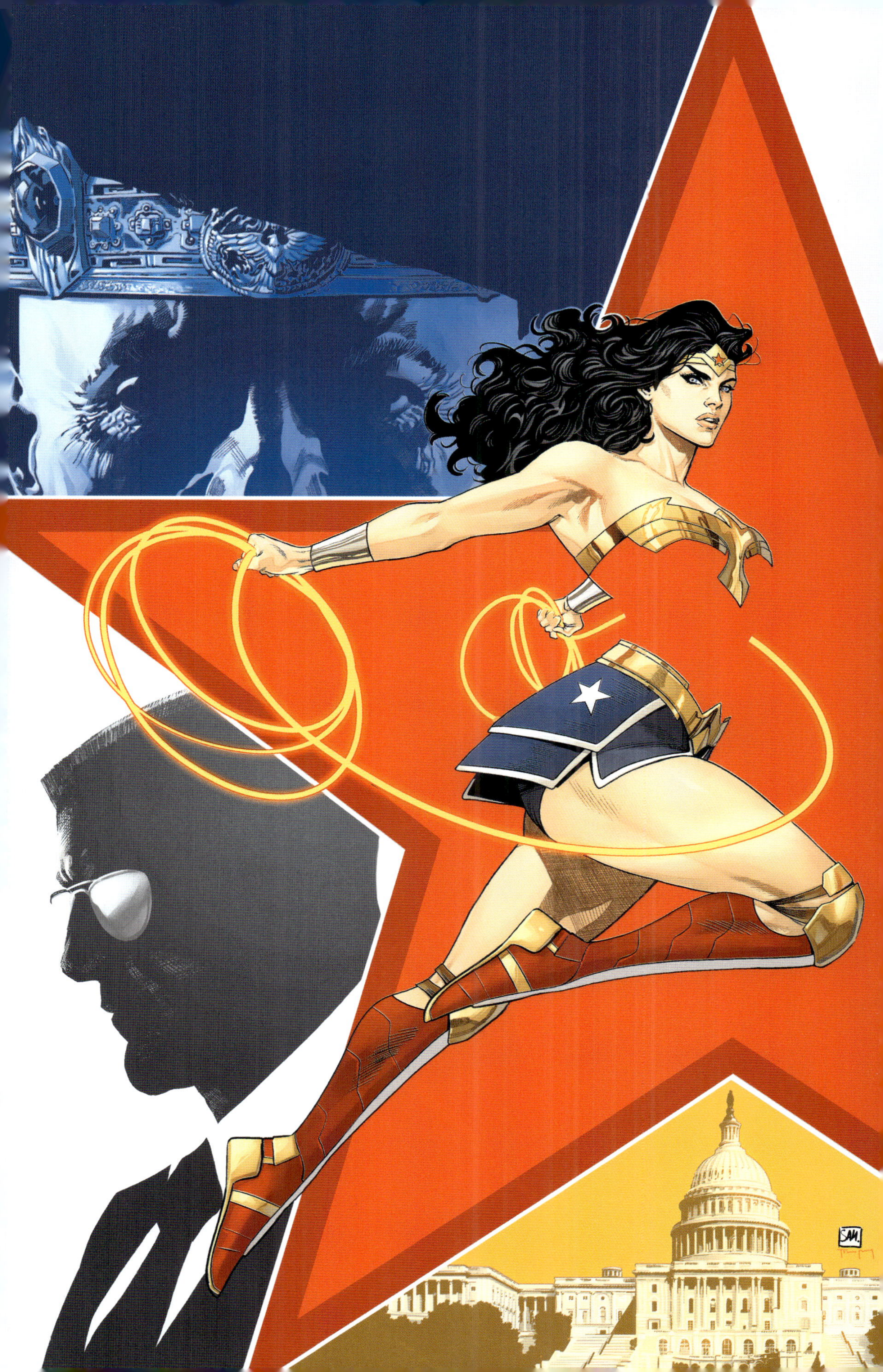

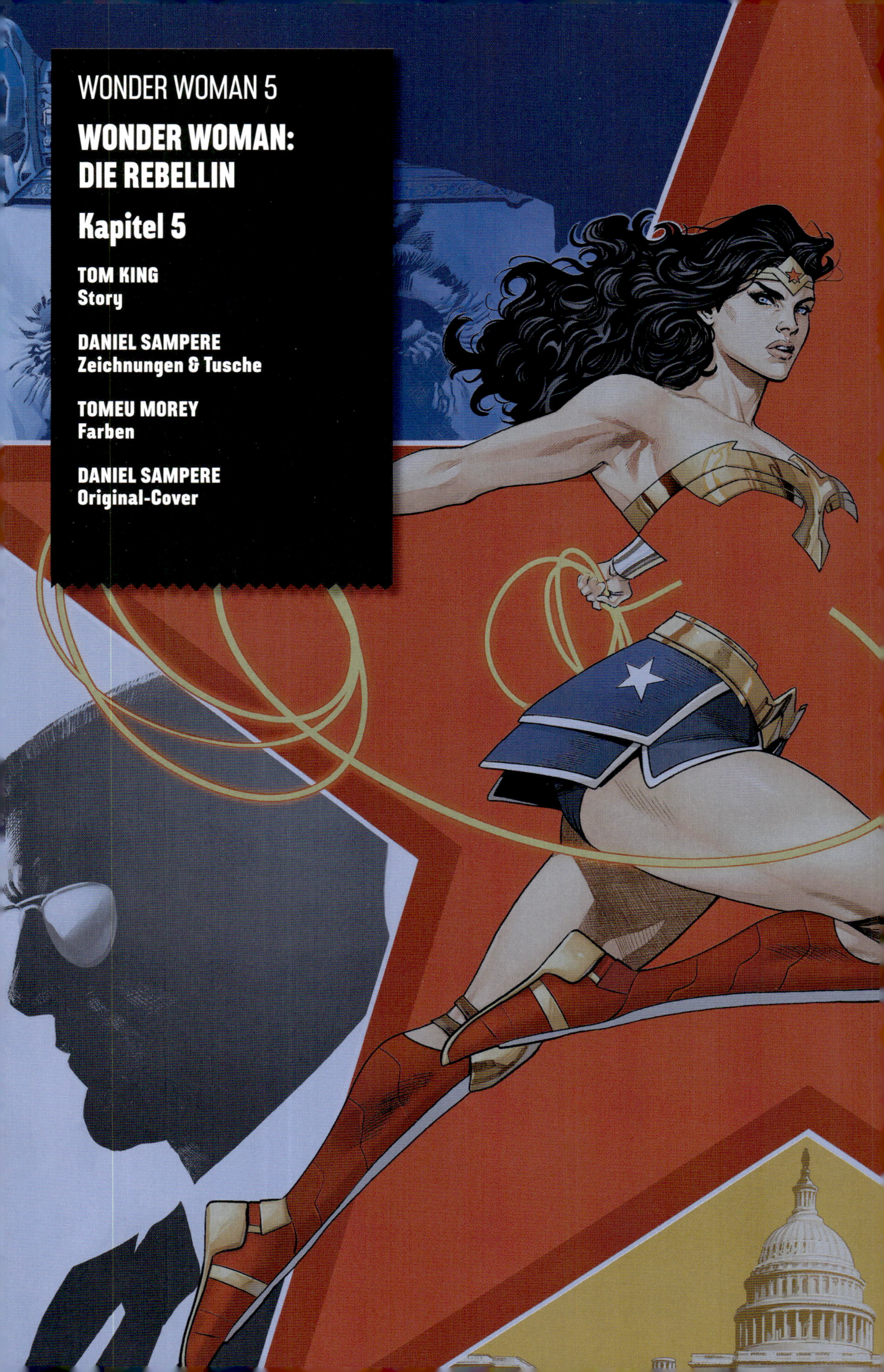
WONDER WOMAN 5
WONDER WOMAN:
DIE REBELLIN
Kapitel 5
TOM KING
Story
DANIEL SAMPERE
Zeichnungen & Tusche
TOMEU MOREY
Farben
DANIEL SAMPERE
Original-Cover

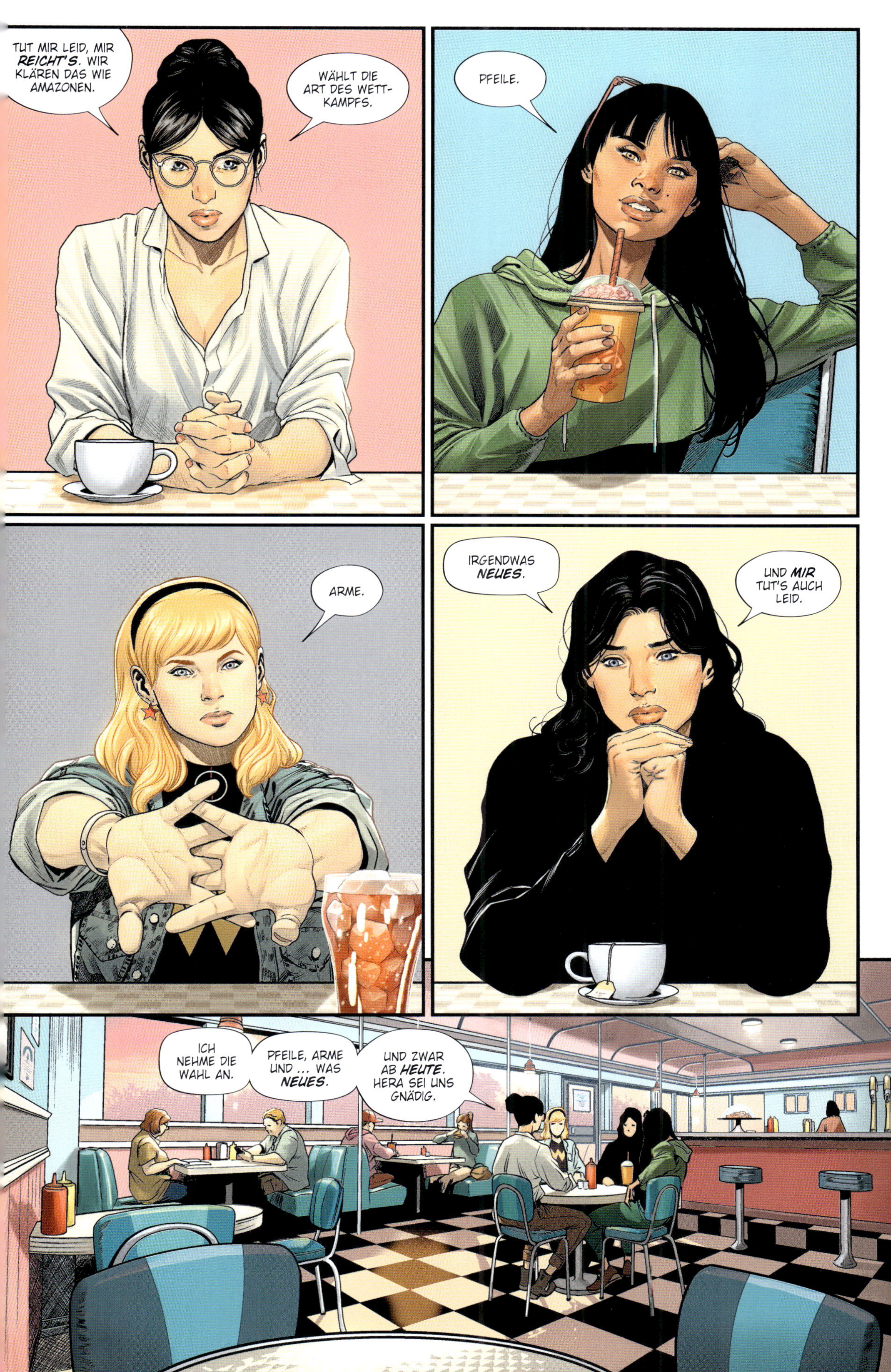
TUT MIR LEID, MIR REICHT'S. WIR KLÄREN DAS WIE AMAZONEN.
WÄHLT DIE ART DES WETT-KAMPFS.
PFEILE.
ARME.
IRGENDWAS NEUES.
UND MIR TUT'S AUCH LEID.
ICH NEHME DIE WAHL AN.
PFEILE, ARME UND ... WAS NEUES.
UND ZWAR AB HEUTE. HERA SEI UNS GNÄDIG.

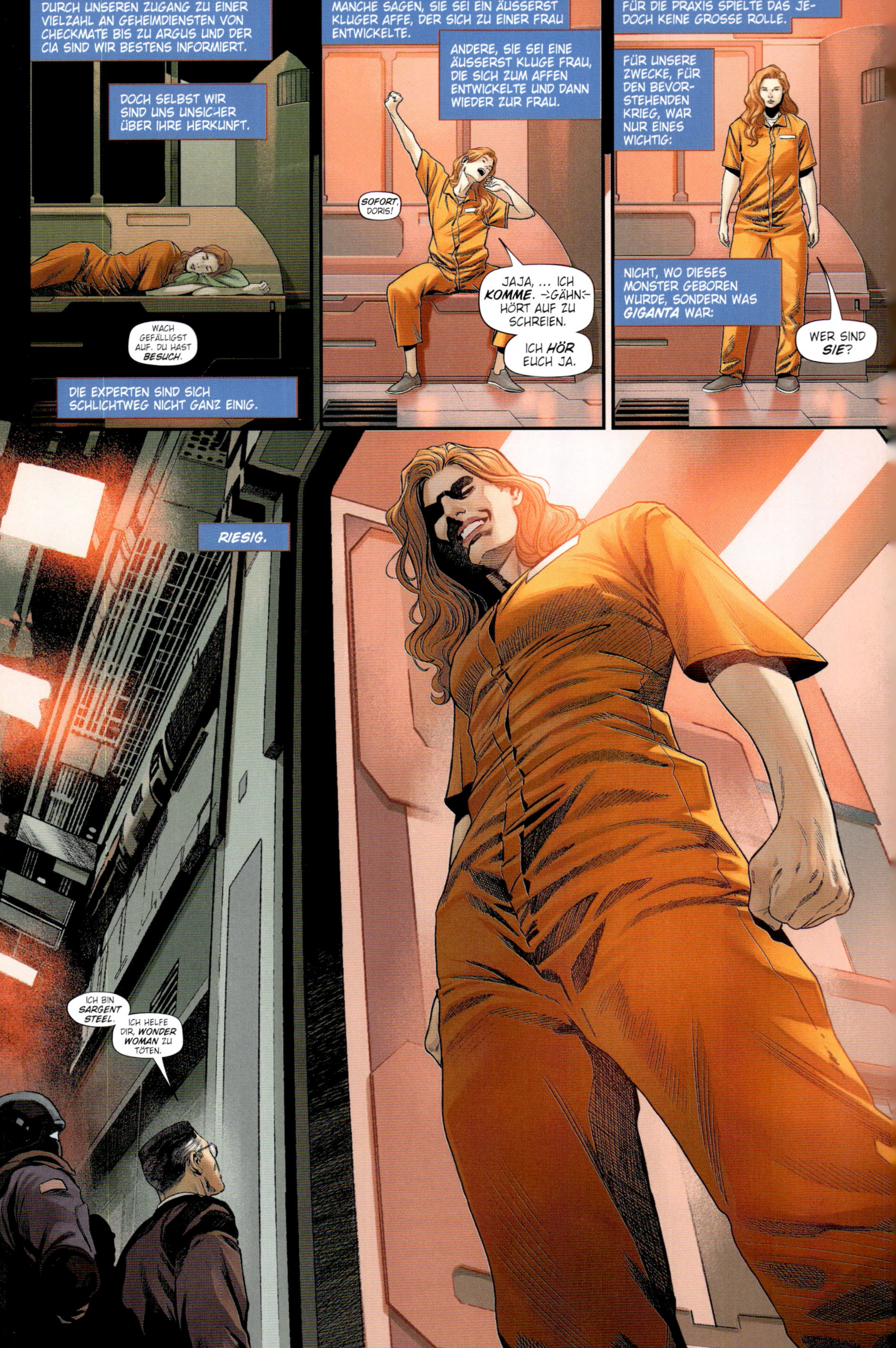
DURCH UNSEREN ZUGANG ZU EINER VIELZAHL AN GEHEIMDIENSTEN VON CHECKMATE BIS ZU ARGUS UND DER CIA SIND WIR BESTENS INFORMIERT.
DOCH SELBST WIR SIND UNS UNSICHER ÜBER IHRE HERKUNFT.
WACH GEFÄLLIGST AUF. DU HAST BESUCH.
DIE EXPERTEN SIND SICH SCHLICHTWEG NICHT GANZ EINIG.
MANCHE SAGEN, SIE SEI EIN ÄUSSERST KLUGER AFFE, DER SICH ZU EINER FRAU ENTWICKELTE.
ANDERE, SIE SEI EINE ÄUSSERST KLUGE FRAU, DIE SICH ZUM AFFEN ENTWICKELTE UND DANN WIEDER ZUR FRAU.
SOFORT, DORIS!
JAJA, ... ICH KOMME. -GÄHN- HÖRT AUF ZU SCHREIEN.
ICH HÖR EUCH JA.
FÜR DIE PRAXIS SPIELTE DAS JEDOCH KEINE GROSSE ROLLE.
FÜR UNSERE ZWECKE, FÜR DEN BEVORSTEHENDEN KRIEG, WAR NUR EINES WICHTIG:
NICHT, WO DIESES MONSTER GEBOREN WURDE, SONDERN WAS GIGANTA WAR:
WER SIND SIE?
RIESIG.
ICH BIN SARGENT STEEL.
ICH HELFE DIR, WONDER WOMAN ZU TÖTEN.

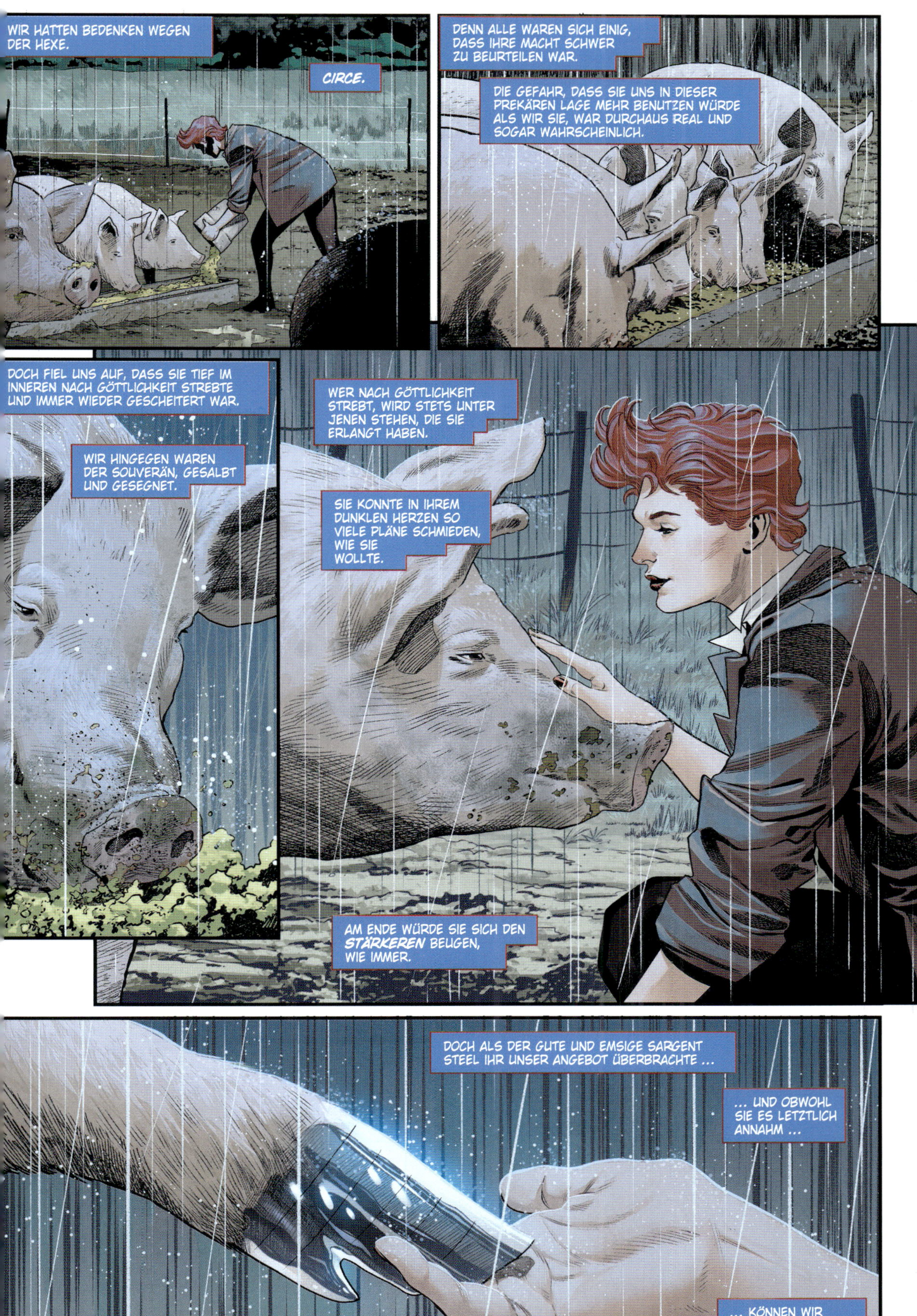
WIR HATTEN BEDENKEN WEGEN DER HEXE.
CIRCE.
DENN ALLE WAREN SICH EINIG, DASS IHRE MACHT SCHWER ZU BEURTEILEN WAR.
DIE GEFAHR, DASS SIE UNS IN DIESER PREKÄREN LAGE MEHR BENUTZEN WÜRDE ALS WIR SIE, WAR DURCHAUS REAL UND SOGAR WAHRSCHEINLICH.
DOCH FIEL UNS AUF, DASS SIE TIEF IM INNEREN NACH GÖTTLICHKEIT STREBTE UND IMMER WIEDER GESCHEITERT WAR.
WIR HINGEGEN WAREN DER SOUVERÄN, GESALBT UND GESEGNET.
WER NACH GÖTTLICHKEIT STREBT, WIRD STETS UNTER JENEN STEHEN, DIE SIE ERLANGT HABEN.
SIE KONNTE IN IHREM DUNKLEN HERZEN SO VIELE PLÄNE SCHMIEDEN, WIE SIE WOLLTE.
AM ENDE WÜRDE SIE SICH DEN STÄRKEREN BEUGEN, WIE IMMER.
DOCH ALS DER GUTE UND EMSIGE SARGENT STEEL IHR UNSER ANGEBOT ÜBERBRACHTE ...
... UND OBWOHL SIE ES LETZTLICH ANNAHM ...
... KÖNNEN WIR KAUM BEHAUPTEN, DASS DABEI ALLES LIEF WIE ERHOFFT.

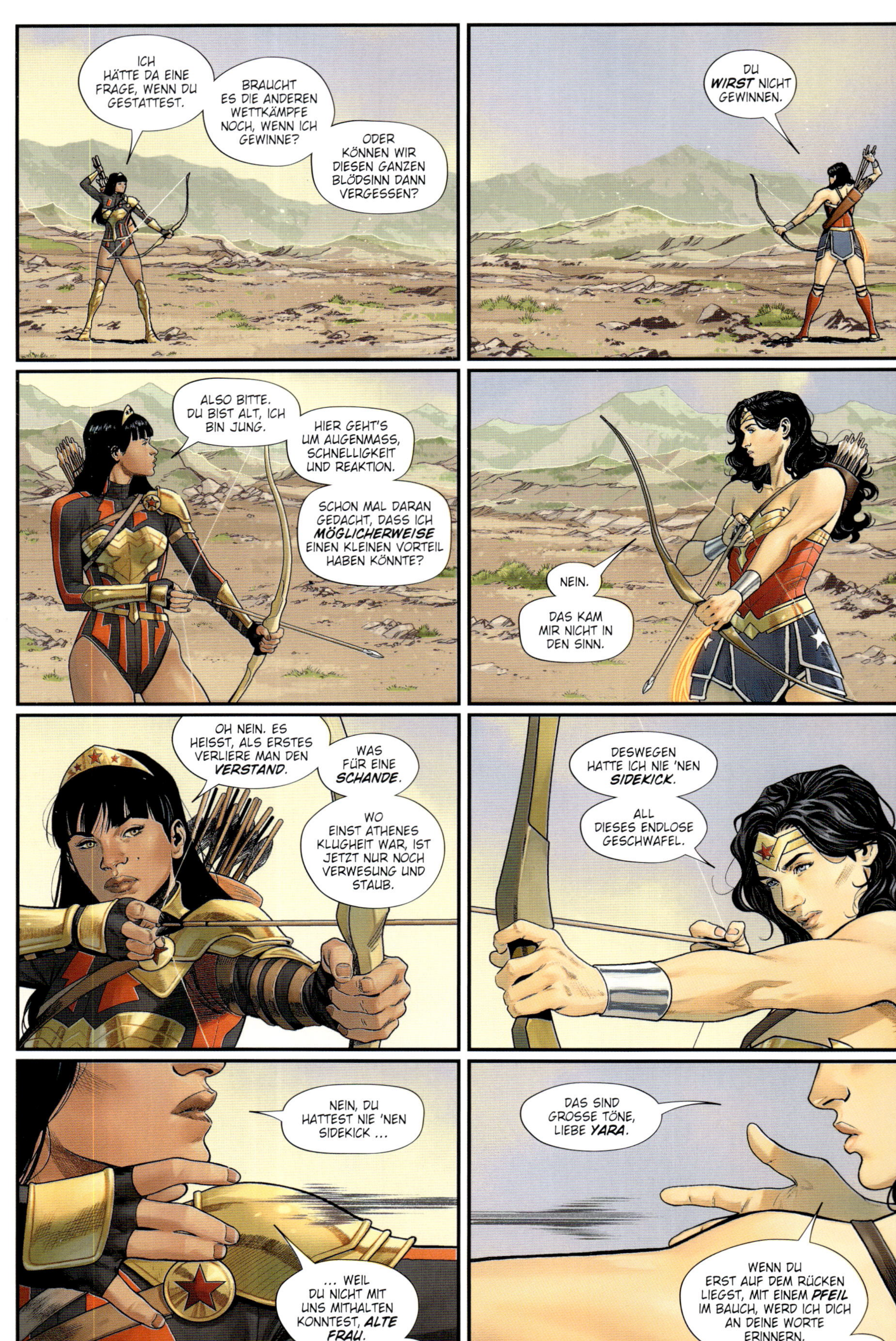
ICH HÄTTE DA EINE FRAGE, WENN DU GESTATTEST.
BRAUCHT ES DIE ANDEREN WETTKÄMPFE NOCH, WENN ICH GEWINNE?
ODER KÖNNEN WIR DIESEN GANZEN BLÖDSINN DANN VERGESSEN?
DU *WIRST* NICHT GEWINNEN.
ALSO BITTE. DU BIST ALT, ICH BIN JUNG.
HIER GEHT'S UM AUGENMASS, SCHNELLIGKEIT UND REAKTION.
SCHON MAL DARAN GEDACHT, DASS ICH *MÖGLICHERWEISE* EINEN KLEINEN VORTEIL HABEN KÖNNTE?
NEIN.
DAS KAM MIR NICHT IN DEN SINN.
OH NEIN. ES HEISST, ALS ERSTES VERLIERE MAN DEN *VERSTAND*.
WAS FÜR EINE *SCHANDE*.
WO EINST ATHENES KLUGHEIT WAR, IST JETZT NUR NOCH VERWESUNG UND STAUB.
DESWEGEN HATTE ICH NIE 'NEN *SIDEKICK*.
ALL DIESES ENDLOSE GESCHWAFEL.
NEIN, DU HATTEST NIE 'NEN SIDEKICK ...
... WEIL DU NICHT MIT UNS MITHALTEN KONNTEST, *ALTE FRAU*.
EINS!
DAS SIND GROSSE TÖNE, LIEBE *YARA*.
WENN DU ERST AUF DEM RÜCKEN LIEGST, MIT EINEM *PFEIL* IM BAUCH, WERD ICH DICH AN DEINE WORTE ERINNERN.
EINS!

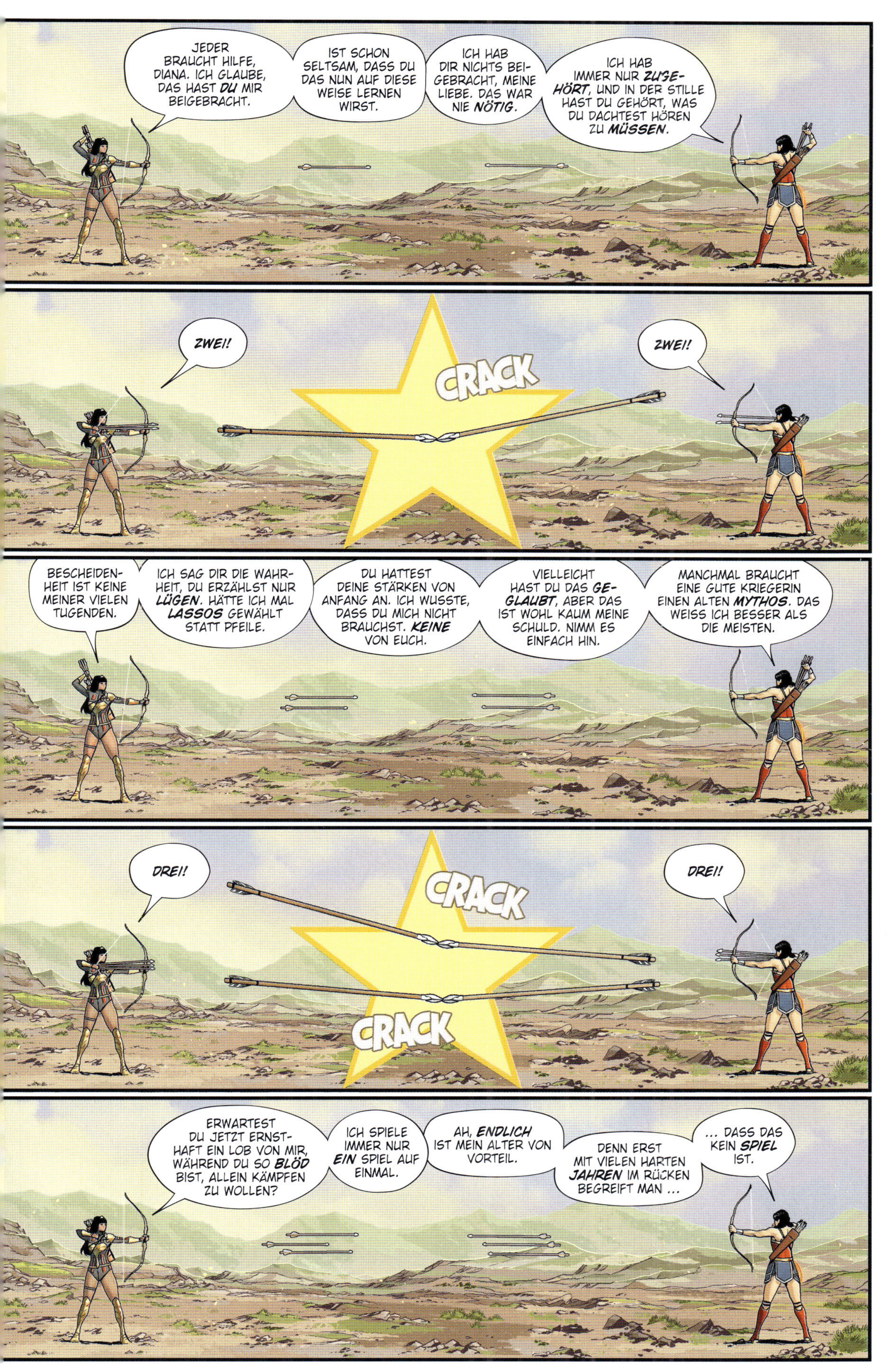
JEDER BRAUCHT HILFE, DIANA. ICH GLAUBE, DAS HAST DU MIR BEIGEBRACHT.
IST SCHON SELTSAM, DASS DU DAS NUN AUF DIESE WEISE LERNEN WIRST.
ICH HAB DIR NICHTS BEIGEBRACHT, MEINE LIEBE. DAS WAR NIE NÖTIG.
ICH HAB IMMER NUR ZUGEHÖRT, UND IN DER STILLE HAST DU GEHÖRT, WAS DU DACHTEST HÖREN ZU MÜSSEN.
ZWEI!
ZWEI!
CRACK
BESCHEIDENHEIT IST KEINE MEINER VIELEN TUGENDEN.
ICH SAG DIR DIE WAHRHEIT, DU ERZÄHLST NUR LÜGEN. HÄTTE ICH MAL LASSOS GEWÄHLT STATT PFEILE.
DU HATTEST DEINE STÄRKEN VON ANFANG AN. ICH WUSSTE, DASS DU MICH NICHT BRAUCHST. KEINE VON EUCH.
VIELLEICHT HAST DU DAS GEGLAUBT, ABER DAS IST WOHL KAUM MEINE SCHULD. NIMM ES EINFACH HIN.
MANCHMAL BRAUCHT EINE GUTE KRIEGERIN EINEN ALTEN MYTHOS. DAS WEISS ICH BESSER ALS DIE MEISTEN.
DREI!
DREI!
CRACK
CRACK
ERWARTEST DU JETZT ERNSTHAFT EIN LOB VON MIR, WÄHREND DU SO BLÖD BIST, ALLEIN KÄMPFEN ZU WOLLEN?
ICH SPIELE IMMER NUR EIN SPIEL AUF EINMAL.
AH, ENDLICH IST MEIN ALTER VON VORTEIL.
DENN ERST MIT VIELEN HARTEN JAHREN IM RÜCKEN BEGREIFT MAN …
… DASS DAS KEIN SPIEL IST.

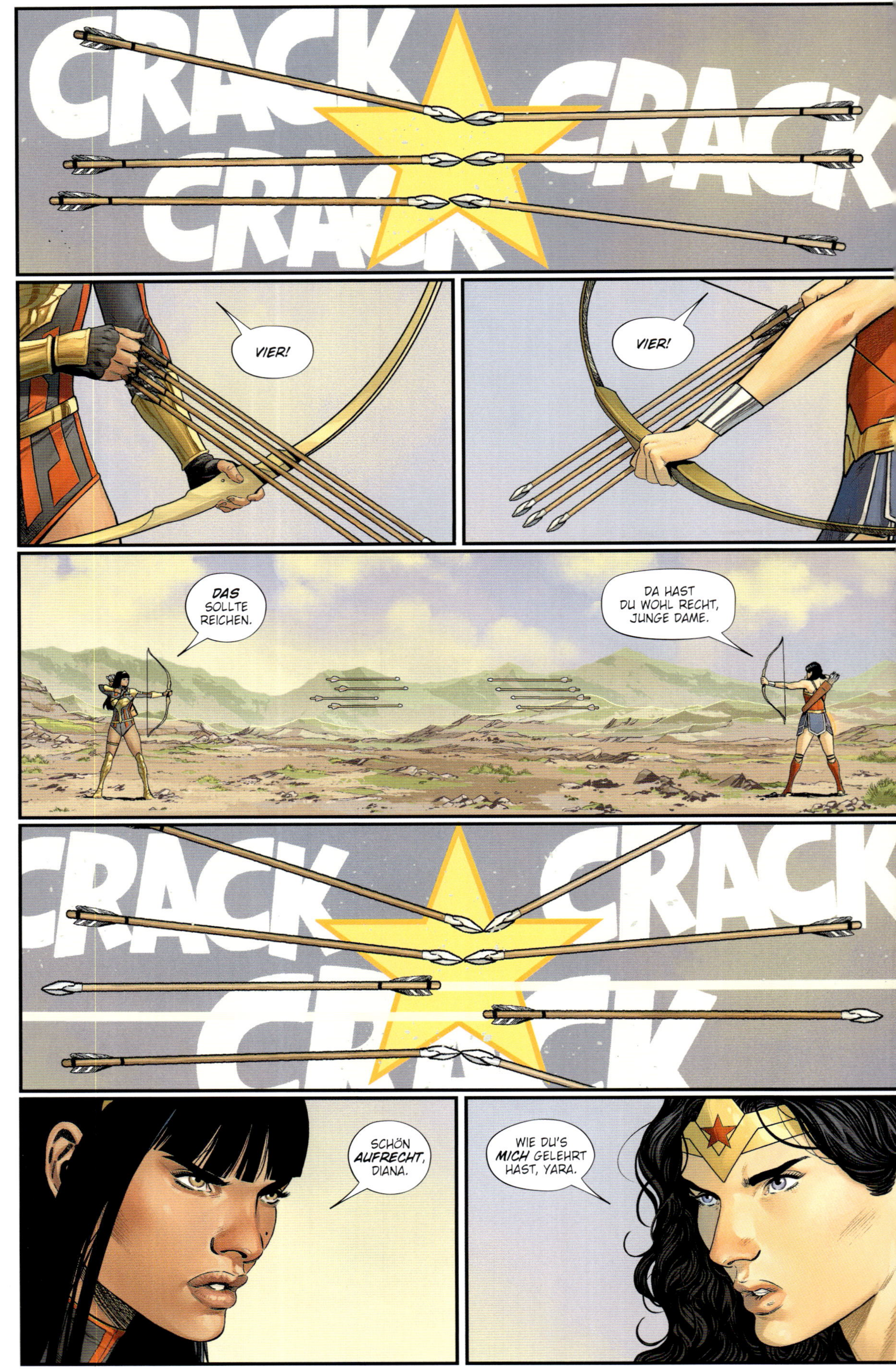
CRACK
CRACK
CRACK
VIER!
VIER!
DAS SOLLTE REICHEN.
DA HAST DU WOHL RECHT, JUNGE DAME.
CRACK
CRACK
CRACK
SCHÖN AUFRECHT, DIANA.
WIE DU'S MICH GELEHRT HAST, YARA.

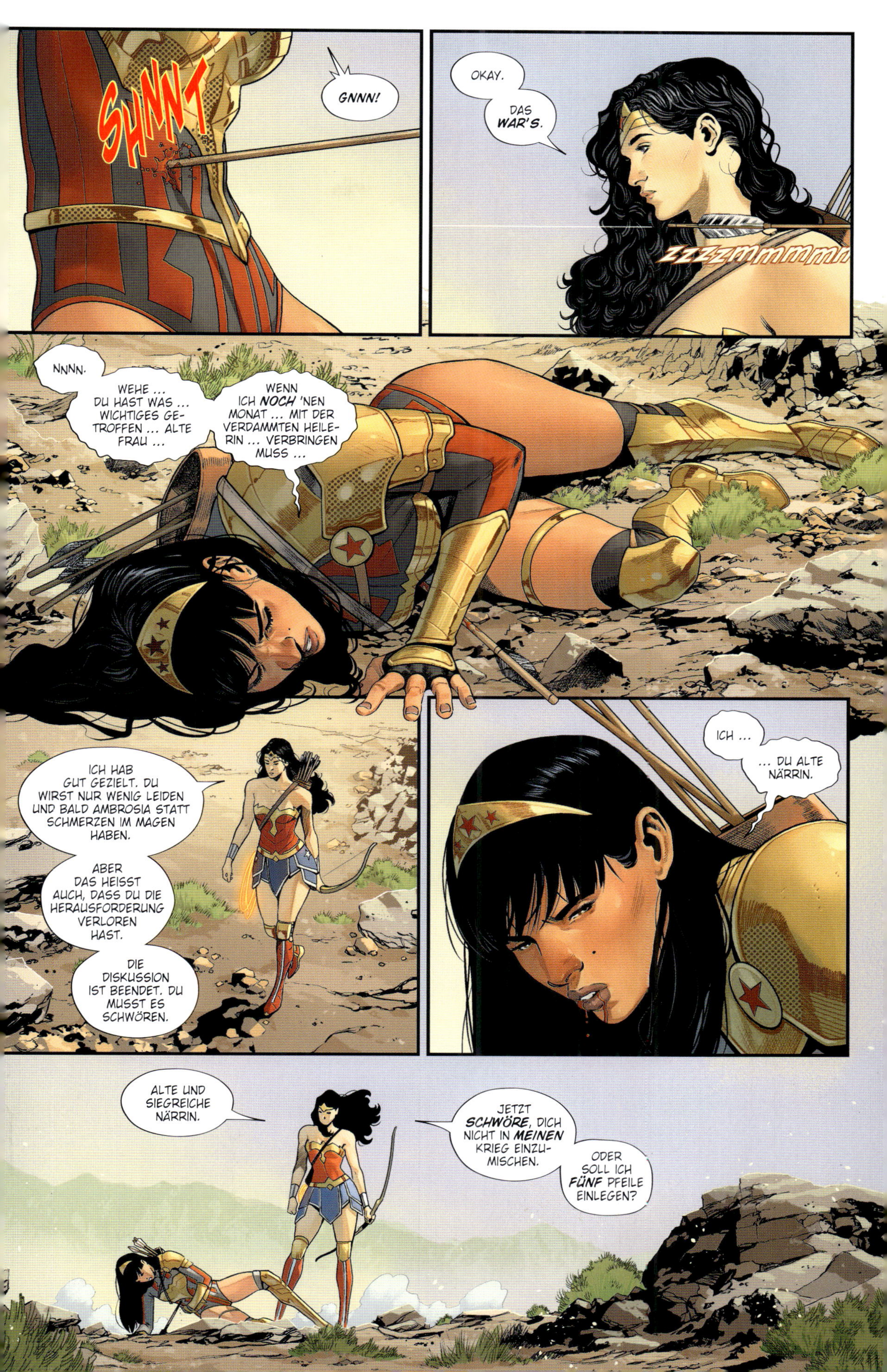
SHNNT
GNNN!
OKAY.
DAS WAR'S.
ZZZZMMMMM
NNNN.
WEHE ... DU HAST WAS ... WICHTIGES GETROFFEN ... ALTE FRAU ...
WENN ICH NOCH 'NEN MONAT ... MIT DER VERDAMMTEN HEILERIN ... VERBRINGEN MUSS ...
ICH HAB GUT GEZIELT. DU WIRST NUR WENIG LEIDEN UND BALD AMBROSIA STATT SCHMERZEN IM MAGEN HABEN.
ABER DAS HEISST AUCH, DASS DU DIE HERAUSFORDERUNG VERLOREN HAST.
DIE DISKUSSION IST BEENDET. DU MUSST ES SCHWÖREN.
ICH ...
... DU ALTE NÄRRIN.
ALTE UND SIEGREICHE NÄRRIN.
JETZT SCHWÖRE, DICH NICHT IN MEINEN KRIEG EINZUMISCHEN.
ODER SOLL ICH FÜNF PFEILE EINLEGEN?

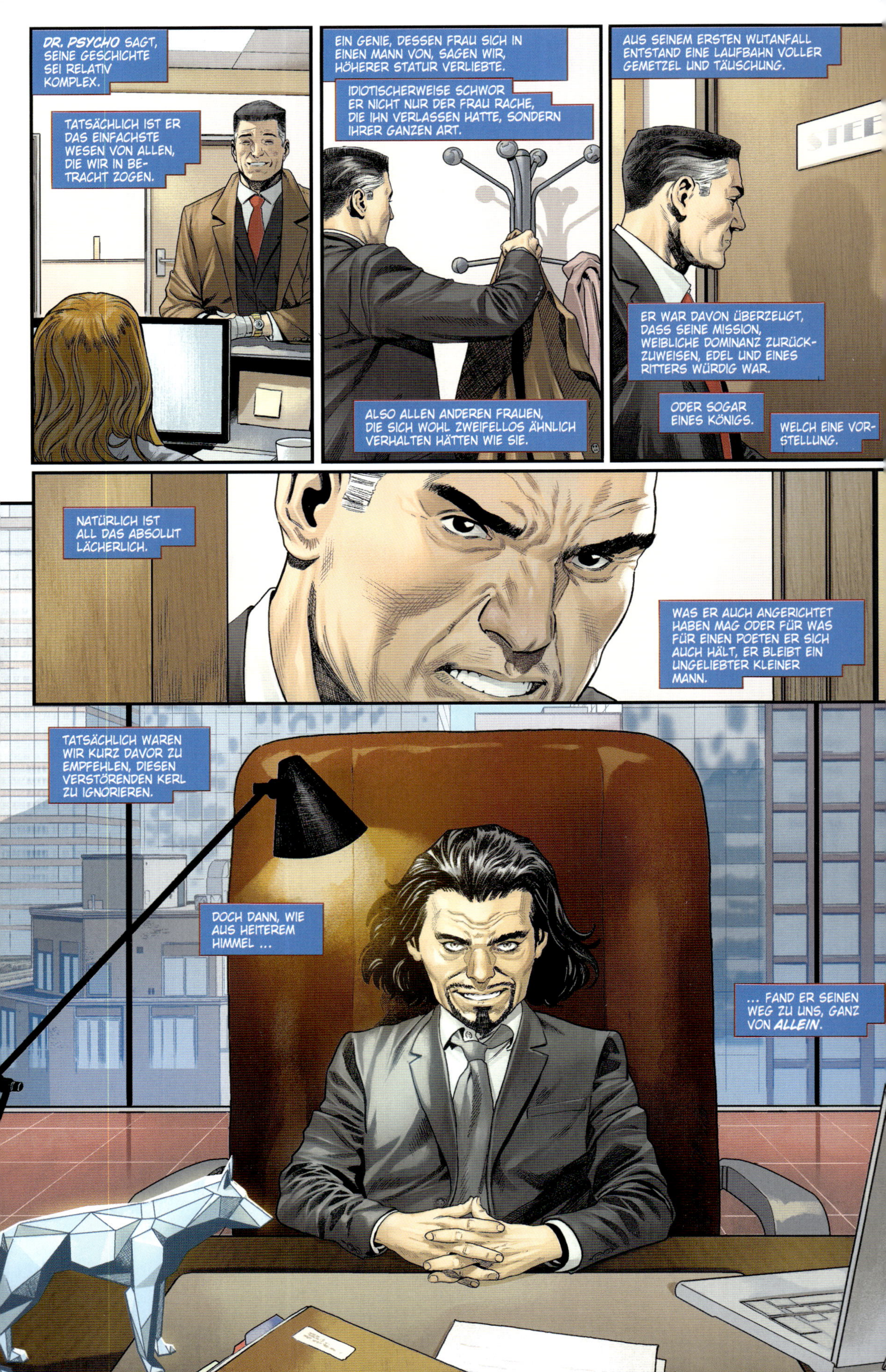
DR. PSYCHO SAGT, SEINE GESCHICHTE SEI RELATIV KOMPLEX.
TATSÄCHLICH IST ER DAS EINFACHSTE WESEN VON ALLEN, DIE WIR IN BETRACHT ZOGEN.
EIN GENIE, DESSEN FRAU SICH IN EINEN MANN VON, SAGEN WIR, HÖHERER STATUR VERLIEBTE.
IDIOTISCHERWEISE SCHWOR ER NICHT NUR DER FRAU RACHE, DIE IHN VERLASSEN HATTE, SONDERN IHRER GANZEN ART.
ALSO ALLEN ANDEREN FRAUEN, DIE SICH WOHL ZWEIFELLOS ÄHNLICH VERHALTEN HÄTTEN WIE SIE.
AUS SEINEM ERSTEN WUTANFALL ENTSTAND EINE LAUFBAHN VOLLER GEMETZEL UND TÄUSCHUNG.
ER WAR DAVON ÜBERZEUGT, DASS SEINE MISSION, WEIBLICHE DOMINANZ ZURÜCKZUWEISEN, EDEL UND EINES RITTERS WÜRDIG WAR.
ODER SOGAR EINES KÖNIGS.
WELCH EINE VORSTELLUNG.
NATÜRLICH IST ALL DAS ABSOLUT LÄCHERLICH.
WAS ER AUCH ANGERICHTET HABEN MAG ODER FÜR WAS FÜR EINEN POETEN ER SICH AUCH HÄLT, ER BLEIBT EIN UNGELIEBTER KLEINER MANN.
TATSÄCHLICH WAREN WIR KURZ DAVOR ZU EMPFEHLEN, DIESEN VERSTÖRENDEN KERL ZU IGNORIEREN.
DOCH DANN, WIE AUS HEITEREM HIMMEL ...
... FAND ER SEINEN WEG ZU UNS, GANZ VON ALLEIN.

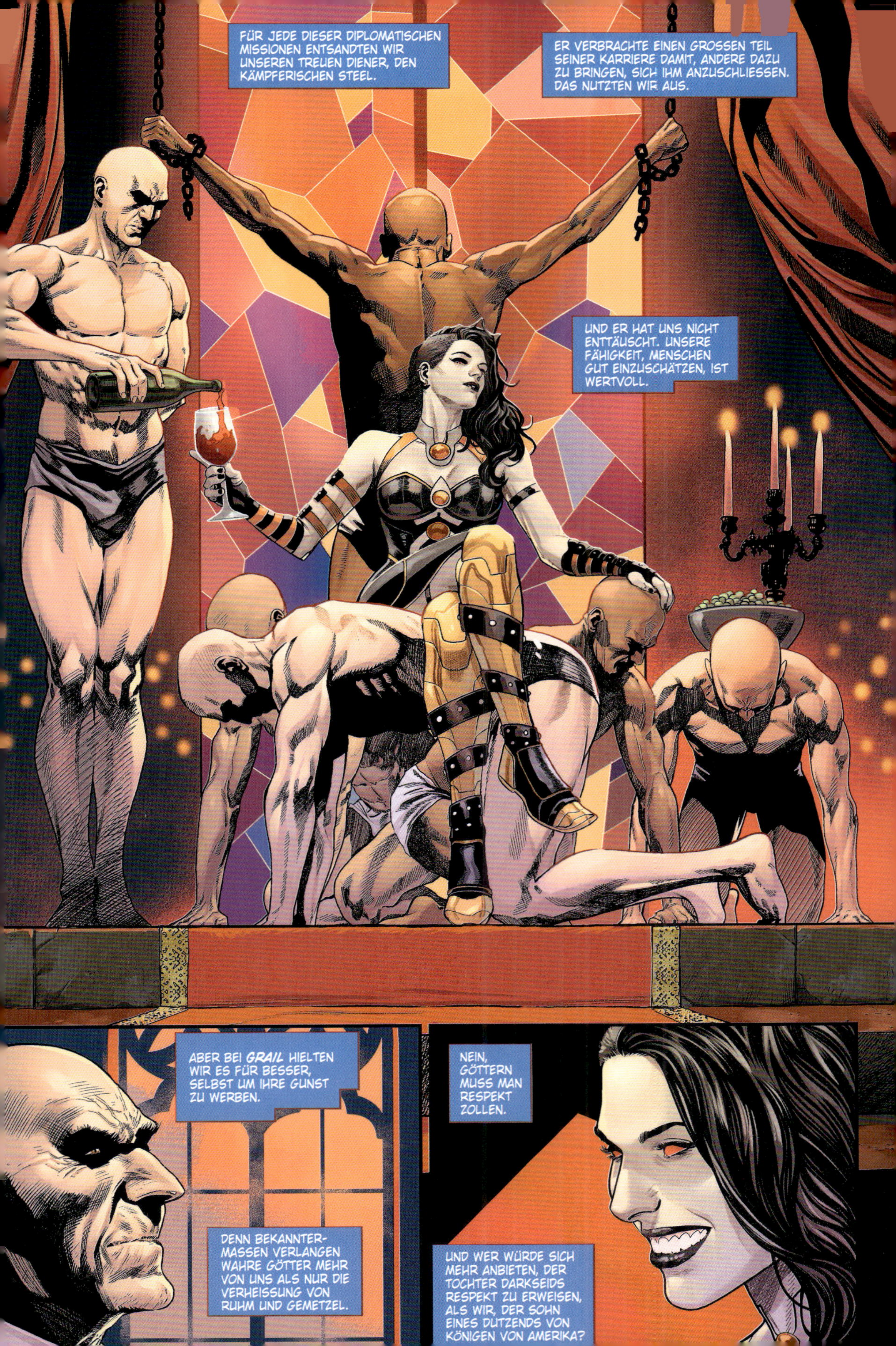
FÜR JEDE DIESER DIPLOMATISCHEN MISSIONEN ENTSANDTEN WIR UNSEREN TREUEN DIENER, DEN KÄMPFERISCHEN STEEL.
ER VERBRACHTE EINEN GROSSEN TEIL SEINER KARRIERE DAMIT, ANDERE DAZU ZU BRINGEN, SICH IHM ANZUSCHLIESSEN. DAS NUTZTEN WIR AUS.
UND ER HAT UNS NICHT ENTTÄUSCHT. UNSERE FÄHIGKEIT, MENSCHEN GUT EINZUSCHÄTZEN, IST WERTVOLL.
ABER BEI GRAIL HIELTEN WIR ES FÜR BESSER, SELBST UM IHRE GUNST ZU WERBEN.
DENN BEKANNTERMASSEN VERLANGEN WAHRE GÖTTER MEHR VON UNS ALS NUR DIE VERHEISSUNG VON RUHM UND GEMETZEL.
NEIN, GÖTTERN MUSS MAN RESPEKT ZOLLEN.
UND WER WÜRDE SICH MEHR ANBIETEN, DER TOCHTER DARKSEIDS RESPEKT ZU ERWEISEN, ALS WIR, DER SOHN EINES DUTZENDS VON KÖNIGEN VON AMERIKA?

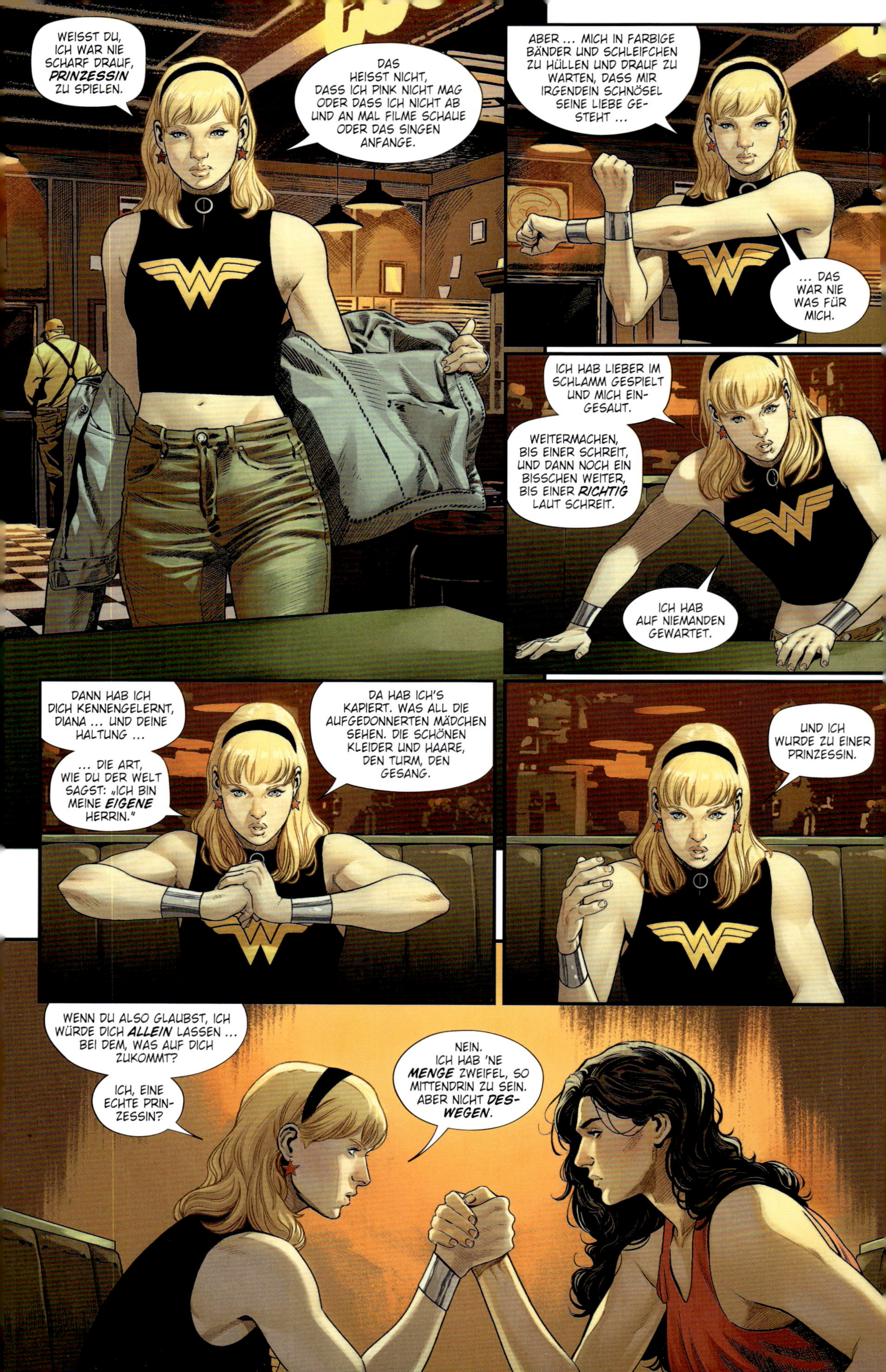
WEISST DU, ICH WAR NIE SCHARF DRAUF, PRINZESSIN ZU SPIELEN.
DAS HEISST NICHT, DASS ICH PINK NICHT MAG ODER DASS ICH NICHT AB UND AN MAL FILME SCHAUE ODER DAS SINGEN ANFANGE.
ABER … MICH IN FARBIGE BÄNDER UND SCHLEIFCHEN ZU HÜLLEN UND DRAUF ZU WARTEN, DASS MIR IRGENDEIN SCHNÖSEL SEINE LIEBE GESTEHT …
… DAS WAR NIE WAS FÜR MICH.
ICH HAB LIEBER IM SCHLAMM GESPIELT UND MICH EINGESAUT.
WEITERMACHEN, BIS EINER SCHREIT, UND DANN NOCH EIN BISSCHEN WEITER, BIS EINER RICHTIG LAUT SCHREIT.
ICH HAB AUF NIEMANDEN GEWARTET.
DANN HAB ICH DICH KENNENGELERNT, DIANA … UND DEINE HALTUNG …
… DIE ART, WIE DU DER WELT SAGST: „ICH BIN MEINE EIGENE HERRIN."
DA HAB ICH'S KAPIERT. WAS ALL DIE AUFGEDONNERTEN MÄDCHEN SEHEN. DIE SCHÖNEN KLEIDER UND HAARE, DEN TURM, DEN GESANG.
UND ICH WURDE ZU EINER PRINZESSIN.
WENN DU ALSO GLAUBST, ICH WÜRDE DICH ALLEIN LASSEN … BEI DEM, WAS AUF DICH ZUKOMMT?
ICH, EINE ECHTE PRINZESSIN?
NEIN. ICH HAB 'NE MENGE ZWEIFEL, SO MITTENDRIN ZU SEIN. ABER NICHT DESWEGEN.

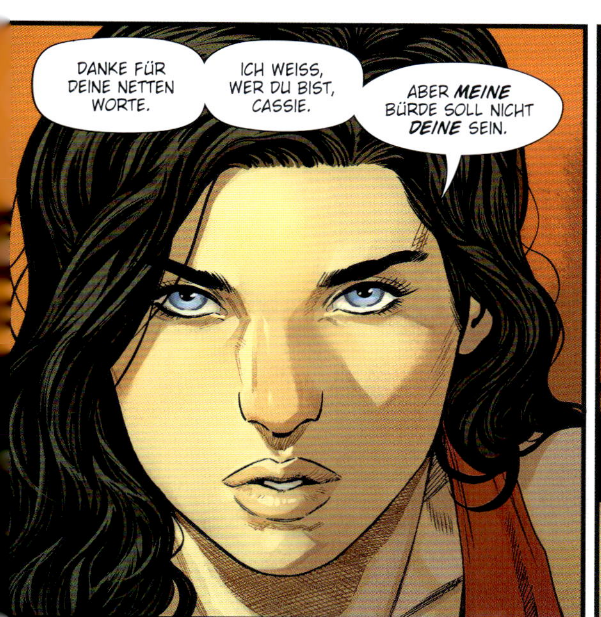
DANKE FÜR DEINE NETTEN WORTE.
ICH WEISS, WER DU BIST, CASSIE.
ABER MEINE BÜRDE SOLL NICHT DEINE SEIN.

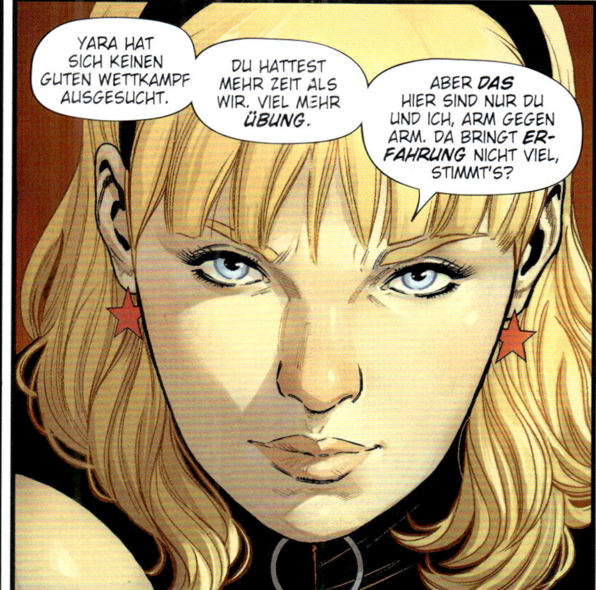
YARA HAT SICH KEINEN GUTEN WETTKAMPF AUSGESUCHT.
DU HATTEST MEHR ZEIT ALS WIR. VIEL MEHR ÜBUNG.
ABER DAS HIER SIND NUR DU UND ICH, ARM GEGEN ARM. DA BRINGT ERFAHRUNG NICHT VIEL, STIMMT'S?

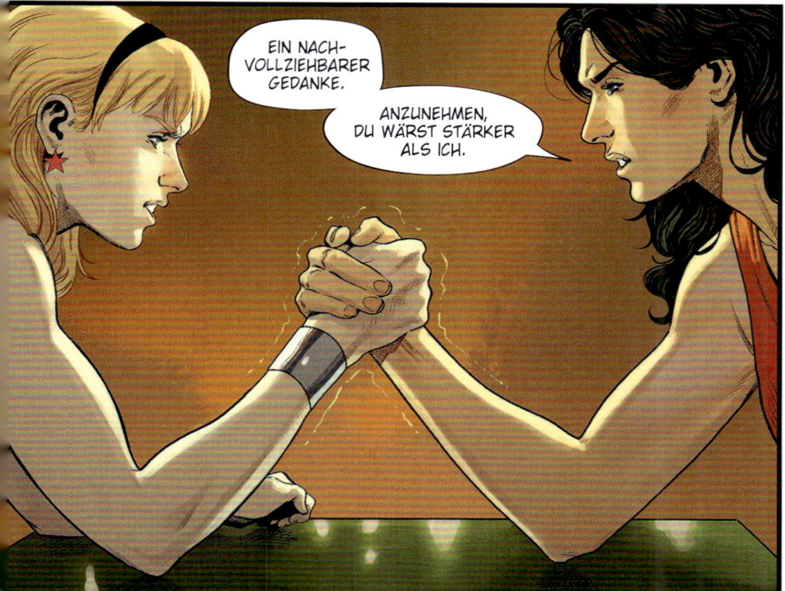
EIN NACHVOLLZIEHBARER GEDANKE.
ANZUNEHMEN, DU WÄRST STÄRKER ALS ICH.

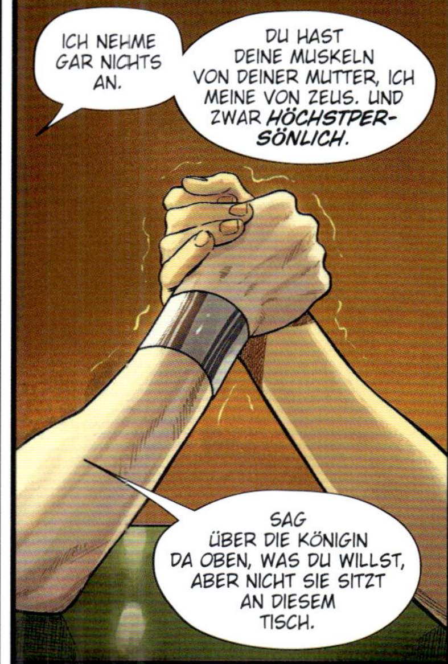
ICH NEHME GAR NICHTS AN.
DU HAST DEINE MUSKELN VON DEINER MUTTER, ICH MEINE VON ZEUS. UND ZWAR HÖCHSTPERSÖNLICH.
SAG ÜBER DIE KÖNIGIN DA OBEN, WAS DU WILLST, ABER NICHT SIE SITZT AN DIESEM TISCH.

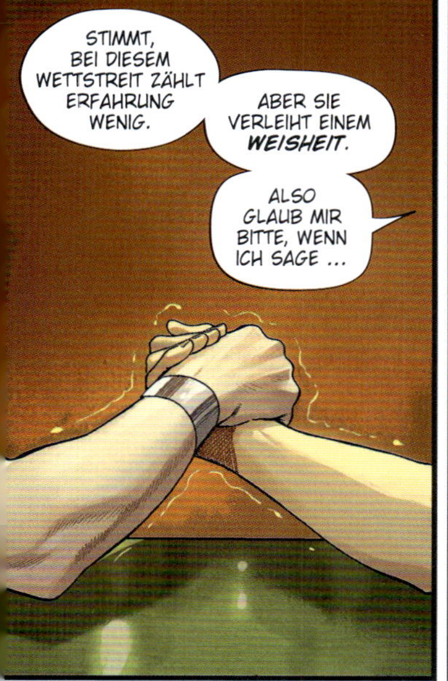
STIMMT, BEI DIESEM WETTSTREIT ZÄHLT ERFAHRUNG WENIG.
ABER SIE VERLEIHT EINEM WEISHEIT.
ALSO GLAUB MIR BITTE, WENN ICH SAGE ...

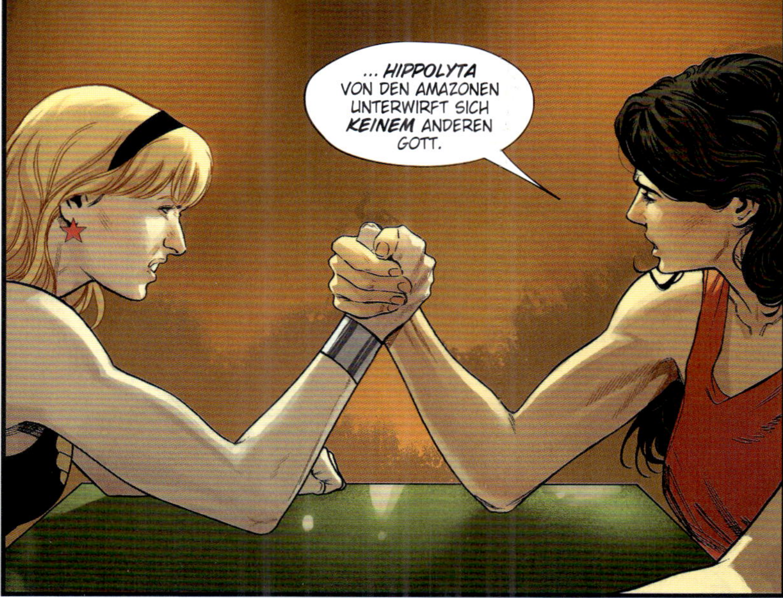
... HIPPOLYTA VON DEN AMAZONEN UNTERWIRFT SICH KEINEM ANDEREN GOTT.

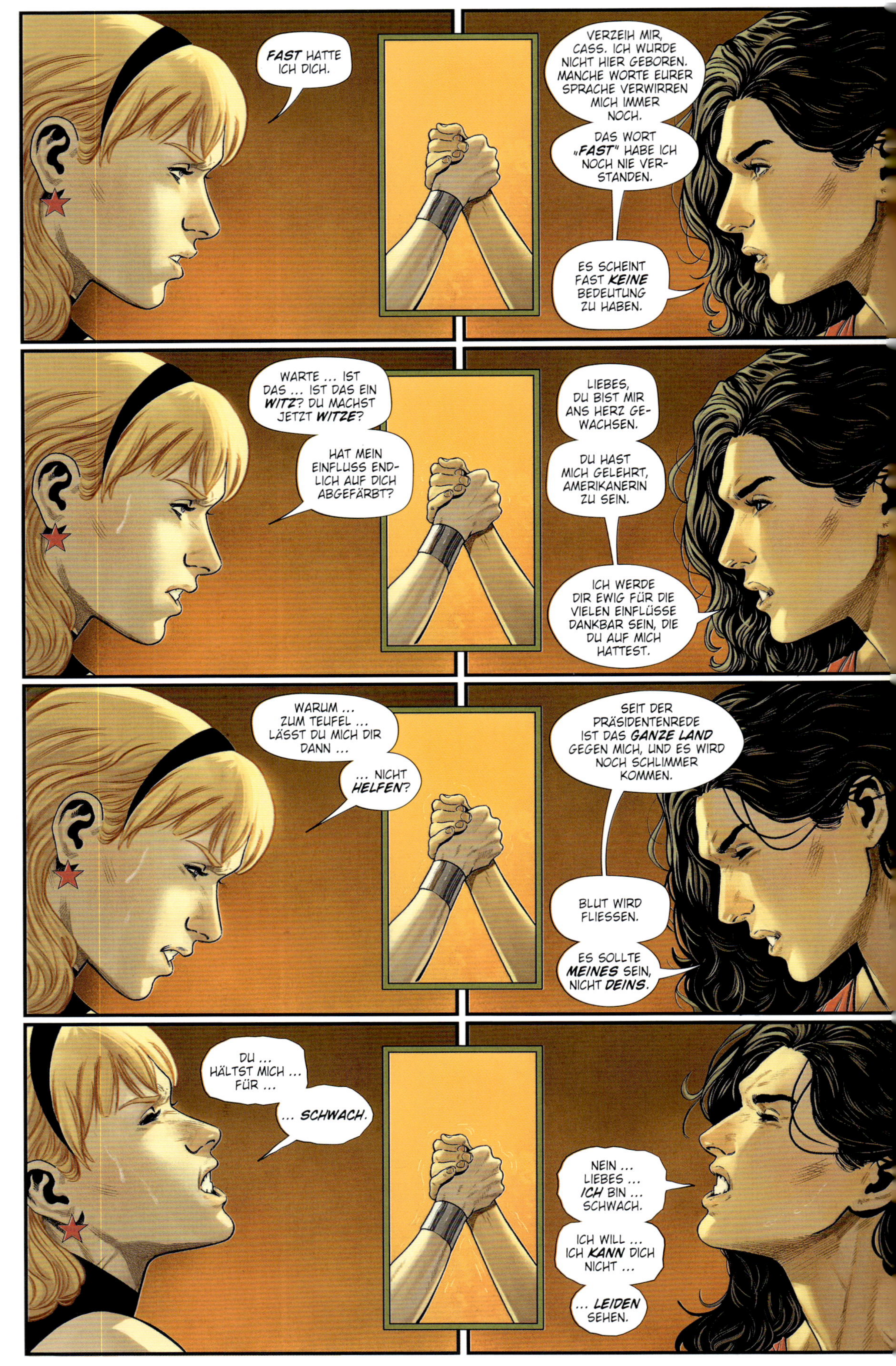
FAST HATTE ICH DICH.
VERZEIH MIR, CASS. ICH WURDE NICHT HIER GEBOREN. MANCHE WORTE EURER SPRACHE VERWIRREN MICH IMMER NOCH.
DAS WORT „FAST" HABE ICH NOCH NIE VERSTANDEN.
ES SCHEINT FAST KEINE BEDEUTUNG ZU HABEN.
WARTE ... IST DAS ... IST DAS EIN WITZ? DU MACHST JETZT WITZE?
HAT MEIN EINFLUSS ENDLICH AUF DICH ABGEFÄRBT?
LIEBES, DU BIST MIR ANS HERZ GEWACHSEN.
DU HAST MICH GELEHRT, AMERIKANERIN ZU SEIN.
ICH WERDE DIR EWIG FÜR DIE VIELEN EINFLÜSSE DANKBAR SEIN, DIE DU AUF MICH HATTEST.
WARUM ... ZUM TEUFEL ... LÄSST DU MICH DIR DANN ...
... NICHT HELFEN?
SEIT DER PRÄSIDENTENREDE IST DAS GANZE LAND GEGEN MICH, UND ES WIRD NOCH SCHLIMMER KOMMEN.
BLUT WIRD FLIESSEN.
ES SOLLTE MEINES SEIN, NICHT DEINS.
DU ... HÄLTST MICH ... FÜR ...
... SCHWACH.
NEIN ... LIEBES ... ICH BIN ... SCHWACH.
ICH WILL ... ICH KANN DICH NICHT ...
... LEIDEN SEHEN.

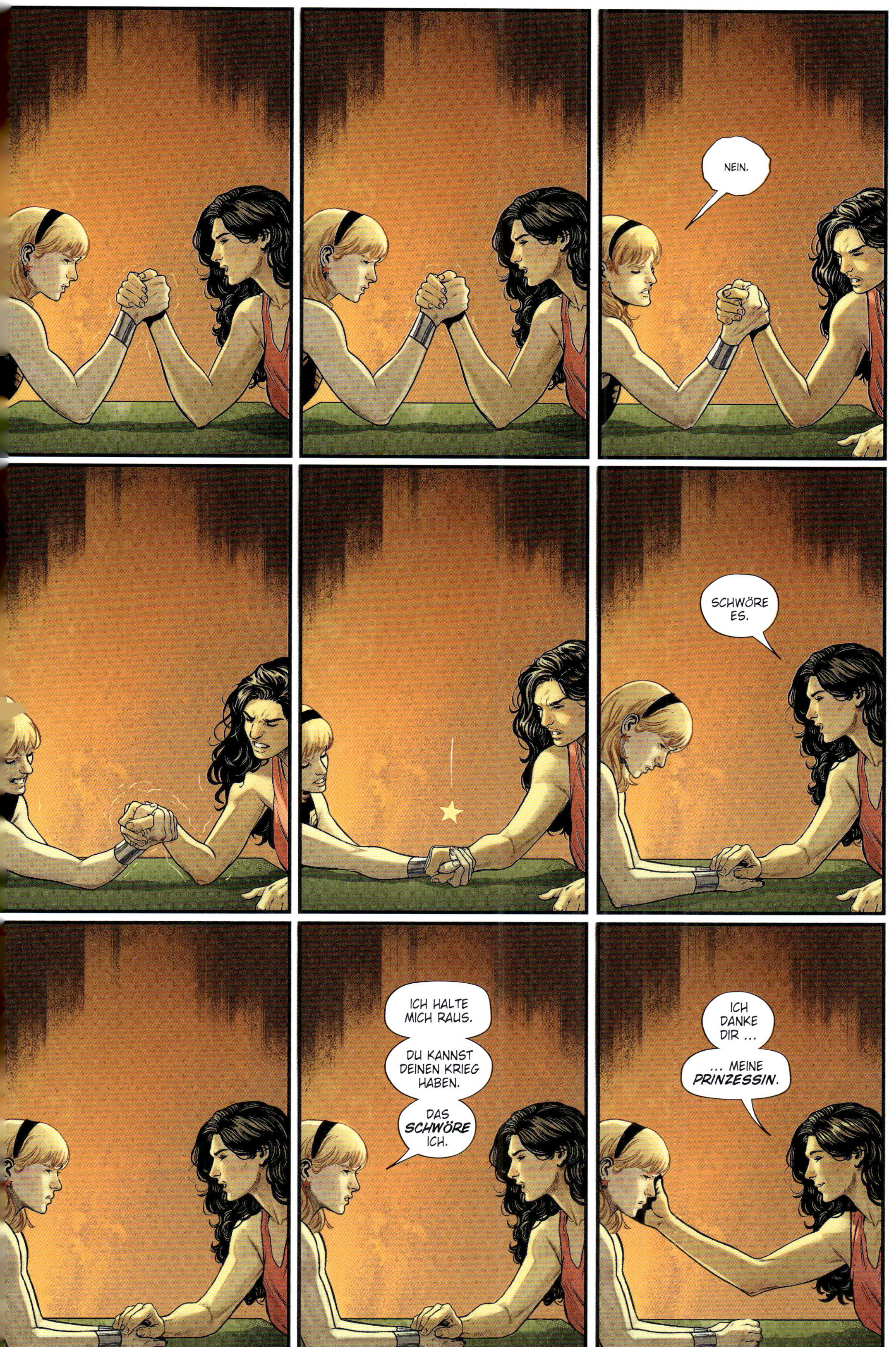
NEIN.
SCHWÖRE ES.
ICH HALTE MICH RAUS.
DU KANNST DEINEN KRIEG HABEN.
DAS SCHWÖRE ICH.
ICH DANKE DIR ...
... MEINE PRINZESSIN.

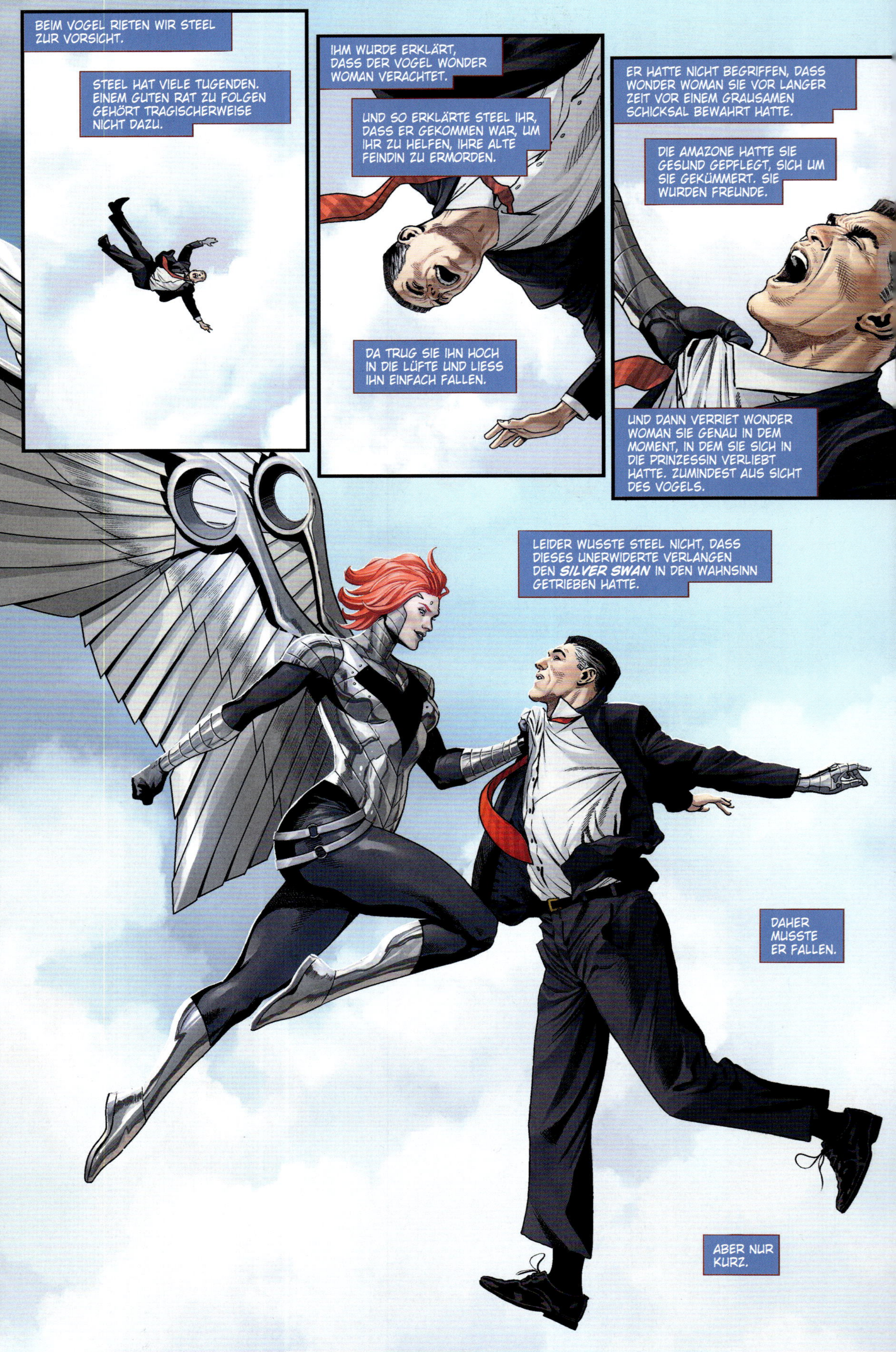
BEIM VOGEL RIETEN WIR STEEL ZUR VORSICHT.
STEEL HAT VIELE TUGENDEN. EINEM GUTEN RAT ZU FOLGEN GEHÖRT TRAGISCHERWEISE NICHT DAZU.
IHM WURDE ERKLÄRT, DASS DER VOGEL WONDER WOMAN VERACHTET.
UND SO ERKLÄRTE STEEL IHR, DASS ER GEKOMMEN WAR, UM IHR ZU HELFEN, IHRE ALTE FEINDIN ZU ERMORDEN.
DA TRUG SIE IHN HOCH IN DIE LÜFTE UND LIESS IHN EINFACH FALLEN.
ER HATTE NICHT BEGRIFFEN, DASS WONDER WOMAN SIE VOR LANGER ZEIT VOR EINEM GRAUSAMEN SCHICKSAL BEWAHRT HATTE.
DIE AMAZONE HATTE SIE GESUND GEPFLEGT, SICH UM SIE GEKÜMMERT. SIE WURDEN FREUNDE.
UND DANN VERRIET WONDER WOMAN SIE GENAU IN DEM MOMENT, IN DEM SIE SICH IN DIE PRINZESSIN VERLIEBT HATTE. ZUMINDEST AUS SICHT DES VOGELS.
LEIDER WUSSTE STEEL NICHT, DASS DIESES UNERWIDERTE VERLANGEN DEN SILVER SWAN IN DEN WAHNSINN GETRIEBEN HATTE.
DAHER MUSSTE ER FALLEN.
ABER NUR KURZ.

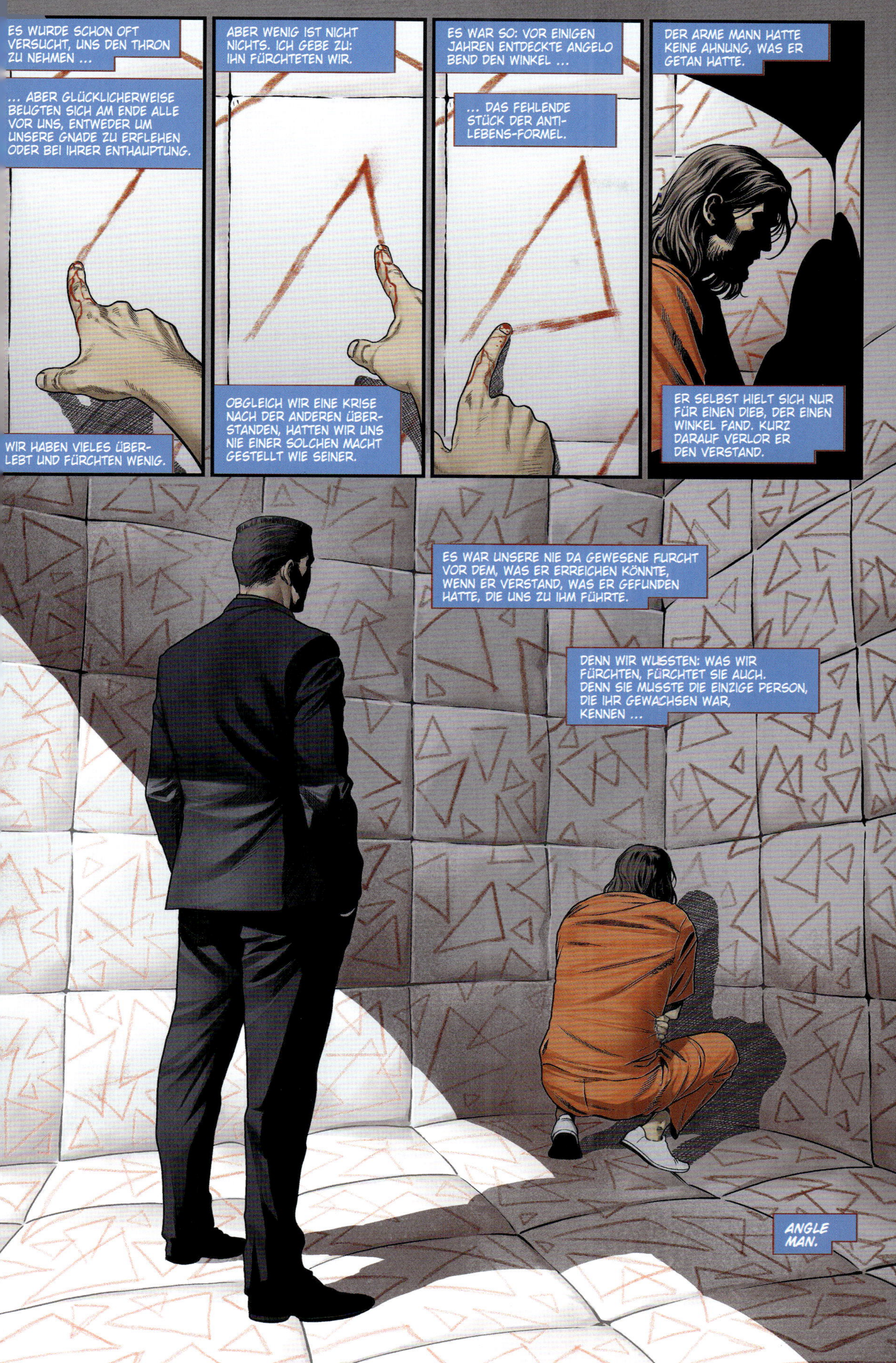
ES WURDE SCHON OFT VERSUCHT, UNS DEN THRON ZU NEHMEN …
… ABER GLÜCKLICHERWEISE BEUGTEN SICH AM ENDE ALLE VOR UNS, ENTWEDER UM UNSERE GNADE ZU ERFLEHEN ODER BEI IHRER ENTHAUPTUNG.
WIR HABEN VIELES ÜBERLEBT UND FÜRCHTEN WENIG.
ABER WENIG IST NICHT NICHTS. ICH GEBE ZU: IHN FÜRCHTETEN WIR.
OBGLEICH WIR EINE KRISE NACH DER ANDEREN ÜBERSTANDEN, HATTEN WIR UNS NIE EINER SOLCHEN MACHT GESTELLT WIE SEINER.
ES WAR SO: VOR EINIGEN JAHREN ENTDECKTE ANGELO BEND DEN WINKEL …
… DAS FEHLENDE STÜCK DER ANTI-LEBENS-FORMEL.
DER ARME MANN HATTE KEINE AHNUNG, WAS ER GETAN HATTE.
ER SELBST HIELT SICH NUR FÜR EINEN DIEB, DER EINEN WINKEL FAND. KURZ DARAUF VERLOR ER DEN VERSTAND.
ES WAR UNSERE NIE DA GEWESENE FURCHT VOR DEM, WAS ER ERREICHEN KÖNNTE, WENN ER VERSTAND, WAS ER GEFUNDEN HATTE, DIE UNS ZU IHM FÜHRTE.
DENN WIR WUSSTEN: WAS WIR FÜRCHTEN, FÜRCHTET SIE AUCH. DENN SIE MUSSTE DIE EINZIGE PERSON, DIE IHR GEWACHSEN WAR, KENNEN …
ANGLE MAN.

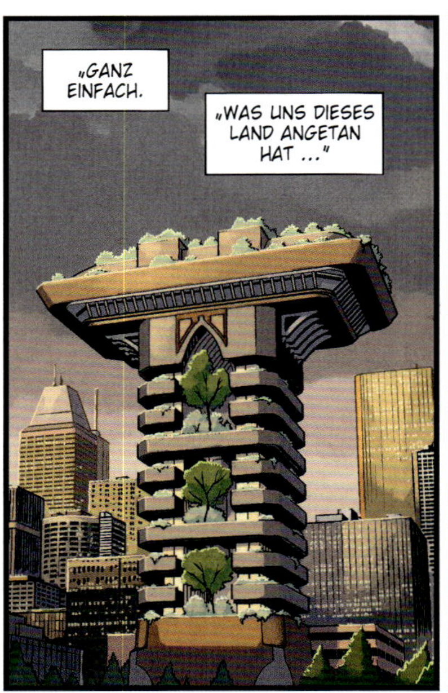
„GANZ EINFACH.
„WAS UNS DIESES LAND ANGETAN HAT ...“

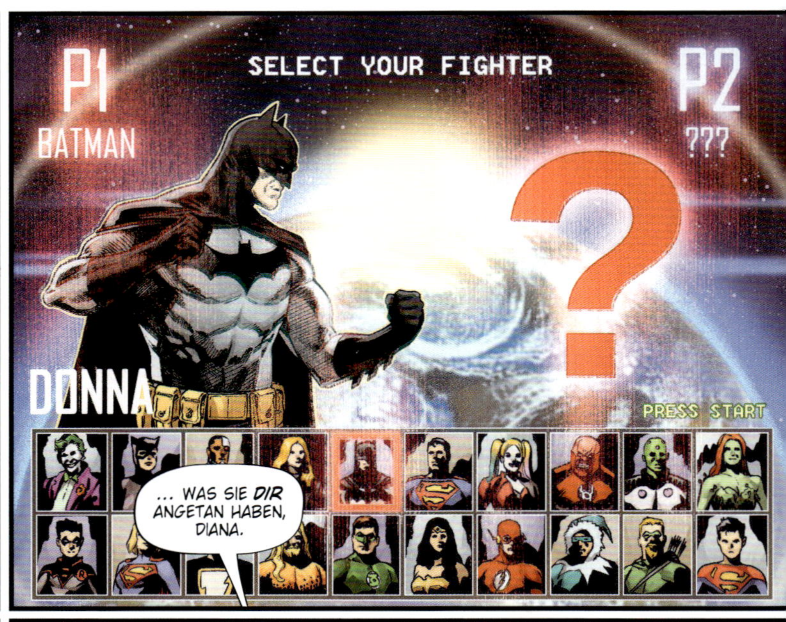
P1
BATMAN
SELECT YOUR FIGHTER
P2
???
DONNA
PRESS START
... WAS SIE DIR ANGETAN HABEN, DIANA.

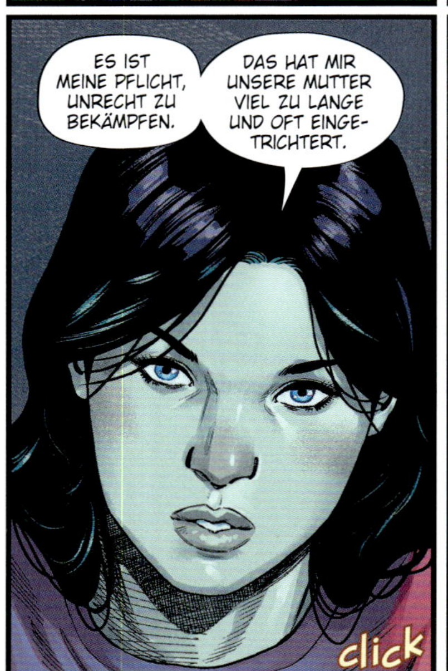
ES IST MEINE PFLICHT, UNRECHT ZU BEKÄMPFEN.
DAS HAT MIR UNSERE MUTTER VIEL ZU LANGE UND OFT EINGE-TRICHTERT.
click

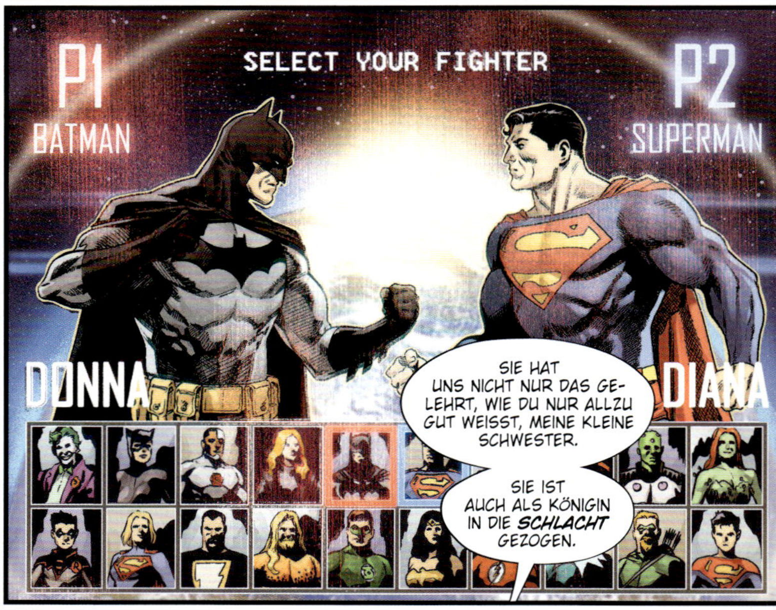
P1
BATMAN
SELECT YOUR FIGHTER
P2
SUPERMAN
DONNA
DIANA
SIE HAT UNS NICHT NUR DAS GE-LEHRT, WIE DU NUR ALLZU GUT WEISST, MEINE KLEINE SCHWESTER.
SIE IST AUCH ALS KÖNIGIN IN DIE SCHLACHT GEZOGEN.

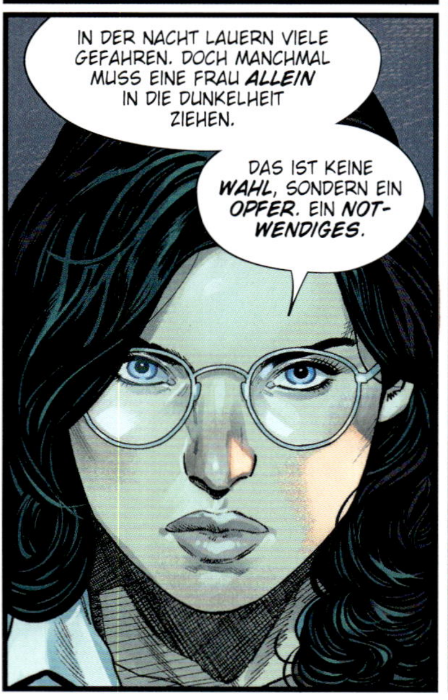
IN DER NACHT LAUERN VIELE GEFAHREN. DOCH MANCHMAL MUSS EINE FRAU ALLEIN IN DIE DUNKELHEIT ZIEHEN.
DAS IST KEINE WAHL, SONDERN EIN OPFER. EIN NOT-WENDIGES.

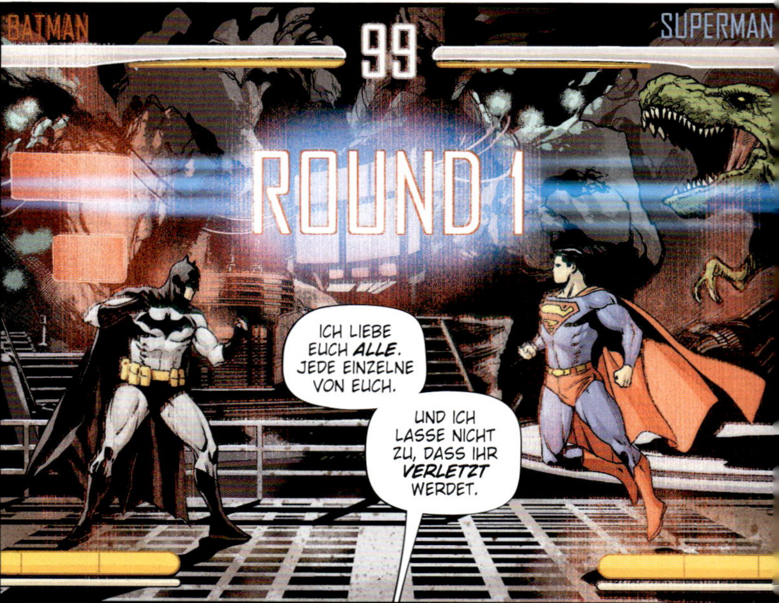
BATMAN
99
SUPERMAN
ROUND 1
ICH LIEBE EUCH ALLE. JEDE EINZELNE VON EUCH.
UND ICH LASSE NICHT ZU, DASS IHR VERLETZT WERDET.

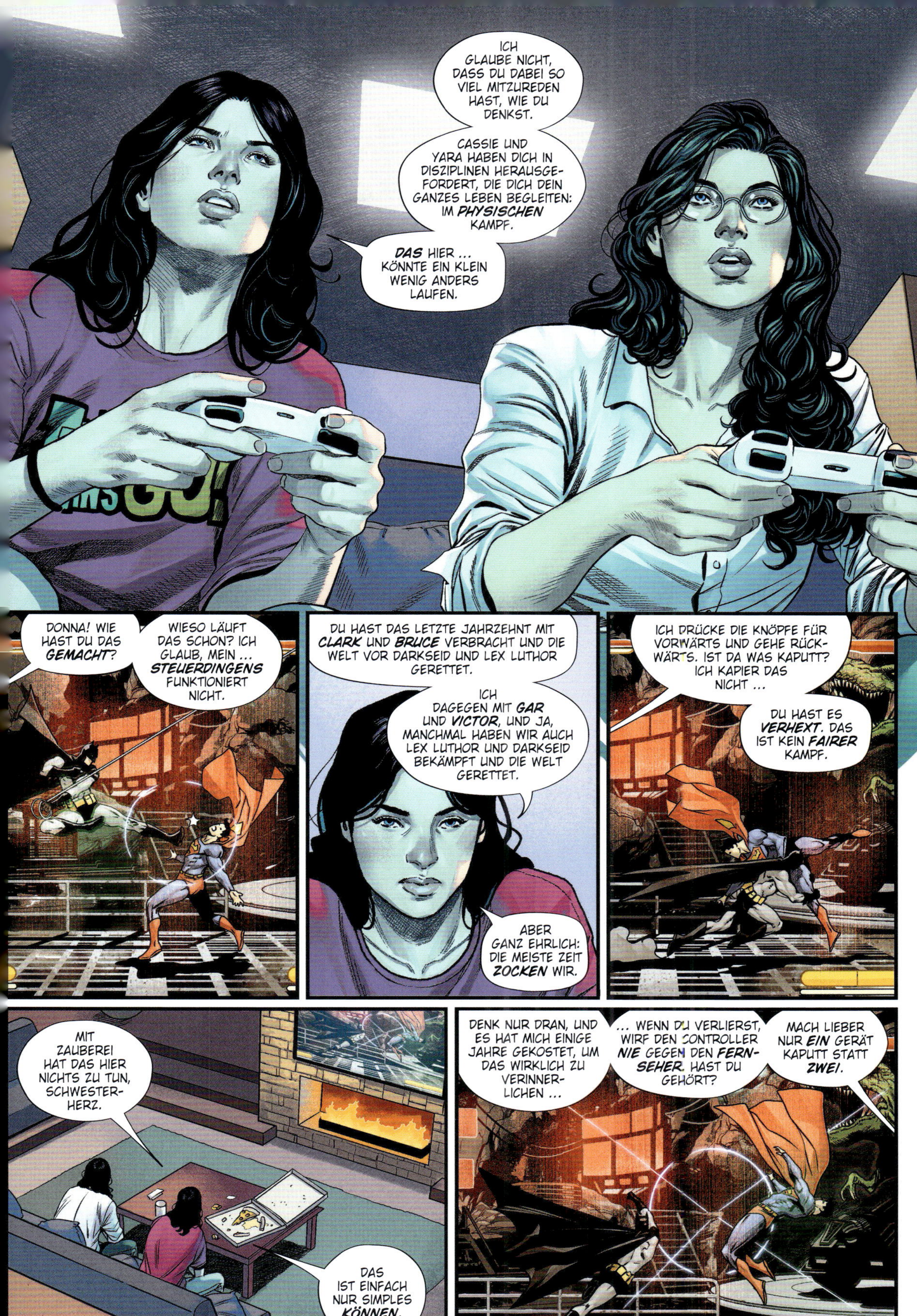
ICH GLAUBE NICHT, DASS DU DABEI SO VIEL MITZUREDEN HAST, WIE DU DENKST.
CASSIE UND YARA HABEN DICH IN DISZIPLINEN HERAUSGEFORDERT, DIE DICH DEIN GANZES LEBEN BEGLEITEN: IM PHYSISCHEN KAMPF.
DAS HIER … KÖNNTE EIN KLEIN WENIG ANDERS LAUFEN.
DONNA! WIE HAST DU DAS GEMACHT?
WIESO LÄUFT DAS SCHON? ICH GLAUB, MEIN … STEUERDINGENS FUNKTIONIERT NICHT.
DU HAST DAS LETZTE JAHRZEHNT MIT CLARK UND BRUCE VERBRACHT UND DIE WELT VOR DARKSEID UND LEX LUTHOR GERETTET.
ICH DAGEGEN MIT GAR UND VICTOR, UND JA, MANCHMAL HABEN WIR AUCH LEX LUTHOR UND DARKSEID BEKÄMPFT UND DIE WELT GERETTET.
ABER GANZ EHRLICH: DIE MEISTE ZEIT ZOCKEN WIR.
ICH DRÜCKE DIE KNÖPFE FÜR VORWÄRTS UND GEHE RÜCKWÄRTS. IST DA WAS KAPUTT? ICH KAPIER DAS NICHT …
DU HAST ES VERHEXT. DAS IST KEIN FAIRER KAMPF.
MIT ZAUBEREI HAT DAS HIER NICHTS ZU TUN, SCHWESTERHERZ.
DAS IST EINFACH NUR SIMPLES KÖNNEN.
DENK NUR DRAN, UND ES HAT MICH EINIGE JAHRE GEKOSTET, UM DAS WIRKLICH ZU VERINNERLICHEN …
… WENN DU VERLIERST, WIRF DEN CONTROLLER NIE GEGEN DEN FERNSEHER. HAST DU GEHÖRT?
MACH LIEBER NUR EIN GERÄT KAPUTT STATT ZWEI.

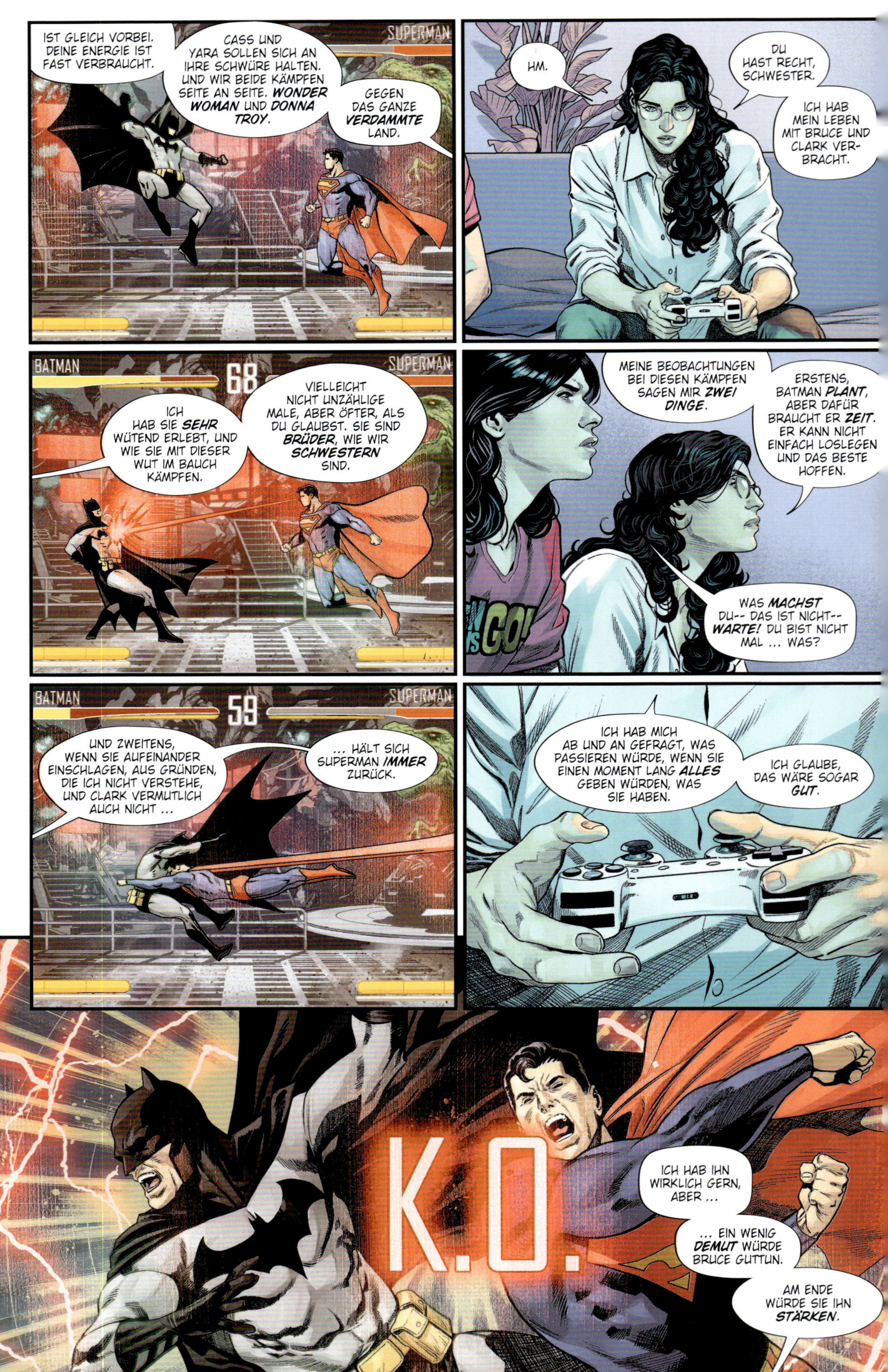

SUPERMAN
IST GLEICH VORBEI. DEINE ENERGIE IST FAST VERBRAUCHT.
CASS UND YARA SOLLEN SICH AN IHRE SCHWÜRE HALTEN. UND WIR BEIDE KÄMPFEN SEITE AN SEITE. WONDER WOMAN UND DONNA TROY.
GEGEN DAS GANZE VERDAMMTE LAND.
HM.
DU HAST RECHT, SCHWESTER.
ICH HAB MEIN LEBEN MIT BRUCE UND CLARK VERBRACHT.
BATMAN
68
SUPERMAN
ICH HAB SIE SEHR WÜTEND ERLEBT, UND WIE SIE MIT DIESER WUT IM BAUCH KÄMPFEN.
VIELLEICHT NICHT UNZÄHLIGE MALE, ABER ÖFTER, ALS DU GLAUBST. SIE SIND BRÜDER, WIE WIR SCHWESTERN SIND.
MEINE BEOBACHTUNGEN BEI DIESEN KÄMPFEN SAGEN MIR ZWEI DINGE.
ERSTENS, BATMAN PLANT, ABER DAFÜR BRAUCHT ER ZEIT. ER KANN NICHT EINFACH LOSLEGEN UND DAS BESTE HOFFEN.
WAS MACHST DU-- DAS IST NICHT-- WARTE! DU BIST NICHT MAL ... WAS?
BATMAN
59
SUPERMAN
UND ZWEITENS, WENN SIE AUFEINANDER EINSCHLAGEN, AUS GRÜNDEN, DIE ICH NICHT VERSTEHE, UND CLARK VERMUTLICH AUCH NICHT ...
... HÄLT SICH SUPERMAN IMMER ZURÜCK.
ICH HAB MICH AB UND AN GEFRAGT, WAS PASSIEREN WÜRDE, WENN SIE EINEN MOMENT LANG ALLES GEBEN WÜRDEN, WAS SIE HABEN.
ICH GLAUBE, DAS WÄRE SOGAR GUT.
K.O.
ICH HAB IHN WIRKLICH GERN, ABER ...
... EIN WENIG DEMUT WÜRDE BRUCE GUTTUN.
AM ENDE WÜRDE SIE IHN STÄRKEN.

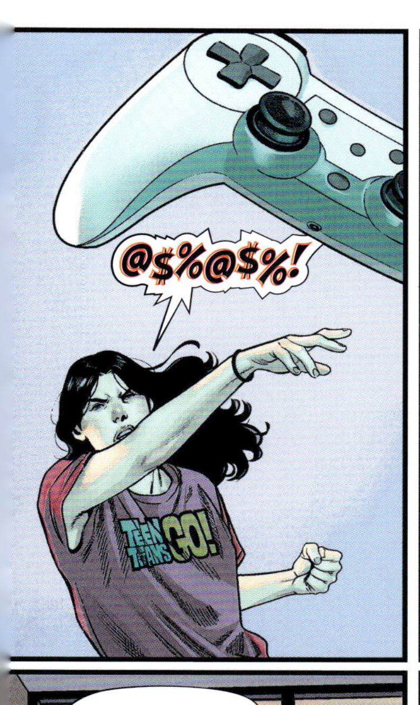
@$%@$%!

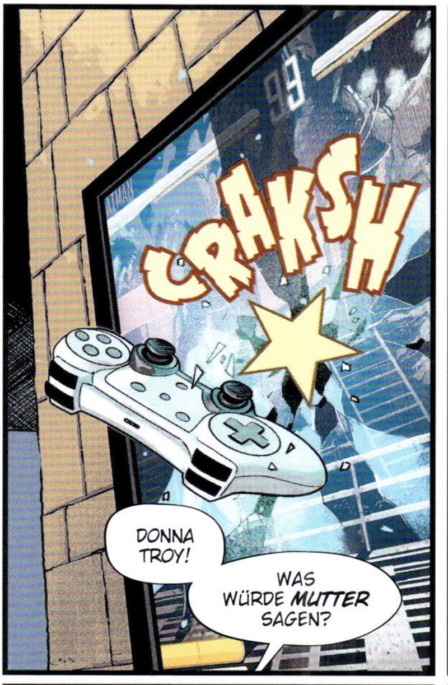
CRAKSH
DONNA TROY!
WAS WÜRDE MUTTER SAGEN?

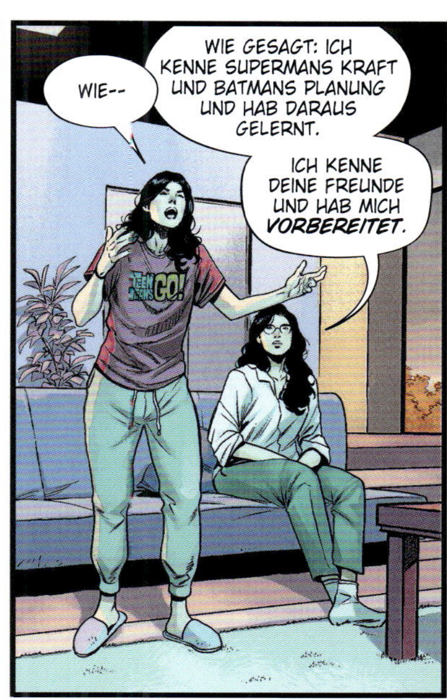
WIE--
WIE GESAGT: ICH KENNE SUPERMANS KRAFT UND BATMANS PLANUNG UND HAB DARAUS GELERNT.
ICH KENNE DEINE FREUNDE UND HAB MICH VORBEREITET.

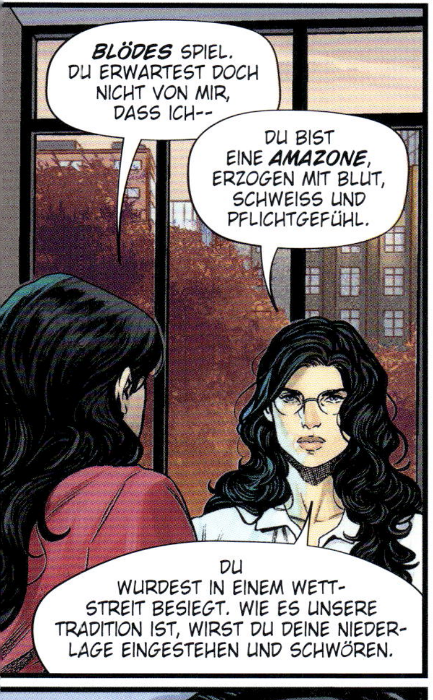
BLÖDES SPIEL. DU ERWARTEST DOCH NICHT VON MIR, DASS ICH--
DU BIST EINE AMAZONE, ERZOGEN MIT BLUT, SCHWEISS UND PFLICHTGEFÜHL.
DU WURDEST IN EINEM WETT-STREIT BESIEGT. WIE ES UNSERE TRADITION IST, WIRST DU DEINE NIEDER-LAGE EINGESTEHEN UND SCHWÖREN.

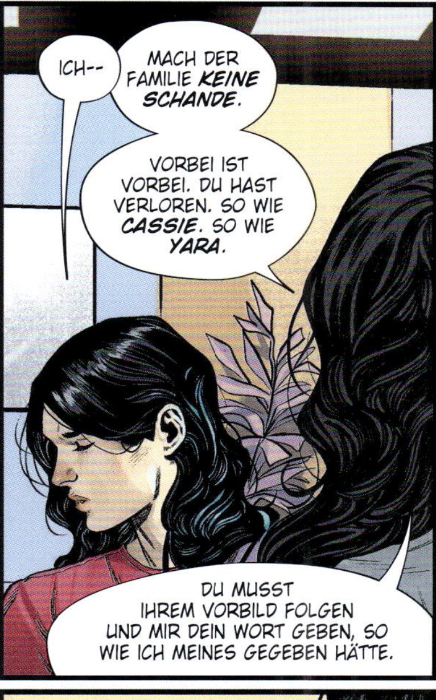
ICH--
MACH DER FAMILIE KEINE SCHANDE.
VORBEI IST VORBEI. DU HAST VERLOREN. SO WIE CASSIE. SO WIE YARA.
DU MUSST IHREM VORBILD FOLGEN UND MIR DEIN WORT GEBEN, SO WIE ICH MEINES GEGEBEN HÄTTE.

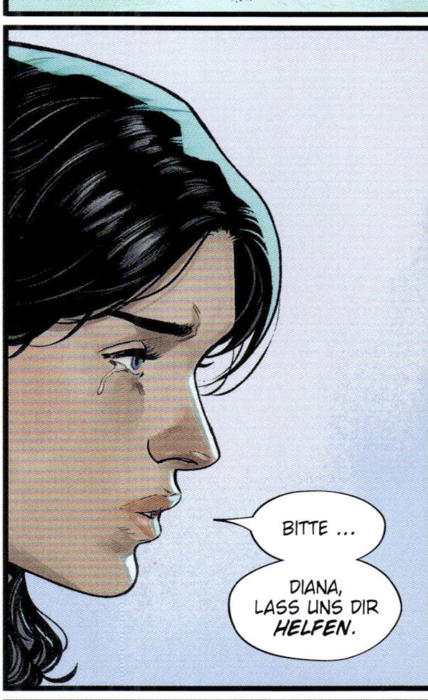
BITTE ...
DIANA, LASS UNS DIR HELFEN.

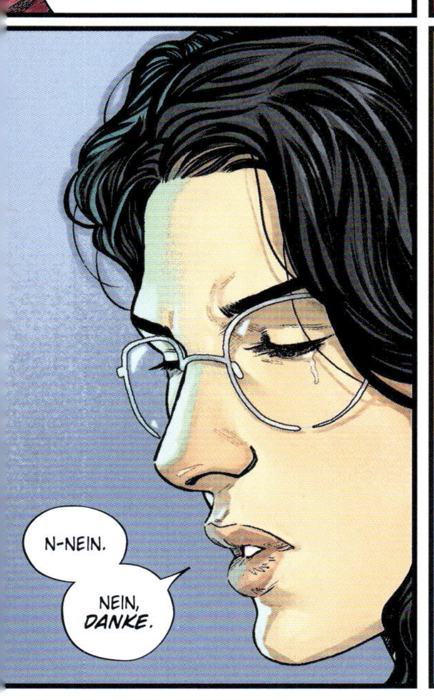
N-NEIN.
NEIN, DANKE.

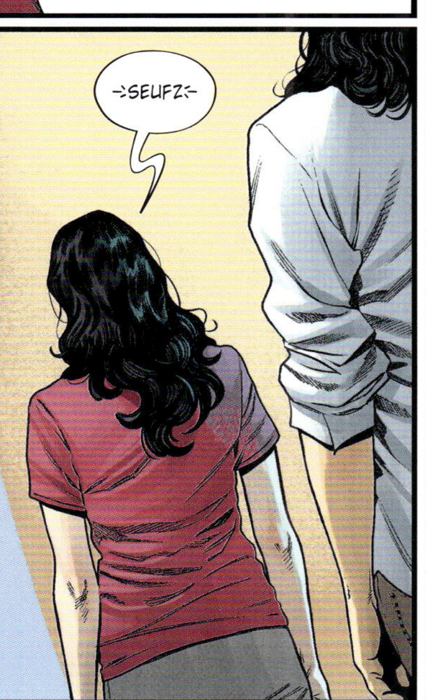
-SEUFZ-

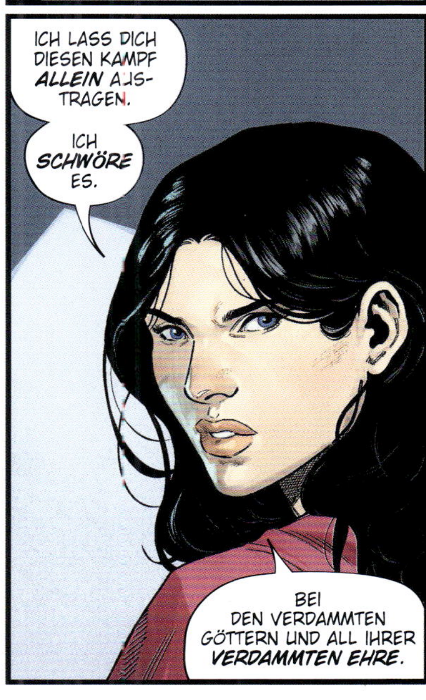
ICH LASS DICH DIESEN KAMPF ALLEIN AUS-TRAGEN.
ICH SCHWÖRE ES.
BEI DEN VERDAMMTEN GÖTTERN UND ALL IHRER VERDAMMTEN EHRE.

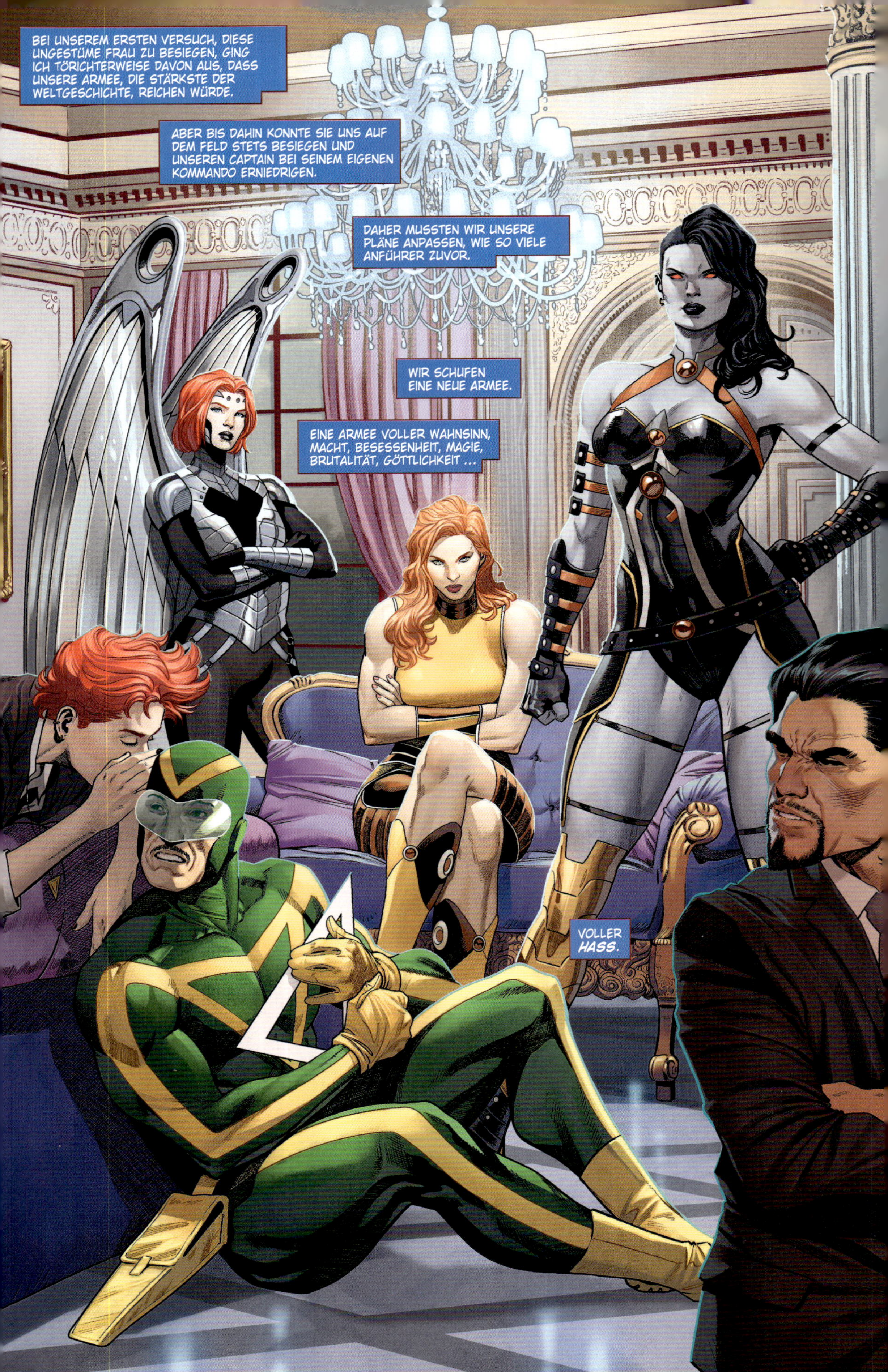

BEI UNSEREM ERSTEN VERSUCH, DIESE UNGESTÜME FRAU ZU BESIEGEN, GING ICH TÖRICHTERWEISE DAVON AUS, DASS UNSERE ARMEE, DIE STÄRKSTE DER WELTGESCHICHTE, REICHEN WÜRDE.
ABER BIS DAHIN KONNTE SIE UNS AUF DEM FELD STETS BESIEGEN UND UNSEREN CAPTAIN BEI SEINEM EIGENEN KOMMANDO ERNIEDRIGEN.
DAHER MUSSTEN WIR UNSERE PLÄNE ANPASSEN, WIE SO VIELE ANFÜHRER ZUVOR.
WIR SCHUFEN EINE NEUE ARMEE.
EINE ARMEE VOLLER WAHNSINN, MACHT, BESESSENHEIT, MAGIE, BRUTALITÄT, GÖTTLICHKEIT ...
VOLLER HASS.

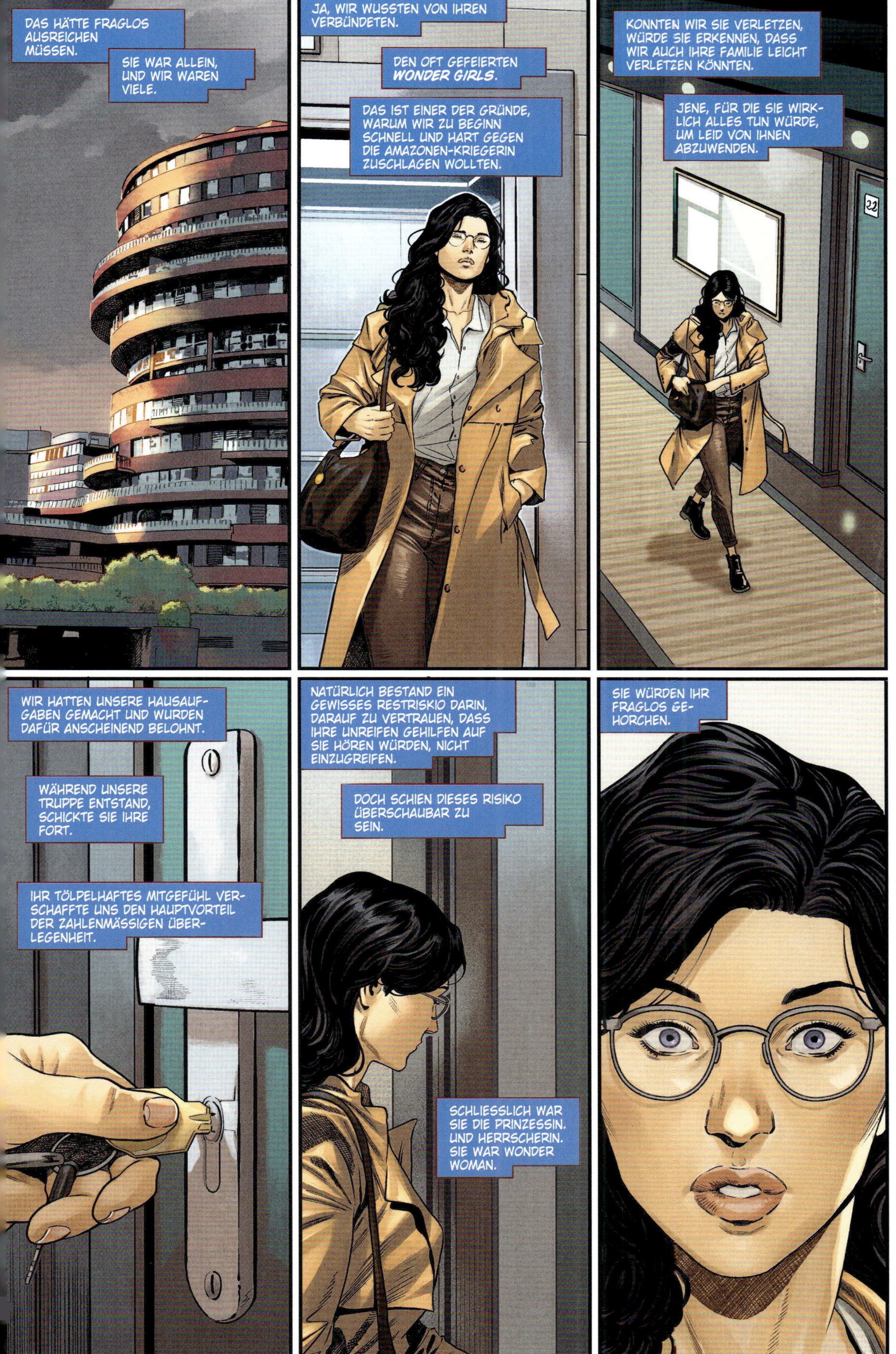
DAS HÄTTE FRAGLOS AUSREICHEN MÜSSEN.
SIE WAR ALLEIN, UND WIR WAREN VIELE.
JA, WIR WUSSTEN VON IHREN VERBÜNDETEN.
DEN OFT GEFEIERTEN WONDER GIRLS.
DAS IST EINER DER GRÜNDE, WARUM WIR ZU BEGINN SCHNELL UND HART GEGEN DIE AMAZONEN-KRIEGERIN ZUSCHLAGEN WOLLTEN.
KONNTEN WIR SIE VERLETZEN, WÜRDE SIE ERKENNEN, DASS WIR AUCH IHRE FAMILIE LEICHT VERLETZEN KÖNNTEN.
JENE, FÜR DIE SIE WIRKLICH ALLES TUN WÜRDE, UM LEID VON IHNEN ABZUWENDEN.
22
WIR HATTEN UNSERE HAUSAUFGABEN GEMACHT UND WURDEN DAFÜR ANSCHEINEND BELOHNT.
WÄHREND UNSERE TRUPPE ENTSTAND, SCHICKTE SIE IHRE FORT.
IHR TÖLPELHAFTES MITGEFÜHL VERSCHAFFTE UNS DEN HAUPTVORTEIL DER ZAHLENMÄSSIGEN ÜBERLEGENHEIT.
NATÜRLICH BESTAND EIN GEWISSES RESTRISKIO DARIN, DARAUF ZU VERTRAUEN, DASS IHRE UNREIFEN GEHILFEN AUF SIE HÖREN WÜRDEN, NICHT EINZUGREIFEN.
DOCH SCHIEN DIESES RISIKO ÜBERSCHAUBAR ZU SEIN.
SCHLIESSLICH WAR SIE DIE PRINZESSIN. UND HERRSCHERIN. SIE WAR WONDER WOMAN.
SIE WÜRDEN IHR FRAGLOS GEHORCHEN.

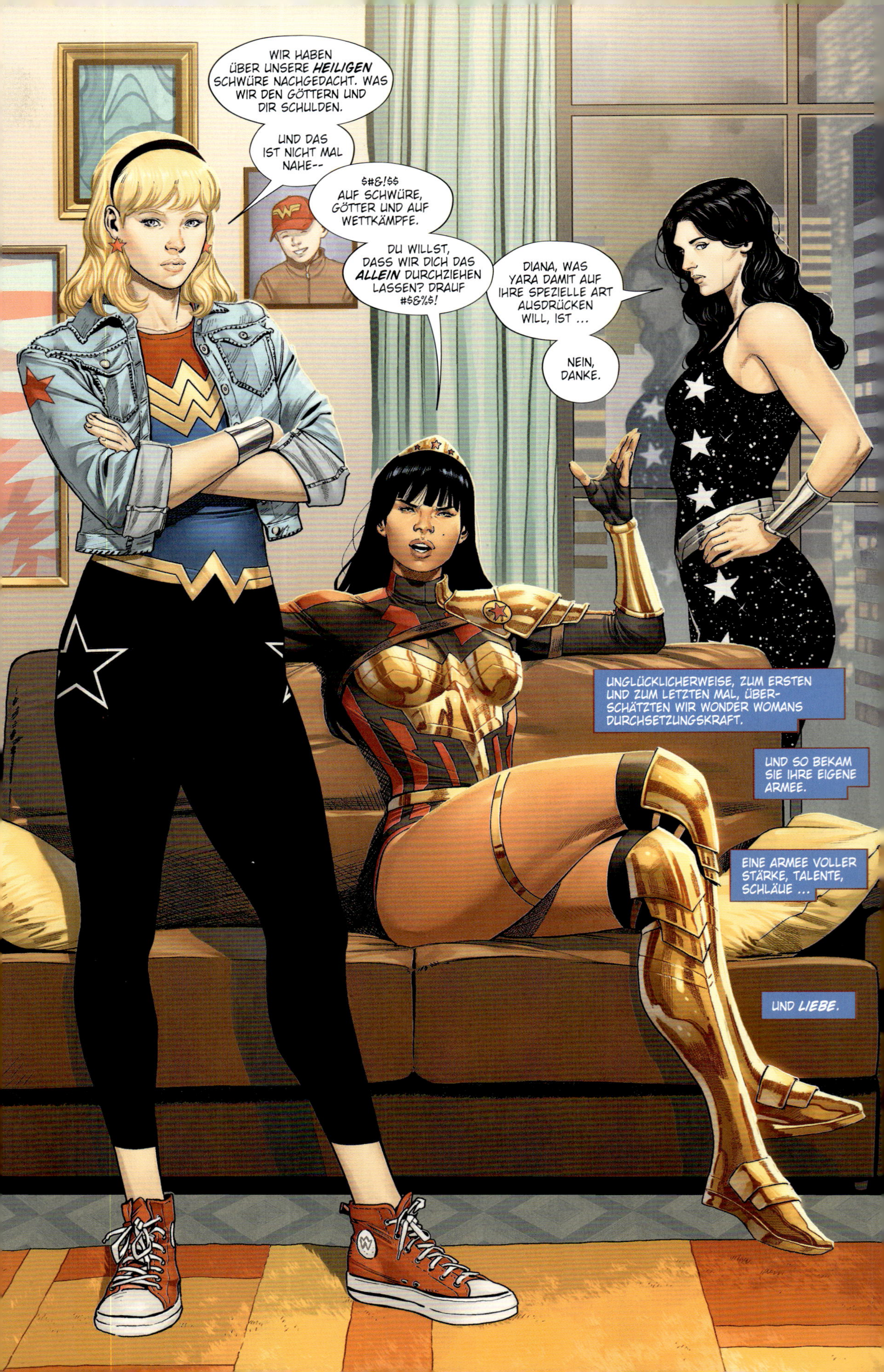
WIR HABEN ÜBER UNSERE HEILIGEN SCHWÜRE NACHGEDACHT. WAS WIR DEN GÖTTERN UND DIR SCHULDEN.
UND DAS IST NICHT MAL NAHE--
$#&!$$ AUF SCHWÜRE, GÖTTER UND AUF WETTKÄMPFE.
DU WILLST, DASS WIR DICH DAS ALLEIN DURCHZIEHEN LASSEN? DRAUF #$&%$!
DIANA, WAS YARA DAMIT AUF IHRE SPEZIELLE ART AUSDRÜCKEN WILL, IST ...
NEIN, DANKE.
UNGLÜCKLICHERWEISE, ZUM ERSTEN UND ZUM LETZTEN MAL, ÜBERSCHÄTZTEN WIR WONDER WOMANS DURCHSETZUNGSKRAFT.
UND SO BEKAM SIE IHRE EIGENE ARMEE.
EINE ARMEE VOLLER STÄRKE, TALENTE, SCHLÄUE ...
UND LIEBE.

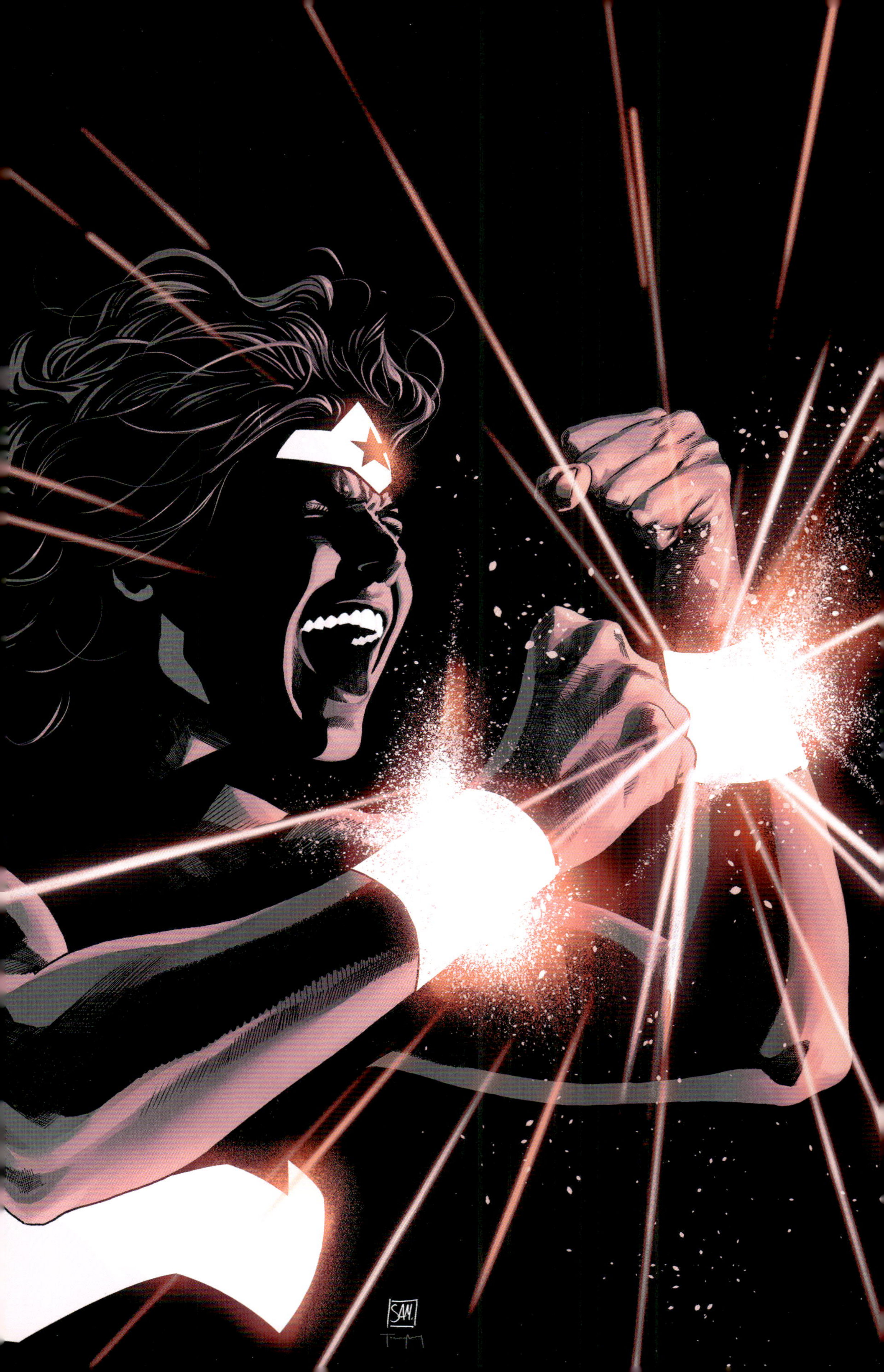

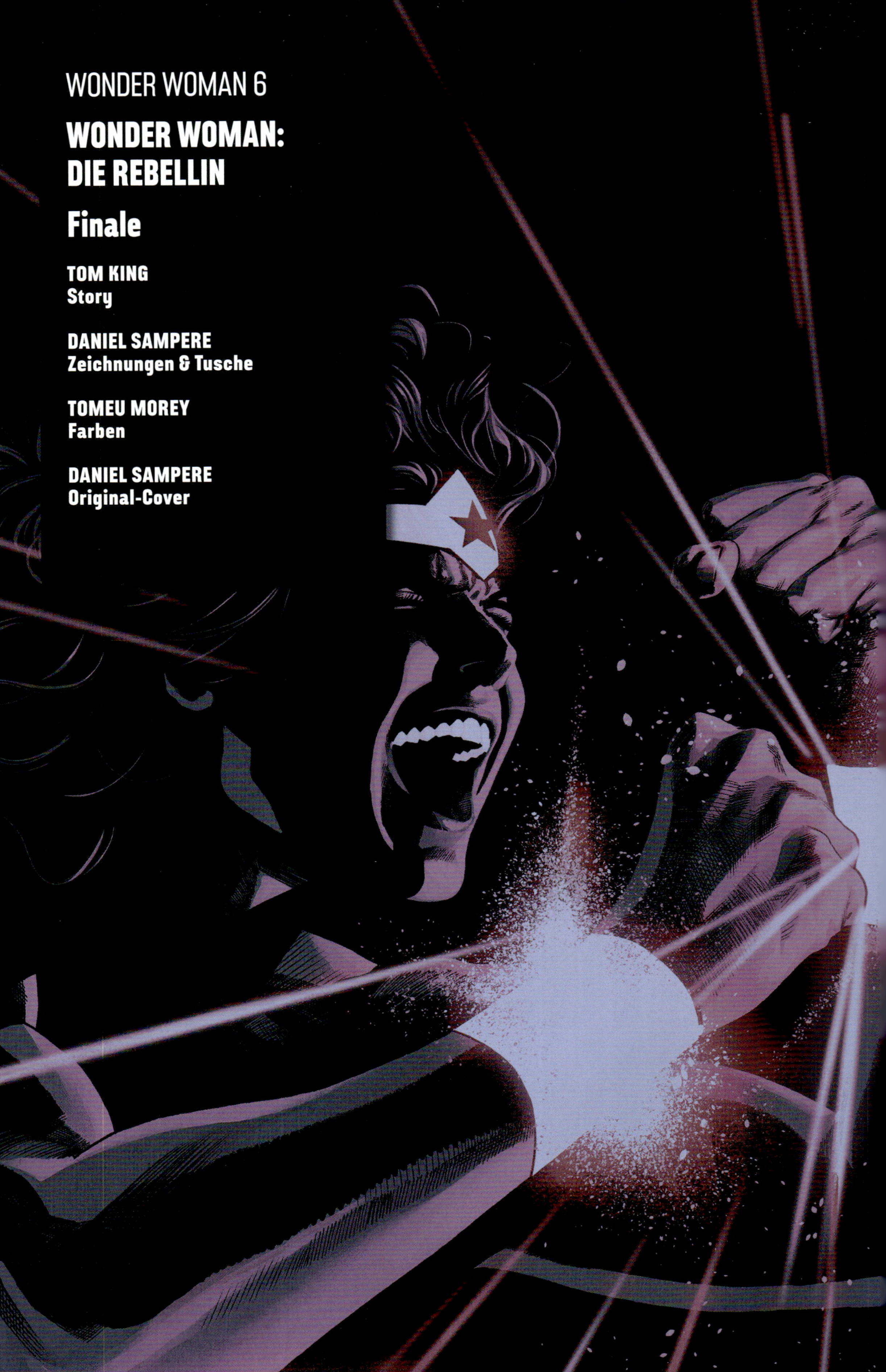

WONDER WOMAN 6

WONDER WOMAN: DIE REBELLIN

Finale

TOM KING
Story

DANIEL SAMPERE
Zeichnungen & Tusche

TOMEU MOREY
Farben

DANIEL SAMPERE
Original-Cover

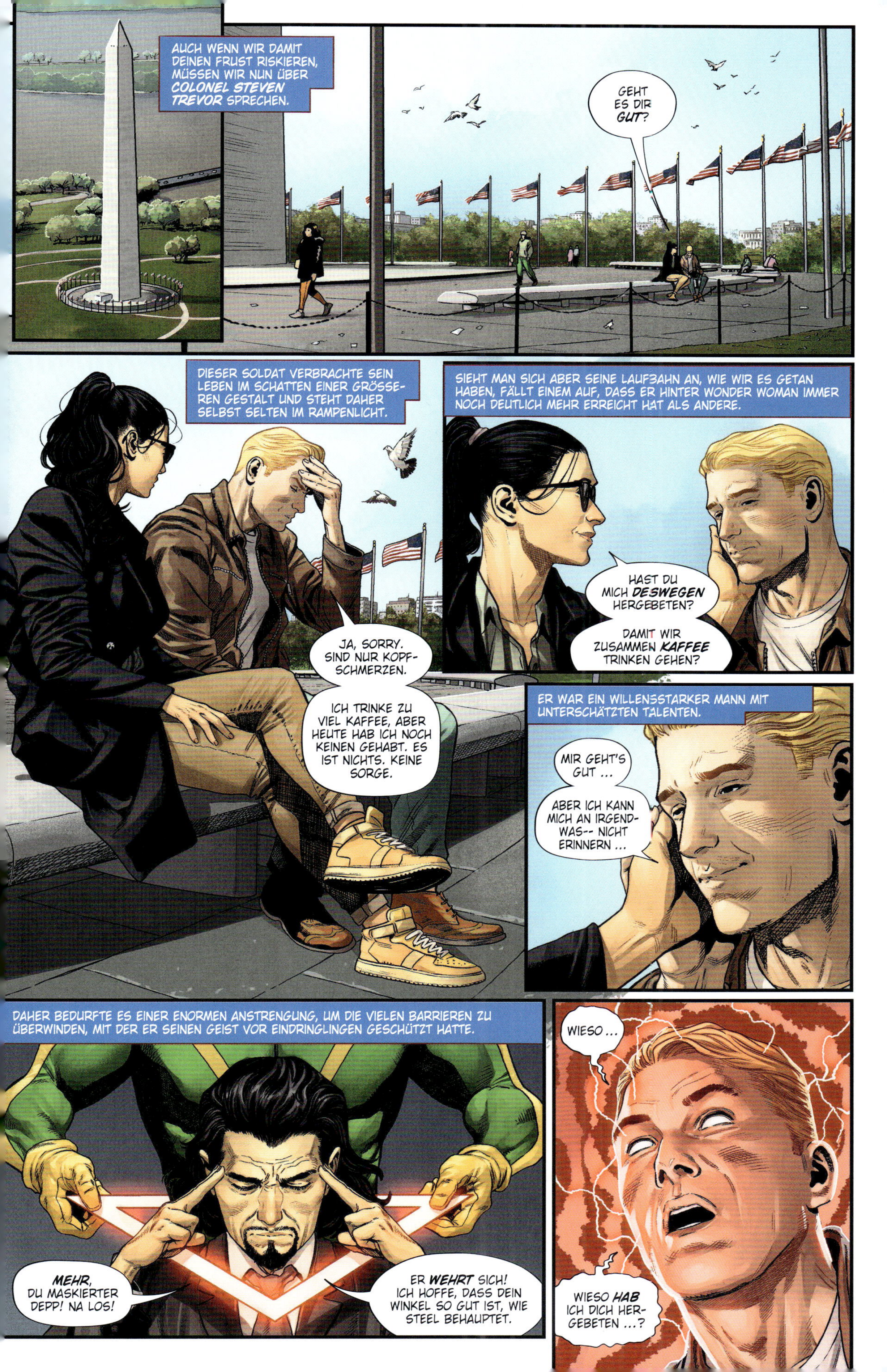

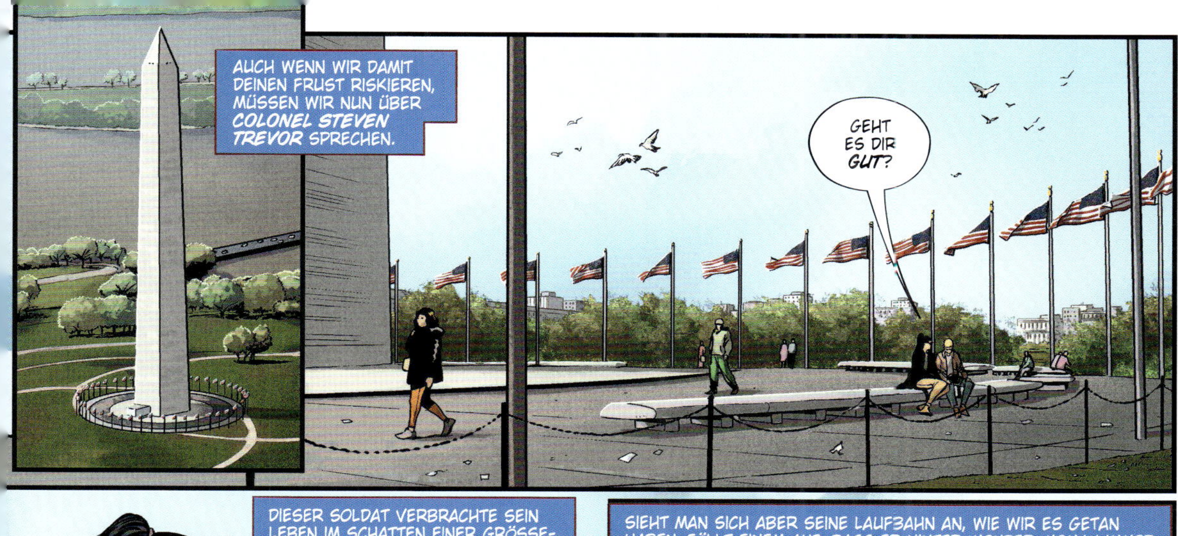

DIESER SOLDAT VERBRACHTE SEIN LEBEN IM SCHATTEN EINER GRÖSSEREN GESTALT UND STEHT DAHER SELBST SELTEN IM RAMPENLICHT.

JA, SORRY. SIND NUR KOPFSCHMERZEN.

ICH TRINKE ZU VIEL KAFFEE, ABER HEUTE HAB ICH NOCH KEINEN GEHABT. ES IST NICHTS. KEINE SORGE.

SIEHT MAN SICH ABER SEINE LAUFBAHN AN, WIE WIR ES GETAN HABEN, FÄLLT EINEM AUF, DASS ER HINTER WONDER WOMAN IMMER NOCH DEUTLICH MEHR ERREICHT HAT ALS ANDERE.

HAST DU MICH DESWEGEN HERGEBETEN?

DAMIT WIR ZUSAMMEN KAFFEE TRINKEN GEHEN?

ER WAR EIN WILLENSSTARKER MANN MIT UNTERSCHÄTZTEN TALENTEN.

MIR GEHT'S GUT ...

ABER ICH KANN MICH AN IRGENDWAS-- NICHT ERINNERN ...

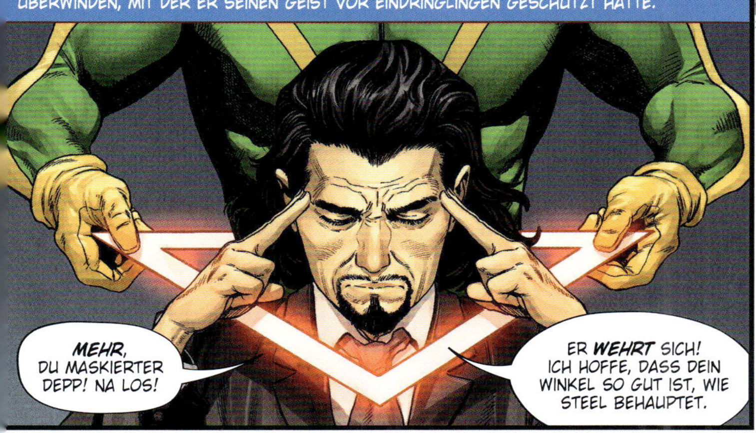

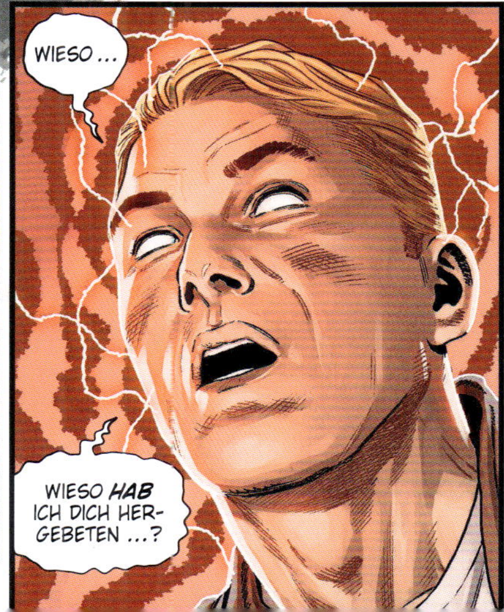

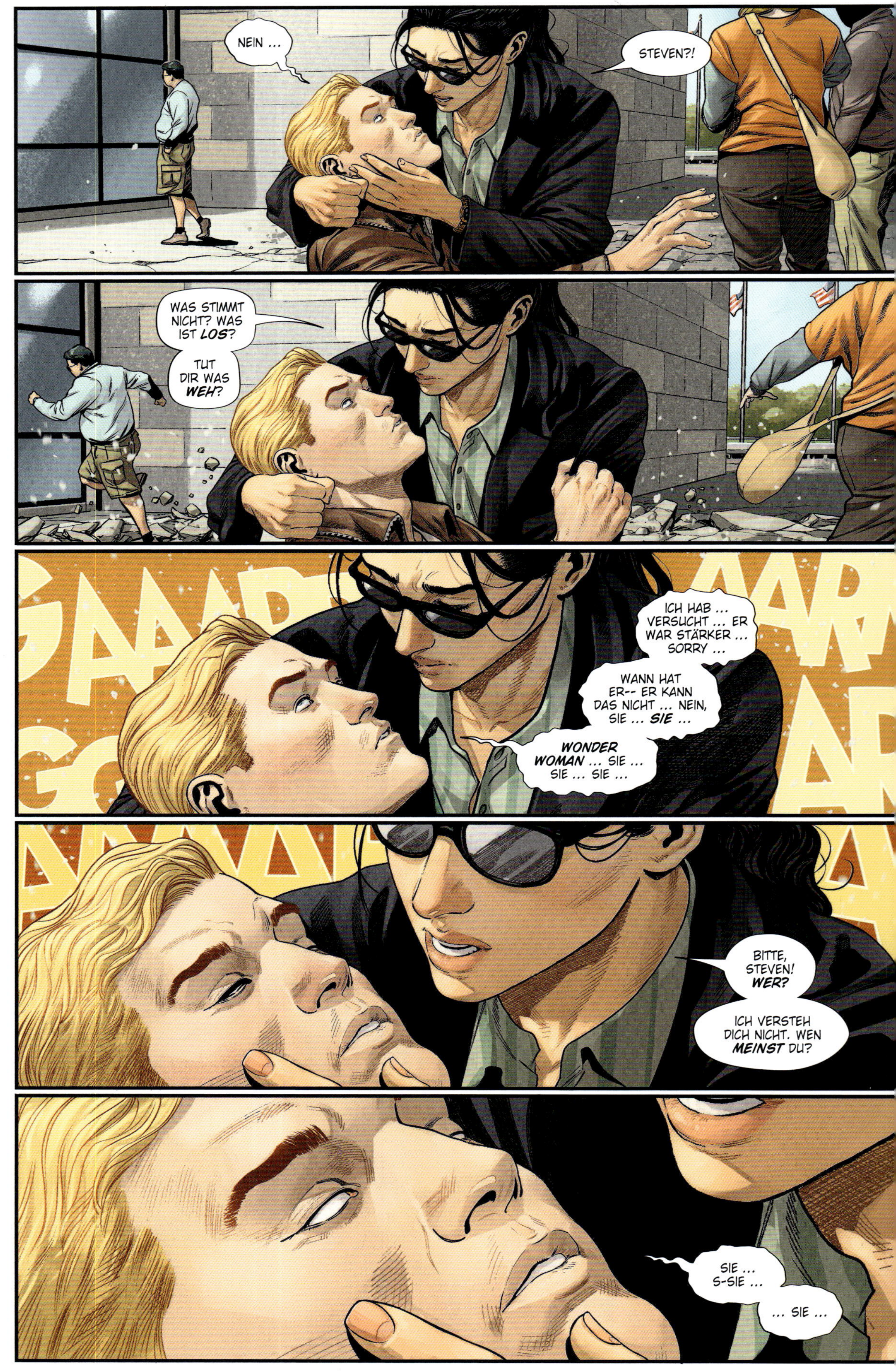
NEIN …
STEVEN?!
WAS STIMMT NICHT? WAS IST LOS?
TUT DIR WAS WEH?
ICH HAB … VERSUCHT … ER WAR STÄRKER … SORRY …
WANN HAT ER-- ER KANN DAS NICHT … NEIN, SIE … SIE …
WONDER WOMAN … SIE … SIE … SIE …
BITTE, STEVEN! WER?
ICH VERSTEH DICH NICHT. WEN MEINST DU?
SIE … S-SIE …
… SIE …

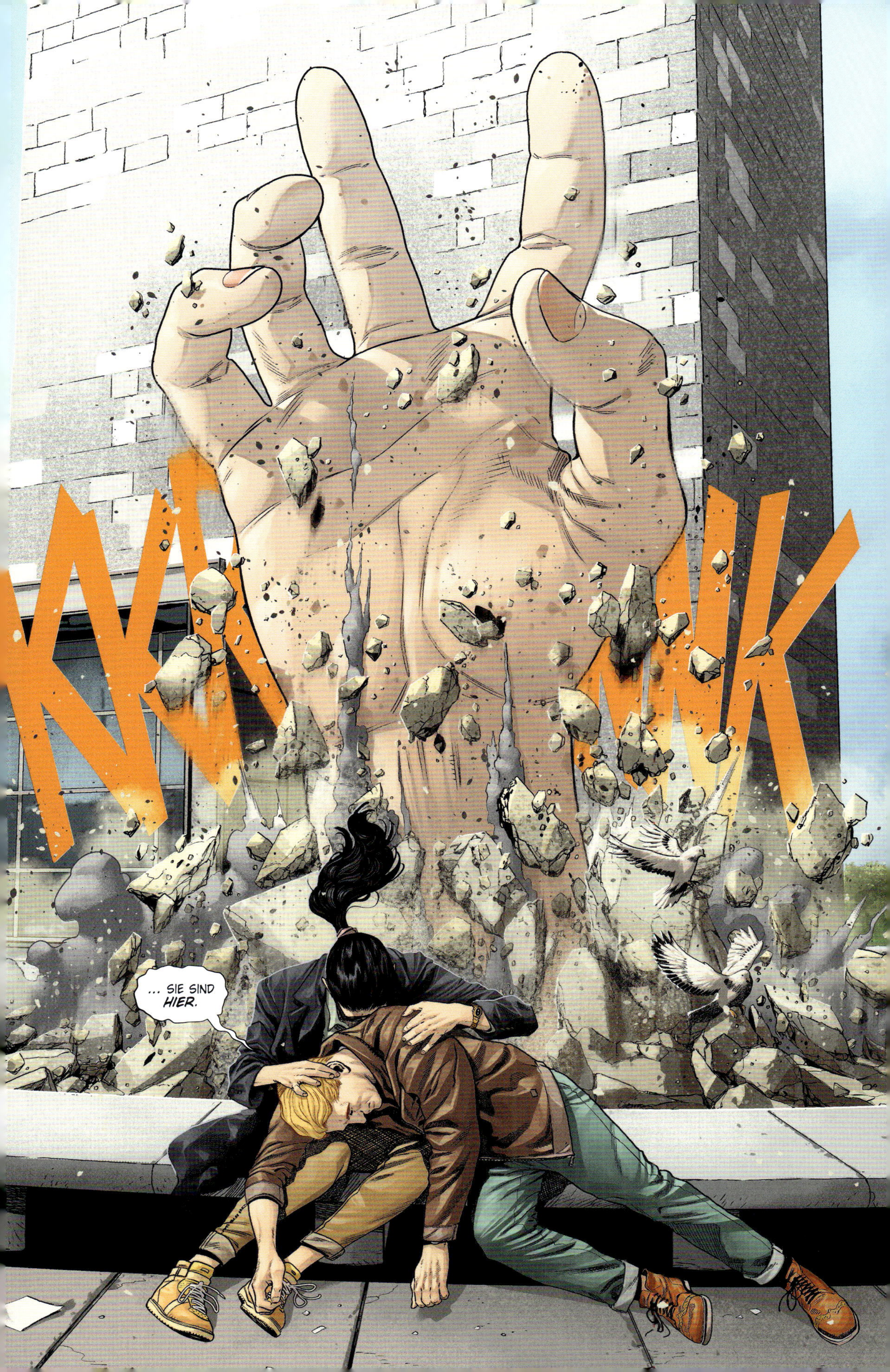
... SIE SIND HIER.

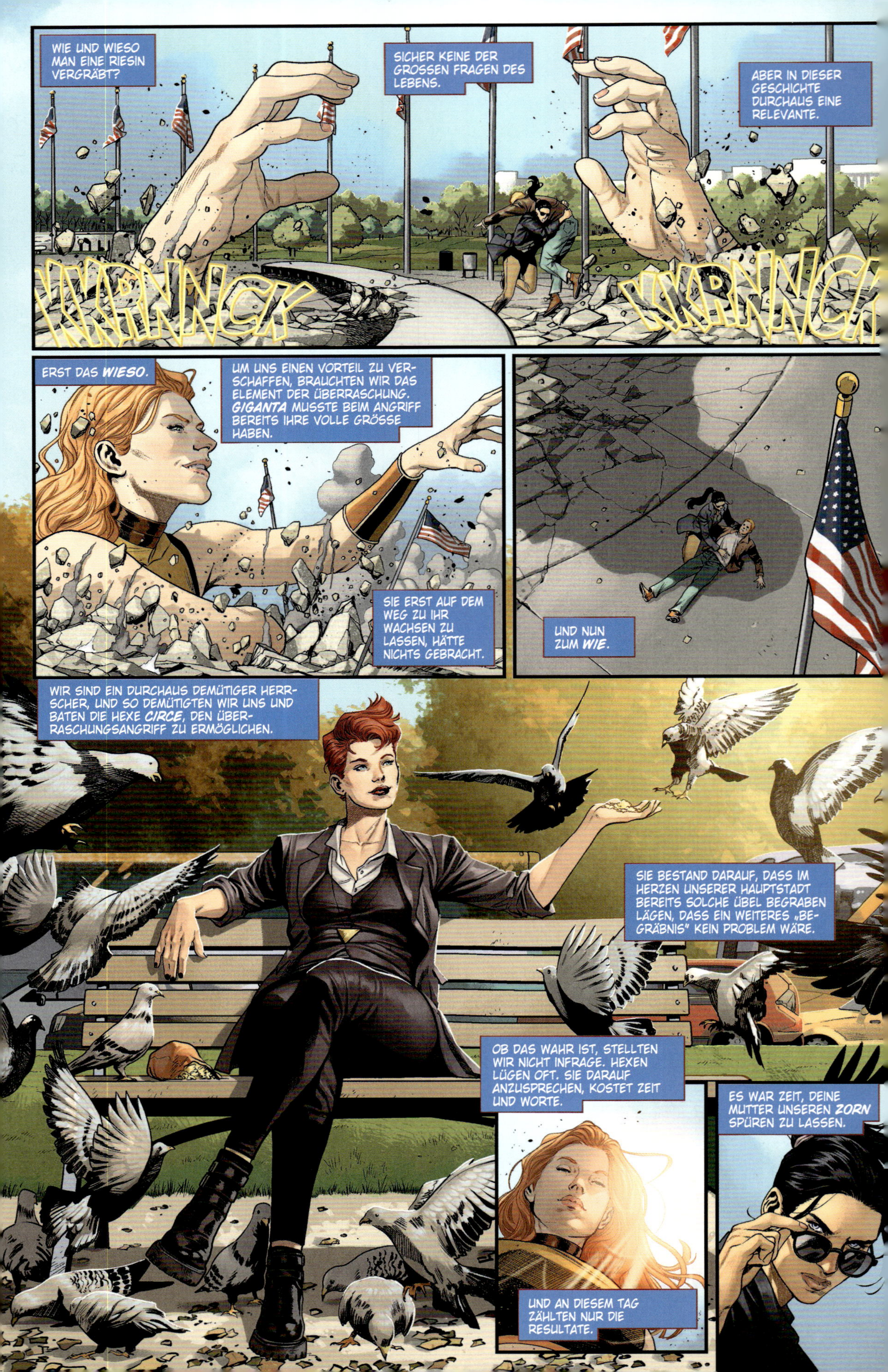
WIE UND WIESO MAN EINE RIESIN VERGRÄBT?
SICHER KEINE DER GROSSEN FRAGEN DES LEBENS.
ABER IN DIESER GESCHICHTE DURCHAUS EINE RELEVANTE.
KKRNNCK
KKRNNCK
ERST DAS WIESO.
UM UNS EINEN VORTEIL ZU VERSCHAFFEN, BRAUCHTEN WIR DAS ELEMENT DER ÜBERRASCHUNG. GIGANTA MUSSTE BEIM ANGRIFF BEREITS IHRE VOLLE GRÖSSE HABEN.
SIE ERST AUF DEM WEG ZU IHR WACHSEN ZU LASSEN, HÄTTE NICHTS GEBRACHT.
UND NUN ZUM WIE.
WIR SIND EIN DURCHAUS DEMÜTIGER HERRSCHER, UND SO DEMÜTIGTEN WIR UNS UND BATEN DIE HEXE CIRCE, DEN ÜBERRASCHUNGSANGRIFF ZU ERMÖGLICHEN.
SIE BESTAND DARAUF, DASS IM HERZEN UNSERER HAUPTSTADT BEREITS SOLCHE ÜBEL BEGRABEN LÄGEN, DASS EIN WEITERES „BEGRÄBNIS" KEIN PROBLEM WÄRE.
OB DAS WAHR IST, STELLTEN WIR NICHT INFRAGE. HEXEN LÜGEN OFT. SIE DARAUF ANZUSPRECHEN, KOSTET ZEIT UND WORTE.
UND AN DIESEM TAG ZÄHLTEN NUR DIE RESULTATE.
ES WAR ZEIT, DEINE MUTTER UNSEREN ZORN SPÜREN ZU LASSEN.

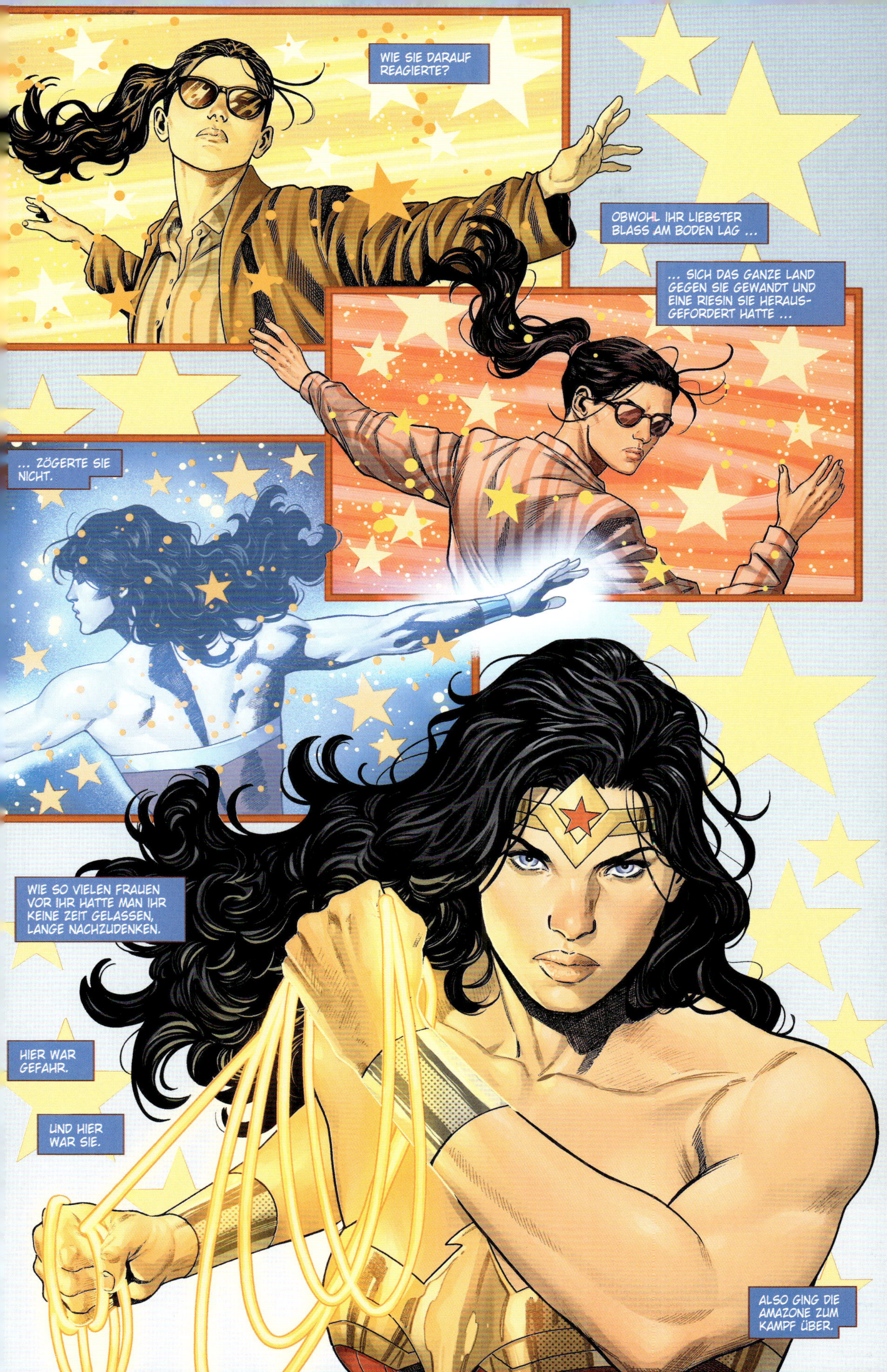
WIE SIE DARAUF REAGIERTE?
OBWOHL IHR LIEBSTER BLASS AM BODEN LAG ...
... SICH DAS GANZE LAND GEGEN SIE GEWANDT UND EINE RIESIN SIE HERAUS-GEFORDERT HATTE ...
... ZÖGERTE SIE NICHT.
WIE SO VIELEN FRAUEN VOR IHR HATTE MAN IHR KEINE ZEIT GELASSEN, LANGE NACHZUDENKEN.
HIER WAR GEFAHR.
UND HIER WAR SIE.
ALSO GING DIE AMAZONE ZUM KAMPF ÜBER.

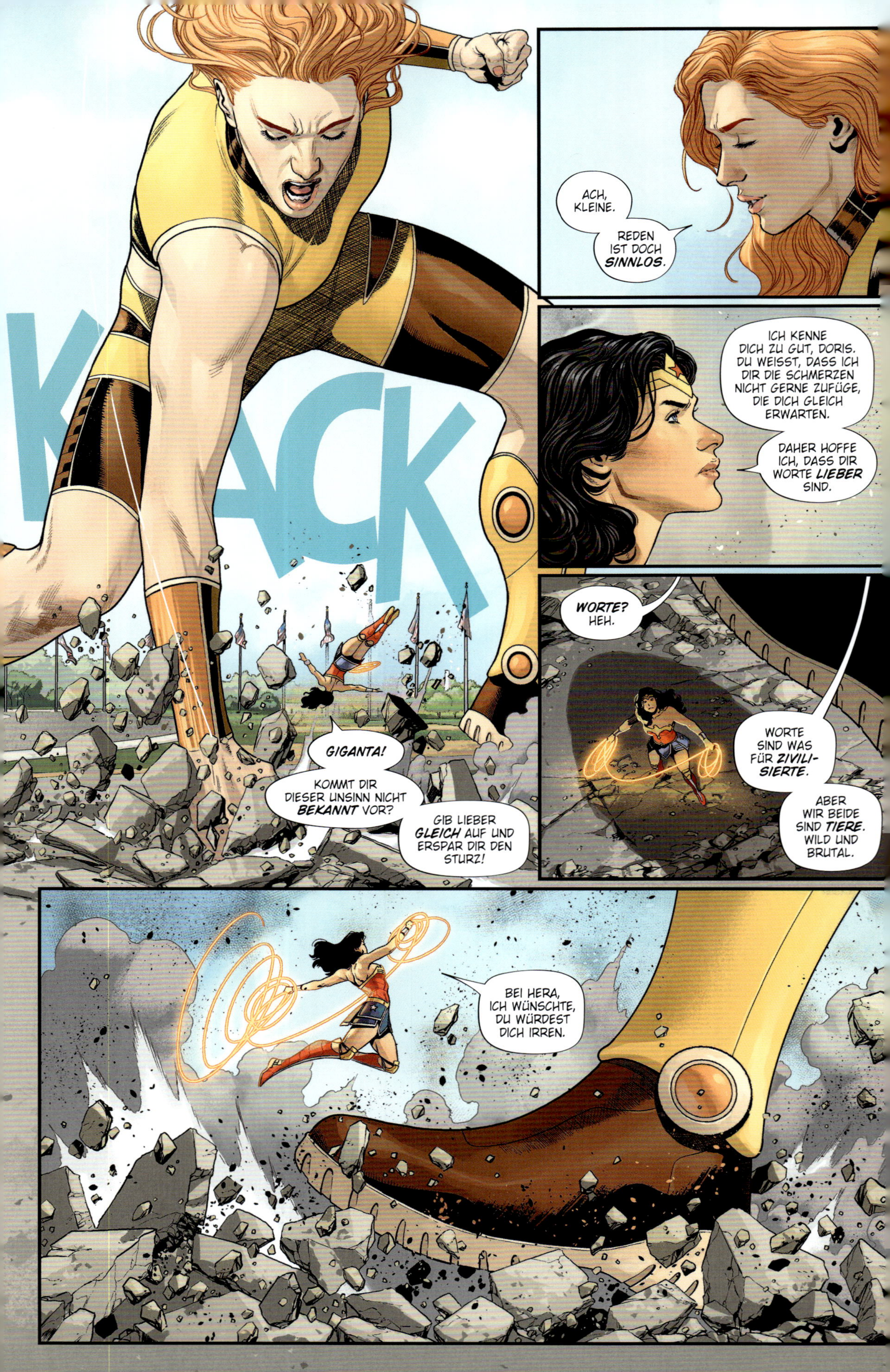
KRACK
ACH, KLEINE.
REDEN IST DOCH SINNLOS.
ICH KENNE DICH ZU GUT, DORIS. DU WEISST, DASS ICH DIR DIE SCHMERZEN NICHT GERNE ZUFÜGE, DIE DICH GLEICH ERWARTEN.
DAHER HOFFE ICH, DASS DIR WORTE LIEBER SIND.
GIGANTA!
KOMMT DIR DIESER UNSINN NICHT BEKANNT VOR?
GIB LIEBER GLEICH AUF UND ERSPAR DIR DEN STURZ!
WORTE? HEH.
WORTE SIND WAS FÜR ZIVILISIERTE.
ABER WIR BEIDE SIND TIERE. WILD UND BRUTAL.
BEI HERA, ICH WÜNSCHTE, DU WÜRDEST DICH IRREN.

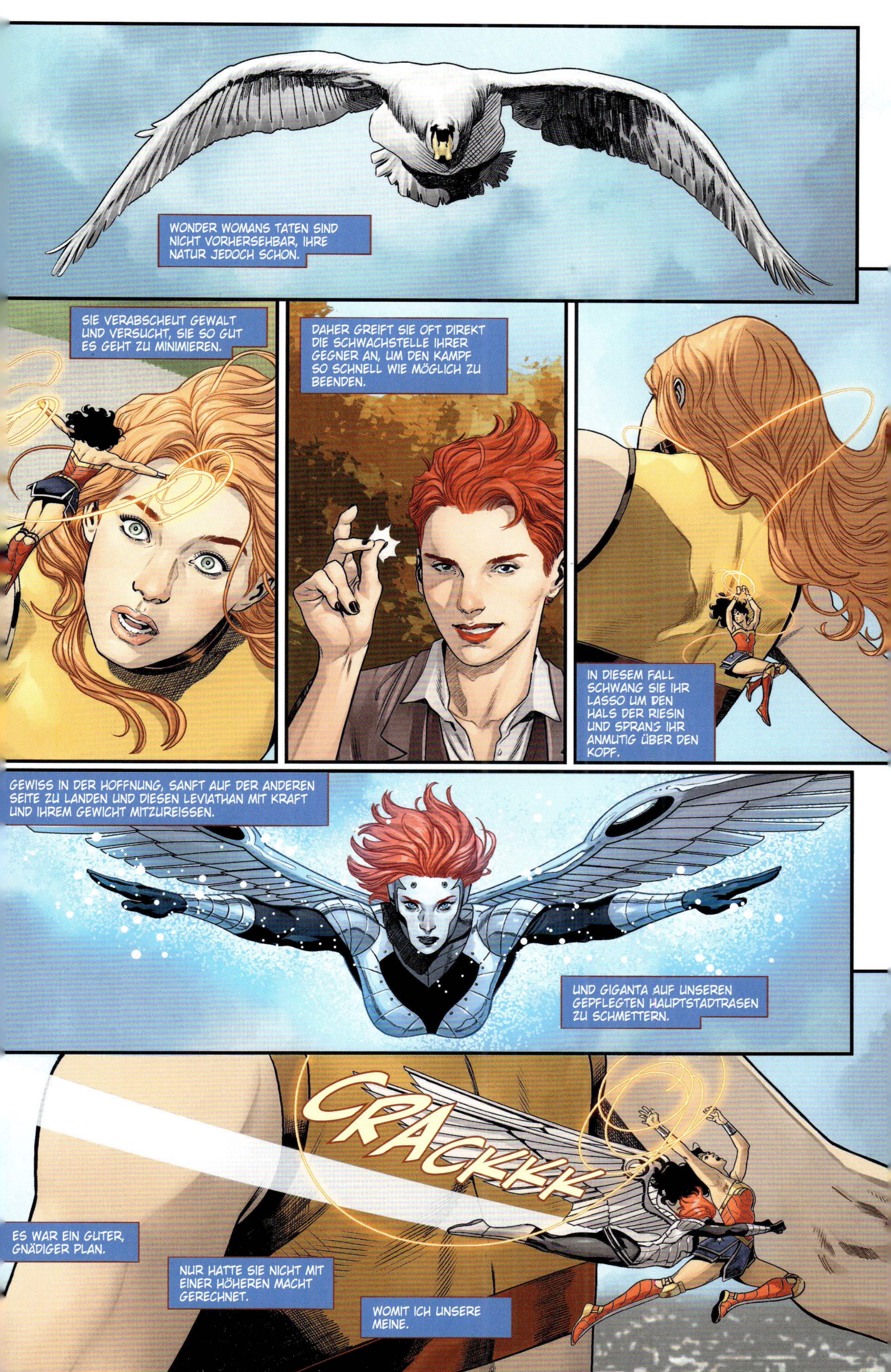
WONDER WOMANS TATEN SIND NICHT VORHERSEHBAR, IHRE NATUR JEDOCH SCHON.
SIE VERABSCHEUT GEWALT UND VERSUCHT, SIE SO GUT ES GEHT ZU MINIMIEREN.
DAHER GREIFT SIE OFT DIREKT DIE SCHWACHSTELLE IHRER GEGNER AN, UM DEN KAMPF SO SCHNELL WIE MÖGLICH ZU BEENDEN.
IN DIESEM FALL SCHWANG SIE IHR LASSO UM DEN HALS DER RIESIN UND SPRANG IHR ANMUTIG ÜBER DEN KOPF.
GEWISS IN DER HOFFNUNG, SANFT AUF DER ANDEREN SEITE ZU LANDEN UND DIESEN LEVIATHAN MIT KRAFT UND IHREM GEWICHT MITZUREISSEN.
UND GIGANTA AUF UNSEREN GEPFLEGTEN HAUPTSTADTRASEN ZU SCHMETTERN.
CRACKKK
ES WAR EIN GUTER, GNÄDIGER PLAN.
NUR HATTE SIE NICHT MIT EINER HÖHEREN MACHT GERECHNET.
WOMIT ICH UNSERE MEINE.

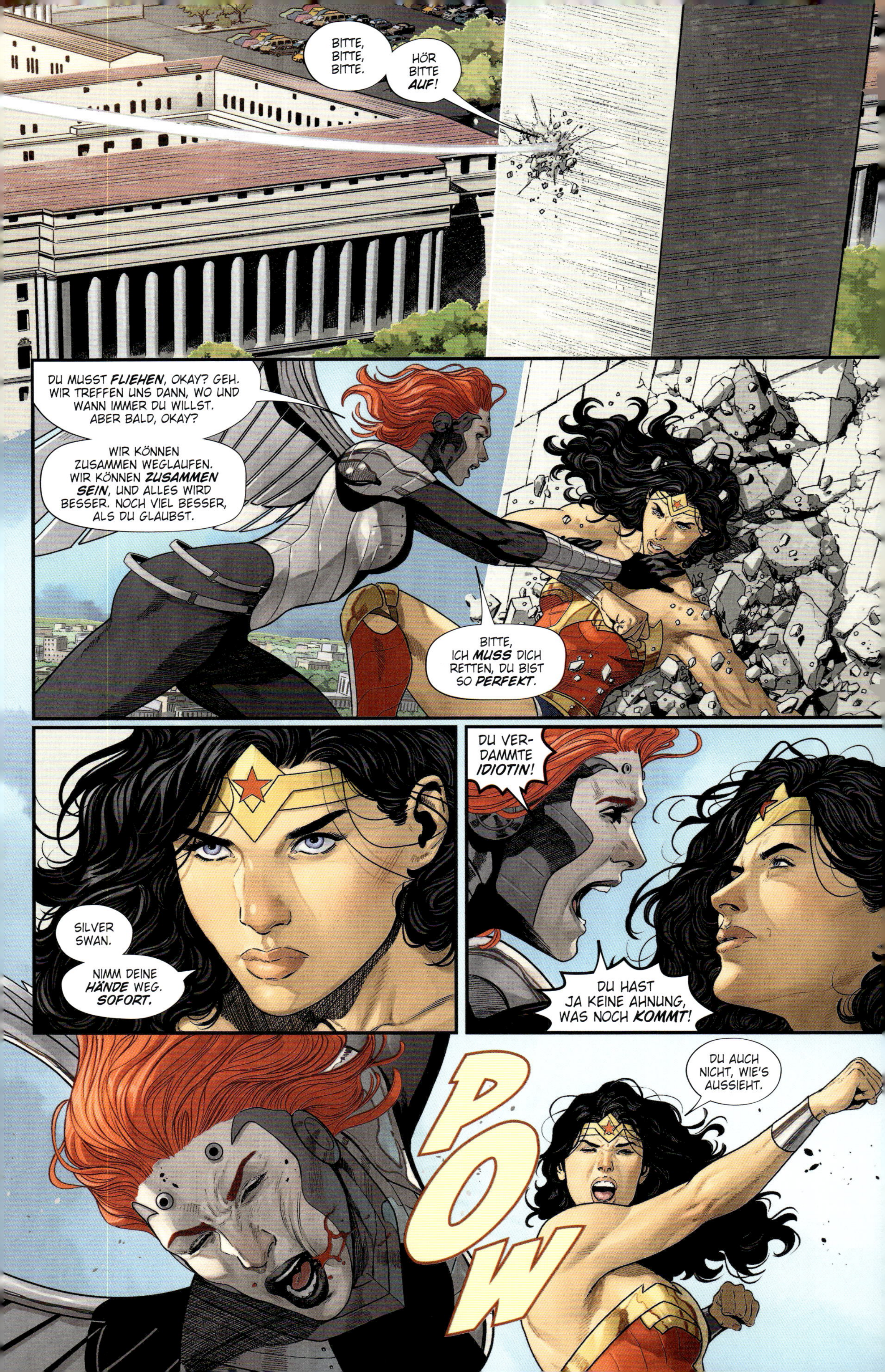
BITTE, BITTE, BITTE.
HÖR BITTE AUF!
DU MUSST FLIEHEN, OKAY? GEH. WIR TREFFEN UNS DANN, WO UND WANN IMMER DU WILLST. ABER BALD, OKAY?
WIR KÖNNEN ZUSAMMEN WEGLAUFEN. WIR KÖNNEN ZUSAMMEN SEIN, UND ALLES WIRD BESSER. NOCH VIEL BESSER, ALS DU GLAUBST.
BITTE, ICH MUSS DICH RETTEN, DU BIST SO PERFEKT.
SILVER SWAN.
NIMM DEINE HÄNDE WEG. SOFORT.
DU VERDAMMTE IDIOTIN!
DU HAST JA KEINE AHNUNG, WAS NOCH KOMMT!
DU AUCH NICHT, WIE'S AUSSIEHT.
POW

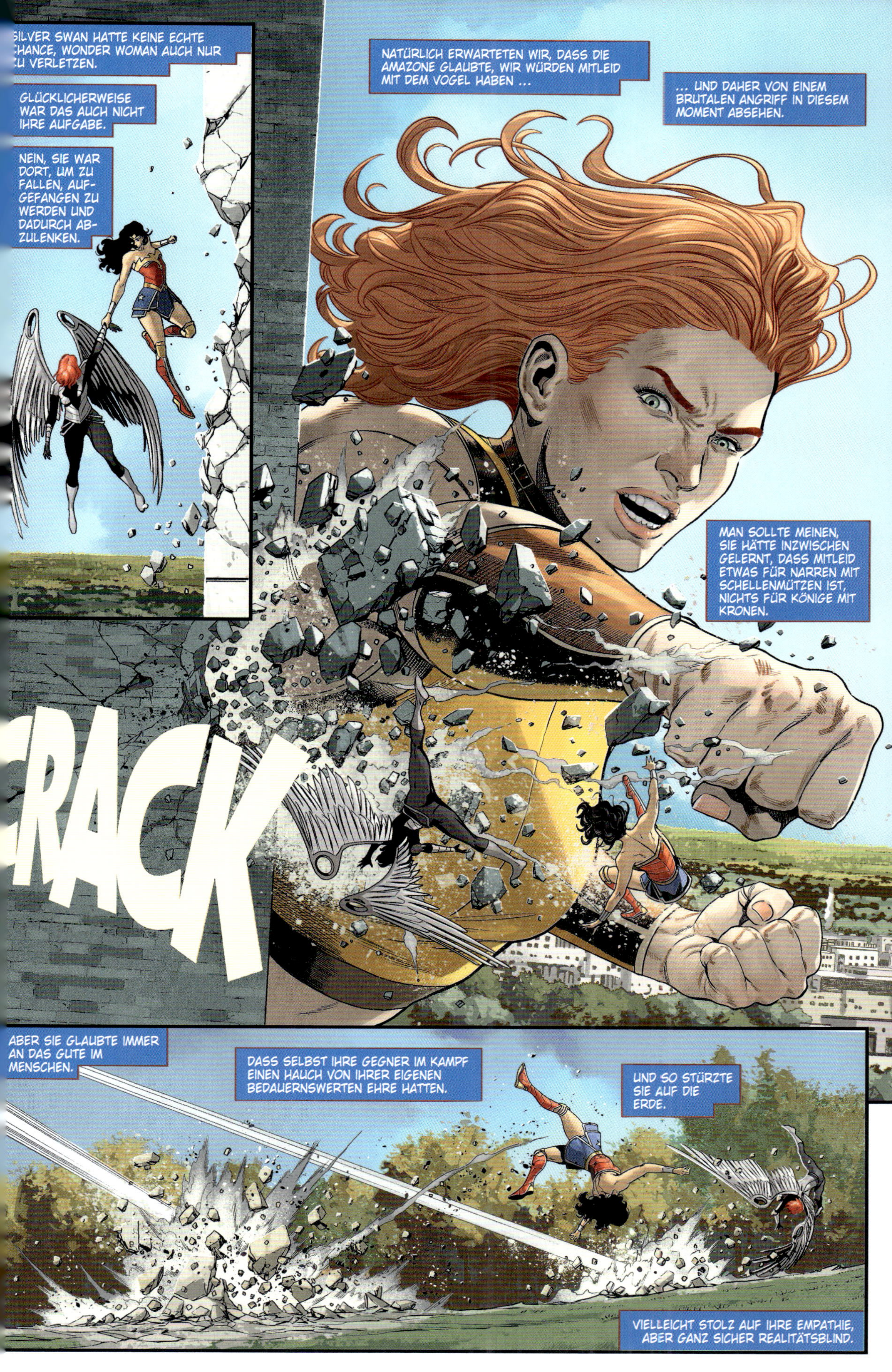
SILVER SWAN HATTE KEINE ECHTE CHANCE, WONDER WOMAN AUCH NUR ZU VERLETZEN.
GLÜCKLICHERWEISE WAR DAS AUCH NICHT IHRE AUFGABE.
NEIN, SIE WAR DORT, UM ZU FALLEN, AUF-GEFANGEN ZU WERDEN UND DADURCH AB-ZULENKEN.
NATÜRLICH ERWARTETEN WIR, DASS DIE AMAZONE GLAUBTE, WIR WÜRDEN MITLEID MIT DEM VOGEL HABEN ...
... UND DAHER VON EINEM BRUTALEN ANGRIFF IN DIESEM MOMENT ABSEHEN.
MAN SOLLTE MEINEN, SIE HÄTTE INZWISCHEN GELERNT, DASS MITLEID ETWAS FÜR NARREN MIT SCHELLENMÜTZEN IST, NICHTS FÜR KÖNIGE MIT KRONEN.
RACK
ABER SIE GLAUBTE IMMER AN DAS GUTE IM MENSCHEN.
DASS SELBST IHRE GEGNER IM KAMPF EINEN HAUCH VON IHRER EIGENEN BEDAUERNSWERTEN EHRE HATTEN.
UND SO STÜRZTE SIE AUF DIE ERDE.
VIELLEICHT STOLZ AUF IHRE EMPATHIE, ABER GANZ SICHER REALITÄTSBLIND.

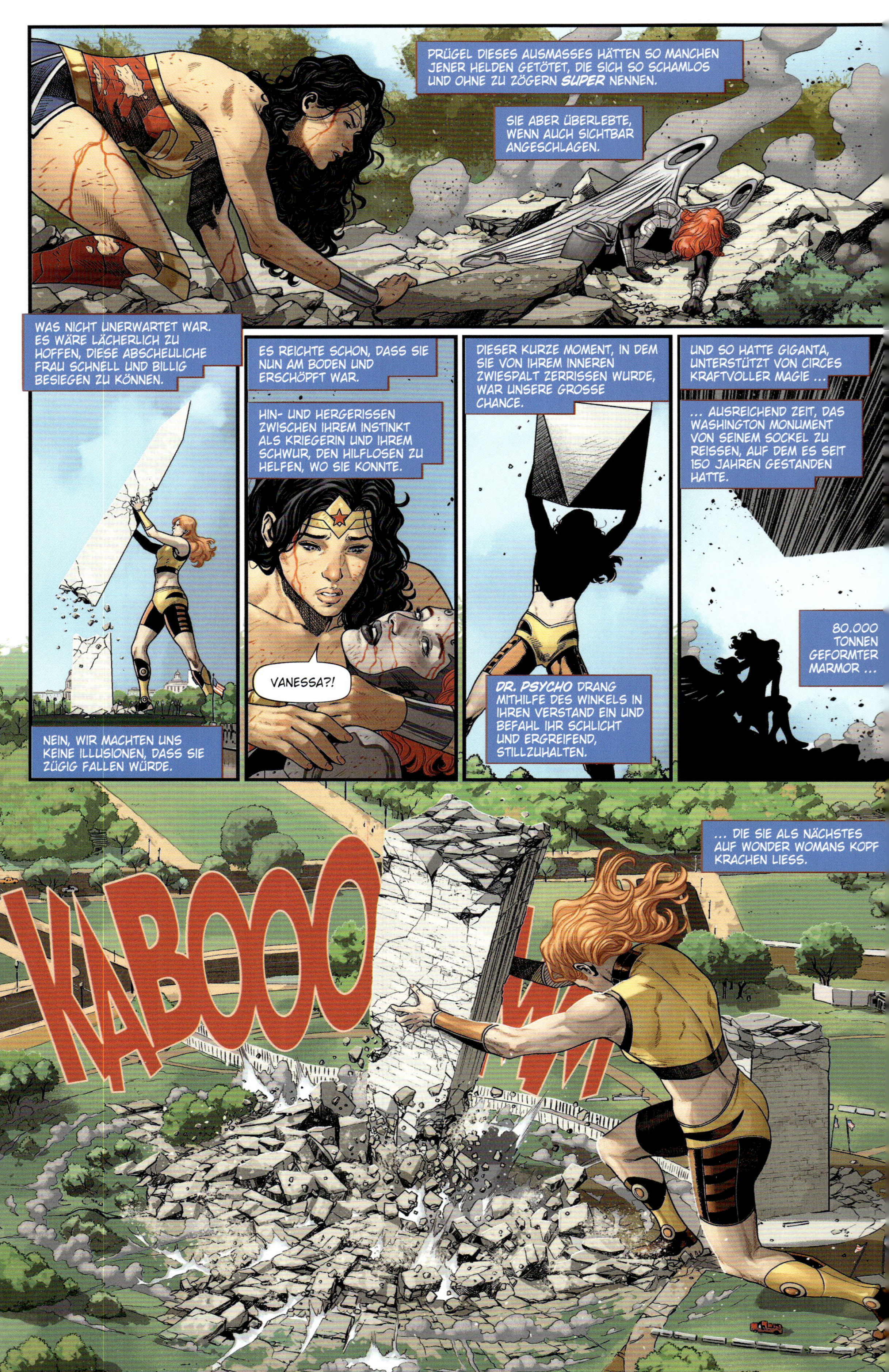
PRÜGEL DIESES AUSMASSES HÄTTEN SO MANCHEN JENER HELDEN GETÖTET, DIE SICH SO SCHAMLOS UND OHNE ZU ZÖGERN *SUPER* NENNEN.
SIE ABER ÜBERLEBTE, WENN AUCH SICHTBAR ANGESCHLAGEN.
WAS NICHT UNERWARTET WAR. ES WÄRE LÄCHERLICH ZU HOFFEN, DIESE ABSCHEULICHE FRAU SCHNELL UND BILLIG BESIEGEN ZU KÖNNEN.
NEIN, WIR MACHTEN UNS KEINE ILLUSIONEN, DASS SIE ZÜGIG FALLEN WÜRDE.
ES REICHTE SCHON, DASS SIE NUN AM BODEN UND ERSCHÖPFT WAR.
HIN- UND HERGERISSEN ZWISCHEN IHREM INSTINKT ALS KRIEGERIN UND IHREM SCHWUR, DEN HILFLOSEN ZU HELFEN, WO SIE KONNTE.
VANESSA?!
DIESER KURZE MOMENT, IN DEM SIE VON IHREM INNEREN ZWIESPALT ZERRISSEN WURDE, WAR UNSERE GROSSE CHANCE.
DR. PSYCHO DRANG MITHILFE DES WINKELS IN IHREN VERSTAND EIN UND BEFAHL IHR SCHLICHT UND ERGREIFEND, STILLZUHALTEN.
UND SO HATTE GIGANTA, UNTERSTÜTZT VON CIRCES KRAFTVOLLER MAGIE ...
... AUSREICHEND ZEIT, DAS WASHINGTON MONUMENT VON SEINEM SOCKEL ZU REISSEN, AUF DEM ES SEIT 150 JAHREN GESTANDEN HATTE.
80.000 TONNEN GEFORMTER MARMOR ...
KABOOOM
... DIE SIE ALS NÄCHSTES AUF WONDER WOMANS KOPF KRACHEN LIESS.

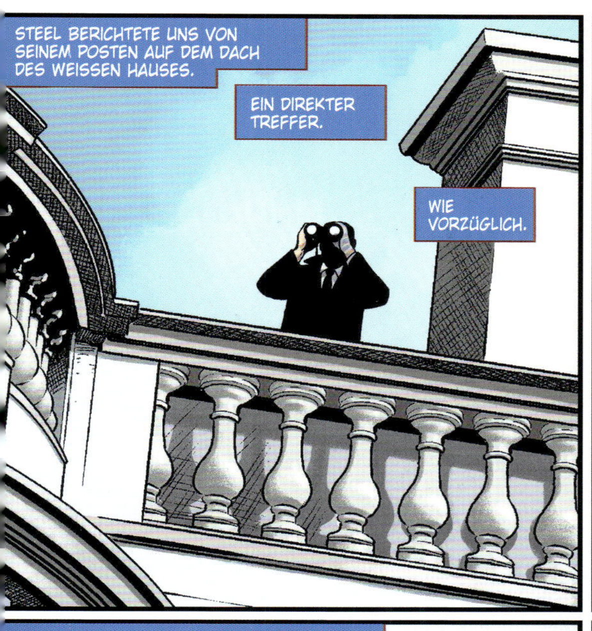
STEEL BERICHTETE UNS VON SEINEM POSTEN AUF DEM DACH DES WEISSEN HAUSES.
EIN DIREKTER TREFFER.
WIE VORZÜGLICH.

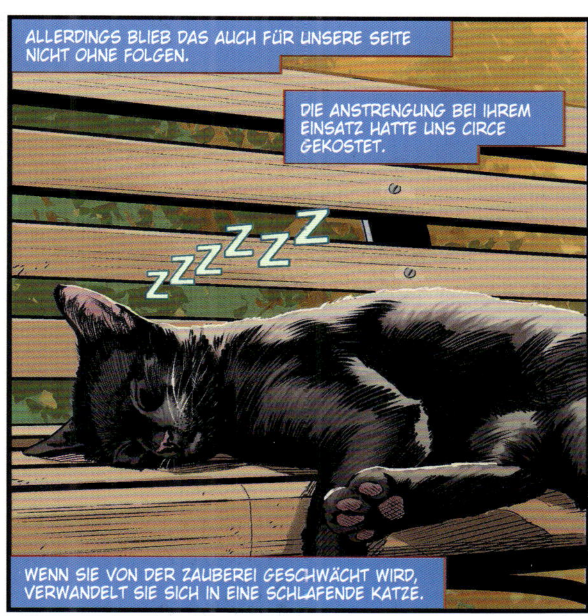
ALLERDINGS BLIEB DAS AUCH FÜR UNSERE SEITE NICHT OHNE FOLGEN.
DIE ANSTRENGUNG BEI IHREM EINSATZ HATTE UNS CIRCE GEKOSTET.
ZZZZZZ
WENN SIE VON DER ZAUBEREI GESCHWÄCHT WIRD, VERWANDELT SIE SICH IN EINE SCHLAFENDE KATZE.

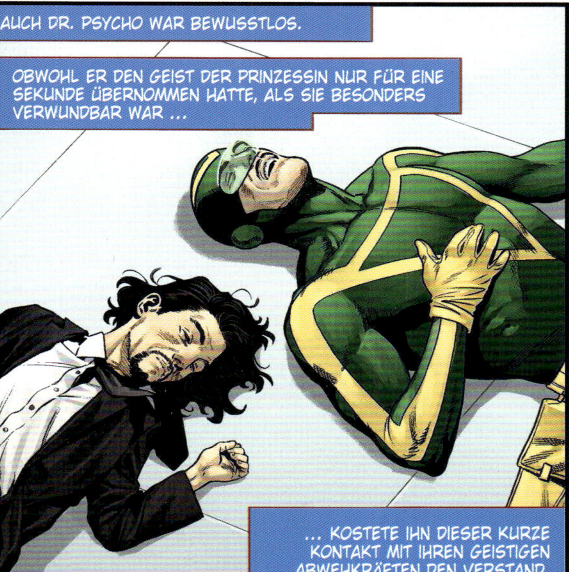
AUCH DR. PSYCHO WAR BEWUSSTLOS.
OBWOHL ER DEN GEIST DER PRINZESSIN NUR FÜR EINE SEKUNDE ÜBERNOMMEN HATTE, ALS SIE BESONDERS VERWUNDBAR WAR ...
... KOSTETE IHN DIESER KURZE KONTAKT MIT IHREN GEISTIGEN ABWEHRKRÄFTEN DEN VERSTAND.

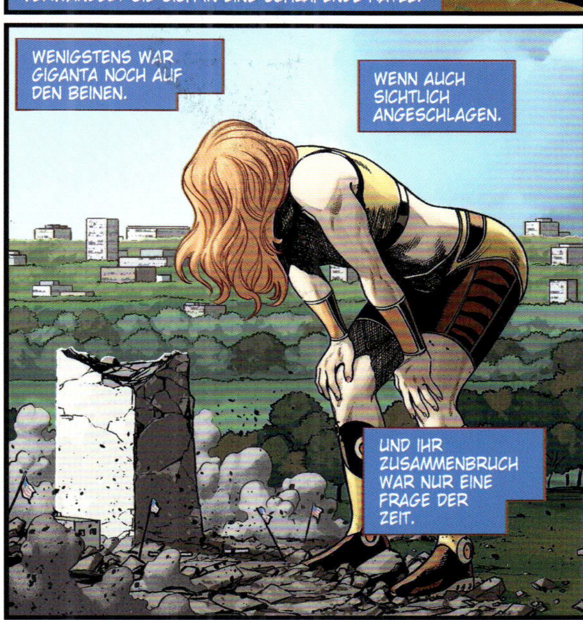
WENIGSTENS WAR GIGANTA NOCH AUF DEN BEINEN.
WENN AUCH SICHTLICH ANGESCHLAGEN.
UND IHR ZUSAMMENBRUCH WAR NUR EINE FRAGE DER ZEIT.

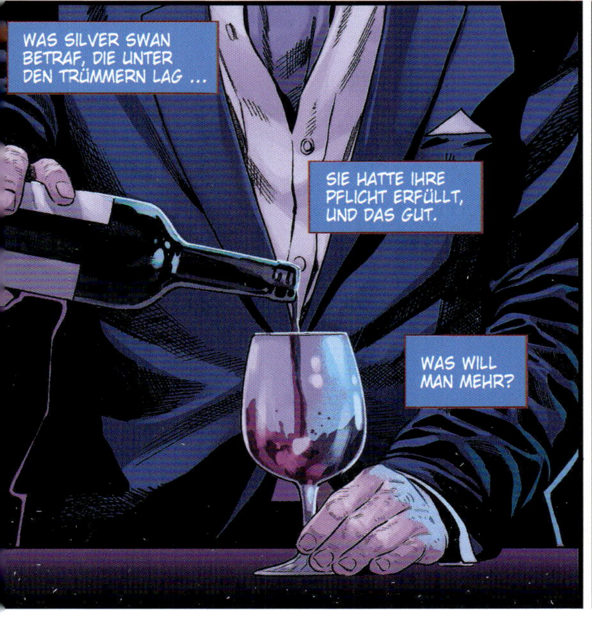
WAS SILVER SWAN BETRAF, DIE UNTER DEN TRÜMMERN LAG ...
SIE HATTE IHRE PFLICHT ERFÜLLT, UND DAS GUT.
WAS WILL MAN MEHR?

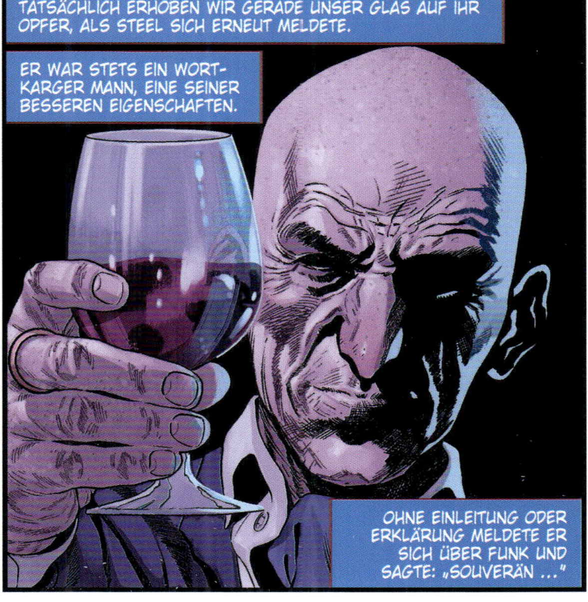
TATSÄCHLICH ERHOBEN WIR GERADE UNSER GLAS AUF IHR OPFER, ALS STEEL SICH ERNEUT MELDETE.
ER WAR STETS EIN WORTKARGER MANN, EINE SEINER BESSEREN EIGENSCHAFTEN.
OHNE EINLEITUNG ODER ERKLÄRUNG MELDETE ER SICH ÜBER FUNK UND SAGTE: „SOUVERÄN ..."

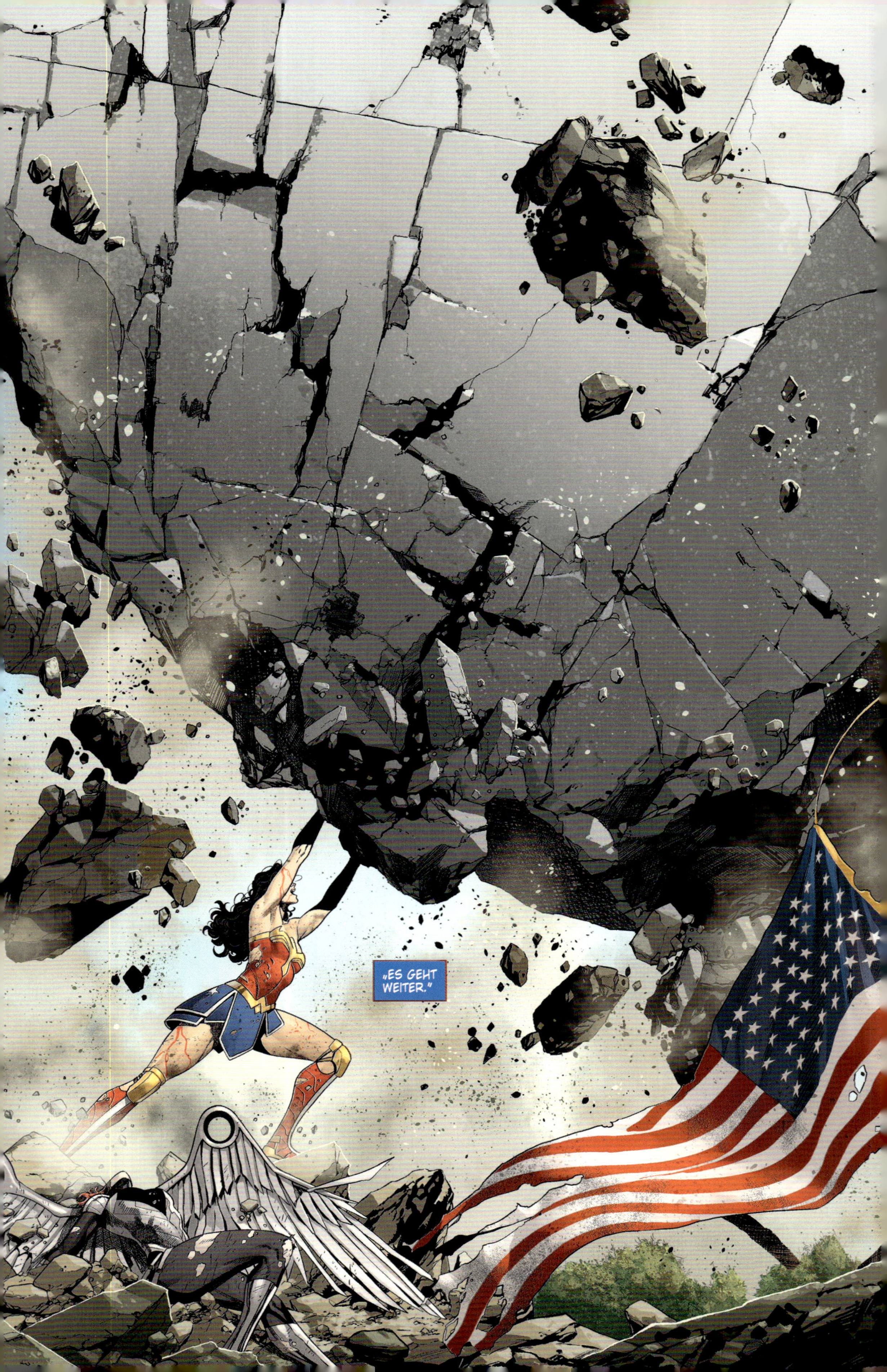
„ES GEHT WEITER."

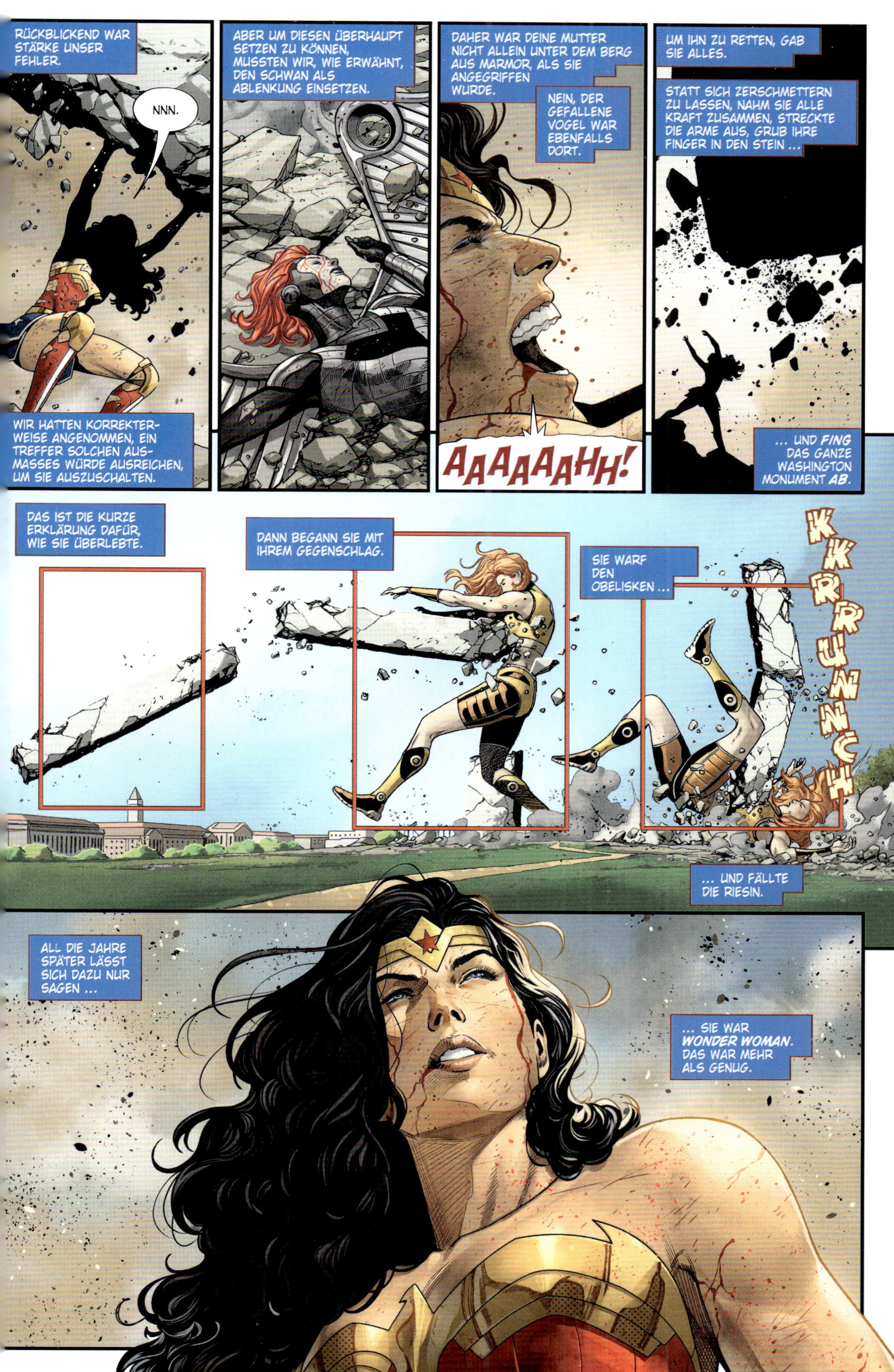

RÜCKBLICKEND WAR STÄRKE UNSER FEHLER.
NNN.
WIR HATTEN KORREKTERWEISE ANGENOMMEN, EIN TREFFER SOLCHEN AUSMASSES WÜRDE AUSREICHEN, UM SIE AUSZUSCHALTEN.
ABER UM DIESEN ÜBERHAUPT SETZEN ZU KÖNNEN, MUSSTEN WIR, WIE ERWÄHNT, DEN SCHWAN ALS ABLENKUNG EINSETZEN.
DAHER WAR DEINE MUTTER NICHT ALLEIN UNTER DEM BERG AUS MARMOR, ALS SIE ANGEGRIFFEN WURDE.
NEIN, DER GEFALLENE VOGEL WAR EBENFALLS DORT.
AAAAAAHH!
UM IHN ZU RETTEN, GAB SIE ALLES.
STATT SICH ZERSCHMETTERN ZU LASSEN, NAHM SIE ALLE KRAFT ZUSAMMEN, STRECKTE DIE ARME AUS, GRUB IHRE FINGER IN DEN STEIN …
… UND FING DAS GANZE WASHINGTON MONUMENT AB.
DAS IST DIE KURZE ERKLÄRUNG DAFÜR, WIE SIE ÜBERLEBTE.
DANN BEGANN SIE MIT IHREM GEGENSCHLAG.
SIE WARF DEN OBELISKEN …
KKRRUNNCH
… UND FÄLLTE DIE RIESIN.
ALL DIE JAHRE SPÄTER LÄSST SICH DAZU NUR SAGEN …
… SIE WAR WONDER WOMAN. DAS WAR MEHR ALS GENUG.

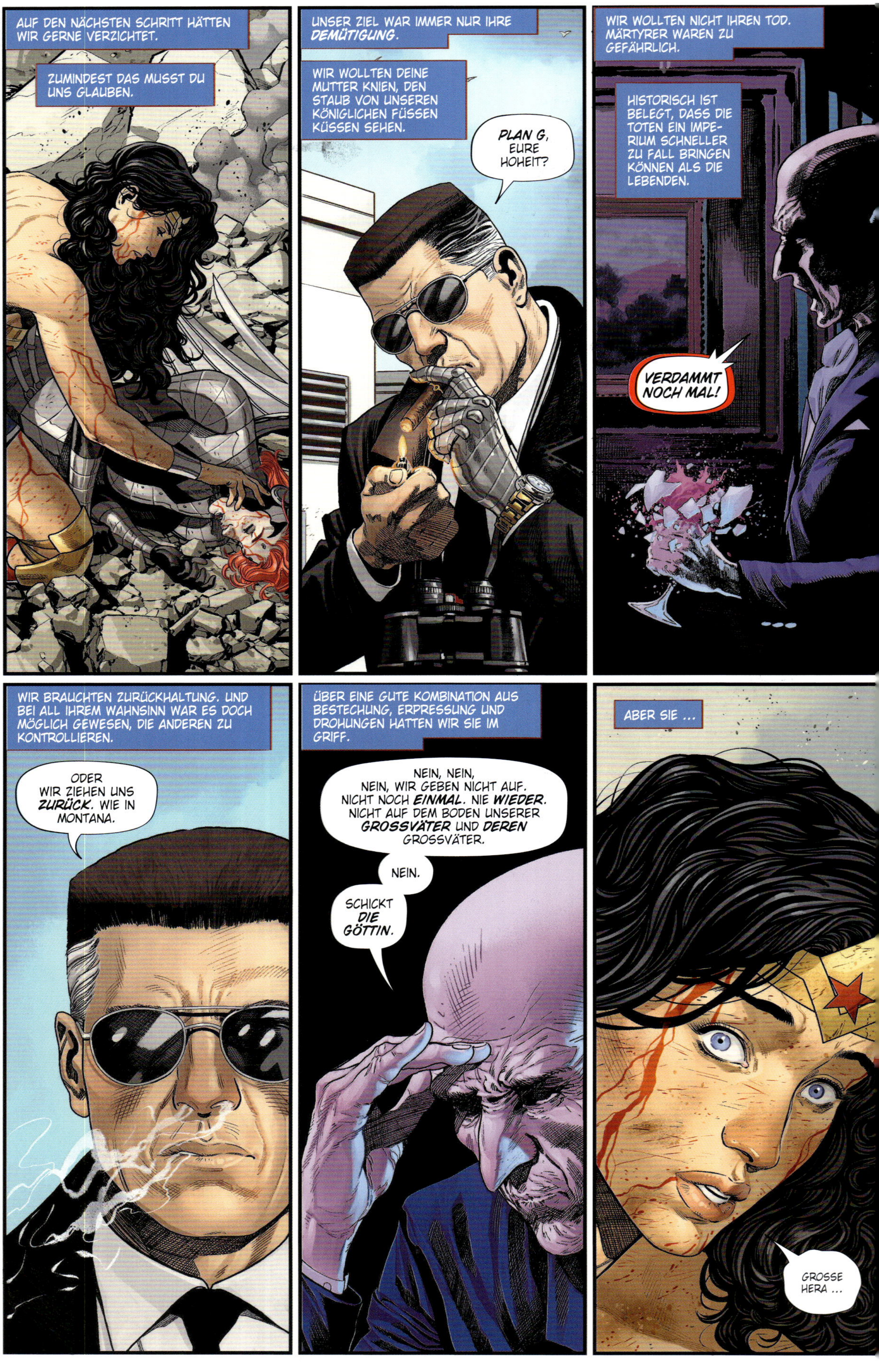

AUF DEN NÄCHSTEN SCHRITT HÄTTEN WIR GERNE VERZICHTET.

ZUMINDEST DAS MUSST DU UNS GLAUBEN.

UNSER ZIEL WAR IMMER NUR IHRE **DEMÜTIGUNG**.

WIR WOLLTEN DEINE MUTTER KNIEN, DEN STAUB VON UNSEREN KÖNIGLICHEN FÜSSEN KÜSSEN SEHEN.

PLAN G, EURE HOHEIT?

WIR WOLLTEN NICHT IHREN TOD. MÄRTYRER WAREN ZU GEFÄHRLICH.

HISTORISCH IST BELEGT, DASS DIE TOTEN EIN IMPERIUM SCHNELLER ZU FALL BRINGEN KÖNNEN ALS DIE LEBENDEN.

VERDAMMT NOCH MAL!

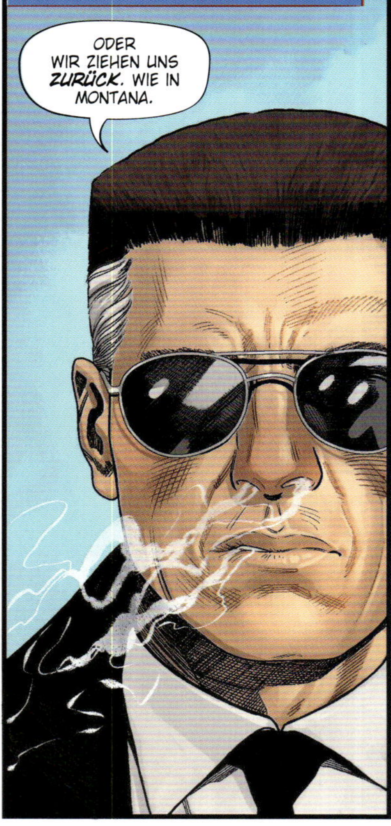

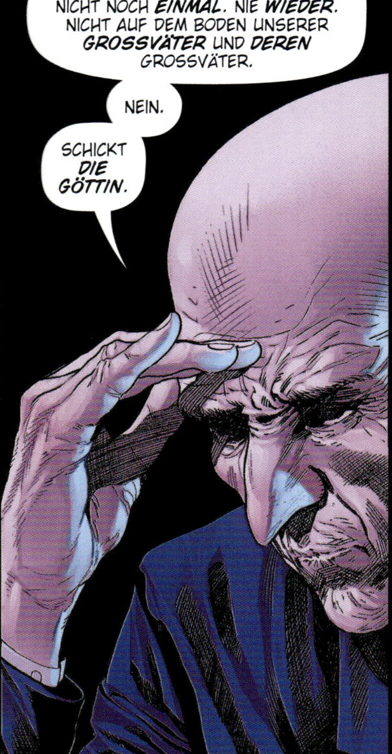

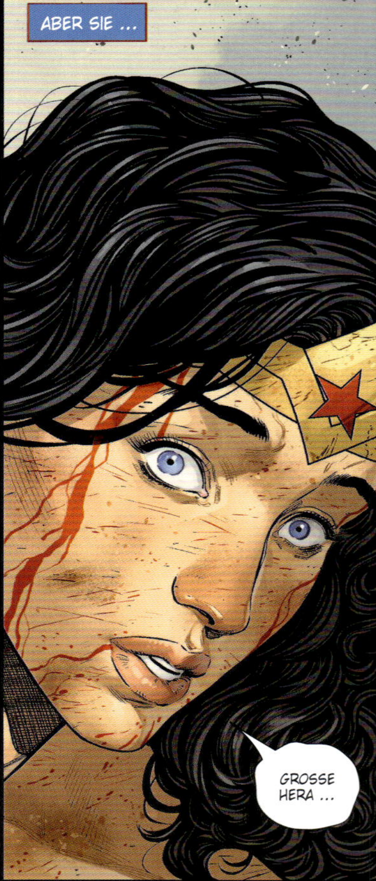

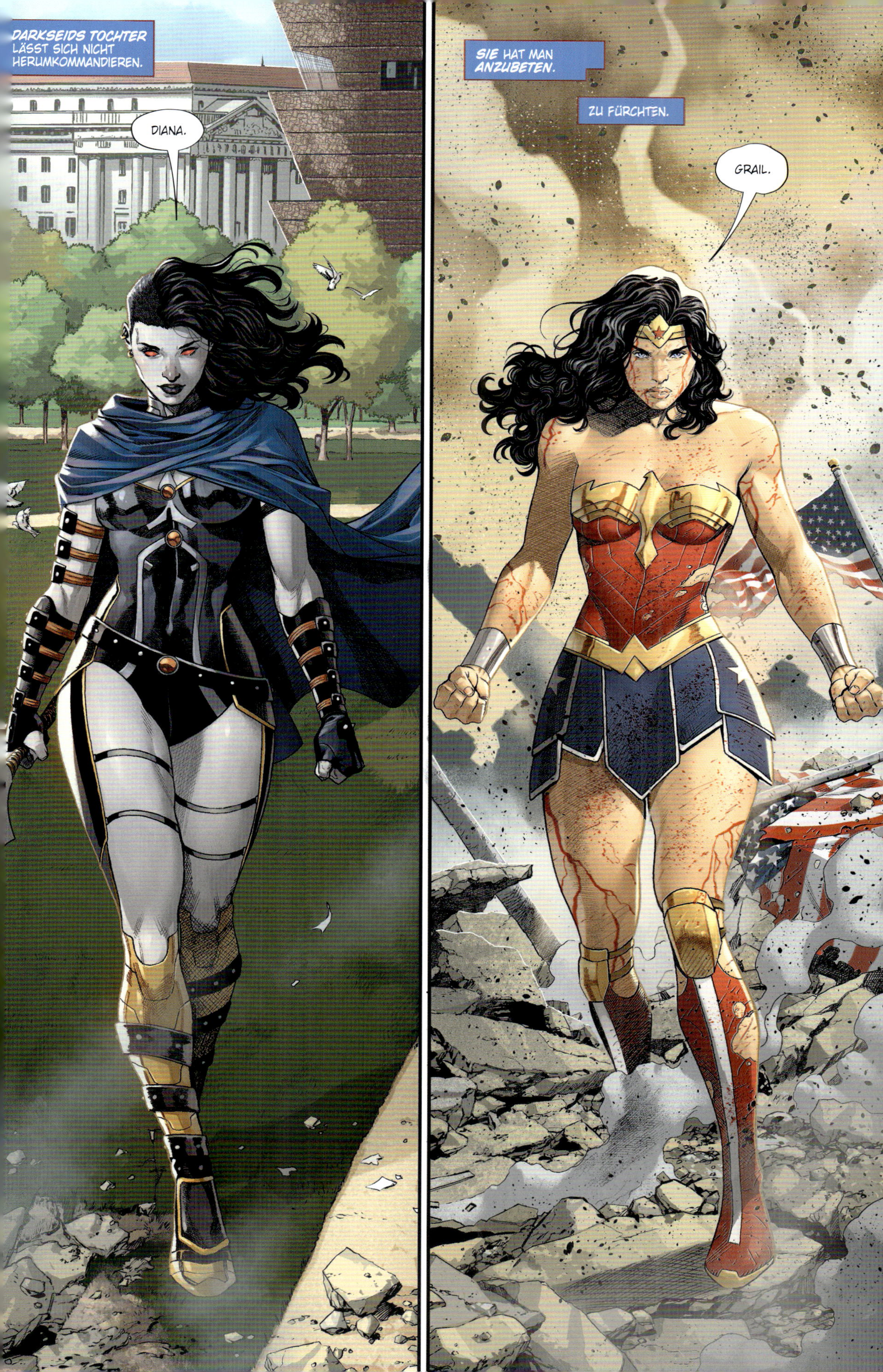
DARKSEIDS TOCHTER LÄSST SICH NICHT HERUMKOMMANDIEREN.
DIANA.
SIE HAT MAN ANZUBETEN.
ZU FÜRCHTEN.
GRAIL.

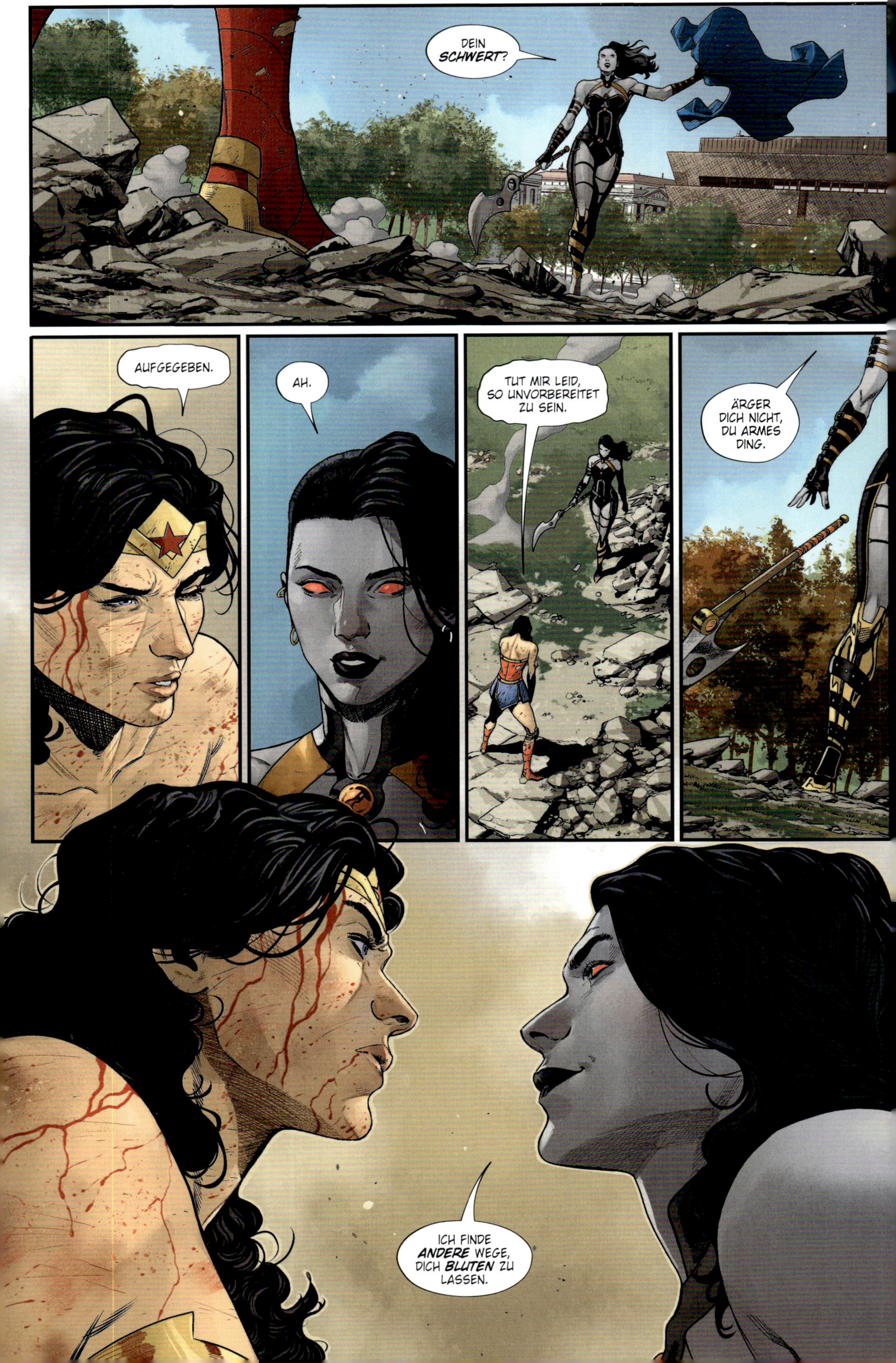

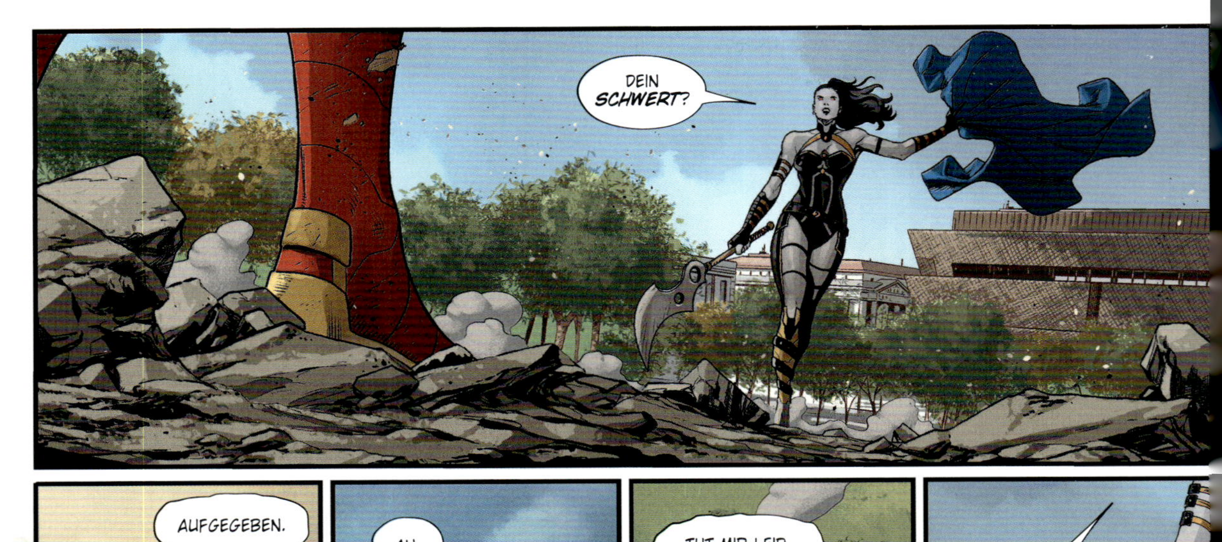
DEIN **SCHWERT?**

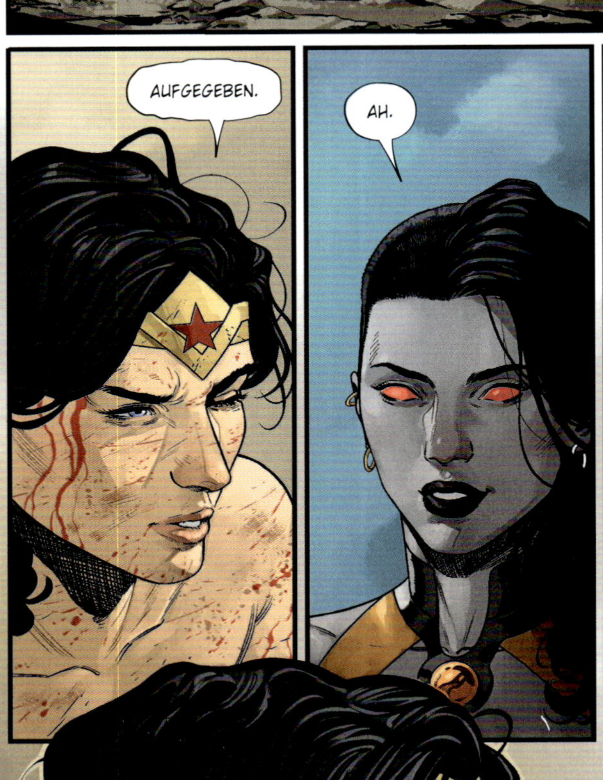
AUFGEGEBEN.
AH.

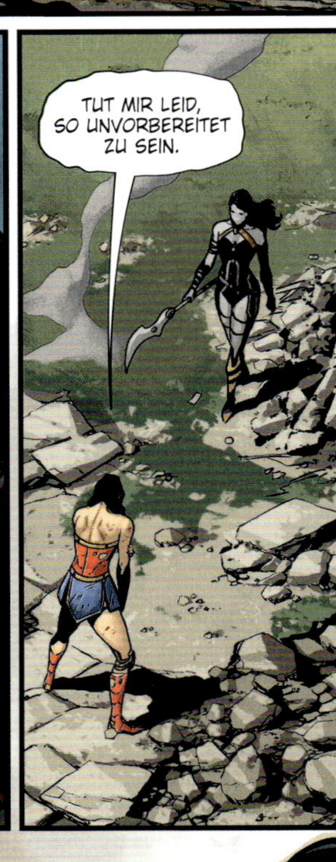
TUT MIR LEID, SO UNVORBEREITET ZU SEIN.

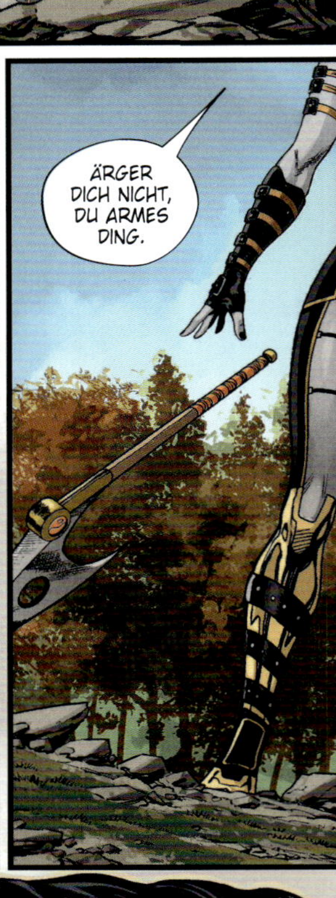
ÄRGER DICH NICHT, DU ARMES DING.

ICH FINDE **ANDERE** WEGE, DICH **BLUTEN** ZU LASSEN.

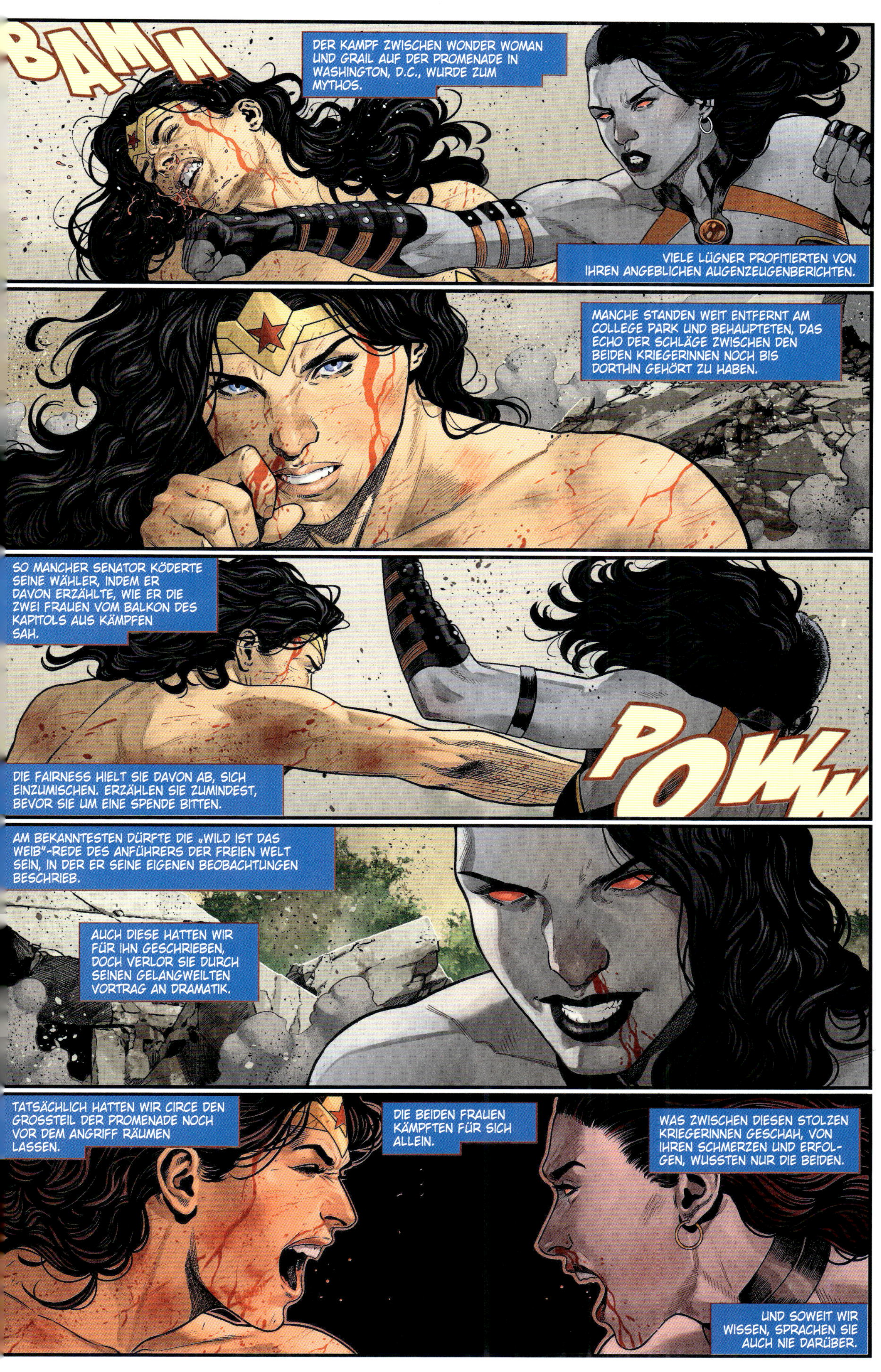
BAMM
DER KAMPF ZWISCHEN WONDER WOMAN UND GRAIL AUF DER PROMENADE IN WASHINGTON, D.C., WURDE ZUM MYTHOS.
VIELE LÜGNER PROFITIERTEN VON IHREN ANGEBLICHEN AUGENZEUGENBERICHTEN.
MANCHE STANDEN WEIT ENTFERNT AM COLLEGE PARK UND BEHAUPTETEN, DAS ECHO DER SCHLÄGE ZWISCHEN DEN BEIDEN KRIEGERINNEN NOCH BIS DORTHIN GEHÖRT ZU HABEN.
SO MANCHER SENATOR KÖDERTE SEINE WÄHLER, INDEM ER DAVON ERZÄHLTE, WIE ER DIE ZWEI FRAUEN VOM BALKON DES KAPITOLS AUS KÄMPFEN SAH.
DIE FAIRNESS HIELT SIE DAVON AB, SICH EINZUMISCHEN. ERZÄHLEN SIE ZUMINDEST, BEVOR SIE UM EINE SPENDE BITTEN.
POWW
AM BEKANNTESTEN DÜRFTE DIE „WILD IST DAS WEIB"-REDE DES ANFÜHRERS DER FREIEN WELT SEIN, IN DER ER SEINE EIGENEN BEOBACHTUNGEN BESCHRIEB.
AUCH DIESE HATTEN WIR FÜR IHN GESCHRIEBEN, DOCH VERLOR SIE DURCH SEINEN GELANGWEILTEN VORTRAG AN DRAMATIK.
TATSÄCHLICH HATTEN WIR CIRCE DEN GROSSTEIL DER PROMENADE NOCH VOR DEM ANGRIFF RÄUMEN LASSEN.
DIE BEIDEN FRAUEN KÄMPFTEN FÜR SICH ALLEIN.
WAS ZWISCHEN DIESEN STOLZEN KRIEGERINNEN GESCHAH, VON IHREN SCHMERZEN UND ERFOLGEN, WUSSTEN NUR DIE BEIDEN.
UND SOWEIT WIR WISSEN, SPRACHEN SIE AUCH NIE DARÜBER.

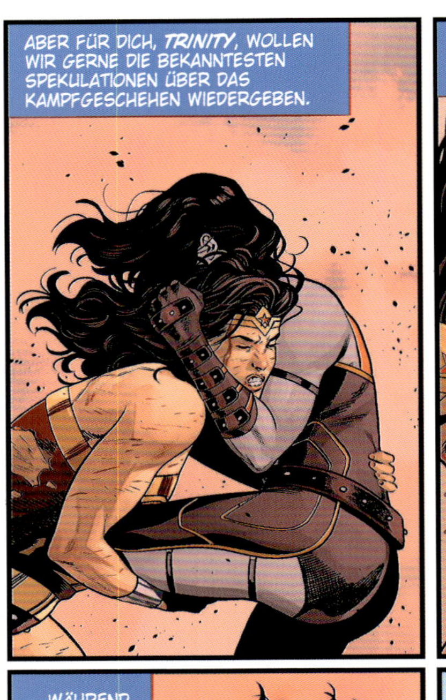
ABER FÜR DICH, TRINITY, WOLLEN WIR GERNE DIE BEKANNTESTEN SPEKULATIONEN ÜBER DAS KAMPFGESCHEHEN WIEDERGEBEN.

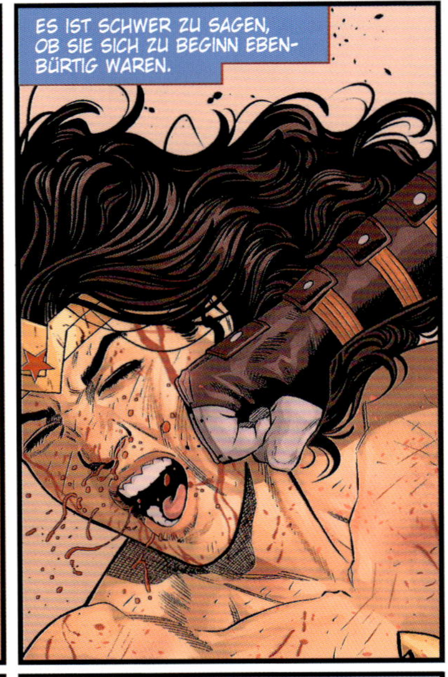
ES IST SCHWER ZU SAGEN, OB SIE SICH ZU BEGINN EBEN-BÜRTIG WAREN.

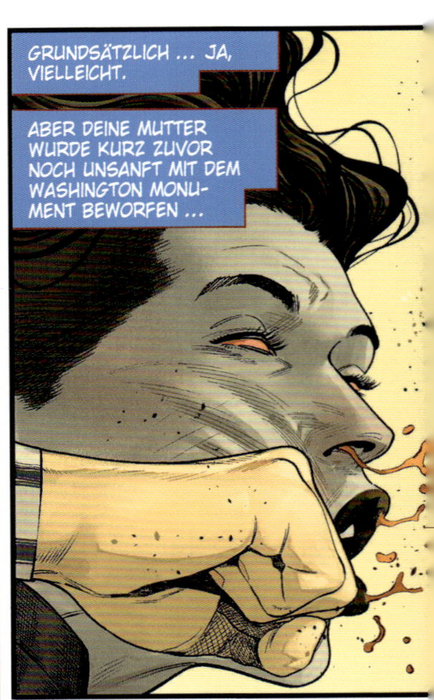
GRUNDSÄTZLICH ... JA, VIELLEICHT.
ABER DEINE MUTTER WURDE KURZ ZUVOR NOCH UNSANFT MIT DEM WASHINGTON MONU-MENT BEWORFEN ...

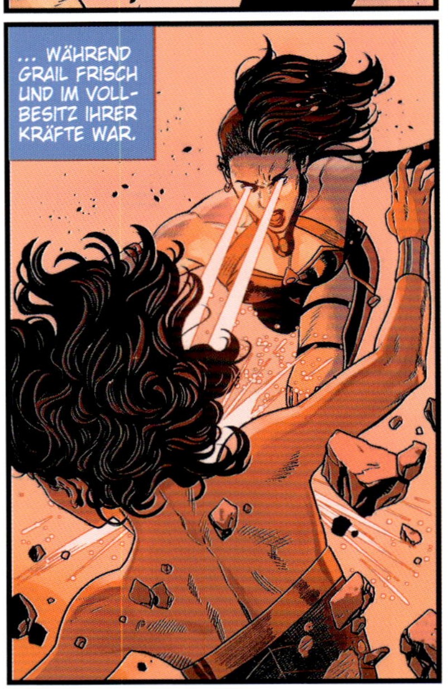
... WÄHREND GRAIL FRISCH UND IM VOLL-BESITZ IHRER KRÄFTE WAR.

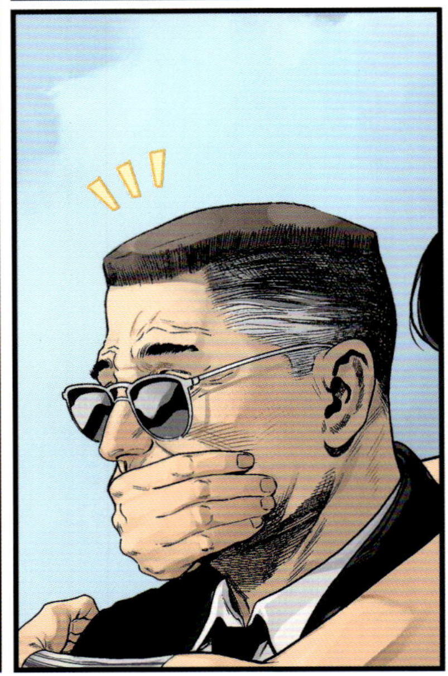

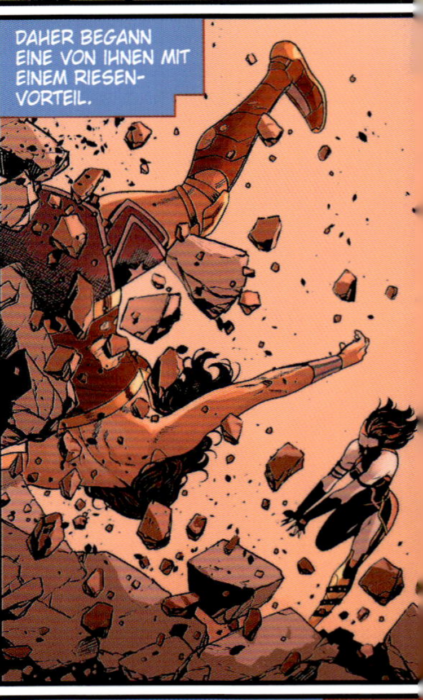
DAHER BEGANN EINE VON IHNEN MIT EINEM RIESEN-VORTEIL.

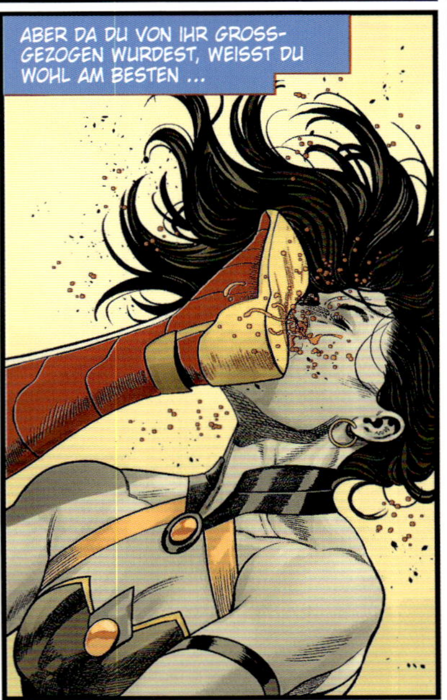
ABER DA DU VON IHR GROSS-GEZOGEN WURDEST, WEISST DU WOHL AM BESTEN ...

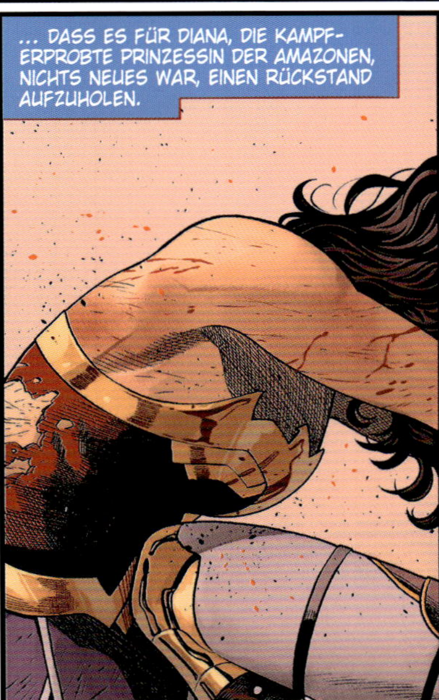
... DASS ES FÜR DIANA, DIE KAMPF-ERPROBTE PRINZESSIN DER AMAZONEN, NICHTS NEUES WAR, EINEN RÜCKSTAND AUFZUHOLEN.

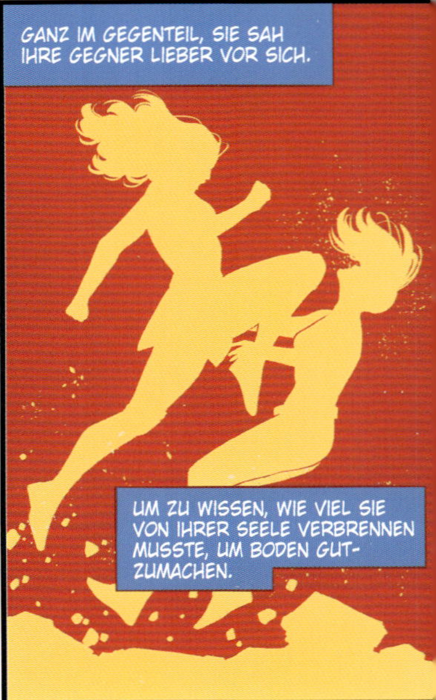
GANZ IM GEGENTEIL, SIE SAH IHRE GEGNER LIEBER VOR SICH.
UM ZU WISSEN, WIE VIEL SIE VON IHRER SEELE VERBRENNEN MUSSTE, UM BODEN GUT-ZUMACHEN.

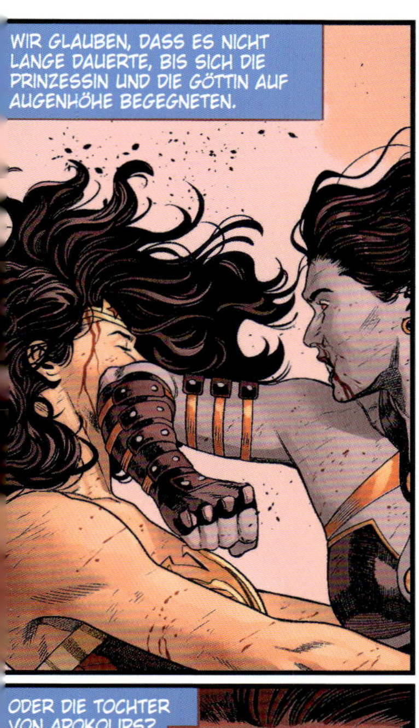
WIR GLAUBEN, DASS ES NICHT LANGE DAUERTE, BIS SICH DIE PRINZESSIN UND DIE GÖTTIN AUF AUGENHÖHE BEGEGNETEN.
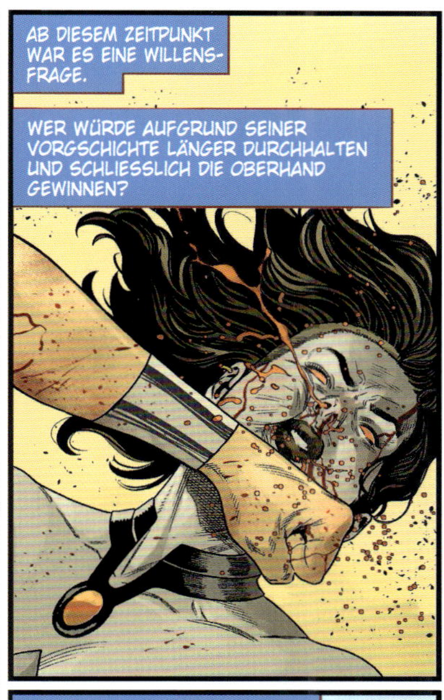
AB DIESEM ZEITPUNKT WAR ES EINE WILLENSFRAGE.
WER WÜRDE AUFGRUND SEINER VORGSCHICHTE LÄNGER DURCHHALTEN UND SCHLIESSLICH DIE OBERHAND GEWINNEN?
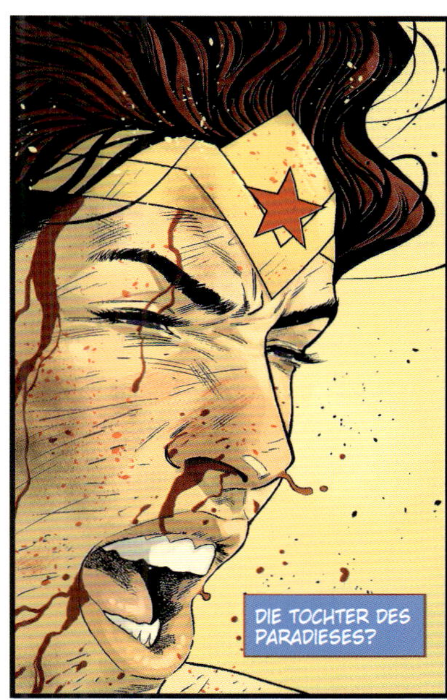
DIE TOCHTER DES PARADIESES?
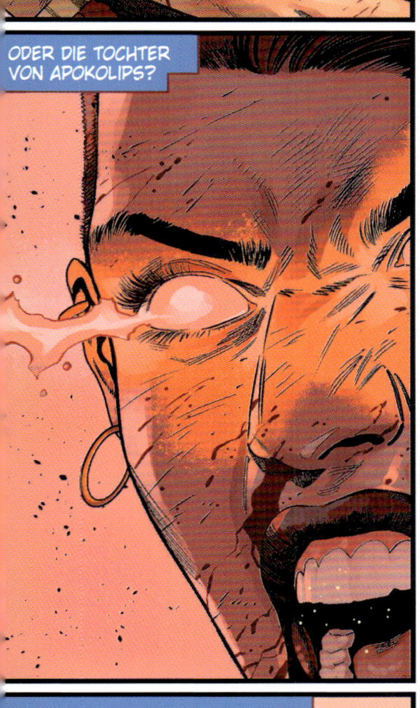
ODER DIE TOCHTER VON APOKOLIPS?
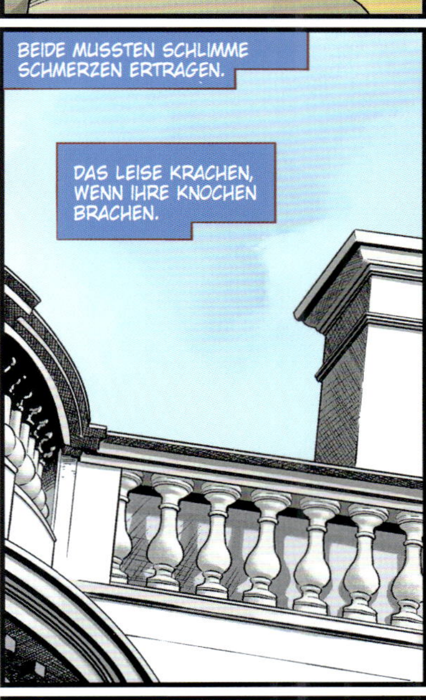
BEIDE MUSSTEN SCHLIMME SCHMERZEN ERTRAGEN.
DAS LEISE KRACHEN, WENN IHRE KNOCHEN BRACHEN.
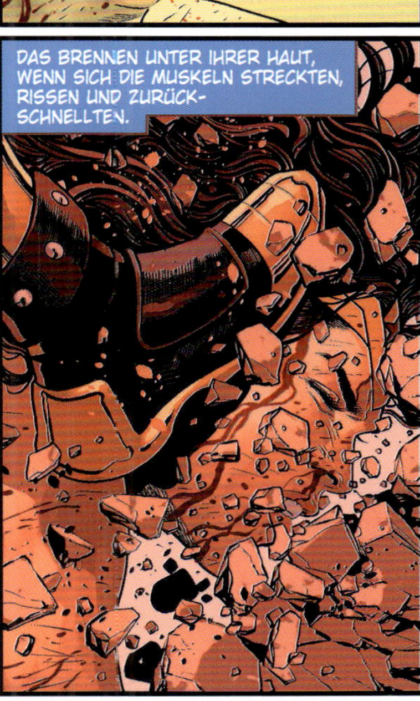
DAS BRENNEN UNTER IHRER HAUT, WENN SICH DIE MUSKELN STRECKTEN, RISSEN UND ZURÜCKSCHNELLTEN.
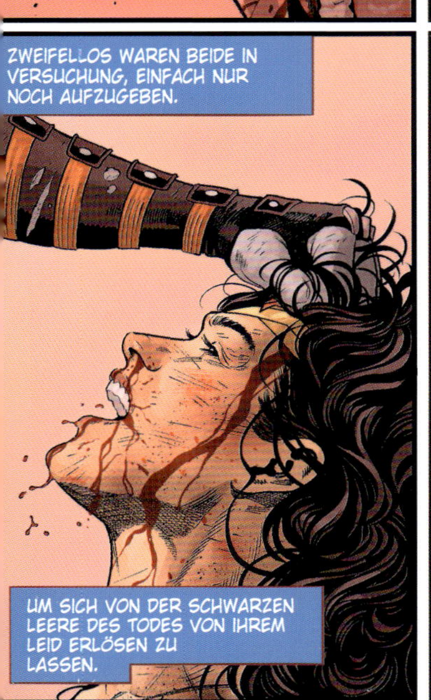
ZWEIFELLOS WAREN BEIDE IN VERSUCHUNG, EINFACH NUR NOCH AUFZUGEBEN.
UM SICH VON DER SCHWARZEN LEERE DES TODES VON IHREM LEID ERLÖSEN ZU LASSEN.
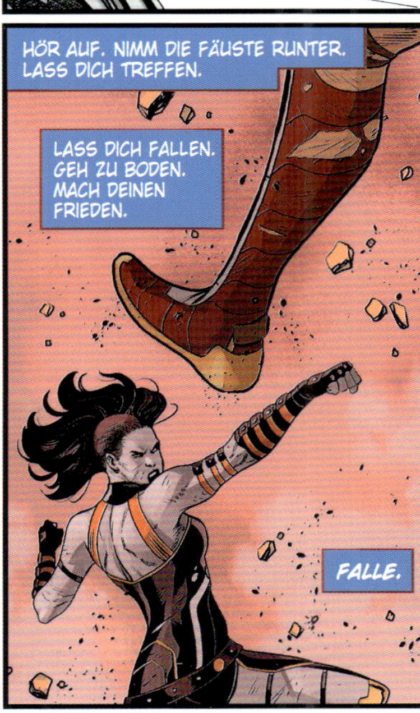
HÖR AUF. NIMM DIE FÄUSTE RUNTER. LASS DICH TREFFEN.
LASS DICH FALLEN. GEH ZU BODEN. MACH DEINEN FRIEDEN.
FALLE.
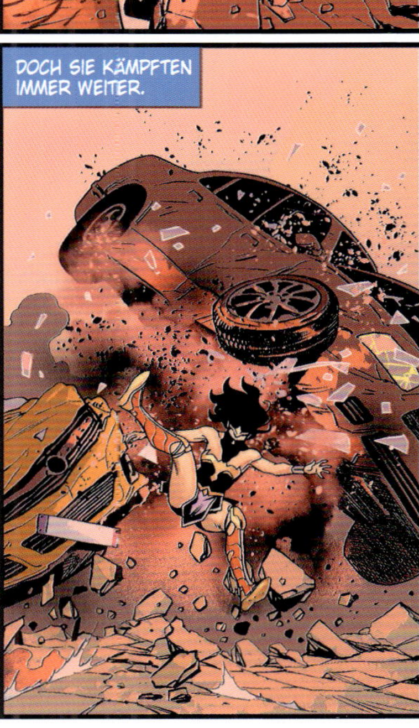
DOCH SIE KÄMPFTEN IMMER WEITER.

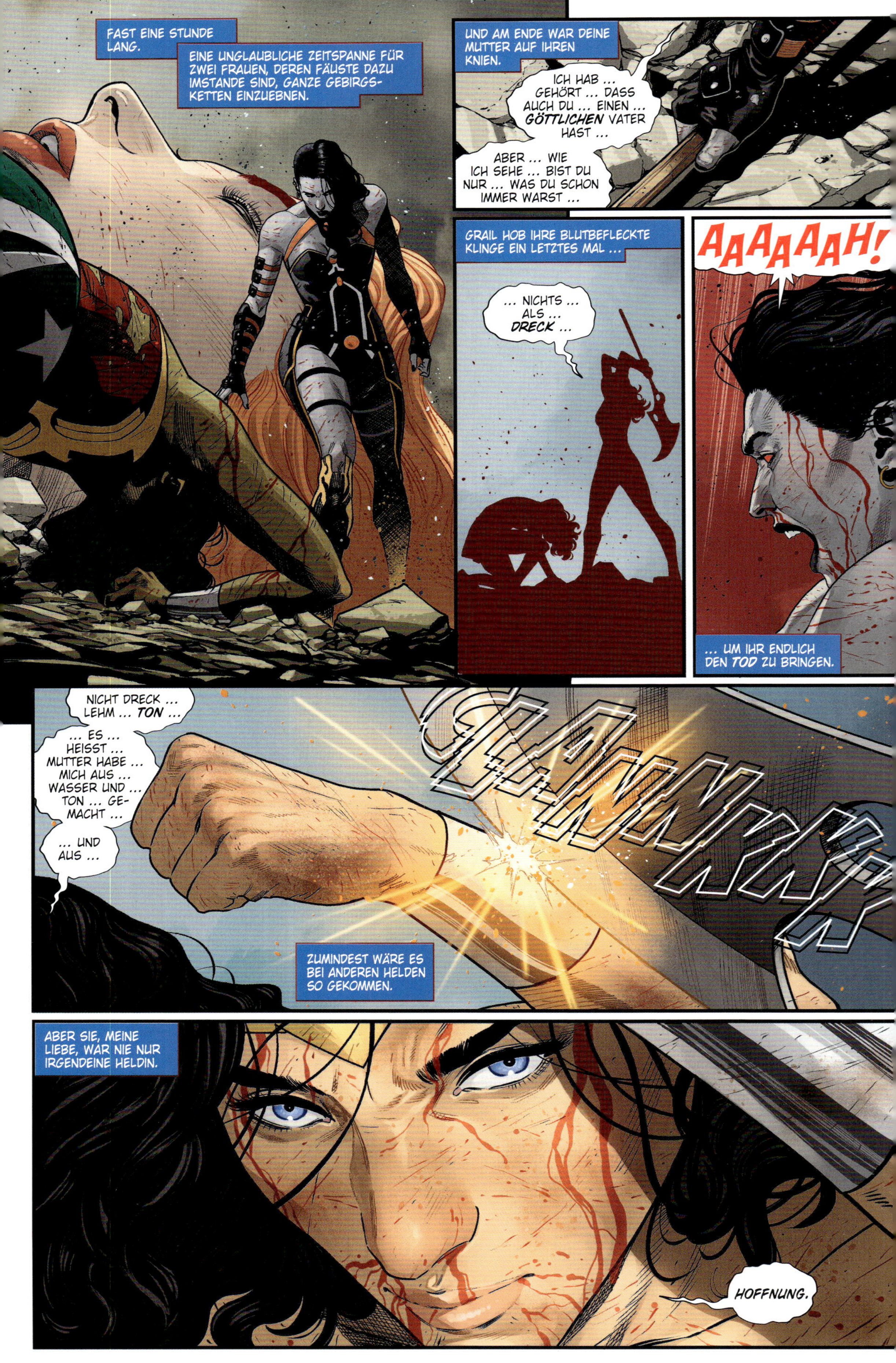
FAST EINE STUNDE LANG.
EINE UNGLAUBLICHE ZEITSPANNE FÜR ZWEI FRAUEN, DEREN FÄUSTE DAZU IMSTANDE SIND, GANZE GEBIRGS-KETTEN EINZUEBNEN.
UND AM ENDE WAR DEINE MUTTER AUF IHREN KNIEN.
ICH HAB ... GEHÖRT ... DASS AUCH DU ... EINEN ... GÖTTLICHEN VATER HAST ...
ABER ... WIE ICH SEHE ... BIST DU NUR ... WAS DU SCHON IMMER WARST ...
GRAIL HOB IHRE BLUTBEFLECKTE KLINGE EIN LETZTES MAL ...
... NICHTS ... ALS ... DRECK ...
AAAAAAH!
... UM IHR ENDLICH DEN TOD ZU BRINGEN.
NICHT DRECK ... LEHM ... TON ...
... ES ... HEISST ... MUTTER HABE ... MICH AUS ... WASSER UND ... TON ... GE-MACHT ...
... UND AUS ...
ZUMINDEST WÄRE ES BEI ANDEREN HELDEN SO GEKOMMEN.
ABER SIE, MEINE LIEBE, WAR NIE NUR IRGENDEINE HELDIN.
HOFFNUNG.

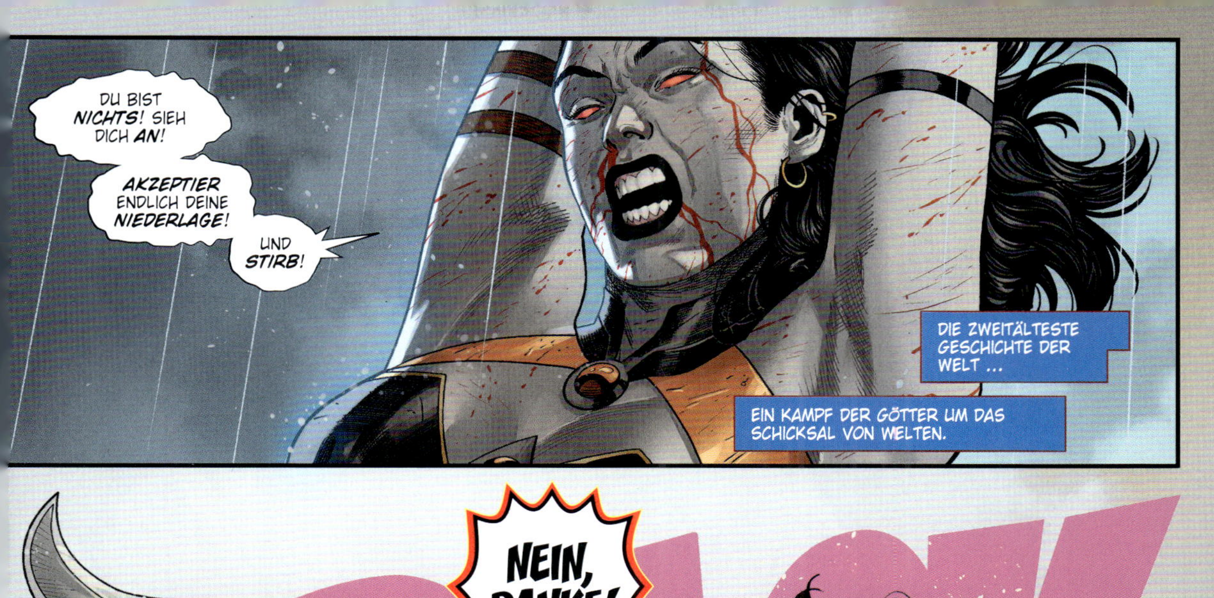

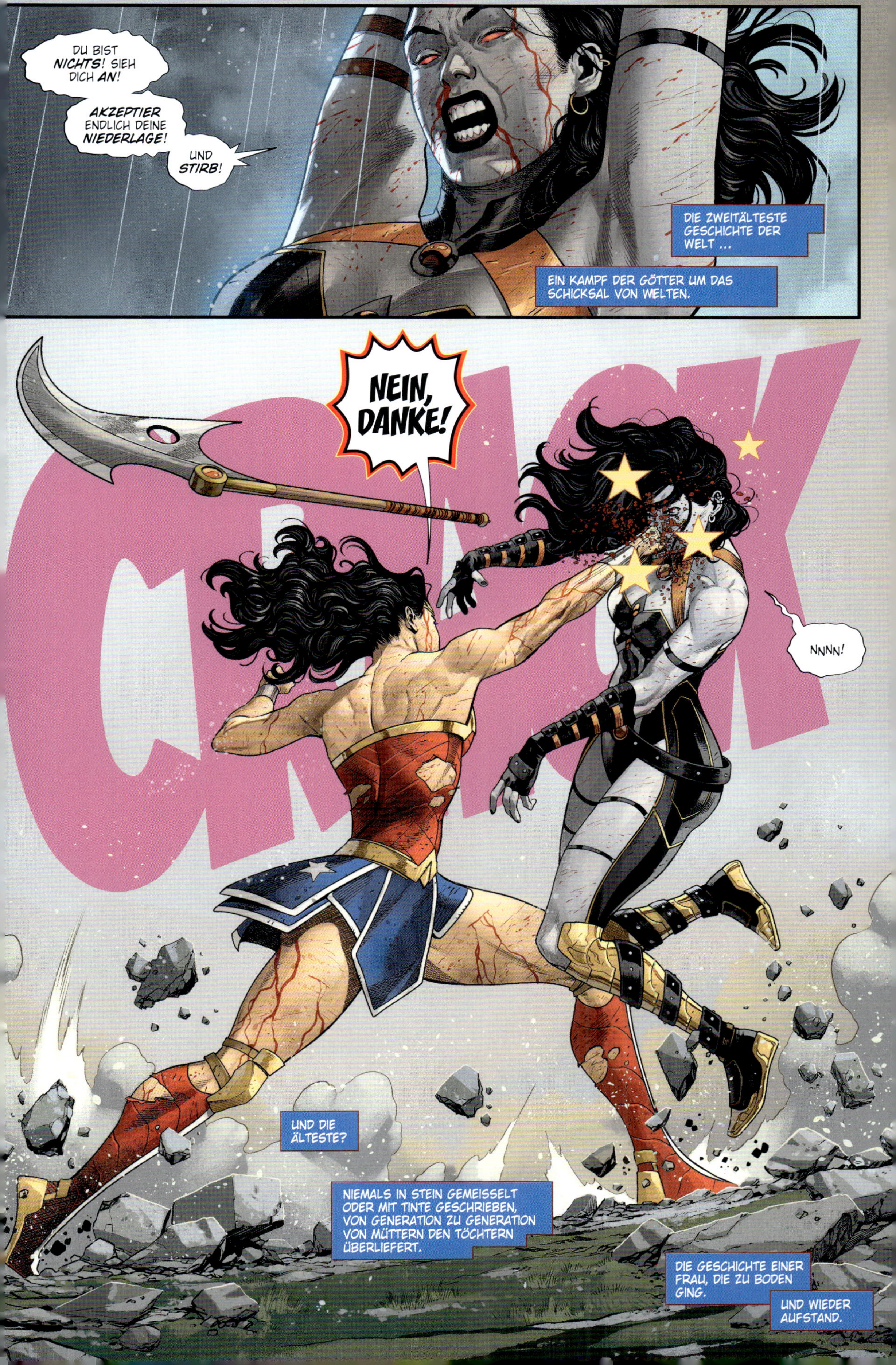

NEIN, DANKE!

NNNN!

UND DIE ÄLTESTE?

NIEMALS IN STEIN GEMEISSELT ODER MIT TINTE GESCHRIEBEN, VON GENERATION ZU GENERATION VON MÜTTERN DEN TÖCHTERN ÜBERLIEFERT.

DIE GESCHICHTE EINER FRAU, DIE ZU BODEN GING.

UND WIEDER AUFSTAND.

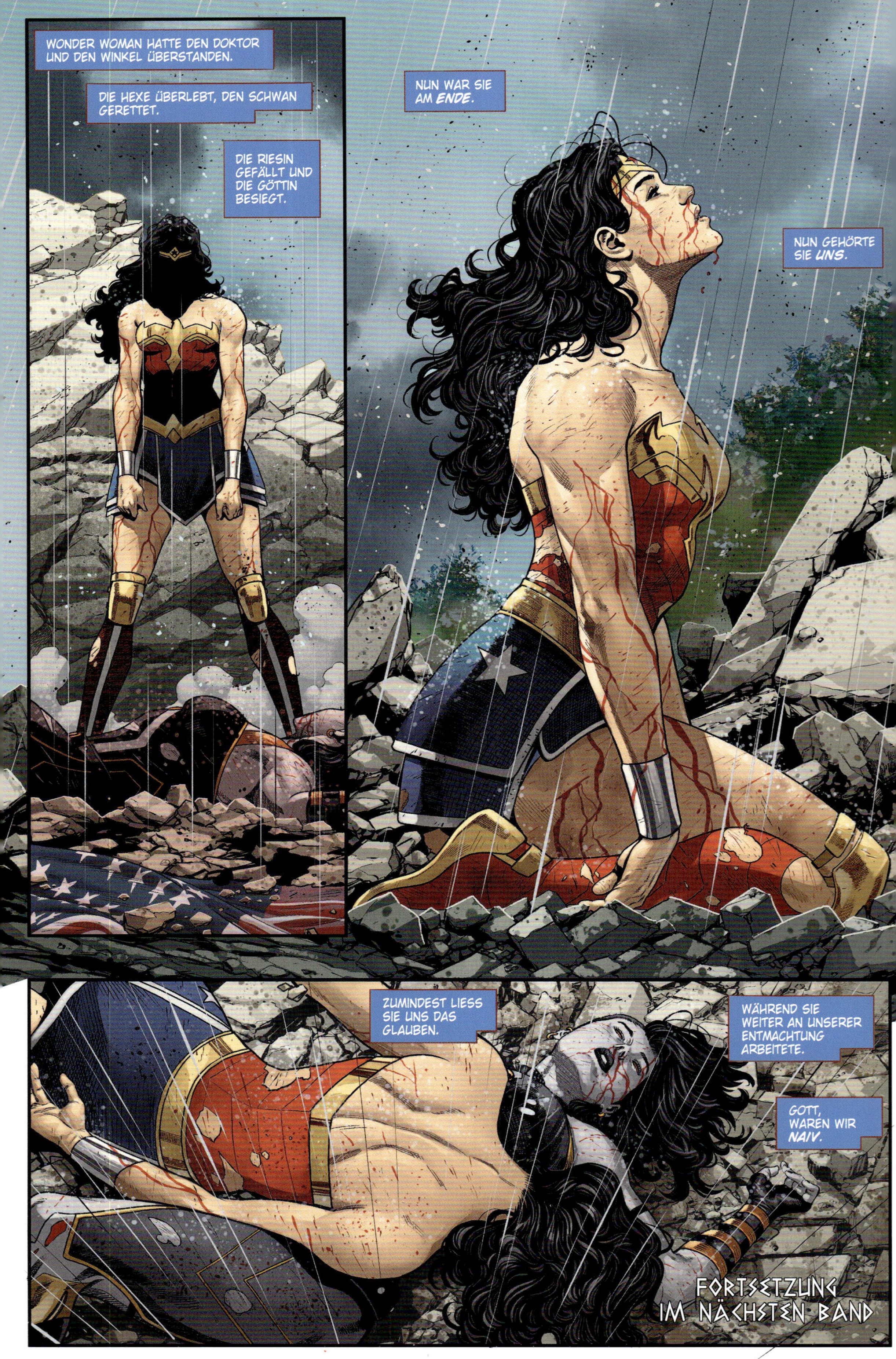
WONDER WOMAN HATTE DEN DOKTOR UND DEN WINKEL ÜBERSTANDEN.
DIE HEXE ÜBERLEBT, DEN SCHWAN GERETTET.
DIE RIESIN GEFÄLLT UND DIE GÖTTIN BESIEGT.
NUN WAR SIE AM *ENDE*.
NUN GEHÖRTE SIE *UNS*.
ZUMINDEST LIESS SIE UNS DAS GLAUBEN.
WÄHREND SIE WEITER AN UNSERER ENTMACHTUNG ARBEITETE.
GOTT, WAREN WIR *NAIV*.
FORTSETZUNG IM NÄCHSTEN BAND

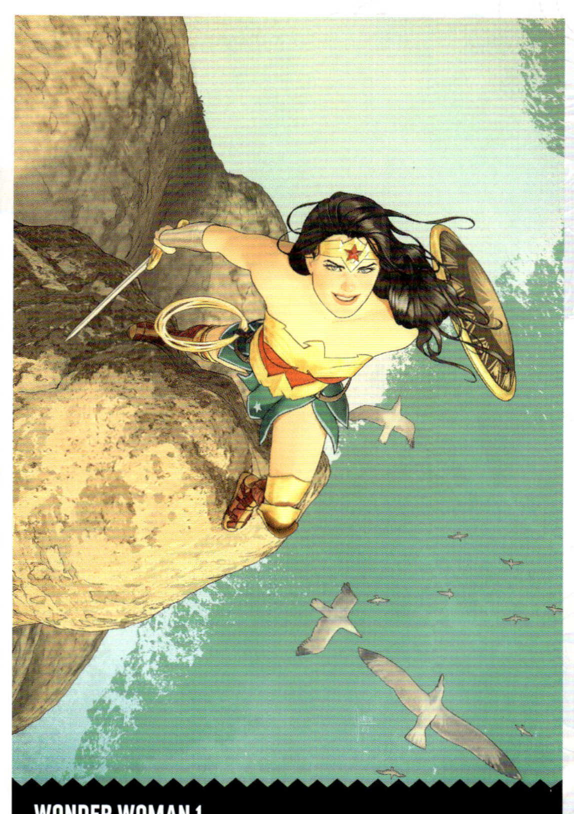

WONDER WOMAN 1
Variant-Cover von MIKEL JANÍN

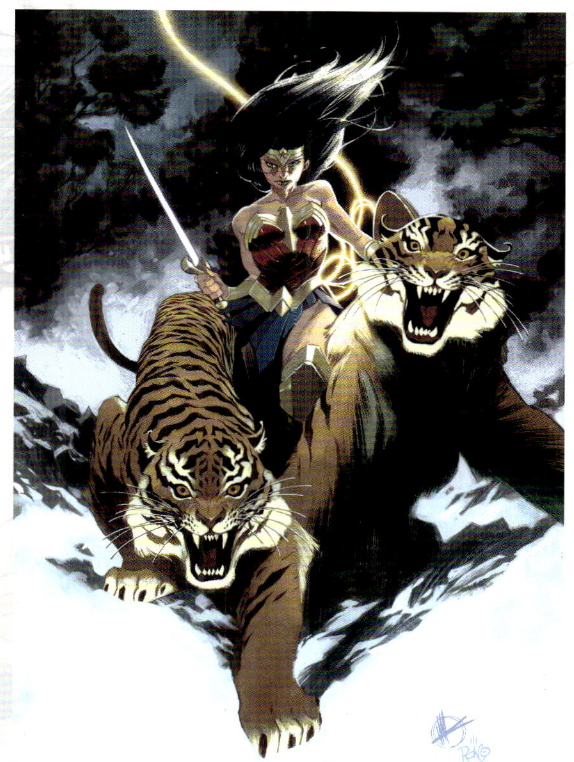

WONDER WOMAN 1
Variant-Cover von MATTEO SCALERA

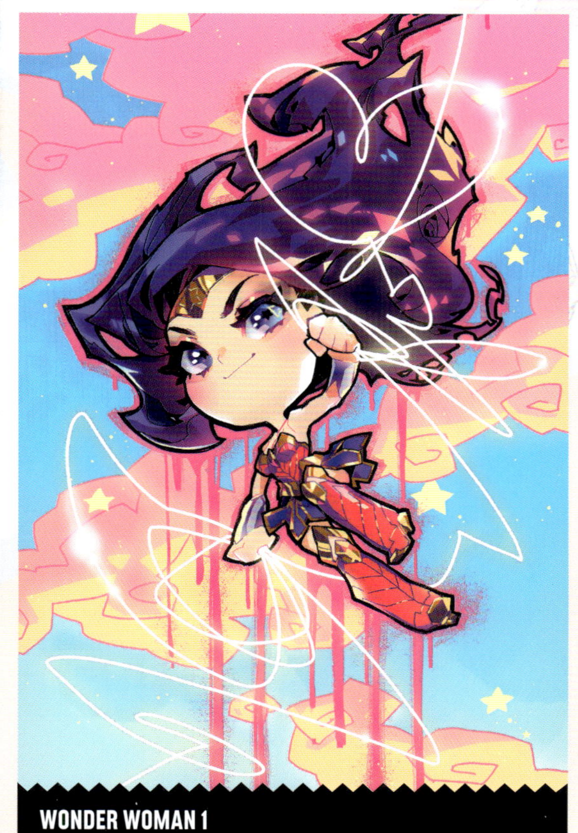

WONDER WOMAN 1
Variant-Cover von ROSE BESCH

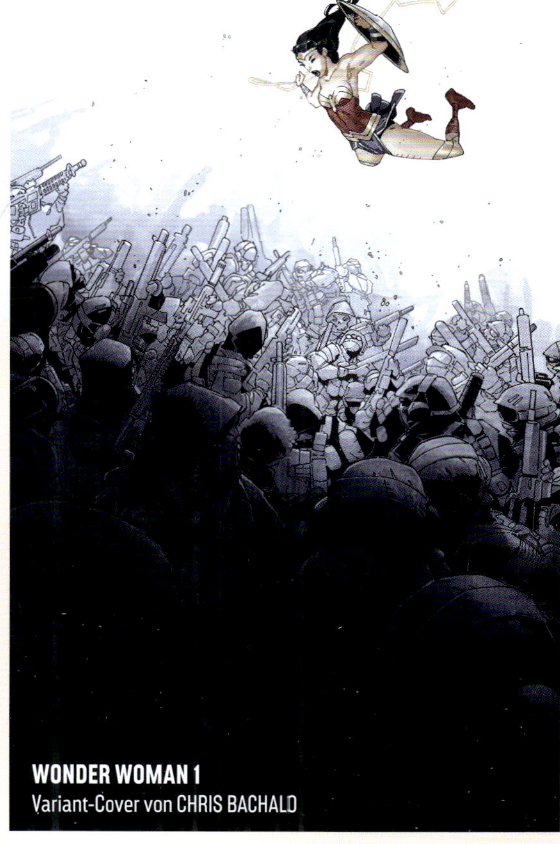

WONDER WOMAN 1
Variant-Cover von CHRIS BACHALO

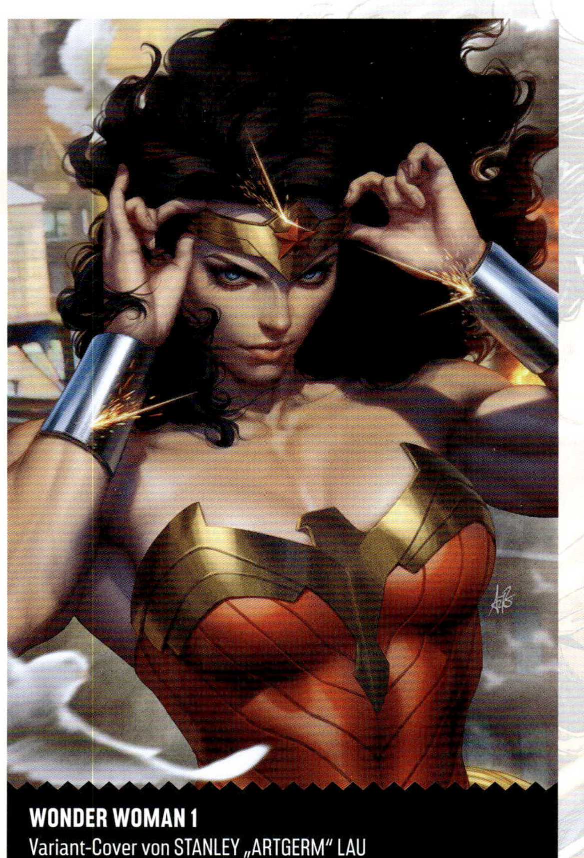

WONDER WOMAN 1
Variant-Cover von STANLEY „ARTGERM“ LAU

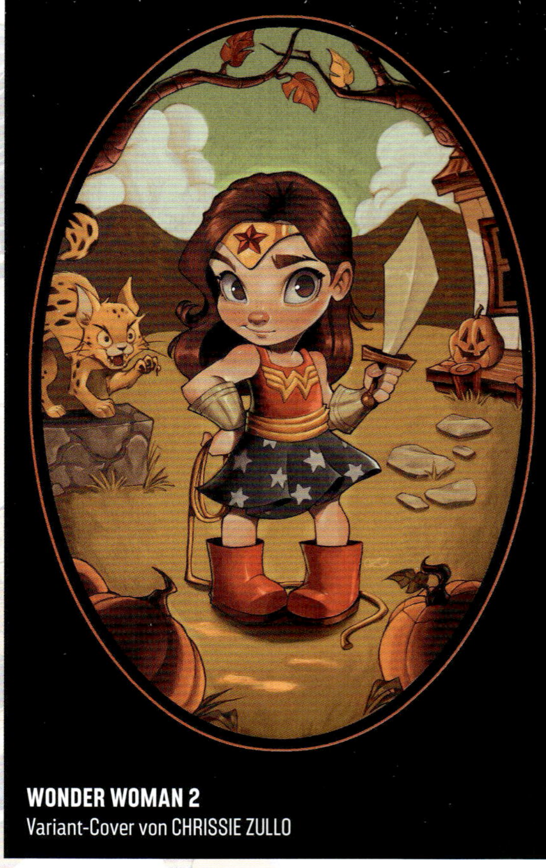

WONDER WOMAN 2
Variant-Cover von CHRISSIE ZULLO

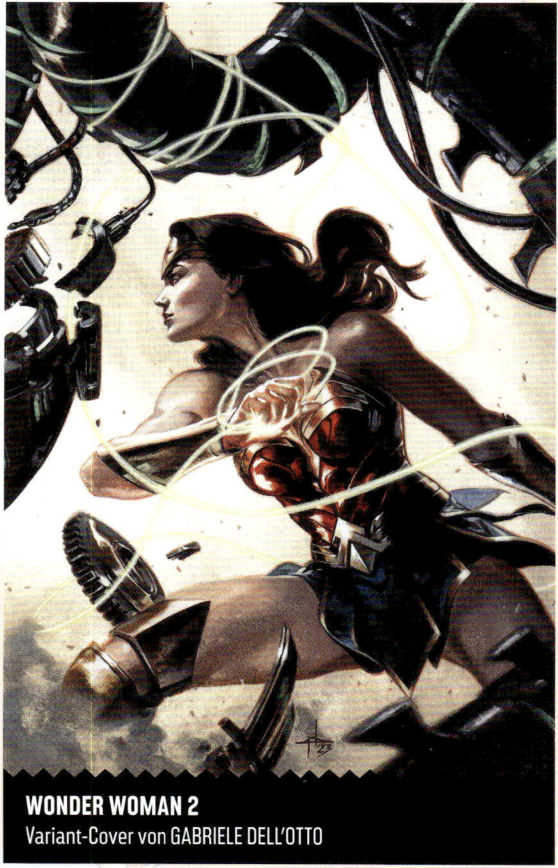

WONDER WOMAN 2
Variant-Cover von GABRIELE DELL'OTTO

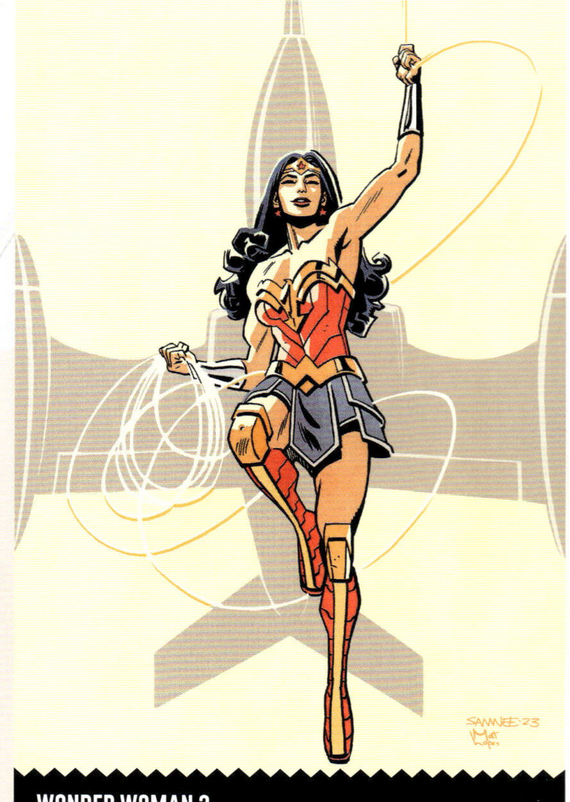

WONDER WOMAN 2
Variant-Cover von CHRIS SAMNEE

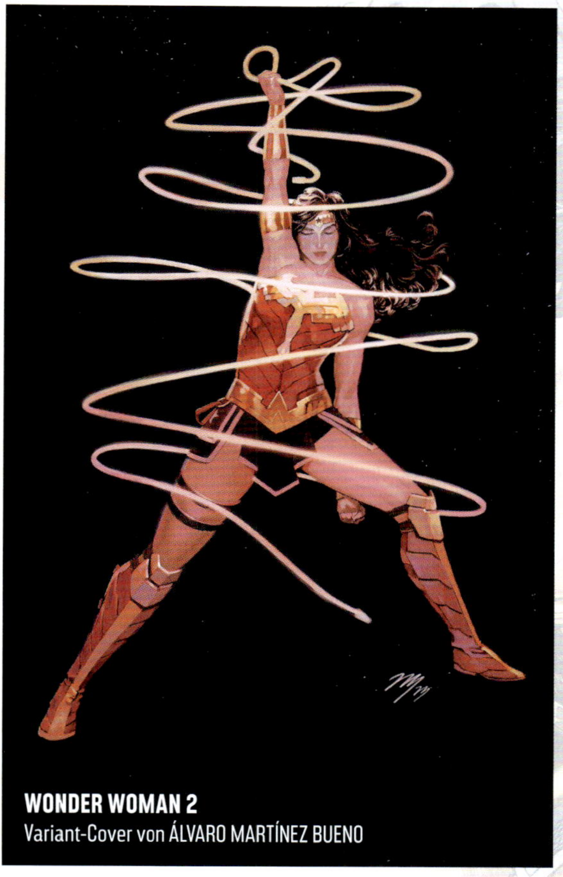

WONDER WOMAN 2
Variant-Cover von ÁLVARO MARTÍNEZ BUENO

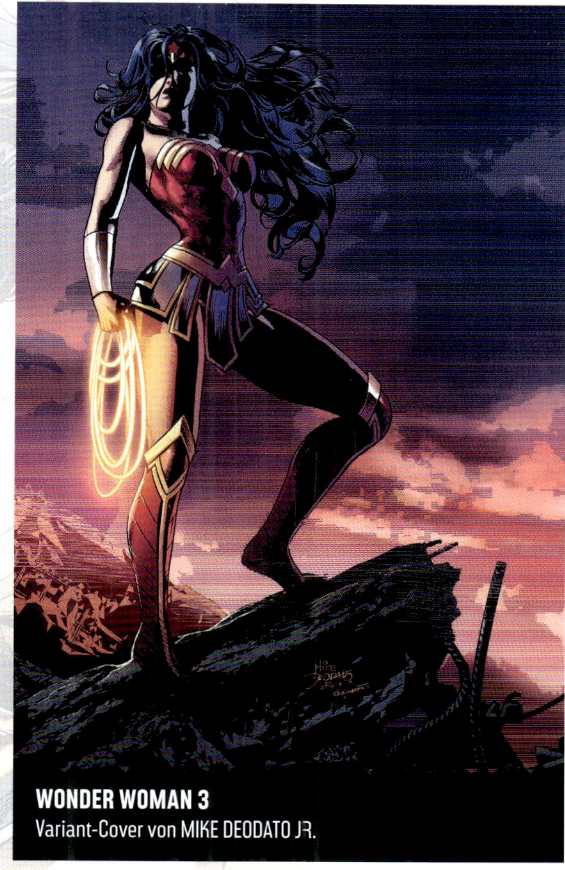

WONDER WOMAN 3
Variant-Cover von MIKE DEODATO JR.

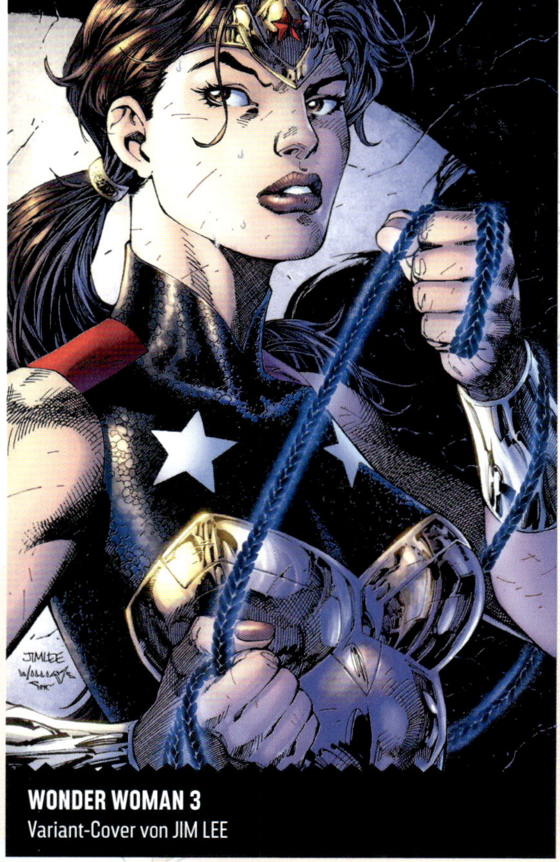

WONDER WOMAN 3
Variant-Cover von JIM LEE

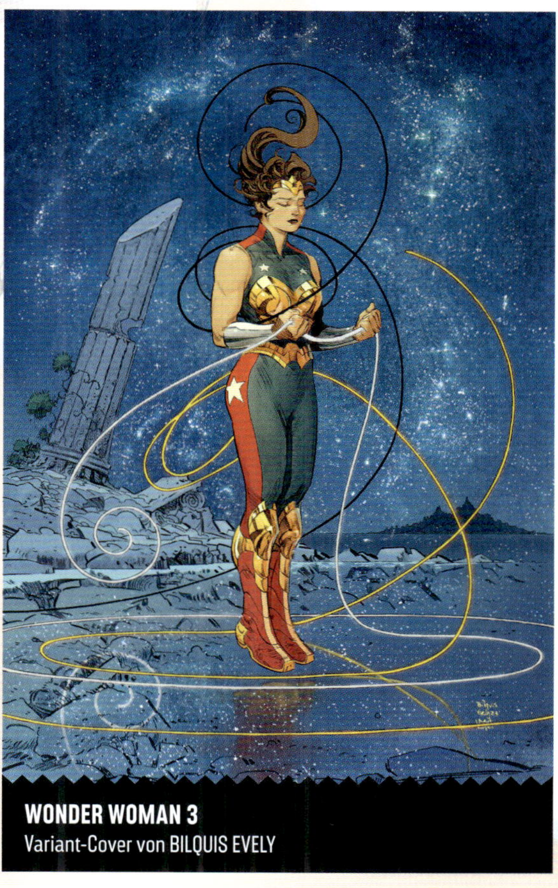

WONDER WOMAN 3
Variant-Cover von BILQUIS EVELY

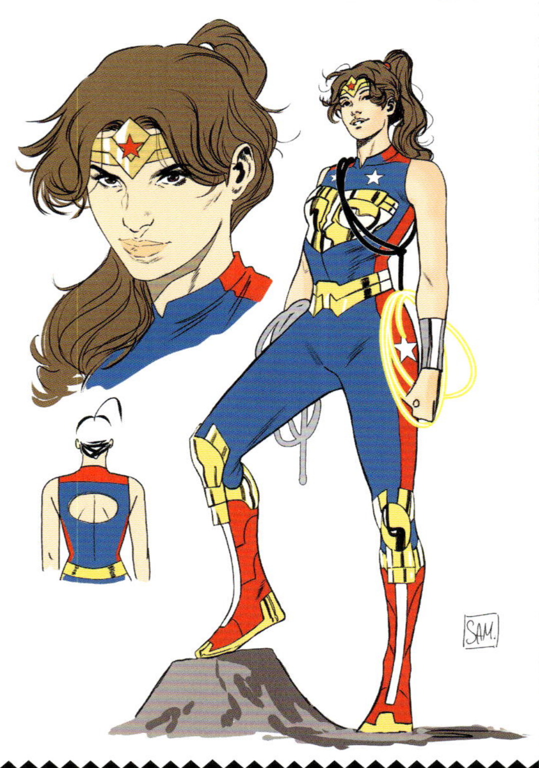

WONDER WOMAN 3
Variant-Cover von DANIEL SAMPERE

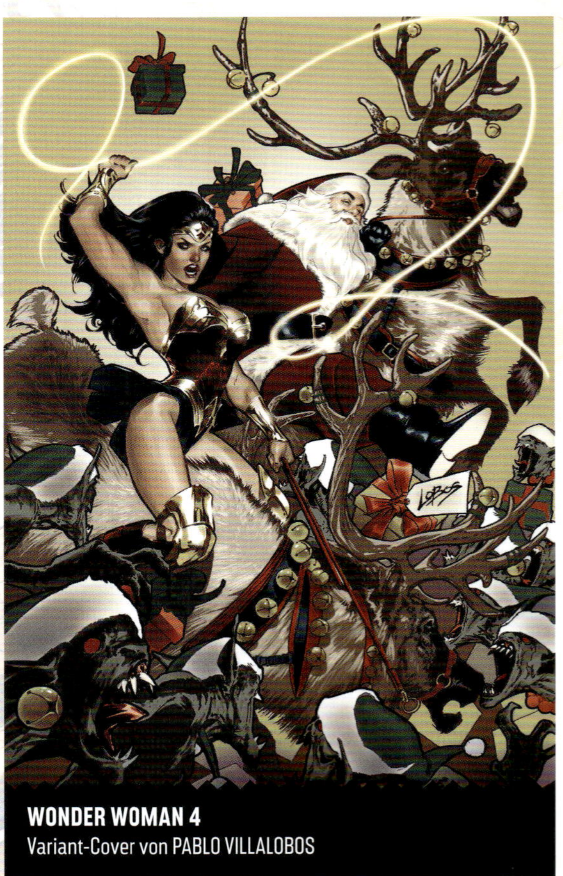

WONDER WOMAN 4
Variant-Cover von PABLO VILLALOBOS

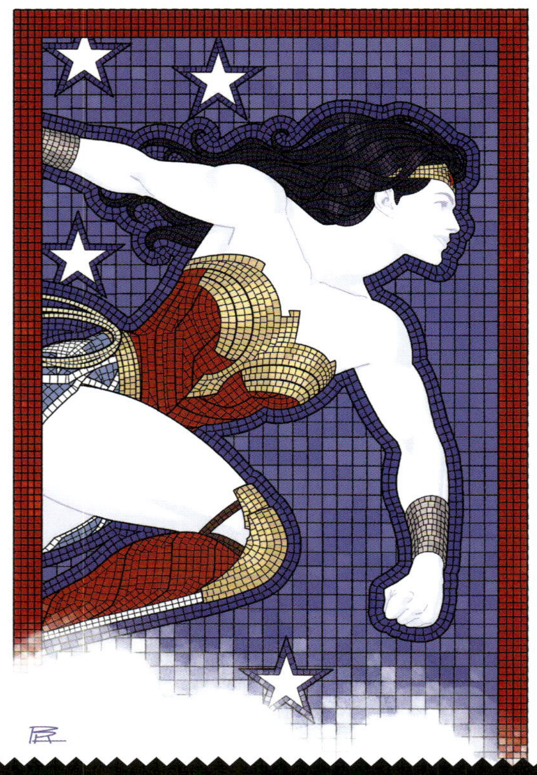

WONDER WOMAN 4
Variant-Cover von BRUNO REDONDO

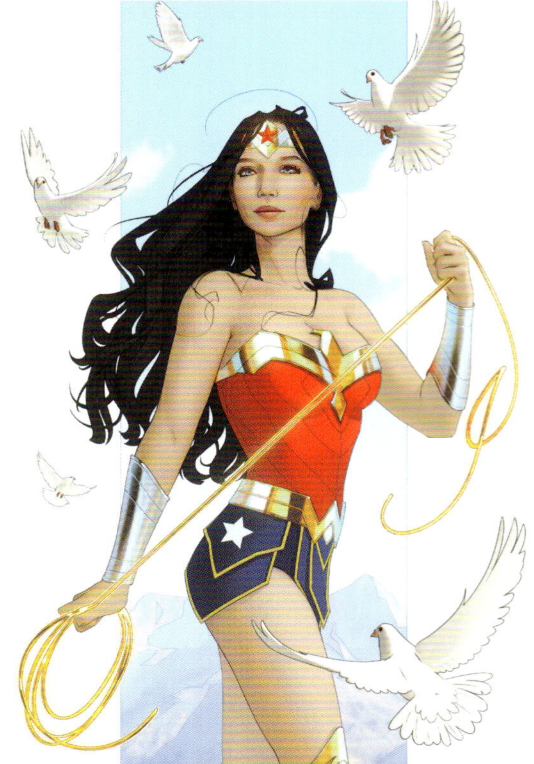

WONDER WOMAN 4
Variant-Cover von W. SCOTT FORBES

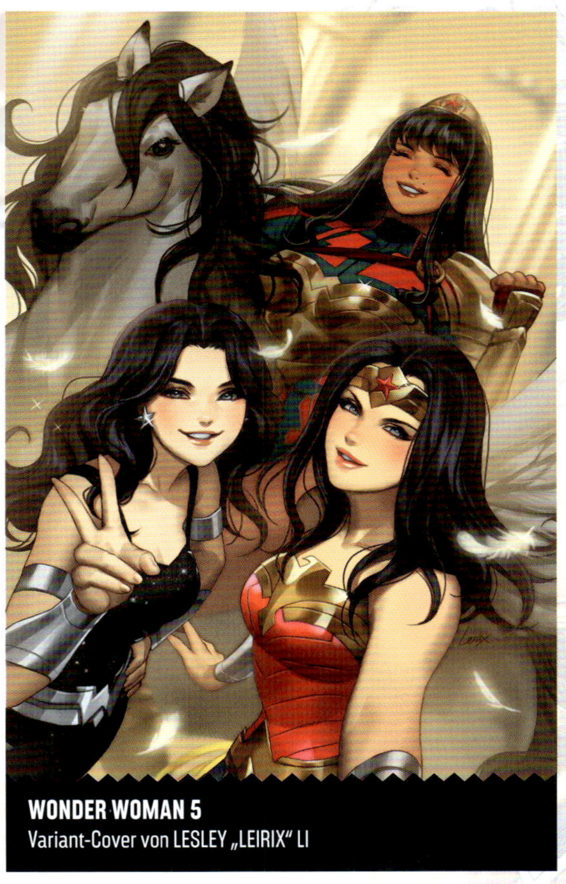

WONDER WOMAN 5
Variant-Cover von LESLEY „LEIRIX“ LI

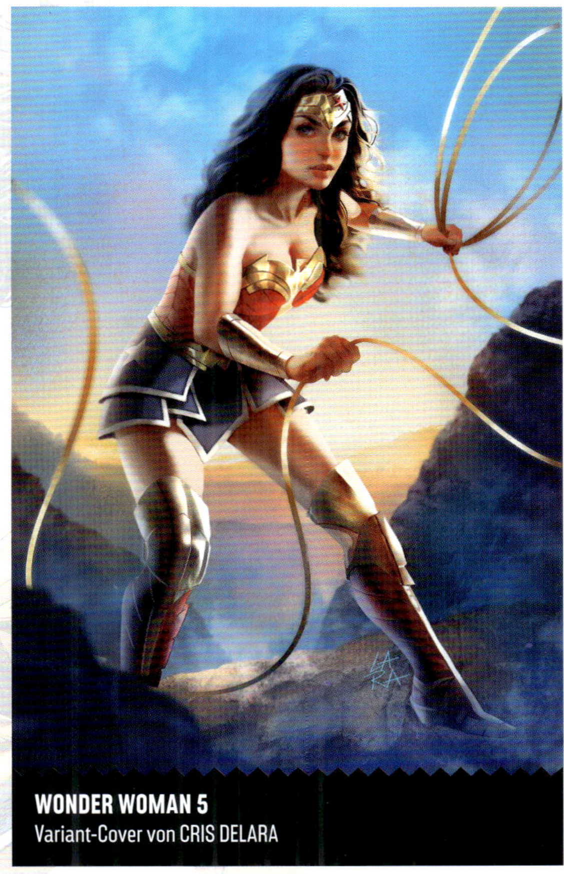

WONDER WOMAN 5
Variant-Cover von CRIS DELARA

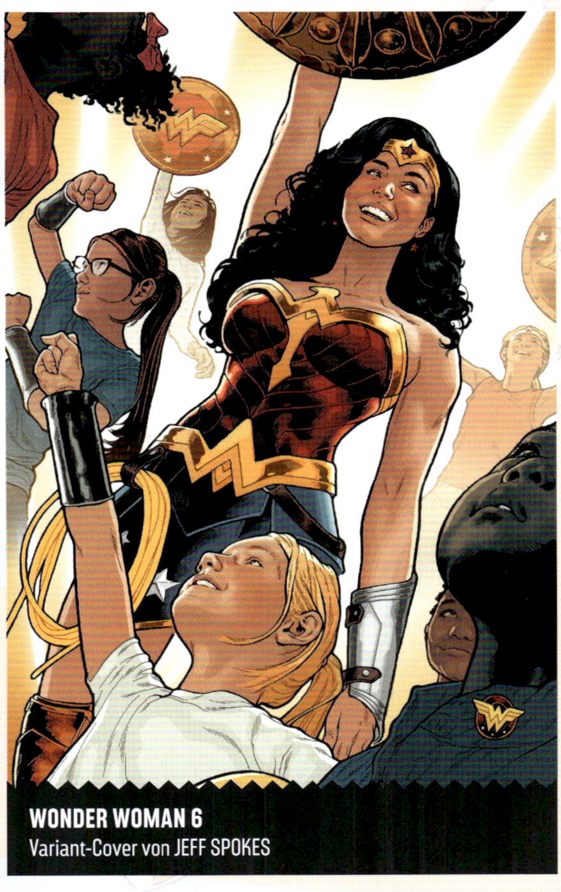

WONDER WOMAN 6
Variant-Cover von JEFF SPOKES

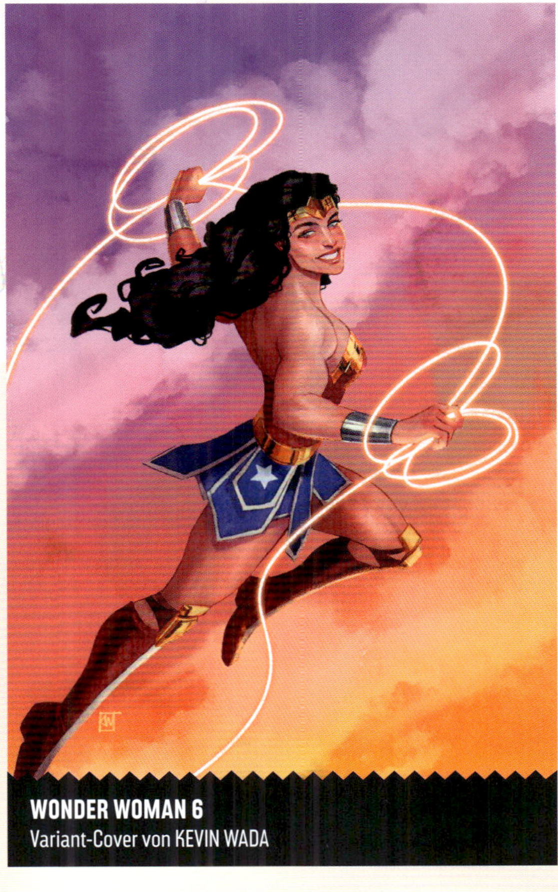

WONDER WOMAN 6
Variant-Cover von KEVIN WADA

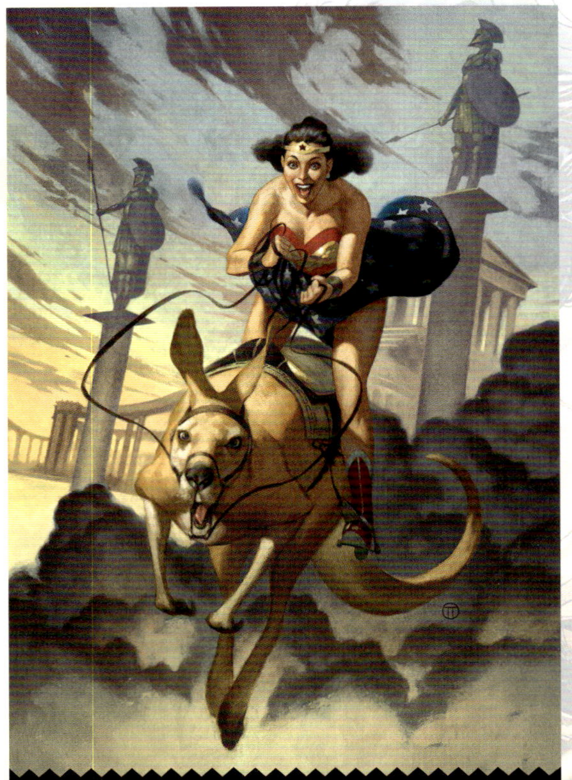

WONDER WOMAN 1
Variant-Cover von JULIAN TOTINO TEDESCO

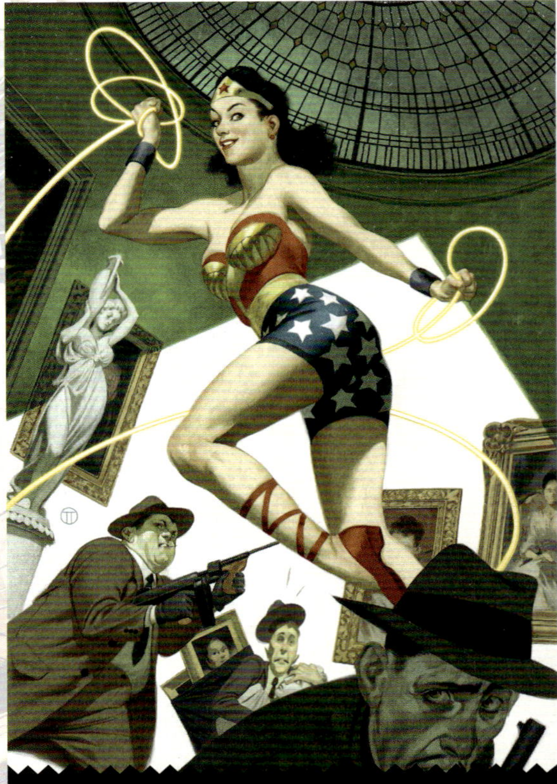

WONDER WOMAN 2
Variant-Cover von JULIAN TOTINO TEDESCO

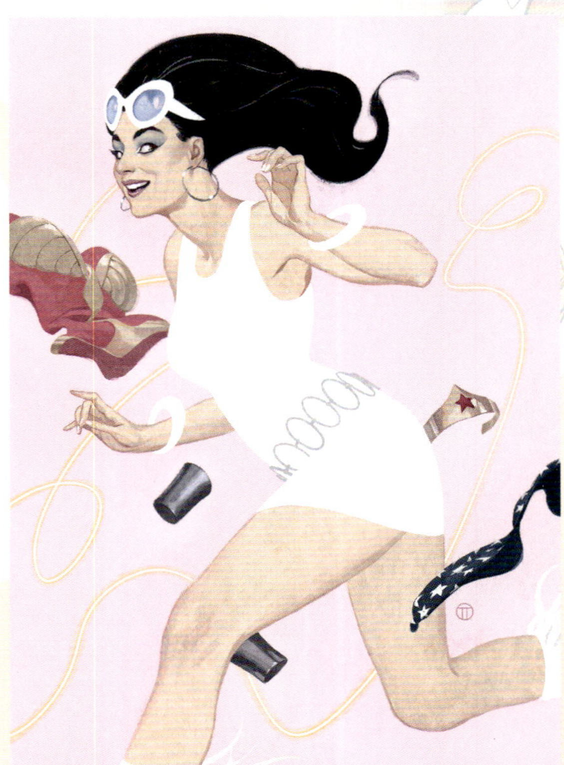

WONDER WOMAN 3
Variant-Cover von JULIAN TOTINO TEDESCO

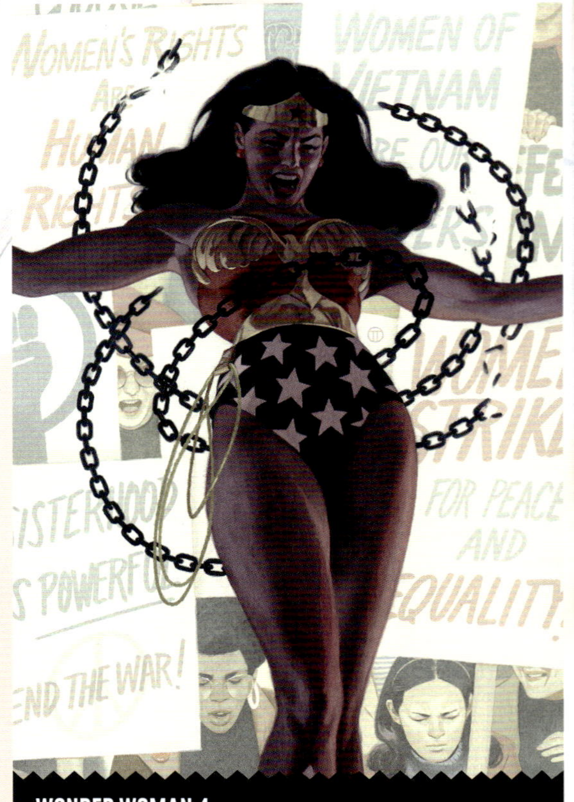

WONDER WOMAN 4
Variant-Cover von JULIAN TOTINO TEDESCO

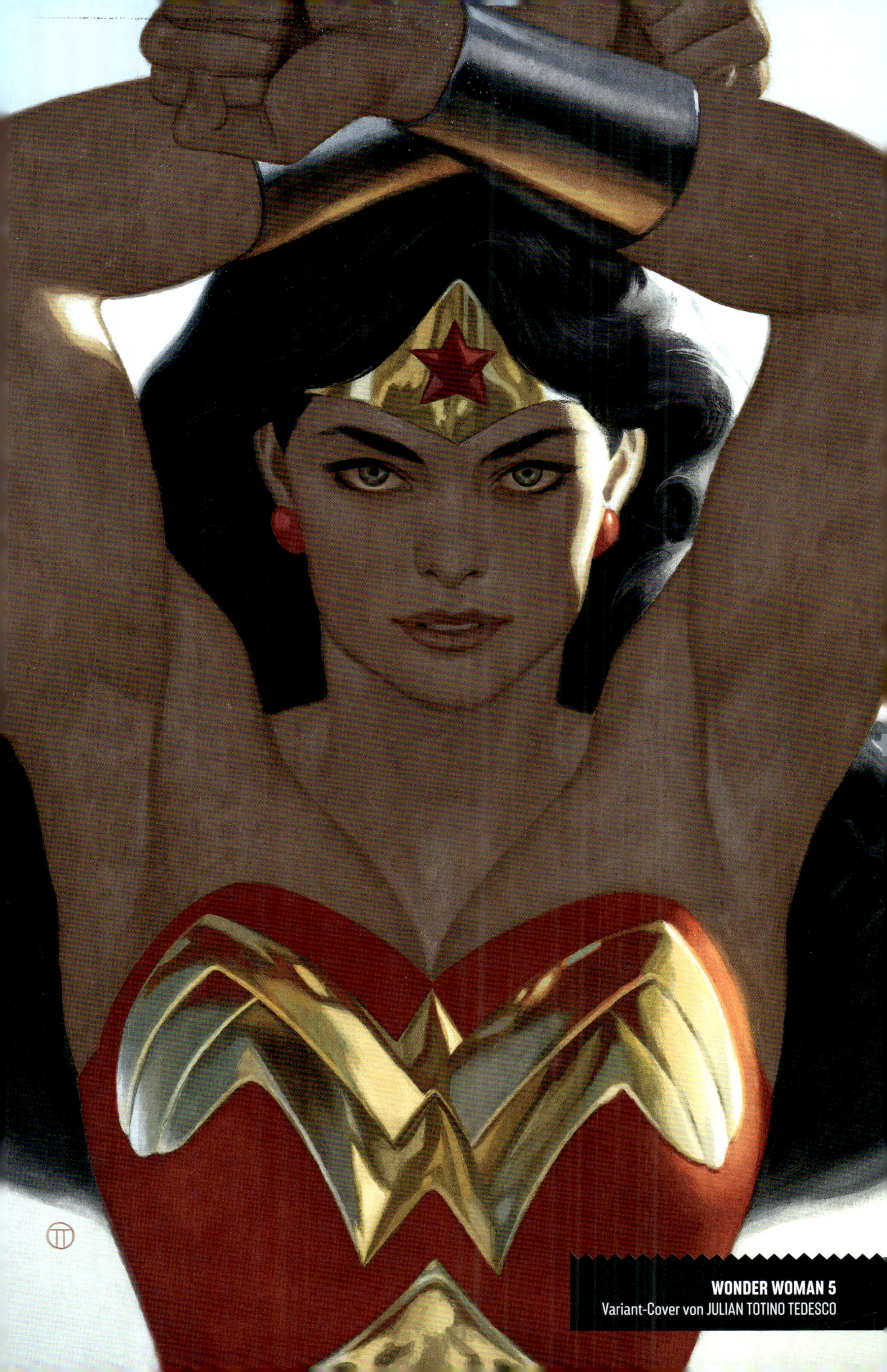

WONDER WOMAN 5
Variant-Cover von JULIAN TOTINO TEDESCO

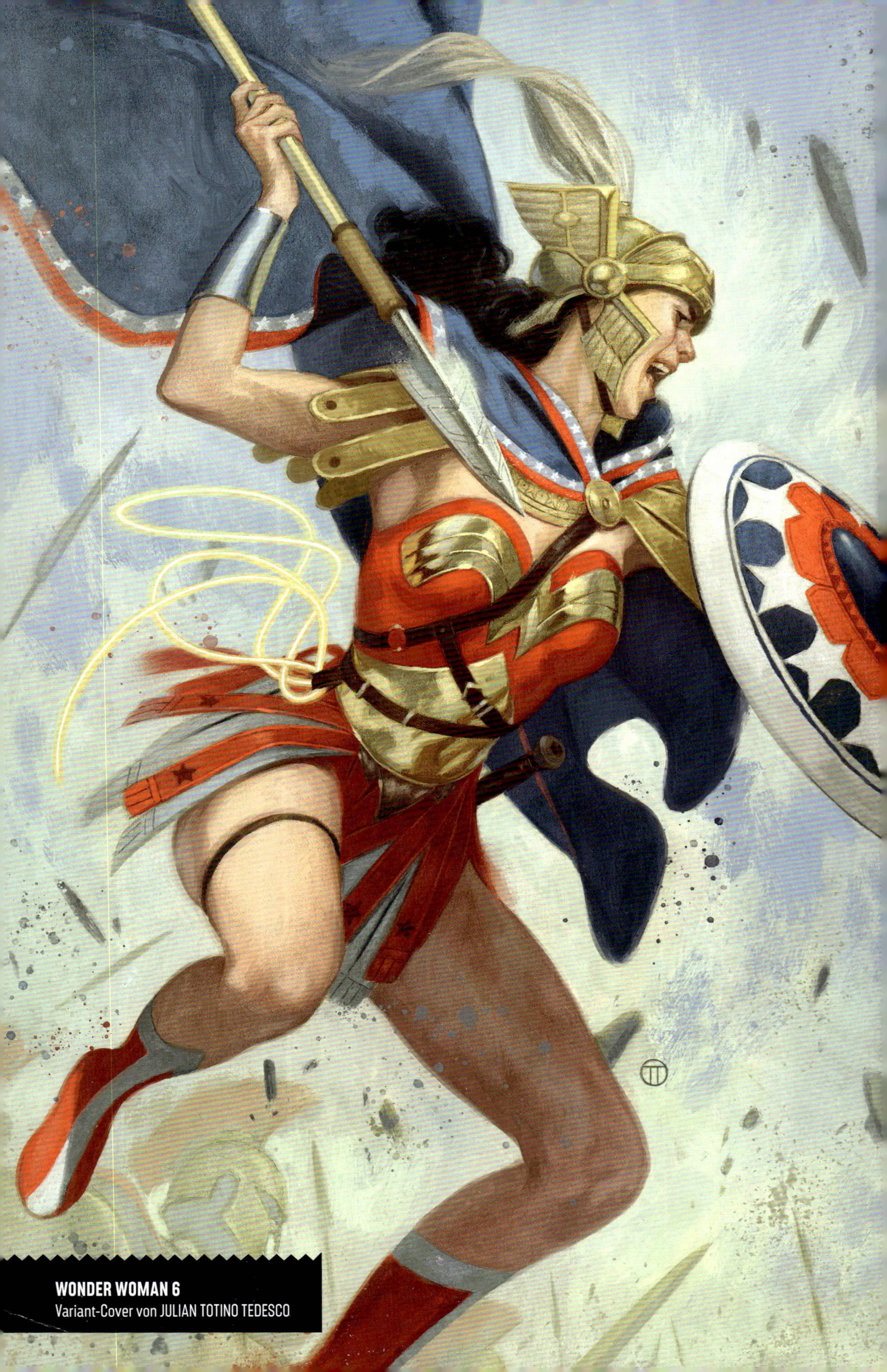

WONDER WOMAN 6
Variant-Cover von JULIAN TOTINO TEDESCO

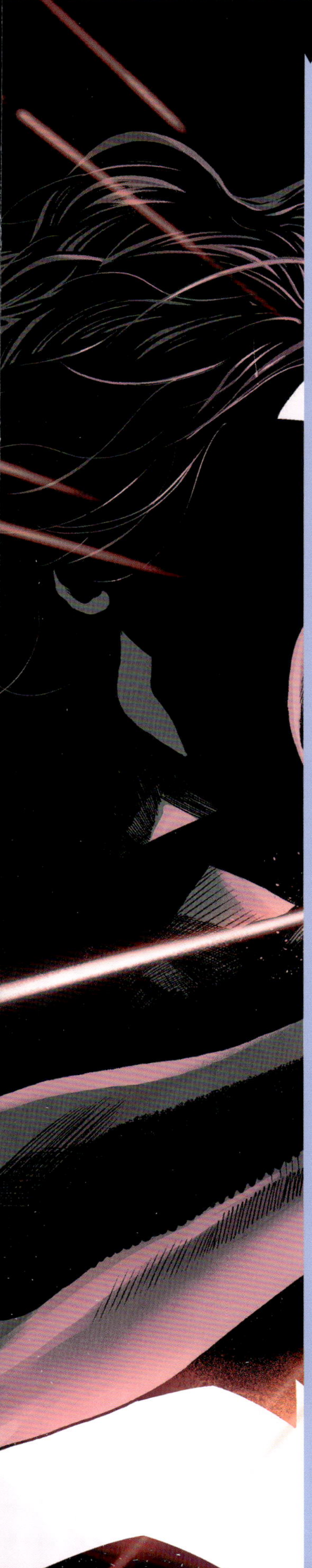

WUNDER UND WAHRHEIT

von **Christian Endres**

REBELLIN ALS VORBILD

In einem Interview gewährte Autor **Tom King** Einsicht in die Konzeption seiner ersten *Wonder Woman*-Storyline – seine Inspirationen, die Einflüsse der realen Welt und nicht zuletzt seine Sichtweise auf die **Amazone**. Wenn es um Mut und Kraft gehe, so King, sei **Diana** fraglos auf dem Level von **Superman**. Was sie von dem **Mann aus Stahl** unterscheide und so richtig cool mache, sei in seinen Augen ihre rebellische Seite. Superman ist King zufolge der Junge aus Kansas, der versucht, seine Mutter stolz zu machen. Wonder Woman dagegen ist eine Rebellin, über die sich ihre Mutter aufregt. Dianas rebellische Ader sei ein interessanter Zug der Figur, etwas, mit dem man sich wirklich identifizieren könne nach allem, was die US-Amerikaner in den letzten zehn Jahren etwa unter **Trump** erlebt hätten. Nicht zuletzt erwähnt King die nächste Generation – der Autor selbst hat zwei Teenager im Haus und sagt, er wisse genau, wie rebellisch diese Generation sein könne, dass sie den Status quo nicht einfach so akzeptiere. Dieser Generation will King sagen, dass Wonder Woman cool ist, weil sie eben nicht da ist, um den Status quo durchzusetzen, sondern weil sie gegen ihn rebelliert, und dass das eine Superheldin ausmachen würde.

VORBILDLICHE ACTION

Diana sei diejenige, die auch mal „Genug!" oder „Nein!" sage. Dabei unterstreicht King, dass diese *Wonder Woman*-Serie kein Social-Media-Feed oder politisches Sprachrohr werden solle, vielmehr müsse der Comic eine coole Metapher sein und eben nicht die aktuelle Wirklichkeit widerspiegeln: Wonder Woman, die wie **Stan Lees** und **Jack Kirbys** klassischer **Hulk** Panzer durch die Gegend schleudere. Zumal King immer klar gewesen sei, dass allein schon wegen Zeichner **Daniel Sampere** und dessen von **Jim Lee** inspirierten Artworks die Action nie zu kurz kommen dürfe, sodass nach der Lektüre Kids beim Spielen im Garten alle Wonder Woman sein wollen.

SPIONAGE-VORBILDER

King möchte zudem erforschen, was es für die Verteidigerin des Friedens bedeutet, kämpfen zu müssen und so automatisch immer ein Stück weit von sich selbst zu verlieren. Außerdem ist King in der Ära nach **Frank Millers** *Batman: Die Rückkehr des Dunklen Ritters* mit 80er-Jahre-Spionage-Comics wie *Suicide Squad* und *Checkmate* von Autoren wie **Paul Kupperberg** oder **John Ostrander** aufgewachsen. Und darin sei **Sargent Steel** stets in den rauchverhangenen Räumen gewesen, in denen die Geheimnisse entstanden. Und die Story mit Wonder Womans größtem Fan **Jack** ist natürlich eine bittersüße Hommage an die Story *The Kid Who Collects Spider-Man* von **Roger Stern** und **Ron Frenz** von 1984.

DAS KREATIV-TEAM

TOM KING arbeitete für die CIA, bevor er 2012 den Superheldenroman *A Once Crowded Sky* veröffentlichte. Seinen Durchbruch im Comic-Bereich hatte der Amerikaner 2014 mit der Serie *Grayson*, in der er und Co-Autor Tim Seeley Nightwing zum Superspion machten. 2016 wurde King Stammautor der *Batman*-Serie und kümmerte sich mehrere Jahre lang um den Dunklen Ritter, wobei er gleich für eine seiner frühesten Bat-Geschichten einen Eisner Award erhielt. Außerdem verfasste er ein Treffen zwischen Batman und Elmer Fudd im Band *DC und die Looney Tunes* und die außergewöhnliche Serie *Batman/Catwoman*. Weitere Comics aus Kings Feder sind das Event *Heroes in Crisis*, die Einzelbände *Superman: Jenseits der Erde* und *Supergirl: Die Frau von Morgen*, das preisgekrönte Science-Fiction-Highlight *Mister Miracle: Darkseid ist.*, *Strange Adventures*, die Vertigo-Serie *The Sheriff of Babylon*, eine prämierte Story in *Swamp Thing: Geschichten aus dem Sumpf*, der Noir-Geniestreich *Human Target*, das Watchmen-Sequel *Rorschach*, die fortlaufende Serie *Der Pinguin*, ebenfalls unter dem Banner von *Dawn of DC*, und die mit dem Eisner Award ausgezeichnete Marvel-Serie *The Vision*. King lebt mit seiner Familie in der US-Hauptstadt Washington.

DANIEL SAMPERE ist ein Künstler aus Barcelona, der seit vielen Jahren für den US-amerikanischen Markt und dessen Verlage tätig ist. Unter anderem setzte der Spanier die Graphic-Novel-Adaption des Roman-Bestsellers *Der Alchimist* von Paulo Coelho in Szene. Für andere Verlage illustrierte er Titel wie *Warlord of Mars*, *Vampirella: The Second Coming* oder *Red Sonja: Revenge of the Gods*. Für DC Comics zeichnete er ab den 2010ern bereits *Batgirl* von Gail Simone, diverse Comics zum Videogame-Hit *Injustice: Die Götter unter uns* von Tom Taylor und Bruno Redondo, *Mortal Kombat X* von Shawn Kittelsen, die offiziellen, von Schauspieler John Barrowman verfassten Comics zur TV-Serie *Arrow*, *Justice League of America* von James Robinson, *Green Arrow Megaband* von Andrew Kreisberg und anderen, *Birds of Prey* von Christy Marx, *Pandora* von Ray Fawkes, *Justice League: Odyssey* von Dan Abnett und *Suicide Squad* von Tom Taylor. Zum Blockbuster-Künstler wurde Sampere durch die Top-Titel *Justice League* sowie *Justice League Dark* von James Tynion IV, *Superman: Action Comics* von Phillip Kennedy Johnson und natürlich die Event-Hauptserie *Dark Crisis* von Joshua Williamson.

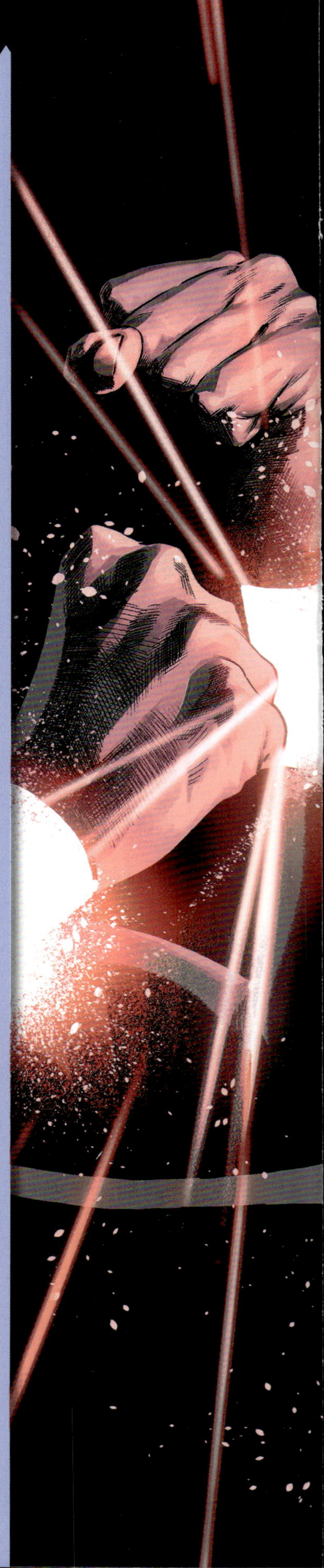